KB274401

창업과 풍수

비즈니스 **4**

창업과 풍수

최봉학 지음

이담
Books

창업을 한다는 것은 작든 크든 회사의 사장이 된다는 것을 의미하는데 사장이 되려는 사람들이 사장이 무언지, 어떤 일을 하고, 어떤 책임이 있으며 회사를 어떻게 설립하고 운영할지에 대한 명확한 준비나 판단 없이 창업에 뛰어들어 실패의 고배를 마시는 경우를 많이 보아오면서 어떻게 하면 창업기업 모두가 성공할 수 있을까에 대하여 고민하던 중 이 책을 집필하게 되었습니다.

저는 수없이 많은 중소기업의 경영컨설팅과 창업컨설팅 그리고 수많은 창업관련기관에서 실시하는 창업 강좌에 강사로 참여하면서 강의 첫 시간에 꼭 질문을 하는데 질문의 내용은 수박이나 참외를 따기에 가장 좋은 때는 언제일까요? 라고 물으면 대답은 천차만별입니다. 제가 잠정적으로 통계를 내 보니 300여 명 중 한 명은 주인이 없을 때, 그믐날 밤이라고 답변하는 분들이 있었습니다. 그런 분들이야말로 벤처기업의 사장이 될 수 있는 사람입니다.

학창시절엔 공부에 별로 두각을 나타내지 못했지만 사회에 나와서는 누구보다 앞서는 참신한 사업아이디어와 기업가정신으로 벤처기업의 사장이 되었고 사장이 된 후 부터는 누구보다 열심히 공부를 하면서 성공가도를 질주하고 있습니다.

공부를 잘하는 사람이 돈을 많이 벌 수 있다면 공부를 가장 많이 했고 지금도 하고 있으며 앞으로도 공부로 살아가야 할 사람들, 선생님이나 교수나 강의로 생계를 유지하는 모든 사람들이 공부를 잘하는 사람들인데 선생님이나 교수님치고 잘사는 사람이 별로 없는 게 현실입니다. 조상으로부터 물려받은 재산이 있다면 몰라도 국가나 교육기관에서 주는 봉급으로는 부자반열에 올라설 수 없는 게 현실입니다.

돈은 돈 냄새를 잘 맡는 사람이 벌 수 있습니다. 이 책은 "나는 돈 냄새를 잘 맡을 수 있는 사람인가?", "어떻게 하면 돈 냄새를 잘 맡을 수 있는가?"에 초점을 맞추고 있으며 창업 절차나 방법에 관한 책이나 자료는 각종 창업지원기관이나 창업보육센터에 가면 쌓여 있으나 창업성공의 요결은 창업절차나 방법이 아닙니다.

리어카에 야채를 싣고 다니면서 야채행상을 하든, 중소제조업을 하든, 규모에 차이가 있을망정 창업을 한다는 것은 사장이 되는 것입니다. 그런데 사장이 되려고 창업을 준비하는 사람들이 사장이 하는 일, 해야 되는 일, 해서는 안 되는 일, 사장의 책임 등을 전혀 모르는 채 창업하는 경우가 너무나 많은 게 현실입니다.

사장이 무엇인지를 알고 창업하는 사람과 그렇지 않은 사람과 엄격한 차이가 발생하는데 실직해서, 명퇴해서, 할 일이 없으니 장사라도 하려고 창업하는 사람들의 거의 모두는 실패의 쓴잔을 들이키고 돌이킬 수 없는 신용불량자의 길을 걷게 될 수밖에 없습니다.

그 이유는 사장에 대해서 알고 있는가, 알고 있지 못한가에 따라서 기업의 성장과 발전에 천양지차가 생기기 때문이며 지금까지 수많은 경영자를 만나 왔는데, 유능하고 뛰어난 사장에게서 공통적으로 볼 수 있었던 점은 "경영의 철칙"이란 것을 누군가에게서 배우지 않았음에도 불구하고, 스스로 몸에 익혀서 실행하고 있었다는 점입니다.

결과적으로 그들은 이치에 맞는 경영을 실천함으로써 사업을 크게 성장시키고 있었고 반대로 평범한 사장은 경영의 철칙과는 반대되는 경영을 함으로써 기업을 망하게 하거나, 아니면 언제나 고만고만한 상태로 간신히 유지만 하고 있을 뿐입니다.

1부 창업자의 자질에서는 일본인 시미즈 류에이씨의 사장, CEO의 철칙을 바탕으로 우리나라의 실정과 창업자의 눈높이로 사장에 대하여 설명하며, 2부 창업에서는 실제 창업절차에 따라 창업을 위한 비전수립, 창업절차를 설명하고, 3부 창업풍수에서는 우리가 일상생활과 창업시 간과할 수 없는 전래의 풍수이론에 대하여 설명하여 경제 대불황의 시기를 맞이한 우리나라의 창업자들에게 무엇이 진정으로 중요하고, 무엇이 중요하지 않은가를 전하고자 이 책을 집필하였습니다.

본서의 부족함은 지속적으로 보완 발전시킬 것을 약속합니다.

무자년 초하 최 봉 학

제3부 창업풍수 ❚ 335

제1장 양택풍수__337

제1부 창업자의 자질

제1장 사장이 된다는 것

1. 사장이란?

국어사전에 사장에 대한 정의는 회사의 책임자, 회사 업무의 최고 집행자로서 회사 대표의 권한을 지닌다고 되어 있다.

나는 수없이 많은 중소기업의 경영컨설팅과 창업컨설팅 그리고 수많은 창업관련기관에서 실시하는 강좌에 강사로 참여하면서 강의 첫 시간에 꼭 질문을 한다.

질문의 내용은 수박이나 참외를 따기에 가장 좋은 때는 언제일까요? 대답은 천차만별이다. 내가 잠정적으로 통계를 내 보니 300여 명 중 한 명은 주인이 없을 때, 그믐날 밤이라고 답변하는 분들이 있었다. 그런 분들이야말로 벤처기업의 사장이 될 수 있는 사람이다.

학창시절엔 공부에 별로 두각을 나타내지 못했지만 사회에 나와서는 누구보다 앞서는 아이디어를 발휘하여 벤처기업의 사장이 되었고 사장이 된 후부터는 누구보다 열심히 공부를 하고 있다.

공부를 잘하는 사람이 돈을 많이 벌 수 있다면 공부를 가장 많이 했고 지금도 하고 있으며 앞으로도 공부로 살아가야 할 사람들, 선생님이나 교수나 강의로 생계를 유지하는 사람들이 돈을 많이 벌어야 한다. 그러나 선생님이나 교수님치고 잘사는 사람이 별로 없는 게 현실이다. 조상으로부터 물려받은 재산이 있다면 몰라도 국가나 교육기관에서 주는 봉급으로는 부자반열에 올라설 수 없다.

돈은 돈 냄새를 잘 맡는 사람이 번다. 이 책은 '나는 돈 냄새를 잘 맡을 수 있는 사람인가? 어떻게 하면 돈 냄새를 잘 맡을 수 있는가'에 초점을 맞추고 있다. 창업의 절차나 방법에 관한 책이나 자료는 각종 창업지원기관이나 창업보육센터에 가면 쌓여 있다. 창업성공의 요결은 창업절차나 방법이 아니다.

리어카에 야채를 싣고 다니면서 야채행상을 하든, 중소제조업을 하든 규모에 차이가 있을망정 창업을 한다는 것은 사장이 되는 것이다. 그런데 사장이 되려고 창업을 준비하는 사람들이 사장이 하는 일, 해야 되는 일, 해서는 안 되는 일, 사장의 책임 등을 전혀 모르는 채 창업하는 경우가 너무나 많다.

사장이 무엇인지를 알고 창업하는 사람과 그렇지 않은 사람과 엄격한 차이가 발생한다. 실직해서, 명퇴해서, 할 일이 없으니 장사라도 하려고 창업하는 사람들의 거의 모두는 실패의 쓴잔을 들이키고 돌이킬 수 없는 신용불량자의 길을 걷게 된다.

경제 대불황의 시기를 맞이한 우리나라의 창업자들에게 무엇이 진정으로 중요하고, 무엇이 중요하지 않은가를 사장 후보자들에게 전하고자 한다.

그 이유는 사장에 대해서 알고 있는가 알고 있지 못한가에 따라서 기업의 성장과 발전에 천양지차가 생기기 때문이다. 지금까지 수많은 경영자를 만나 왔는데, 유능하고 뛰어난 사장에게서 공통적으로 볼 수 있었던 것은 '경영의 철칙'이란 것을 누군가에게서 배우지 않았음에도 불구하고, 스스로 몸에 익혀서 실행하고 있었다는 점이다.

결과적으로 그들은 이치에 맞는 경영을 실천함으로써 사업을 크게 성장시키고 있었다. 반대로 평범한 사장은 경영의 철칙과는 반대되는 경영을 함으로써 기업을 망하게 하거나, 아니면 언제나 고만고만한 상태로 간신히 유지하고 있을 뿐이다.

이 자료는 일본인 시미즈 류에이 씨의 사장, CEO의 철칙을 바탕으로 우리나라의 실정과 창업자의 눈높이로 설명한다.

시미즈 류에이 씨는 일본 통산성의 경영력위원회 주사로 22년간 기업경영사례연구, 1994년 11월부터 1995년 3월까지 사장대학원에서 5회에 걸친 세미나 내용과 강연요지를 골자로 하고 있다.

시미즈 류에이 씨는 상장회사 1만 2천, 비상장 기업 3만, 가설의 구축과 검증을 위해 직접인터뷰 조사를 한 사장이 250명이 넘는다. 방대한 양의 데이터를 기초로 쓰인 것으로서 실증적이면서도 매우 보편성이 높다.

여기서 말하는 사장은 돈도 원하고 명예나 지위도 탐나지만 겉으로 드러내서 옹졸하게 보이고 싶어 하지는 않으며 가정에는 잔소리가 심한 아내와 말을 통 듣지 않는 아이가 있고, 회사 내외에는 심복도 있지만 마음을 놓을 수 없는 인간도 있고, 때로는 질퍽한 정치적 흥정도 하지 않을 수 없는 살아 있는, 피가 흐르는 인

간으로서의 보통 사람인 사장을 전제로 한다

지금까지 수많은 사장을 만나면서 경영자에게서만 느낄 수 있는 그 무엇이 있었는데, 그것은 사장이라는 직업을 선택한 사람만이 지닌 독특한 체취에 대한 것이다.

사장과 임원은 물론 평사원도 모두 살아 있는 인간이기 때문에 각양각색의 체취를 지니고 있다. 그러나 사원보다는 간부, 간부보다는 임원, 임원보다는 사장에게서 더 강하게 느껴지는 체취가 있다.

규모가 큰 회사의 사장이나 규모가 작은 회사의 사장이나 모든 경영자는 사장의 체취를 지니고 있다. 대기업의 부장급이면 최소 몇십 명에서 업무의 성격에 따라 몇백 명의 부하직원이 있지만, 전체 사원이 20~30명밖에 안 되는 사장일지라도 봉급쟁이와 다른 그들만의 독특함이 있다.

대기업의 간부가 초고층 빌딩의 전망 좋은 일등석에 자리 잡고 있으면서도 밖을 보지 못하고 방 안만 보고 있는 데 반해, 아주 작은 중소기업의 사장이지만 단층집 옥상의 좁은 공간에서일지라도 고층빌딩의 숲 사이로 자신이 속한 내부와 외부와의 관계를 보려고 노력하는 생각의 차이가 그런 체취를 만들어 낸다.

어려움을 밖으로 나타내는 사장 CEO는 얼마 가지 못한다. 3D업종은 결코 쇠퇴업종이 아니다. 그런데 우리나라는 CEO들이 자기의 업종을 스스로 3D업종이라고 판정을 내리고 3D업종으로 스스로 만들어 가고 있다. 실례로 우리나라의 다이캐스팅 업종은 전형적인 3D업종으로 알고 있다. 다이캐스팅 기계에는 반드시 용해로가 있어야 하며 사출 시는 엄청난 파워로 금형을 여닫으며 사출 후에는 금형의 보호를 위해 이형제를 뿌린다. 근무환경이 매우 어렵고 위험하다. 그래서 우리나라에서는 다이캐스팅 공장을 3D업종의 전형쯤으로 생각하고 있다. 내국인들이 기피하니 주로 외국인 근로자들이 많이 근무하고 있는 실정이다.

호주의 다이캐스팅공장을 견학한 일이 있는데 그곳에서는 공장 바닥이 사무실 바닥만큼이나 깨끗하고 기계도 아주 깨끗하게 관리되면서 여성들이 근무하고 있었다.

공장과 설비의 관리를 누가 어떻게 관리하느냐에 따라 깨끗하고 안전한 근무환경을 만들어서 수익을 낼 수 있는 것이다. 환경이 깨끗하고 안전하면 누구도 근무를 기피하지 않으며 임금 또한 적정선에서 지급해도 문제가 없는데 근무환경이 나쁘고 안전치 않으면 더 많은 급여를 주고도 인력을 구하기 힘들어지는 것이다.

건강한 사람은 음식을 가리지 않는다. 건강한 사장은 위가 건강하다. 위는 신경과 밀접히 연결되어 있어 육체적으로 건강한 사장은 정신적으로도 건강한 셈이다. 그래야 해외출장을 다니면서 비즈니스를 하지, 건강하지 못한 사장은 중국 등 음식문화와 생활이 다른 외국에 가면 비즈니스가 문제가 아니라 자신의 몸도 제대로 관리하지 못하는데 어떻게 성공적인 비즈니스를 할 수 있단 말인가?

내가 전에 근무했던 회사는 중국에 기계를 판매하고 기계설치 및 현지인 교육을 위해서 기술자를 파견했는데 그 기술자는 중국에 도착한 이후 중국음식이 맞지 않아 전혀 식사를 하지 못해서 한국인 요리사를 특파하여 문제를 해결한 경험이 있다.

대개의 경우 사장들은 아무 음식이나 어떤 생활환경에서나 비교적 잘 적응한다. 그래서 이렇게 건강한 사장의 부인들은 대개의 경우 요리를 잘 못한다. 왜?, 아무 요리나 맛이 있든 없든 사장인 남편이 잘 먹어 주니까.

2. 성공하는 사장

20대 능력: 수학능력으로 평가
30대 능력: 전문분야의 능력으로 평가
40대 능력: 매니지먼트 능력으로 평가
50대 능력: 임원으로의 능력으로 평가
CEO 능력: 다른 사람의 장점밖에 모르는 능력으로 평가

10~20대는 학교에서 배우는 모든 교과목에서 합격점을 받을 능력이 있는 사람이 좋은 평가를 받는다. 국어, 영어, 수학, 물리 등 전체 과목에서 고르게 점수를 잘 받아야 한다. 이 능력을 써먹을 수 있는 나이는 기껏해야 30세 이전이다.

30대는 훌륭한 학교를 나오지는 않았지만 영어회화라든가 경리, 영업 등 특별한 능력을 가진 사람이 더 대우를 받는다. 그렇게 되면 SKY그룹 출신자들은 세상이 잘못됐다고 푸념하면서 회사를 박차고 나오게 된다. 그렇게 회사를 그만둔 SKY그룹 출신자들은 학원에서 고액과외를 한다. 왜? 배운 것이 공부밖에는 없으니까. 그래서 그때까지의 능력, 즉 수학능력을 가장 잘 발휘할 수 있는 학원을 선택하게 되는 것이다

40대가 가까워지면 이제는 매니지먼트 능력, 즉 자신이 아니라 다른 사람이 일을 잘하게 하는 능력을 발휘할 수 있어야 한다. 그런데 전문 분야의 능력이 있는 사람일수록 다른 사람을 무시하는

경향이 있다. 뭐야 이런 것도 못하고 말이야! 이렇게 사람을 바보 취급을 하면 사람을 관리할 수 없다. 스스로 잘난 척하면 안 되며 여기서 필요한 것이 칭찬하는 능력이다. 이렇게 지적 능력이 관리자 계층의 경우, 우수한 사람들끼리 겉으로는 안 그런 척하면서 뒤로는 서로 상대방의 약점을 잡고 발목을 잡으면서까지 경쟁을 하게 되는데, 그러한 경쟁을 헤쳐 나갈 수 있는 능력도 있어야 한다.

그런 능력도 임원 단계까지이다. 마지막으로 사장이 되면 남의 발목이나 잡는 일을 생각해서는 성공하지 못한다. 반드시 자신도 발목을 잡히고 말기 때문이다. 물론 단점을 알고 있지만 말하지 않을 뿐만 아니라 남을 비방하지도 않는다. 사장에게는 어떠한 능력이 필요한가를 알려면 우선 '사장이 해야 할 일이 무엇인가'를 명확하게 알고 실천할 수 있어야 한다.

한 기업의 운명을 짊어지고 있는 사장으로서 해야 할 가장 중요한 일은 무엇일까? 학설은 경영학 서적을 참고하라, 우리는 현실을 말하는 것이다.

첫째, 기업의 미래에 대한 구상이란 회사가 추구해야 하는 5년, 10년 후의 바람직한 모습을 끊임없이 구상하여 미래 비전을 그려 내 회사 전체에 전파하는 일.

둘째, 전략적 의사결정이란 기업의 미래에 대한 구상과 경영이념에 기초하여 기업의 최고 책임자로서 취해야 할 방안을 결정하는 것.

셋째, 집행과 관리란 사장이 내린 결정에 대해 성과가 나올 수 있도록 임직원들에게 업무를 지시하는 일.

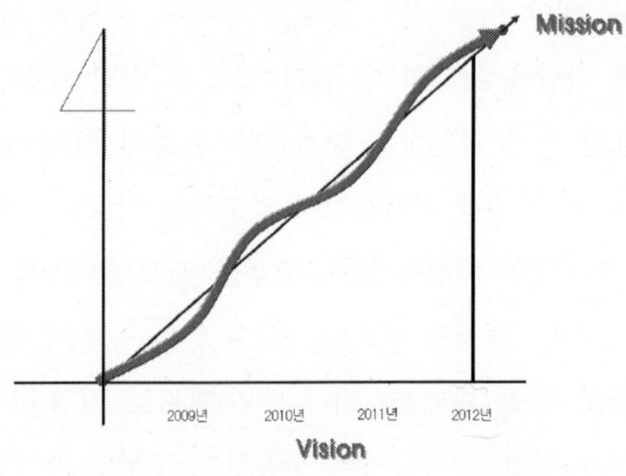

소규모 사장이든 대기업의 사장이든 이상의 세 가지 역할을 다 하지 않는다면 사장이라고 할 수 없다. 세 가지 역할 중에서 '기업의 미래에 대한 비전제시', '전략적 의사결정'이라는 두 가지 역할은 회사가 앞으로 나아갈 방향을 결정하는 일이다.

경영학 전문가 중에는 경영현장의 현실을 직접 교육에 반영한다고 주장하는 사람도 있지만 대부분 대기업의 부장이나 이사 등 관리자 수준의 현실을 반영하고 있을 뿐, 사장과의 직접 교류를 통해 현실을 직접 반영하고 있는 경우는 거의 없다. 그렇기 때문에 그들의 경영학은 대기업의 부장이나 이사를 위한 경영학이 되고 만다.

실제 사장이 무엇을 생각하고 고민하고 있는지 직접 확인하고 검증하지 않은 채 경영자의 역할을 운운하는 격이다. 그런 이유 때문에 경영학은 실제 경영에 아무런 도움이 되지 않는다는 말을 듣는다. 사장이 생산성에 매달린 결과 우수한 경영성과를 올렸다는 보고는 한 번도 없었다. 경영학을 가르치는 사람들이 경영현장을 보지도 않고 단지 해외의 문헌을 읽고 번역하여 소개하는 것에 치중하다 보니 이렇게 되었다.

'학자는 안 돼!'라고 말하는 경영자 중에도 자신이 해야 할 중요한 일이 무엇인지를 모르고 있는 사장이 적지 않다. 실적이 뛰어나지 않은 사장일수록 효율성이나 비용절감에 치중한다. 아무리 효율을 높이려고 해도 나아가야 할 방향이 틀렸다면 목표로 한 실적을 거둘 수 없다. 이것은 부산으로 갈 사람이 개성으로 방향을 잡고 자가용이나 버스로 어느 쪽이 빠른가, 비용이 저렴한가를 따지는 것과 다를 바 없다.

전자는 회사 내부의 조직이 얼마만큼, 후자는 재무관리, 원가관리, 재고관리, 예산통제 등의 경영관리를 어떻게 해야 하는가에 관한 기술적인 문제다.

사장이 결정한 것을 많은 사원들이 진심으로 받아들이게 하여, 현장에서 실천하게 하는 것은 사장이 해야 할 업무 가운데 핵심이라 할 수 있다. 버블경제가 무너진 후 불어닥친 불황 속에서 너도나도 구조조정을 외치고 있다.

더불어 '구조조정으로 실적 급속히 회복' 등의 뉴스 헤드라인이 연일 오르내리면서, 꼴뚜기가 뛰니까 망둥이도 뛴다는 식으로 구조조정이 대유행이었다. 그러나 실제는 다르다. 지금까지 상장회사와 비상장회사를 합쳐 약 3만 개 이상의 회사를 조사한 결과 실적향상의 가장 중요한 요인은 구조조정이나 비용의 절감이 아니었다.

세상이 온통 불황의 늪에 빠져 있음에도 불구하고 오히려 실적이 향상된 회사는 제품의 성능이나 신제품 개발에 주력한 회사였다. 어떤 불황을 만나도 앞으로 나아갈 방향을 끊임없이 생각하는 회사는 번영을 계속한다.

요컨대, 구조조정이라든가 비용절감과 같은 집행과 관리도 중요하지만 '회사가 나아갈 방향을 결정'하는 일이 무엇보다 중요하다. 즉 중요성의 순서를 잘못 알아서는 안 된다는 것이다.

3. 기업가 정신과 관리자 정신

첫째 : 기업가 정신
- 불연속적 긴장을 스스로 만들어 내는 능력
- 스스로 문제를 찾아내어 변화와 혁신을 만들어 낸다.

둘째 : 관리자 정신
- 연속적 긴장을 견딜 수 있는 능력
- 주어진 문제를 해결하고 안정과 효율을 만들어 낸다.

4. 기업가 정신

기업가 정신이란 위험이 있는 새로운 사업을 운영하기 위한 경영자들이 창의적이고 모험적인 성향으로 기업을 설립하거나 혁신 또는 위험을 감수하는 정도를 말한다.

① 기업가는 행위자이지 지략가는 아니다.
② 기업가는 태어나는 것이지 만들어지는 것은 아니다.
③ 기업가는 항상 창조자이다.
④ 기업가는 이론가이고 사회적 부적합자이다.

⑤ 기업가는 꼭 이익을 목표로 한다.
⑥ 모든 기업가의 바람은 돈이다.
⑦ 모든 기업가는 행운을 바란다.
⑧ 무지는 기업가에 대한 축도다.
⑨ 기업가는 성공을 찾으나 높은 실패율을 경험한다.
⑩ 기업가는 절대적인 위험 감수자이다(도박꾼).

자료 출처: 스티븐슨

기업가 정신이란 한마디로 말하자면 불연속적 긴장을 스스로 만들어 내는 능력에 관한 것이다. 이것은 스스로 어떠한 일을 시작해서 궤도에 오르면 실무자에게 맡기고 자신은 또다시 새로운 일을 만들기 시작하는 식의 적극적인 능력을 말한다.

지금까지의 안정된 틀을 일부러 부수고 성장을 위한 새로운 최적의 조건을 추구해 나가는, 즉 안정되었기 때문에 불안정을 추구하는 능력을 말한다.

새로 회사를 창업한 사장은 기업가 정신으로 무장한 사장의 표본과 같다고 할 수 있다. 보통 회사가 안정적인 궤도에 오르게 되면 일단 마음을 놓게 되는데, 창업사장은 현재의 안정된 현상에 만족하여 가만히 눌러 앉아 있지 못한다.

또다시 새로운 위험을 각오하고 자신을 일부러 경영환경이나 시장환경의 변화를 따르기 위하여 긴장상태 속으로 밀어 넣는다. 특히 중소기업의 창업사장은 대부분 이런 유형의 사람이다.

5. 기업가 정신의 발전단계

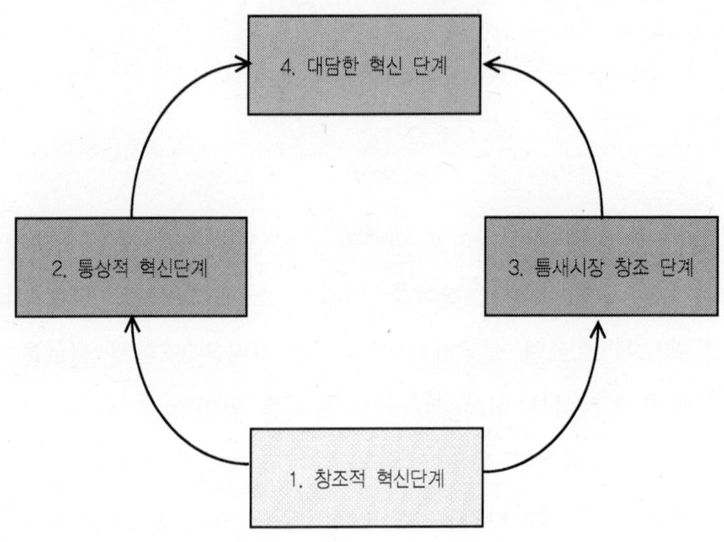

1) 창조적 혁신단계

창조적 혁신단계에서는 전혀 새로운 기술이나 생산체계의 도입 혹은 새로운 결합으로 기존기술의 기술생산체계를 파괴하고 전혀 새로운 시장고객과의 연결을 창조하는 것으로

① 기회에 초점을 둔 전략적 성향을 가지고 있다.

② 기회를 포착하면 신속하고 과감하게 행동한다.

③ 필요에 따라 임기응변식으로 자원을 동원한다.

④ 비공식적 네트워크를 활용하여 수평적 관리를 선호한다.

⑤ 가치창조의 보상체계를 선호하게 된다.

2) 통상적 혁신단계

통상적 혁신단계에서는 기존기술의 기술생산체계를 한층 세련되게 강화하고 기존 시장고객과의 연결을 유지, 강화하는 혁신단계로서
① 기업의 지속성을 유지, 강화하기 위한 장기전략을 입안, 실행하는 과정에서 연구개발, 제조, 판매의 각 단계에서 점진적인 혁신을 추구하고
② 대량생산에 의한 규모의 경제를 실현하면서 한편으로는 고품질을 유지하는 생산판매 프로세스를 설계하고 관리하며,
③ 조직원이 지속적인 혁신을 추진할 수 있도록 조직을 관리한다.

3) 틈새시장 창조단계

틈새시장 창조단계는 기존기술의 기술생산체계 결합 또는 한층 세련되게 함으로써 새로운 시장을 창조하거나 판매조직의 강화, 기존 유통채널의 결합 등을 통하여 새로운 시장을 창출하는 혁신을 하는데
① 시장소비자의 요구를 분석적 또는 직관적으로 파악하고,
② 기존의 기술생산체계를 유지하면서 신제품을 생산할 수 있는 능력을 개발하고,
③ 혁신을 주도하는 마케팅팀과 연구개발팀을 통합적으로 관리하는 능력이 필요하다.

4) 대담한 혁신단계

대담한 혁신단계에서는 기존 기술생산체계를 전면적으로 파괴하면서 기존 시장소비자와의 연결을 한층 강화하는 대담한 혁신을 하는데

① 기술의 응용을 넘어 기초과학에 대한 이해력을 갖는 기술집약형,

② 구체적인 경영능력을 구비치 못하는 경우가 많아서 기술자와 경영자가 협력하여 기업을 운영하는 경우가 많고,

③ 대담한 혁신이 창조적 혁신으로 승화하기 위해서는 기업가적 경영자질이 요구된다.

6. 사장의 세 가지 역할

1) 비전을 제시하라

조직원들에게 어디로 언제까지 얼마나 갈지에 대한 비전을 제시해야 조직원들이 동요하지 않고 또 다른 지시나 방침이 없어도 자

연스럽게 비전방향으로 움직이게 되고 그렇게 될 때 목표를 달성
할 수 있다.

2) 전략적 의사결정

전략적 의사결정이란 문제의 현상을 넘어 문제의 본질에 접근하
여 기업의 Mission과 Vision 달성을 위한 기업의 최고 책임자로서
의사를 결정하는 것으로 기업경영에서 매우 중요한 행위이다.

3) 집행과 관리

수립한 전략을 실행하기 위해서는 간부는 물론, 일선 현장의 말
단사원에게도 도전의식을 불러일으키게 함으로써 조직원 모두가
각자의 위치에서 창조성을 발휘할 수 있게 해야 한다.

7. 관리자 정신

관리자 정신이란 연속적인 긴장에 견딜 수 있는 능력을 말한다.
이것은 일단 결정된 경영목표를 흔들림 없이 유지하고 그 내용을
세분화한 다음 목표 달성을 위해 조직 전체를 효율적으로 조절해
가는 능력이다.

이러한 능력이 간단한 것처럼 보이지만 사장은 출생이나 성장과
정, 가치관이 다른 수많은 사람들을 통해 자신이 구상해 낸 것을
실현시켜야 한다.

그러기 위해서는 어떤 상황에서도 흥분하지 않고 냉정하게 강인한 의지력과 인내력을 발휘할 수 있어야 한다.

즉 관리자 정신은 '집행과 관리'업무를 효율적으로 수행하기 위해서 없어서는 안 될 능력이다. 이러한 능력은 어려서부터 재미없는 수험공부를 시작하고, 까다로운 상사 밑에서 온갖 어려움을 겪어 내는 과정에서 각 단계마다 어려움 하나하나를 착실하게 극복해 온 SKY그룹 출신들이 발휘할 수 있는 능력이다.

일반적으로 좋은 회사의 모델을 보면 사장은 기업가 정신이 왕성하고, 임원은 관리자 정신이 충만한 곳이다. 그러나 중견기업이나 대기업이 아닌 중소기업에서는 그러한 이상적인 조합을 조직 속에 정착시키는 것이 좀처럼 쉽지 않다. 그렇기 때문에 자연히 사장 혼자서 기업가 정신과 관리자 정신을 동시에 발휘해야 하는 것이다.

사장도 인간이기 때문에 개인마다 각각의 기질이 있어서 기업가 정신에 치우친 사람이 있는가 하면, 관리자 정신에 치우친 사람도 있다.

천성적으로 양쪽의 균형이 잡힌 사람은 매우 드물다.

관리자일 때는 매우 탁월한 능력을 발휘하던 사람이 사장이 되어 능력을 발휘하지 못하는 경우가 너무 많다.

- 중소기업의 사장은 다수가 기업가 정신에 치우쳐 있다.
- 기업가 정신은 성공하면 할수록 더 강해진다.
- 창업사장은 실패도 하고 성공도 하지만, 그러한 과정에서 성공의 체험을 반복하다 보면 사업의 감각과 더불어 성장하는 것이다.

8. 경영자의 능력

기업가 정신은 야심, 사명감, 로망, 이상, 직감력, 통찰력, 상상력, 문제의식, 위기감, 호기심, 도전의욕, 정보수집력, 결단력 등의 요소로 구성되고, 각각의 요소를 강화하면 기업가 정신도 강화된다.

야심, 신념, 이상이라는 요소는 기업의 미래에 대해 그리는 구상이나 경영이념의 명확화와 관계가 있으며 정보수집력이나 결단력은 전략적 의사결정과 관계가 깊다.

관리자 정신을 구성하는 요소는 지식, 경험, 통찰력, 인간존중, 포용력, 인내력, 상대방의 입장에서 생각하는 능력, 고압적 태도, 시스템적 사고, 시간 활용 능력, 계수감각 등이다.

리더십 능력은 철학, 경영이념, 멀리 넓게 보는 눈, 건강, 체력, 리듬 있는 지구력, 품성, 인격, 운, 윤리관, 인간적 매력 등으로 구성되고 이들 요소를 키워 갈수록 리더십 능력이 강화된다.

1) 리더십

기업가 정신이 투철한 사장들은 세상이 어떠한 구조, 어떠한 관계로 움직이고 있는가를 가장 중요시하는 통찰력을 강조하는데 관리자 정신이 충만한 사장은 상대방의 입장에 서서 생각하는 것을 중요하게 생각한다.

야심이란 타인에게 말하면 웃음거리가 될 정도로 턱없이 높은 현재의 신분에 어울리지 않는 바람, 하지만 이것이 성공에 대한 소망, 독창성, 경쟁심, 참을성의 전제가 되며 사장, CEO로서 능력을 발휘하는 원동력이 된다. 만약 사장이 야심을 잃고 '이만 하면 됐어.'라고, 하고 있는 일을 고집하게 되면 그 시점부터 회사는 내리막길을 걷게 된다.

전술은 현장에서 몸으로 부딪히며 해결해야 할 문제로 사원의 몫으로 현재의 강점과 약점을 자세히 분석한 결과를 현장에서 실천하는 것이며, 전략은 사장이 해야 할 일로서 어떻게 우리 회사는 앞으로 10년 후 업계 1위가 될 수 있는지에 대한 실천방안이다.

사장들이 경험한 소년기(10세~15세)의 사회·경제적 상황을 상중하로 나누어 비교해 보면 언제나 하위층 출신의 사장들이 더 강렬한 야심을 가지고 있으며 높은 실적을 올리고 있다.

2) 사명감

사명감이란 사장으로서 자신이 하고자 하는 일이 하늘이 자신에게 부여해 준 임무라고 생각하고 주변사람들을 설득하여 그들과 같이 자신의 미션을 달성하는 것으로서 특히 창업기의 사장들은 신념을 많이 강조하는데 불안정한 환경 아래서 많은 사람을 통솔하기 위해서는 강한 신념이 꼭 필요하기 때문이다. 위에서 과제가 주어졌기 때문에 일을 하는 것이 아니라 스스로 이상이나 로망을 내세우고 현장에서 부딪히면서 급성장하고 있는 중견 기업 사장의 감(感)은 아주 잘 맞아떨어져 사업이 지속적으로 성장하게 된다.

직감력은 과거의 성공경험과 자신감으로부터 나오는데 간혹 과신에 의한 착각을 범하게 하는 일도 있기 때문에 주의해야 한다. 일반적으로 뛰어난 직감력은 창업기에 있는 중견 기업의 사장에게서 기업가 정신으로 나타난다.

3) 문제의식

지금까지의 경험이나 많은 사람들과의 대화 등을 어렴풋이 생각하면서 어떤 하나의 주제에 의식을 집중하면 어떤 이미지가 떠오른다. 이 과정은 비논리적이므로 학문적으로 설명이 불가하지만 이 어렴풋한 이미지를 반복해서 떠올리는 과정에서 점차 확실한 이미지로 만들어지면 그것이 미래에 대한 구상으로 다듬어져 간다. 사장으로서 상상력을 풍부하게 하려면 끊임없이 다양한 사람으로부터 다른 의견을 접해야 한다.

문제의식이란 당면한 최고의 과제를 두세 가지로 좁힐 수 있는 능력으로 문제를 해결하는 사람은 얼마든지 있지만 문제를 발견할 수 있는 사람은 많지 않다.

적어도 사장은 문제를 발견할 수 있어야 한다.

문제의식은 기업가 정신의 기본이 될 만큼 중요한 요소이다. 위기감은 혁신의 에너지이며, 이것이 없으면 전혀 새로운 것에 대한 도전의식이 사라진다. 공공기관의 효율성이 떨어지는 것은 망할 수도 있다는 위기감이 없기 때문이다. 반대로 너무 지나치면 위축되어 의욕이 없어진다.

따라서 사장이 지녀야 할 위기감은 미래의 불확실한 환경 아래서도 회사를 유지, 발전시킬 수 있느냐에 관한 발전적인 테마에 대한 것이어야 한다. 이것은 사장이 회사의 미래를 전망하는 통찰력과 안과 밖을 이루는 일체이다.

중견간부 이하는 위기감을 갖지 않고 가지려고도 하지 않는다. 따라서 끊임없이 위에서부터 아래로 위기감을 심어 나가야 한다. 기업가 정신이 왕성한 사장들을 보면 새로운 일에 도전하여 일단 성공을 하고 나면 그 일에 흥미를 잃고 만다. 그래서 다시 새로운 일에 도전한다. 사장에게 도전의욕이 없어지면 회사의 발전도 거기까지다.

그러나 끊임없이 도전하는 사장이 있다. 이러한 유형의 사람은 지나치게 일의 범위를 확장하다가 그만 사업에 구멍을 내기 쉽다. 따라서 부하직원 중에 관리자 정신이 충만한 사람을 옆에 두고 꼼꼼히 체크하도록 해야 한다.

사장이 기업의 미래에 대한 타당성 있는 판단의 정보가 있어야 한다. 이 정보들을 어떻게 모을 수 있는가? 이것은 오늘날과 같은 정보화 시대에 사장에게 가장 중요한 능력이다.

사장이 정보가 필요할 때 사장 스스로 한발 앞으로 나가 부딪쳐 보면서 정보를 수집하는 능력은 기업가 정신에 속하는 정보수집력이다.

또 다른 정보수집방법은 신뢰할 수 있는 인적 네트워크를 만들어서 정보를 수집하는 능력으로 이는 관리자 정신에 속하는데 사장은 의사결정이 필요할 때 결단을 내릴 수 있어야 한다. 오류가 없는 결정은 누구나 쉽게 결단할 수 있다. 그러나 현실은 그렇지 않다.

직접 자신이 의사결정할 수 있는 방법은 그 방법마다 일장일단이 있지만 그래도 그중 어느 하나를 선택하지 않으면 안 된다. 때문에 결단력은 사장으로서 지금까지 결단을 내린 경험의 양과 질에 의해 좌우된다. 비슷한 상황과 문제를 해결하다 보면 자신감이 쌓여서 대담하게 결단을 내릴 수 있는 마인드가 향상된다.

대기업의 경우는 30%만 찬성하면 결정적인 판단이 가능하다. 왜냐하면 대기업이기 때문에 의사결정이 잘못되어도 망할 위험이 적고, 오히려 과반수가 나올 때까지 의사결정이 늦어지면 신속한 대응이 불가하기 때문이다.

중소기업은 30%가 찬성한다고 쉽게 의사결정을 해서는 안 된다. 중소기업의 기준은 실패해도 망하지 않는다는 판단이 설 때 의사결정을 해야 한다. 사장이 의사결정을 결정하는 것으로 끝나서는 안 되고 결정한 대로 지속적으로 점검해 가는 것 또한 중요하다. 경영안정이나 효율을 따지려면 재무관리, 원가관리, 재고관리 등에 관한 이론을 알고 있어야 한다.

사장이 그에 대한 자질이나 지식이 부족하다면 그것을 할 수 있는 전문가를 채용해야 한다. 이때 중요한 것은 그 전문가는 사장의 부족한 능력을 보좌하기 위해서 채용한 것임을 명심하고 관리자가 자신의 스타일, 취향, 의사결정 방법 등이 자신과 맞지 않는다고 방해꾼 취급을 해서는 안 된다.

관리자 정신이 풍부한 사람은 이론으로 생각한다. 그러나 그 이론이란 것이 학생시절에 배운 것을 그대로 머리에 넣어 지금까지 답습하고 있는 것이다.

기업가형 사장은 이론이 아니라 눈을 감고 한발 나가 부딪쳐 보면서 생각하고 의사결정을 한다. 그리고 그때마다 또다시 새로운 지식을 몸에 익힌다.

대체로 머리가 좋은 수재형은, 그렇기 때문에 새로운 것에 부딪치면 의외로 대처하는 능력이 약하다. 현재의 전문지식에서 가장 무서운 것이 바로 이 점이다.

경험이란 회사의 방향을 결정하는 의사결정을 얼마나 쌓았는가에 대한 경영경험을 말한다. 관리형 수재의 특징은 "모든 것은 실제로 경험해 보지 않으면 모른다."라고 말하면서도 정작 자신은 새로운 경험을 달가워하지 않는다.

말단사원에서부터 단계를 밟아 사장이 된 사람들이 경영의 체험을 충분히 쌓았다고 착각하고 있지만 그들의 경험은 관리에 관한 경험일 뿐, 회사의 미래를 결정하는 중대한 결정과는 거리가 먼 것이다. 그런데도 자신의 경영경험만으로도 충분히 사장의 임무를 수행할 수 있다고 생각한다.

사장은 마치 큰 배의 선장같이 회사의 미래와 나아갈 방향을 결정하는 사람이다. 그런 결정을 자신이 해야 함에도 불구하고 결정을 주저하게 된다면 어떻게 사장의 업무를 수행할 수 있는가?

4) 통찰력

공자는 "내가 원하지 않는 곳에 사람을 보내지 마라!"고 말했을 정도로 자신이 하기 싫은 일을 남에게 시키지 않고, 자신이 하고 싶은 일은 다른 사람에게 하게 한다. 이와 같은 사고방식은 좋은 인간관계를 맺고 유지하는 데 있어서 매우 중요한 덕목이다.

이런 사고방식은 사원들이 기분 좋게 경제활동의 국제화 조류 속에서 각 나라와 마찰을 일으키지 않고 글로벌한 기업 활동을 영위하기 위해서도 중요하다.

제멋대로 자란 사람들은 이러한 능력을 갖추기가 힘들다. 또 몸이 건강하고 머리가 좋은 사람들 역시 이러한 능력을 갖추지 못한 경우가 많다.

풍요로운 환경에서 자란 사람은 이러한 능력을 의식적으로 키우지 않으면 일류사장이 될 수 없다. 이런 능력이 지나치면 상대방의 기분을 지나치게 배려하다가 과감한 의사결정을 할 수 없게 되지만 상대방의 입장을 철저히 생각하되 그 위에서 더욱 과감하게 의사결정을 할 수 있어야 한다.

사장이 되기 전까지는 라이벌 의식을 활동의 동력으로 삼아 왔지만 일단 회사의 수장, 즉 사장이 되면 라이벌 의식을 버려야 한다. 라이벌 의식을 버리지 못하면 다른 사람의 발목을 잡으려 한다는 분위기를 없애지 못하고, 상대방의 단점밖에 들어오지 않는 마음가짐과 행동을 보인다면 사람들은 결코 따르지 않는다.

부하직원은 내가 생각한 것의 60~70%만 할 수 있으면 잘 한 것으로 생각하는 것이 중요하며 인내력은 시험준비기간, 긴 투병생활, 재수생활, 군대생활 등 어려운 생활을 하다 보면 몸과 마음으로 체득하게 되는 그런 힘이다.

사장이라는 직업은 참아야 성공할 수 있는 직업으로 창업사장들은 참지 못하고 사원들에게 버럭 큰 소리를 지르는 경우가 많은데 매사를 참을 수 있어야 큰 사장이 될 수 있다.

5) 시간활용능력

한정된 시간을 어떻게 활용할 것인가를 고민하는 것은 사장의 집행관리에서 매우 중요한 포인트이므로 정신력을 집중하여 짧은 시간 동안에 많은 문제를 처리할 수 있는 능력을 익혀 나가야 한다.

6) 계수감각

중요한 사안에 대해서 대강의 수치를 파악하는 능력으로 중소기업에서는 특히 자사의 손익분기점이 얼마인지 알아 둘 필요가 있다. 신규 투자의 손익목표로서 3년 뒤에는 경상흑자, 5년 뒤에는 누적흑자 이런 것도 머리에 담아 둘 필요가 있다.

현재와 같이 변화가 극심한 시대에는 시대가 변해도 변하지 않는 원리와 원칙을 바탕으로 판단하고 행동할 수 있는 철학이 사장에게 필요하다.

인간으로서 멋있는 인생을 보내려면 어떻게 해야 좋은가를 항상 생각하고 있어야 그렇게 될 수 있다.

7) 체력관리

사장들은 거의 터프하다. 일본의 닛케이신문에서 40%가 사장의 조건으로 건강을 들고 있다. 건강해야 터프하지, 터프하지 못하면 상대방의 말을 잠자코 끝까지 들을 수 없으니 열에 받쳐 자신이 직접 나서서 결정해 버리기 쉬운데 체력이 약한 사장들은 그만큼 쉽게 히스테리 상태에 빠지게 된다. 이런 상태로는 작은 회사의 사장은 할 수 있을지 몰라도 큰 회사의 사장은 할 수 없다.

리더십 능력을 발휘하여 의사결정을 하려면 사람들의 이야기를 경청할 수 있는 체력이 필요하다. 한편으로 체력을 사용하되 다른 한편으로 지속적으로 충전을 해 두지 않을 경우 빠르면 40대에 이미 체력이 고갈되어 버릴 수 있으니 체력이 있을 때 다른 능력을 개발해 두지 않으면 나중에 리더십 능력을 발휘할 수 있는 체력이 생기지 않는다.

상대방이 감정적으로 반대하고 있을 때는 아무리 데이터를 보이고 이론적으로 반론해도 상대방은 절대로 받아들이지 않는다. 감정적으로 반대하고 있을 때는 의사결정을 연기할 수밖에 없다. 상대방을 납득시키는 것이 꼭 필요하다면 1개월이든 2개월이든 참으며 기다린다. 감정은 그리 오래가지 않으므로 반대하는 마음이 가라앉았을 때를 기다려서 합의를 이끌어 낸다.

지구력은 끈질기게 계속하는 힘이다. 중요한 것은 계속 도전하면서도 자신을 객관적으로 바라보고 반성하는 것이다. 감사할 줄 아는 사람을 선택한다.

주위 사람들 모두에게 같은 태도를 보여 주기 때문에 사람들 역시 "저 녀석은 제법 좋은 녀석이야."라고 한다.

이것만으로도 뭔가 좋은 방향으로 일이 풀려 간다든지 그가 하는 일에 대해서는 아무도 발목을 잡지 않으며 그렇기 때문에 그가 하는 일은 잘 풀려 가게 된다. 이것이 운이다.

8) 윤리관

윤리관이란 사회의 법규보다 더 엄격하게 자신을 규제하는 힘으로, 주위에 사람이 있든 없든 스스로 행동을 규제할 수 있는지 없는지는 윤리관에 달렸다. 이것은 어린 시절부터의 성장배경, 특히 가정교육이 어떠하냐에 따라 크게 좌우된다. 그러나 자신에게 윤리관이 있다는 사실을 사람들에게 알려서는 안 된다. 이것은 매우 중요하다.

자신의 윤리관을 표면에 드러내면 다른 사람들에게 자신의 윤리를 강제하는 결과를 가져온다. 이런 태도를 보이면 사람들에게 사장이 역겨운 존재로 비쳐질 수 있는데 사장은 사람들에게 그들의 정신적 자유를 존중해 주어야 하며, 자기 자신 역시 윤리에 지나치게 구애받으면 스스로 점점 위축될 수 있으므로 어느 선까지 일정한 한계를 설정해 주는 것이 좋다.

9) 책임감

책임감이란 맡은 일을 성공시켜야 하는 압력이며 실패하면 손해를 감수할 수 있는 각오로서 회사가 커지면 커질수록 책임을 느끼는 범위가 확산되고 이어 사회적 책임까지도 지게 된다. 책임감 역시 윤리관과 마찬가지로 어린 시절의 가정교육에 의해 키워지는 일이 많다.

10) 인간적 매력

인간적 매력이란 특별히 이렇다 할 것은 없으나 왠지 사람을 끌어당기는 힘으로 인간적인 매력이 있는 사람은 "자신이 부족하고 어리석음을 아무렇지도 않게 내보이는" 것이 가능하다. 자신이 가장 높은 위치에 있기 때문에 어느 정도 바보스런 연출이 없으면 아랫사람들이 따라가기 어렵다.

창업사장은 의외로 아무렇지도 않게 바보가 될 수 있다. 그런데 관리자에서 올라온 수재형은 마지막까지 똑똑하다. 이래서는 많은 사람을 끌고 가기 어렵다. 사원이 오천 명, 만 명이 되면 사장은 사원과 직접 접촉할 기회가 거의 없어진다. 이때 사원은 저 멀리 사장의 뒷모습을 보고 상황을 판단한다.

그런 상황에서 사장이 더러운 일을 하면 사원들은 자신들도 그렇게 할 수 있다는 생각을 자연스럽게 갖게 된다.

회사가 중견기업까지는 무난하게 성장했는데 그 이후에 언제까지나 제자리를 맴돌고 있는 것은 여기에 원인이 있는 경우가 많다. 그만두지 않으면 커지지 않는데도 언제까지나 과거의 방식을 고수한다. 이것은 사장의 품성에 관한 문제이다.

사장의 품성은 한마디로 말해 셀프컨트롤이며, 커다란 조직의 정점에 서서 광범위하게 흩어져 있는 많은 사람들을 리드해 가는 데에 없어서는 안 될 자질인 것이다.

9. 기업의 흥망

잘나가는 벤처기업의 창업사장들을 만나 보면 고집과 배짱도 있고 자신감에 넘치며 게다가 어딘지 모르게 매력적인 인물이 많다. 또한 그분들은 사장으로서 체취를 한껏 풍기지만, 그들의 회사가 큰 기업으로 성장하지 못하는 것은 사장에게 필요한 능력 중에서 기업가 정신 일변도이기 때문이다.

어렵게 작은 사업으로 시작하여 상당한 규모의 회사로 성장한 회사의 사장들이 특히 심한데 주위의 조언을 귀담아 듣지 않고 그들을 비웃기까지 하면서 자신에게 관리자 정신이 부족하다는 사실을 깨닫지 못하고 자신은 무엇이든 다 알고, 무엇이든 다 잘 할 수 있다는 착각에 빠져서 주위의 조언이나 협력을 거부한다.

이에 비해 창업주로부터 경영권을 물려받은 2세 경영인 사장들은 전반적으로 관리자 정신이 넘친다. 이들은 무엇이든 자신이 결정하지 않으면 수습이 안 되는 특성을 지니고 있는데 이들은 아버지가 자신의 머리에 떠오른 생각을 시도 때도 없이 불쑥불쑥 지시함으로써 부하직원을 허둥거리게 만드는 것을 보면서 2세 경영인 사장이 된다. 이들 중에는 자신은 아버지와 다르다는 인식 아래 경영관리에만 치중하는 유형이 많이 나오지만 결과는 실적부진으로 이어지고, 역시 아버지가 위대했음을 느끼게 될 가능성이 많다.

기업가 정신과 관리자 정신의 균형이 중요하다고 말했는데 그러나 이것은 균등하게 50%라는 뜻은 아니다. 때와 장소에 따라서 구분해서 쓴다는 의미의 균형을 말한다. 초창기에는 90 : 10, 성장기에는 60 : 40 식으로 업종과 기업이 처한 환경과 자사의 능력에 따라 달라지는 것이지 몇 대 몇 식으로 정해지는 것은 아니다.

창업에서 성장까지의 기간이 길고 안정기가 짧은 기업이나, 반대로 창업에서 성장까지의 기간이 짧고 안정기가 긴 곳도 있다. 그러나 어느 경우든지 창업기에서 재성장기에 이르는 순서와 각 단계에서 사장의 어떤 능력이 중요한가는 동일하다.

창업기의 사장에게는 물론, 기업가 정신이 중요하다. 사업을 시작한 지 얼마 되지 않았을 때는 관리자 정신은 거의 없어도 크게 문제가 되지 않는다. 기업가 정신만으로 쉬지 않고 일을 함으로써 기업은 눈부시게 발전한다.

이때는 사업을 키우기 위해 이치를 따지기 전에 온몸으로 느낄 수 있는 사장의 직감력이나 감으로 신속하게 의사결정할 수 있는 결단력, 사업 추진의 에너지가 되는 야심 등이다. 사장의 비논리적인 요소가 중요한 기간으로 회사는 비논리적인 요소가 조직이나 재무에까지 미치게 되면서 시스템 부재의 관리위기에 봉착하기 쉽다.

관리자 정신이 0인 상태에서 경영에 임하고 있기 때문에 회사의 내부에는 구석구석 비효율이 발생하고 회사의 재무상태와 과도한 차입금, 높은 이직률, 불량률 증가, 재고의 급증과 같은 상황이 발생할 수 있다. 그러다 보면 지금까지 순조롭게 발전해 온 사업이 갑자기 내리막길로 치닫는 위기를 맞이하게 될 수도 있다. 이러한 증상이 포착되면 사장 혼자서 독단적으로 의사결정하는 방식에서 벗어나 제대로 된 하나의 회사로서 시스템을 정비하여 조직이 실적을 올릴 수 있도록 해야 한다.

만약 사장에게 관리자 정신이 부족하다는 생각이 들면 관리자 정신이 풍부한 인재를 영입하면 된다. 물론 이 기간에도 본래의 기업가 정신을 계속 발휘하여 상품개발과 새로운 시장 개척을 지속적으로 추진하는 기업이 될 수 있어야 다음 성장기를 맞이할 수 있다.

기업의 외형이 커지고, 주력상품의 시장 점유율이 안정적으로 확대되고 있을 때는 회사 내부의 구성원들을 분발케 하여 시장을 넓혀 가는 일이 무엇보다 중요하다. 이러한 일을 해내기 위해서는 사장에게 기업가 정신과 함께 관리자 정신이 필요하다.

그중에서도 전략적 의사결정을 위한 관리자 정신이 필요한데 집행관리를 위해서는 상대의 입장에서 생각하는 능력이 중요하다. 또

이 기간에는 기업의 미래에 대한 구상, 경영이념을 명확히 하기 위한 예리한 통찰력도 필요하다.

이 기간에 사장이 주의할 것은 기업의 규모가 확대되기 시작하는 성장 과정에서 관리자 정신과 기업가 정신 사이의 균형만을 강조하다 보면 기업의 성장 잠재력 그 자체를 손상시킬 수 있다는 점이다.

기업이 성장하다 보면 경영의 부조화가 나타나기 시작하는데 사장은 불균형이 어느 선까지 허용할 것인가를 제대로 짚고 있으면 된다. 그 허용되는 범위는 은행이 돈을 빌려 주는 범위 안에서의 언밸런스까지다. 이름만 명문일 뿐 실제는 적자의 회사로 전락하고 환경의 변화에도 제대로 적응할 수 없는 기업이 되었을 때 사장은 어떻게 해야 할까?

이때 사장이 해야 할 일은 기업가 정신을 발휘하여 '제2의 창업'에 임해야 한다. 그러나 창업기와는 달리 조직이나 설비가 방대하므로 관리자 정신이 전혀 필요 없다고는 할 수 없다. 따라서 이때에는 기업가 정신과 관리자 정신 두 가지를 높은 수준에서 통합적으로 발휘할 수 있어야 한다. 여기서 사장 CEO에게 요구되는 능력은 국제적인 시야를 가진 통찰력이다.

창업기에는 비논리적인 직감이나 감각에 의한 통찰력이 중요하였지만, 지금은 그동안의 성공경험으로 입증된 감각이 더해져서 논리적인 분석에 의한 통찰력이 추가되어야 한다.

또 새로운 사업을 추진하기 위해서는 관련 사업부문을 자회사로서 독립시키거나, 본사의 구조조정뿐 아니라 관련 자회사의 정리와 통합을 도모하거나, 더 나아가 분사화를 추진할 필요도 생긴다.

문제는 분사된 자회사의 경영을 책임질 사장의 능력이다. 누구나 그런 것은 아니지만 40대가 되면 스스로 인생을 다시 생각해 보는 법이다. 나는 이대로 괜찮은 것일까 하고 원점으로 돌아가서 자신을 생각할 줄 아는 사람, 이것이 분사 사장의 최저 필요조건이다. 이와 같은 사람이 아니면 분사 사장에 임명해도 기업가 정신을 발휘할 수 없기 때문이다. 그러나 그것이 충분조건은 아니다.

10. 사장의 경영철학

사장의 경영철학이 미션과 비전으로 전 사원에게까지 공유되어야 한다. 회사가, 사장이 추구하는 바가 무엇인지, 우리가 달성해야 할 목표가 무엇인지를 알아야 전 직원이 그 방향으로 그만큼의 목표를 달성하기 위해서 전력투구할 것 아닌가?

사람의 신뢰를 얻으려면 상대를 의심하고 다가가서는 안 된다. 나는 사람을 대할 때 늘 한 번은 속아도 좋다고 생각하는 것을 원칙으로 하고 있다. 단 한 번도 속아서는 안 된다는 마음가짐을 가지고 사람을 대하면 우선 그 사람을 의심하고 다가가게 되는데, 그렇게 하면 상대도 역시 나를 의심하면서 대하게 된다.

이렇게 해서는 둘 사이에 신뢰관계가 형성되기 어렵다. 한 번 속았다 해도 내가 나빴지 하고 넘어간다. 그러나 두 번 속임을 당하면 상대방의 배신에 화를 내는 내가 싫기 때문에 그 사람을 두 번 다시 상대할 생각을 하지 않는다.

한 번이나 두 번은 어쩌다가 속이게 되었을지 모른다. 한두 번

속이는 사람도 그다음에는 좋아질지도 모른다. 이렇게 하지 않는다면 덕이 있는 사람을 얻을 수 없다. 물론 속임수를 써서 치명적인 손해를 입히는 사람이나 고의로 상대방을 속이는 사람은 단 한 번에 끊어 버린다.

멀리 그리고 넓게 보는 시야란 고도의 시스템 사고라고 말한다. 경쟁할 때는 깊이 생각하는 것만이 아니라 동시에 넓게 생각하는 쪽이 이긴다. 깊이만 추구하다 보면 절름발이 전문가가 되고, 넓이만 추구하다 보면 어느 하나 제대로 하는 것 없는 푼수가 된다. 그래서는 경영으로 성공할 수 없다.

큰 조직의 리더로서 멀리 보고 넓게 보고, 길게 보고, 깊게 생각하는 훈련을 끊임없이 반복하여 리더십 능력을 발휘해 나가면, 그로 말미암아 더 멀리, 더 높이, 더 깊이 볼 수 있게 되어 더 많은 사람들이 이해하고 지원하는 한층 더 높은 리더십 능력을 함양할 수 있게 될 것이다.

11. 기업가정신의 사례: 남승우 풀무원 사장

남승우 풀무원 사장(57)에게는 늘 '마니아'란 수식어가 따라붙는다. 휴일이면 슬리퍼를 끌고 동네 만화방에서 하루를 보내기도 하는 '만화광'이자, 미국 드라마 '24시'에 빠져 지금까지 방영된 157편을 몽땅 다운받아 본 '미드광'이기도 하다. 콜레스테롤 수치를 줄이겠다는 일념으로 50세 늦깎이로 입문한 마라톤은 이제 연간 풀코스 한 번, 하프코스 네 번 정도 완주하는 수준이 됐다.

시쳇말로 '필이 꽂히면' 정신없이 몰입하는 그의 '천착'(穿鑿) 기질을 얘기할 때 빼놓을 수 없는 대상이 있다. 올해 탄생 100주년을 맞은 현대 경영학의 '영원한 구루' 피터 드러커다. 남 사장이 드러커에 눈을 뜨게 된 것은 사실 '술병' 덕(?)이었다. 1990년대 초 알코올성 췌장염(이후 그는 술을 끊었다)으로 40여 일간 병원 신세를 질 때 비서가 사다 준 드러커의 '새로운 현실(New Reality)'을 읽게 되면서부터다.

이 책을 통해 드러커가 주창하는 지식사회와 지식근로자에 매료된 남 사장은 이후 국내에 소개된 그의 저서 20여 권 중 절반 이상을 섭렵했다. 특히 '프로페셔널의 조건'은 10번 이상 탐독했다. 남 사장은 현재 미국 클레어몬트 대학원 내 '드러커연구소'의 이사회 멤버이기도 하다.

드러커의 '광팬'인 남 사장의 가슴속에 가장 인상 깊게 남아 있는 구절은 "모든 성공한 CEO들에게는 단 하나의 공통점이 있을 뿐이다. 분명한 목표가 있고, 이를 이루기 위해 부단히 노력했다는 것 외에는 다른 공통점은 없다."(프로페셔널의 조건 중에서). 일견 지극히 당연해 보이는 이 말이 남 사장을 사로잡은 까닭은 그가 경영자로서 걸어온 길에 답이 있다. 그에게 '분명한 목표'는 풀무원의 기업 이념이기도 한 '바른 먹을거리'를 소비자들에게 제공하는 것, 이 목표를 향한 그의 노력은 드러커의 표현대로 '부단'하면서도 남달랐다.

서울대 법대를 나온 남 사장은 40세 때인 1992년 연세대 대학원에 들어간다. 십중팔구 경영대학원(MBA)을 생각하기 쉽지만, 그의 대학원 전공은 식품공학이다. 만학도인데다 비전공자라는 핸디

캡까지 안고 식품공학을 고집한 이유는 사뭇 명쾌하다. "내가 모르는 제품을 팔 수는 없지 않습니까?"

처음 목표는 석사였지만 지도교수의 부추김(?)에 넘어가 총 8년이 걸려 "치아 우식균(충치 원인균)의 DNA 염기서열에 관한 연구"로 식품생물공학 박사학위까지 받았다. '업자'를 한수 아래로 보는 식품의약품안전청 전문가들에게도 그의 박사 학위는 '말발'을 세워줬다. 남 사장이 유기 농산물의 농약 잔류치 기준, 생수의 미생물 기준 등과 같은 식품안전에 관한 규정을 국내에 도입하는 데 앞장설 수 있었던 데도 생물학 공부가 한몫했다.

식품생물공학으로 이론 무장을 했다면, 필드 스터디의 주요 터전은 일본의 식품공장들이었다. 남 사장은 1990년대 중반부터 한 달에 한 번꼴로 주말을 이용해 일본 출장을 다녀온다. 두부, 콩나물 등이 주력 품목인 만큼 일본이 지닌 세계 최고 수준의 생식품 노하우를 벤치마킹하기 위해서다. 그렇게 다닌 일본 출장 횟수가 140여 회에 달하고, 방문한 일본 중소 생식품 공장만도 200곳이 넘는다.

남 사장의 배움에 대한 열정을 얘기할 때 빼놓을 수 없는 게 요리학원이다. 식품사업을 하면서 요리를 몰라서 되겠느냐는 생각에 임원들과 함께 대표적 요리학원인 수도요리학원을 3개월간 다닌 적도 있다. 손재주가 '젬병'인 탓에 부인에게 한 번 면박당하고선 요리를 접었지만, 주부들의 요리 세계에 눈을 뜨게 된 좋은 경험이었다.

'집념가 남승우'의 면모는 일찌감치 고교 시절부터 엿보였다. 경복고 45회 동기생들에게 남 사장은 '전설'로 통한다.

고교 3학년(1969년) 초 그의 성적은 문과 180명 중 160등, 그해

도입된 '우열반' 편성에 따라 당연히 '열반'에 배정된 것은 물론 그 중에서도 한참 뒤였다. '오기'가 생기지 않았겠는가. 거의 매일 '타이밍'(각성제)을 먹어 가며 '3당4락'의 자세로 처절하게 공부해 학교에서 쓰러지기까지 했다. 그 결과 여름방학이 끝난 뒤 그의 성적은 전교 2등까지 올랐고 결국 서울대 법대에 합격했다. '열반' 2개 반 120명 중 재수를 않고 서울대에 들어간 사람은 남 사장을 포함해 단 2명뿐이다.

경복고 우·열반 동창들은 아이로니컬하게도 그의 사업에서도 '아군'과 '적군'으로 나뉘어 버렸다. 풀무원 설립 초기 남 사장과 회사를 공동 운영했던 원혜영 민주당 원내대표는 '열반' 반장이었다. 반면 풀무원의 최대 라이벌인 CJ제일제당의 김진수 사장과 식자재 유통회사 CJ프레시웨이의 이창근 대표는 '우반' 출신들이다. 문과에서 줄곧 1등이었고 서울대 상대에 수석 입학한 이 대표는 풀무원 부사장을 거쳐 CJ로 옮겨 갔으니 남 사장과는 묘한 인연이다.

남 사장은 네 번의 고시 낙방 뒤 현대건설에 입사했다. 원혜영 원내대표에게 500만 원을 빌려 준 것이 계기가 돼 풀무원 운영에 나선 것이 1981년, 당시 5,000만 원이던 매출은 지금 2만 배 성장한 1조 원에 이르고 국내외 25개 계열사를 거느리고 있다.

남 사장이 제시하는 풀무원의 비전은 2013년까지 해외 시장에서 2조 원, 국내 시장에서 3조 원 등 총 5조 원대 매출의 회사로 키우겠다는 것, 풀무원의 현재 외형을 감안할 때 결코 녹록치 않은 목표다. 남 사장이 어떤 의지로 이 같은 비전을 현실화할지 주목된다.

자료출처 : 한국경제신문

제2장 창업자의 적성과 자질

1. 창업자의 자기분석

기존의 연구결과를 보면 사업의 성공을 확실히 보장하는 개인적인 어떤 종류의 기업가 특성은 존재하지 않는 것으로 밝혀지고 있다. 물론 기업가의 개인적인 특성이 사업의 성공에 중요한 역할을 하는 것은 사실이나 사업의 성공은 이러한 개인적인 특성 외에 핵심 창업팀 간의 조화, 대내외 기업환경 등 많은 상황적 요인에 영향을 받는 것이 사실이다.

그러나 전설적인 벤처캐피탈리스트인 Arthur Rock은, 투자자는 사람을 보고 투자하는 것이지 기술이나 제품을 먼저 고려하는 것이 아니라고 했다. 사업의 성공 또한 기술력보다는 창업자의 경영자적 능력이나 마인드에 좌우된다. 창업자는 사업의 목표를 확실히 세우고 목표를 향해 과감히 도전해야 한다. 또한 자신의 능력을 명확히 인식하고 잘못을 시인하며, 필요하다면 전문경영인을 세울 자세도 되어 있어야 한다.

선장은 배가 항해 중일 때 그 배와 선원들의 운명에 가장 큰 영향력을 행사하는 사람이다. 그렇기 때문에 선장이 리더로서의 자질이 없거나 부족하다면 항해 중에 폭풍을 만난다거나 해적을 만났을 경우 그 배와 선원들의 운명은 부정적일 수밖에 없다. 창업자 역시 시장이라는 바다에 직원이라는 선원과 함께 기업이라는 배를 띄우려고 하는 선장인 것이다.

이렇게 창업자의 손에 기업과 직원들의 운명이 달려 있기 때문에 창업하려는 사람은 자신이 창업자나 경영자로서 자질이 있는가를 미리 살펴볼 필요가 있다. 특히, 벤처창업의 경우 창업자의 능력에 의해 회사의 운명이 결정될 가능성이 크기 때문에 자기분석을 철저히 하여야 한다. 창업자의 자기분석 시에는 다음과 같은 능력이 있는지를 살펴보아야 한다. 만약, 창업자 자신이 경영능력이 부족하다면 과감하게 전문 경영자를 영입하는 것이 바람직하다.

창업자에게 필요한 능력은 기업가 정신, 통찰력, 창의력, 지도력인데 기업가 정신에 대해서는 앞장에서 설명하였으므로 생략하고 통찰력, 창의력, 지도력에 대하여 알아보자.

1) 통찰력이 있는가?

(1) 사회의 흐름을 꿰뚫어 볼 수 있는가?

사회의 흐름에 대한 통찰력의 중요성을 보여 주는 예가 바로 컴퓨터 황제 빌 게이츠이다. 그는 10대 후반에 이미 컴퓨터가 사회의 필수 불가결한 요소가 될 것을 예상했다고 한다. 재일교포 2세

로 소프트뱅크사의 회장인 손정의 역시 컴퓨터 소프트웨어의 중요
성을 일찌감치 간파했기 때문에 일본 내의 소프트웨어 생산회사들
과 독점판매계약을 체결함으로써 지금의 신화를 이룩할 수 있었다.
만약, 이들이 사회의 흐름을 읽지 못했다면 마이크로소프트사나 소
프트뱅크사는 만들어지지 않았거나 다른 사람들의 손에 의해 만들
어졌을 것이다. 특히, 벤처창업은 고도의 위험을 안고 시작하는 것
이기 때문에 창업자는 항상 사회의 발전방향에 민감해야 한다. 21
세기는 어떤 모습으로 변해 갈까? 그때는 어떤 것을 필요로 할까?

(2) 인성을 볼 수 있어야 한다

오래전 S그룹의 창업자는 신입사원의 면접 때마다 관상가를 대
동하고 관상가가 고개를 끄덕이면 합격시키고 가로저으면 불합격
시켰다고 한다. 언뜻 생각하면 신빙성이 없는 방법 같지만 다른
측면에서 고려해 보면 어느 정도는 합리성이 있는 선발방법이라고
할 수 있다. 이 방법의 목적은 좋은 관상을 가진 사람과 나쁜 관
상을 가진 사람을 가려내어 회사에 도움이 될 수 있는 좋은 관상
을 가진 사람을 선발하려는 것이다. 이 방법에서 배울 수 있는 점
은 바로 부하직원들의 인성에 대한 통찰력이다.

관상을 본다는 것은 그 사람의 인성을 보는 것이다. 창업자나
경영자가 동업자, 부하직원, 나아가 거래 파트너에 이르기까지 사
람들의 인성을 꿰뚫어 볼 수 없다면 어떤 사업을 하든지 간에 성
공하기 어렵다는 것을 알아야 한다. 특히, 벤처기업은 소수의 인력
으로 운영되어야 하기 때문에 인성이 좋은 정예요원으로 창업팀을
구성하는 것이 회사의 성공과 직결됨을 명심하여야 한다.

2) 창의력이 있는가?

창의력은 보다 나은 방향으로 나아가려는 발상을 의미한다. 창의력이 있는 창업자는 항상 긍정적인 사고를 하며 다른 사람들의 의견을 받아들일 자세가 되어 있기 때문에 직원들이 엉뚱한 제안을 하더라도 부정적으로 처리하지 않는다. 벤처창업은 구성원들 간에 끊임없이 솟아나는 새로운 발상들이 있어야 하고 그 발상을 열린 마음으로 받아 주고 현실에서 실현할 수 있도록 후원하고 격려해야 발전할 수 있기 때문에 창의력이 없는 사람, 즉 회의적이고 부정적인 생각이 많은 사람들은 벤처창업자로서 부적합하다고 할 수 있다.

3) 지도력이 있는가?

리더의 지도력은 그 집단이 위기에 처해 있을 때 잘 나타난다. 지도력이 강한 창업자라면 창업 후에 닥치는 여러 가지 어려움을 잘 극복하고 회사를 반석 위에 올려놓을 수 있다. 미국의 제너럴 일렉트릭(GE)사의 잭 웰치(Jack Welch) 전 회장의 31가지 리더십 비밀을 참고하면 지도력을 제고하는 데 도움이 되리라 생각한다. 지도력은 다음의 두 가지로 크게 요약할 수 있다.

(1) 언제나 솔선수범해야 한다

아이아코카가 1979년 말 크라이슬러 자동차 사장에 취임한 뒤 도산의 위기에 직면한 회사를 살리기 위해 시급히 선언한 것은 사장인 자신의 연봉을 1달러로 삭감한다는 것이었다. 아이아코카의 이런 솔선수범을 본 노조와 직원들은 대량 해고를 받아들였고 결국 회사는 3년 만에 위기에서 탈출해 정상을 되찾았다. 어렵고 힘든 상황에 처해 있을 때 창업자나 경영자가 솔선수범하지 않고 매너리즘(Mannerism)에 빠진다면 머지않아 그 회사는 도산하고 만다는 것을 명심해야 할 것이다.

(2) 용인술에 능해야 한다

개인이 가지고 있는 역량으로 볼 때 대부분의 사원들은 기업의 오너보다 뛰어나다. 그런데 왜 많은 사람들이 자기보다 못한 사람 밑에서 일을 하게 되는가? 사장이 되는가, 사원이 되는가의 갈림길은 사람들을 모으고 이들의 관계를 잘 조정하여 그들이 자신의 능력을 최고로 발휘할 수 있도록 하는 이러한 용인술 여부에 따라 결정된다.

2. 나는 창업가의 기질이 있는가?

성공적인 창업은 주어지는 것이 아니라 만드는 것이다. 많은 전문가들은 창업의 성공 여부는 개인의 기질과 밀접한 관계가 있다고 한다. 그렇다면 "나에게는 창업가의 기질이 있는가?" 우선, 나의 창업자질을 체크하여 적성에 맞는 아이템을 선택하고 성공적인 창업을 이루어야 할 것이다.

1) 창업적성검사

인간의 직업 적성을 탐색하기 위하여 크게 세 가지로 그 범주를 단순화시킨다면 능력 중심의 직업적성검사, 성격 중심의 직업적성검사, 적성 중심의 직업적성검사가 있다.

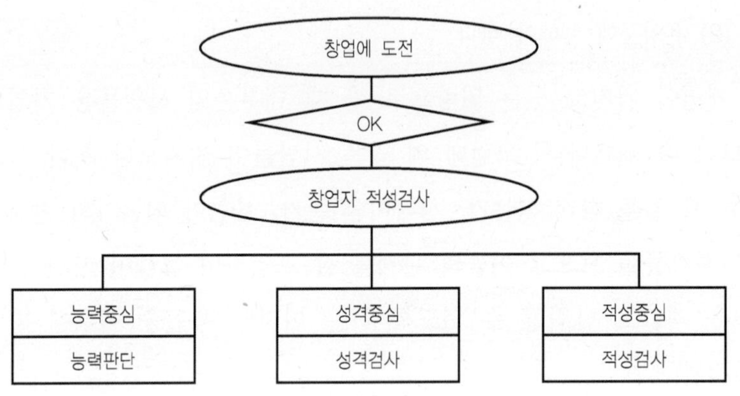

2) 역학(易學)에 의한 적성검사

전래의 역학을 이용하여서도 직업적성 판단을 할 수 있는데 고전에 의한 방법 중에서 가장 용이하게 접근할 수 있는 방법은 사주에 의한 직업적성 분석 방법이다.

현재는 인터넷상에서 자신의 사주 8글자를 간단하게 뽑아 볼 수 있는 시스템들이 많이 있으므로 자신의 사주 8글자를 먼저 뽑는다.

그러면 아래와 같은 형식의 사주 원국을 만든다.

사례는 2009년 3월 13일 오후 1시생의 사주 원국이다.

	시주	일주	월주	년주	
	무	계	무	기	
	오	미	진	축	인데

이 중에서 독자들은 자신의 일주를 뽑은 후 해당 일주의 해설을 보면 되는데 사례의 경우는 계미가 자신의 일주이므로 표에서 계미일주를 찾아서 보면 된다.

갑신일주(甲申日柱)	
갑신해설	甲木이 좌하에서 경금을 만나 절지요, 추절지목이 되어 낙엽지상이라 분명 종살인데 혹자는 신중임수가 자체 장생으로 수생목하니 절처봉생이 된다고 생각하나 철분이 많은 수가 되어 생목할 수 없음에 주의하라. 금목이 상전이라 인의구무요 시시 두통에 근육통, 골통 있고 좌불안석에 식소다번하며 천성은 인정이나 의리에 치중하다 보니 갈피를 못 잡겠고 지살이 되어 변화가 너무 많으니 어찌 나무가 뿌리 할 수 있으며 타향살이에 이사번다요. 해외이주도 가능한데 申子辰년 이라야 가능하고 출장은 도맡아 하나 실속이 없는 것이 흠이다.
성　　격	귀하의 천성은 어질고 착하며 근중하고 과묵한 편이다. 매사에 신중을 기하며 항상 주의를 요하는 긴장된 심리가 잠재해 있는 것이 특징이다. 마음이 독하지 못한 까닭에 이해타산에는 손해를 보고 양보하는 편으로 내성적, 소극적인 성격으로 사교의 폭에 한계가 있다. 복종심과 책임감이 강하며 의리와 신의가 있어서 직장에서 신임을 받는다. 체면을 존중하고 약점을 보이지 않으려고 노력하는 신사형 인물이기도 하다. 자비심과 의협심에서 희생과 책임을 감수하는 봉사형 인물이며 고요한 사색을 좋아하고 내적인 사리에는 밝으나 발표력이 부족한 단점을 가지고 있다. 그러나 권위의식과 명예욕이 잠재해 있으며 의무와 희생을 감수하는 무관의 성품도 엿볼 수 있다. 특히 아내와 자녀에 대한 책임감이 강하므로 가정에 성실하며 타에 모범이 되며 무언으로 실천하며 상명하복하는 군인정신과 관료적 습성이 암암리에 잠재해 있는 것이 특징이다. 여자는 남편을 독점해야 하며 총애를 위해 무조건 복종하는 순종형 인격이다.
전　　공	의학, 수학, 물리학, 금속학, 농학, 법학, 신방과, 어문학
사　　업	운수업이나 철재업이 좋고 재능은 좋아 무엇이든 보면 할 수 있는데 지속성이 없어 매사가 용두사미인 것이 흠이다.
직　　업	직장에서 꽃을 피워야 하는데 명주가 좋으면 해외기관에서 득명하고 교수, 의사, 법조인, 연예인, 정보통신, 직업군인, 음악가

<table>
<tr><td colspan="2" align="center">갑오일주(甲午日柱)</td></tr>
<tr><td>갑오해설</td><td>甲木이 좌하 오궁에 사지가 되어 목은 무근이라 종래는 종아가 분명하다. 연중 목은 화에 분소요 회노되었으나 화로서는 존재하고 있으니 이것이 곧 희생이 갱생이며 또 목은 화로서 존재하고 있음이라 생생불멸인데 이는 어찌 목화에만 그렇게 된다고 할 수 있으리오.
목생화로 인정도 많은데 목분되었으니 다정도 병이 되어 버렸고 상관으로 생이니 내 것 주고도 좋은 소리 못 들으며 일의 순서를 모르니 답답하기 그지없으며 참모는 좋으나 장 되기 어렵고 만사가 용두사미요.</td></tr>
<tr><td>성　　격</td><td>귀하의 천부적 성격은 어질고 착하며 예민하고 슬기로운 특징을 지니고 있다. 심성이 담백하고 속마음을 털어놓는 솔직한 성품이 누구에게나 신임을 받을 수 있는 장점이다.
모든 일을 보고 느끼는 사고와 관찰력이 뛰어난 까닭에 예리하고 기민한 언행이 장점인 반면에 단점이 될 수도 있다.
직선적인 직언으로 오해와 미움을 받기도 하지만 설득과 융화로 인심을 얻을 수도 있다. 특히 교육과 언론문화, 발성음과 임기응변이 직업과 연결될 수도 있다. 이론과 주장에는 굽힐 줄 모르나 마음이 약하므로 자존심과 고집을 이해와 융통성으로 자제하는 슬기를 보인다. 독서력이 우수하며 임기응변에 따른 화술이 누구에게도 뒤지지 않는 실력을 가지고 있다.
언행이 빠르고 눈에 정기가 흐르며 입바른 소리를 하는 데서 귀여움과 미움을 함께 지닌 셈이다.
여자는 지나치게 영리해서 배우자가 무능해지기 쉽다. 자녀의 우생은 가능하나 남편의 애정에는 항상 부족한 감정을 느끼는 편이다.
남자는 배우자를 화술로 설득하며 눈과 입으로 애무해 주는 셈이다. 교육자나 음악가를 만나면 이상적인 가정생활을 할 수 있다고 본다.</td></tr>
<tr><td>전　　공</td><td>문학, 어문학, 화학, 약학, 유전공학, 화학섬유</td></tr>
<tr><td>사　　업</td><td>의약, 섬유, 전자가 좋다.</td></tr>
<tr><td>직　　업</td><td>교수, 강사, 석유가공, 화공학 계열, 제철분야, 무역업, 교육계통</td></tr>
</table>

갑인일주(甲寅日柱)

갑인해설	天干의 甲木이 좌하 인목에 정록이요, 또 관궁으로 득근하고 보니 동량지재에 남산 지목이라 어떤 강풍에도 흔들리지 않으며 능히 생화하고 극토할 수 있으며 인중병화로써 왕자가 설기가 좋아 자체 조화를 이룰 수 있음은 물론 태강즉절을 면할 수 있음이 가히 아름답다. 대나무처럼 곧고 인정이 많은 청백한 명으로 부정과는 타협할 수 없어 좋으나 고독을 자초할까 염려된다. 두뇌가 명석하여 하나를 배우면 열을 알고 박사학위로 득명하여 가문을 빛내고 동분서주에 고집이 대단하여 한번 결심한 것은 반드시 실행하나 솔직함과 인정에는 허점이 있고 때때로 자기 일에 도취되어 주위를 망각할까 염려요, 개방된 생활은 남보다 앞선다.
성 격	귀하의 성격은 천성이 인자하고 우람한 정기가 충만하여 늠름한 장부의 기상이다. 자존심과 고집이 강하고 주체성이 확고하며 강자를 누르고 약자를 돕는 의협심과 정의감이 남달리 돋보인다. 사회적 공익에 앞장서며 대중을 통솔하고 지휘하는 지도자 격으로 군림코자 하는 욕망이 깊이 잠재해 있다. 남에게 의지하거나 도움을 받는 일을 수치스럽게 생각하므로 모든 일에 본인이 주체가 되어야 만족하는 개성을 가지고 있다. 의협심이 강하므로 정의로운 일은 끝까지 관철하려는 노력과 투쟁을 굽히지 않는 것이 특징이다. 심복부하를 거느리고 사회 대중을 리드할 수 있는 아량과 포용력이 잠재해 있어서 큰 인물이 될 수 있는 자질을 갖추고 있다. 특히 가정과 개인의 이익을 희생하면서도 공익을 위해서는 앞장서는 용감한 정신으로 인하여 지도자급 인물이 될 수도 있다. 남녀 모두 자존심과 고집이 강하며 아집과 개성을 앞세우기 때문에 배우자 선택에 어려움을 겪는다. 또한 애정의 감수성이 둔하고 성욕을 참는 기능이 강하므로 만혼 또는 처녀로 늙는 수도 있는 체질이다.
전 공	의학, 공학, 문학, 철학, 교육학, 신방과, 의상학
사 업	문화, 기술공업, 의약, 목재, 섬유, 전자에서 성공이나 청격이니 사업은 하지 말고 두뇌만 제공하고 로열티를 받는 일이 더욱 좋다.
직 업	교육, 외교, 신문방송, 디자이너, 인기직종, 연구기관에서 입신한다.

<table>
<tr><td colspan="2" align="center">갑자일주(甲子日柱)</td></tr>
<tr><td>갑자해설</td><td>천간의 갑목이 좌하자수에 생조받아 존재할 것 같으나 자수는 한냉지수요 천수가 되기 때문에 오히려 만나지 않은 것만 못하다.
패지 목욕궁으로 부부궁은 부실에 주색을 가까이하기 쉽고, 부목 동목 음지나무라 떠돌이 생활을 할까 염려되며, 습목이 되어 생화는 어려우나 만약 봉寅하면 목생화는 물론 목극토를 하는 데도 지장이 없다.
효신이 되어 편모슬하가 염려되며 모처불합은 면하기 어려우나 내조의 공은 있고 따라서 언젠가는 처의 신세를 톡톡히 져야 할 것이니 높은 자리에 있을 때 잘 대해 주기 바란다.
일지 장성이라 고집이 강해 꺾을 자 없고 천성이 인정이라 남 주기를 좋아하고 재복은 있으나 거부되기는 어려우며 초년에 고생을 하였으면 말년에는 행복을 누리겠는데 아니면 반대요 중년에 공부를 다시 하는 것이 특징이다.</td></tr>
<tr><td>성　격</td><td>귀하의 성격은 천성이 인자하고 참신한 성품이 돋보인다. 새롭고 깨끗한 것을 좋아하는 고상한 성격인 반면에 색감과 멋에 치중하는 풍류와 예능적인 성격을 특징으로 들 수 있다.
진리와 전통, 학문과 도덕을 숭배하는 보수적인 성격으로 모친에 대한 효심이 투철하다. 자연과 선조를 위하는 마음이 항상 간절한 까닭에 조상을 섬기는 일에는 앞장을 서는 사람이다.
종자와 같이 만물의 근원이 되는 것에 관심이 지대하므로 어린 생명이나 미세한 사물에 남다른 애착심을 갖는다.
유행과 현실에 민감하며 매사에 진취적인 까닭에 두각을 나타내는 것을 좋아하는 성품이다.
은근히 모친의 도움이나 유산 등을 바라는 마음이 잠재해 있으며 권익을 보장하는 각종 문서에 관심이 지대한 편이다.
따라서 합격증, 졸업증, 자격증 등을 소유하기 위해 노력을 아끼지 않는 성격이다.
진리와 전통 도덕과 학문을 삶의 가치로 생각하기 때문에 물질과 돈만을 탐내는 사람을 멸시하는 경향도 두드러진 편이다.</td></tr>
<tr><td>전　공</td><td>자연과학, 의학, 해양학, 신방과, 어문학</td></tr>
<tr><td>사　업</td><td>섬유, 직조, 목재, 화원, 식품, 문화계통이 좋다.</td></tr>
<tr><td>직　업</td><td>교수, 강사, 아나운서, 의사, 항해사, 연예인, 무역업, 경찰계통</td></tr>
</table>

갑진일주(甲辰日柱)	
갑진해설	天干의 甲木이 좌하 진토에 비록 쇠궁이라고는 하나 진토는 대목지토에 따뜻한 습토가 되어 능히 착근하고 목이 살찌게 되어 있는데 극토 생화할 수 있으므로 육십갑자 중 쇠지에 착근하는 것은 갑진일 뿐이다. 그러므로 자체 조화를 할 수 있어서 타에 의지하지 않는다. 강직한 성격으로 타에 굴하지 않고 항상 우위를 점하나 타인에게 잘 해 주면 가정에 인색할 것이며 학문에는 열중이나 도중하차요. 집에는 서고가 따로 있을 것이며 수집하는 취미가 있을 것이고 신장은 평균치를 넘으면서 장대함이 특징이다. 조실부모하지 않으면 타가 더부살이요 자립심만은 타의 모범이요. 취재하는 데는 일등이나 주중이 부실하면 돈과 연애하다 보니 모두를 잃을까 염려된다.
성 격	귀하의 성격은 인자하고 신념이 투철하며 매사에 능동적인 자신감을 소유한 긍정적인 성격이다. 부당한 자존심과 고집은 피하고 실리에 적합한 일만을 골라서 취하는 실용적 성격이다. 모든 일에 자신감을 가지고 포용력과 쟁취욕을 발휘하여 우선 실용생활에 안정부터 도모하는 편이다. 때로는 인심도 쓰고 오기도 부리는 것 같으면서도 능소능대한 자제력을 발휘하여 신임과 존경을 받는 것이 특징이다. 특히 돈이 떨어질 만하면 생기고 생활이 곤궁할 만하면 펴 나가는 경제적 혜택이 선천적으로 배려되어 있다. 돈에 대한 욕심과 투기성이 농후하여 엉뚱한 일을 벌여 놓는 수도 있다. 남녀 모두 부친이나 배우자의 혜택으로 의식주 생활은 걱정이 없으며 때로는 생각지 않았던 횡재수도 있는 것이 홍복이라고 할 수 있다. 남녀 모두 배우자를 경제적 능력과 여유가 있는 상대로 만나게 된다. 그렇지 않으면 직장이 확실하거나 부친의 경제적 배경이 도움이 되는 사람을 선택하게 된다. 아울러 신앙생활과 유대되어 자유결혼으로 가정을 이루는 수도 있다. 특히 건강하고 장수할 수 있는 체질을 타고났으며 기동력이 강하므로 노동과 활동이 타인에 비해 많은 것이 장점이다.
전 공	자연과학, 의학, 농학, 교육학, 지리학, 문학, 의상학, 어문학
사 업	식품, 목재, 전자, 건재 등에서 성공인데 취재의 방법은 부동산이 좋다.
직 업	재정 및 기술계가 좋고 교수, 의사, 정치가, 도예가, 영농업, 건축가

<table>
<tr><td colspan="2" align="center">을미일주(乙未日柱)</td></tr>
<tr><td>을미해설</td><td>을목이 좌하 미토에 을목이 있어 근을 한다고 고집할 수 있으나 조토요 자좌 입묘로 고목이 되므로 해나 묘를 만나기 전에는 종래 병이 되기에 목으로서의 임무를 기대하기 어렵고 따라서 자체적으로 종재가 되나 조토라 큰 재복은 없다.
인정 많고 두뇌가 명철하여 한 번 배우면 열을 알고 근면 성실하고 학문과 예술에도 뛰어난 재질인데 음악에는 약하고 또 심술에 지구력이 약할까 염려되며 정통신앙에 시은포덕하는데 흰 머리카락에 어려서 잔질이 많아 부모님에게 걱정깨나 시킨다.
성격이 까다로워 상대하기 어렵다.
자수성가해야 하며 버는 것보다는 관리가 좌우한다.</td></tr>
<tr><td>성　　격</td><td>귀하의 성격과 특성은 양같이 어질고 순하다.
다소 고집은 있으나 매사에 적극적이고 노력형이다. 의식주 생활의 안정과 만족을 최우선으로 생각하기 때문에 경제관념이 강하고 실용생활을 최우선의 가치로 생각한다. 현금은 물론 부동산을 손에 쥐고 있어야 안심하며 남의 것이라도 내 것을 만들어야 만족하는 욕심이 있어서 생활력이 강한 편이다.
재물복이 있어서 돈과 재물이 떨어질 만하면 생기는 행운을 타고났다. 그러나 돈이 수중에서 떨어지면 의기소침하여 실의에 빠지는 돈에 취약한 체질을 타고났다.
유행과 새로운 것보다 가급적이면 옛것을 고수하려고 애쓰는 보수적 심리가 강한 편이다. 주택이나 시설물이 낡았다 해도 수리와 변경을 주저하는 보수적이며 실리 위주의 고루한 성격이다.
배우자의 선택은 남녀 모두 경제적 배경과 확실한 직장을 우선 참작한다. 혹은 신앙생활을 통해 배우자를 만나게 되거나 인연을 맺게 되는 경우도 있다.
특히 실리를 위하여 종교에 관심을 가지며 신앙생활에 접근하는 수가 있다.</td></tr>
<tr><td>전　　공</td><td>어문학, 고고학, 지리학, 지하자원, 교육학, 의학, 화학섬유</td></tr>
<tr><td>사　　업</td><td>의약, 목재, 조림, 약초 등이 좋다.</td></tr>
<tr><td>직　　업</td><td>법조인, 교수, 의사, 정치가, 엔지니어, 교육, 재정, 체신공무원에서 많이 보고 있으나 한 직장에서 오래 근무하지 못함이 흠이다.</td></tr>
</table>

을사일주(乙巳日柱)	
을사해설	乙木이 좌하에 노야지 사화를 만나 목분비회되어 종아라 목은 비록 비회되었으나 화로서 살고 있으니 생생불사요 따라서 화를 회하고 금수를 기하며 또 사중에 정재, 정관이덕이 있다 하나 상관 속에 있어 작용을 못 함이 서운하다. 인정에 예의요 명랑한 성격인데 그 정도가 지나쳐 다정도 병이 되어 버렸고 고란살이 있어 고독을 자초하며 지구력과 인내심이 부족인데다 화는 산이라 매사가 용두사미요 일지 상관이 되어 대담은 하나 기대하기 어려움이 흠이다. 일지에 지살이 있어 식소다번이요 냉철은 하나 단기의 성격이 흠이다.
성　　격	귀하의 천성과 특징은 어질고 총명하며 민감하고 슬기로운 점이다. 언어감각이 예민하고 이수학적 재능이 뛰어나다. 발표력이 다능하며 바른말을 참지 못하는 것이 때로는 미움받는 약점이 되기도 한다. 연설과 이론을 전개하는 일, 토론과 변론을 하는 일, 홍보와 사회를 보는 일 등 임기응변의 재능을 갖추고 있어서 언행에는 자신을 가지고 있다. 인간성은 좋으며 마음에는 독기가 없으나 말에는 독기를 품고 있어서 주의가 필요하다. 언행이 민속하고 진언이 돋보여 똑똑한 것이 돋보이기는 하나 때로는 오해를 받아 인격에 손상을 가져오거나 미움을 받는 수도 있다. 주로 통신, 문화, 홍보, 조명, 연료, 사진, 방사선, 열관리, 가스, 연료, 서화, 화약 등의 사물과 유대가 있으며 직업과도 일맥상통한다.
전　　공	의학, 자연과학, 농학, 어문학, 교육학, 지리학, 문학, 의상학
사　　업	육영, 문화, 전자가 적합한데 재성이 조토가 되어 거부되기는 어렵다.
직　　업	의사, 교수, 정치가, 도예가, 영농업, 건축가, 교육 예체능이 좋고 음악에 약하니 대접할 때는 감미로운 음악을 빼어 놓으면 안 된다.

<table>
<tr><td colspan="2" align="center">을유일주(乙酉日柱)</td></tr>
<tr><td>을유해설</td><td>乙木이 좌하에서 유금을 만나 절지로 의당 종살이라 이름하여 처종부화요. 인정은 변화하여 의리가 되었고 그 의리는 8월의 금으로 청백이요 정명이라 어찌 수심이 있겠으며 사리가 분명하고 상조 우덕하고 거취가 분명하여 만인의 존경을 받을 것이고 무엇이든 한번 결심하면 엹보지 않고 매진하며 미모로 태어나 칭찬이 자자하다.</td></tr>
<tr><td>성　격</td><td>귀하의 천성과 성격은 어질고 착하며 의리를 존중하는 사람이다.
매사에 신중하고 내성적이며 말이 적은 것이 특징이다. 매사를 조심성 있게 대처하며 말없이 실천하는 고지식하고 착한 점이 돋보인다.
의무감과 책임감이 강하고 의협심과 명예욕이 잠재해 있어서 사소한 고통과 희생을 감수하고 인내하는 특성이 미덕이다.
마음이 독하지 못하고 이해타산에 각박하지 못하므로 실리에서는 항상 양보하고 손해를 보는 편이다. 심지어 빚을 받으러 가다가도 딱한 사정을 보면 오히려 보태 주고 오는 인간미와 자비심이 깃들어 있어서 언젠가는 복을 받게 된다.
고정적인 장사 외의 대기업은 경영하기 벅차다. 일정한 공직이 가장 적성적인 직업이 될 것이다. 가급적이면 군인, 법관 등 권위직과 의사, 침구사 또는 금속성 물질과 유대가 있는 직업이 유리하다.
예리한 정밀금속성 물질인 칼과 침 또는 귀중품인 금, 은, 보석 등의 소재가 직업과 연결되거나 둥근 모양인 총알, 공 종류와도 인연이 있어서 군인, 구기종목의 선수, 당구, 골프선수와 사물까지도 관련이 있다.</td></tr>
<tr><td>전　공</td><td>법학, 사학, 어문학, 신방과, 금속공학, 정보공학, 의학, 예체능</td></tr>
<tr><td>사　업</td><td>가급적이면 하지 마라. 천직이 직장이기 때문이다.</td></tr>
<tr><td>직　업</td><td>의사, 교수, 강사, 법조인, 직업군인, 음악가, 연예인, 무관, 법관 등에서 입신하는데 남의 일 도와주는 데는 일가견이 있다.</td></tr>
</table>

을축일주(乙丑日柱)

을축해설	乙木이 좌하에 재살지를 놓았고 또 동습토가 되어 착근이 어려워 종재가 되는데 축은 사유를 인합하고 금의 고장이 되어 오히려 살의 작용이 강하게 나타난다. 혹 축중계수가 생목하므로 사중구생이 될 것 같으나 계수는 한냉지수에 철분이 많은 물이 되어 생목을 한다 하여도 아무 영향을 주지 못한다. 일지탕화로 유아시절에 화상의 흉터가 있고 화재 및 가스를 항상 주의하여야 하고 성격은 근면하고 성실하나 내성적인 것이 흠이요, 충복이면서도 압세는 면치 못한다. 신앙에 독실하여 시은포덕하나 간담이 허약하고 풍질이 염려되니 항상 몸을 따뜻하게 할 것이며 편처동거에 그 처가 비관하여 총각득자가 염려되나 재복은 있다.
성 격	귀하의 천성과 특징은 어질고 착하며 능소능대한 유연성을 발휘하는 사교적 성격이 특징이다. 복잡하고 어려운 문제와 경쟁과 투쟁에 앞장서거나 정면대결은 피하고 가급적이면 타협과 양보로서 해결하며 안정과 실리를 추구하는 방향으로 처세를 하는 것이 본래의 성격이다. 실리와 능률을 중요시하며 안정과 풍요 등 실용생활을 위주로 처세를 한다. 돈이 떨어질 만하면 생기고, 가정이 곤궁할 만하면 펴 나가는 금전과 재물의 혜택을 타고났다. 항상 현금을 쥐고 있어야 안심하고 돈이 떨어지면 의기소침해지는 배금의식이 약점이다. 부친을 신뢰하고 의지하는 마음이 강하며 경제적 배경과 권위적 혜택으로 성장과정에는 궁핍과 부족을 모르고 자란다. 남녀 모두 신앙심이 투철하거나 종교에 관심을 갖는다. 배우자의 용모나 신체가 마른 것보다는 온후한 체질을 선호한다.
전 공	지리학, 고고학, 지질학, 농업계열, 공예, 어문학
사 업	토산품, 광산, 식품이 좋고 공공기관과 연결되는 사업이면 더욱 길하다.
직 업	정치가, 법조인, 종교계, 언론계, 금융계, 연예인, 교수, 재정, 은행원, 사세관리, 경리직, 군인, 고체물질과 금속성을 취급하는 직업

<table>
<tr><th colspan="2" style="text-align:center">을해일주(乙亥日柱)</th></tr>
<tr><td>을해해설</td><td>乙木이 좌하 해수에 음 포태법으로는 사궁이나 세력론으로는 갑목과 같이 장생이 되므로 능히 극토를 할 수 있는데 습목에 응결되어 목생화를 못 하니 일장일단이 있다. 천문성이 있어 냉철하나 석독두용이 될까 염려요 감수성이 예민하여 예감이 빠르고 강직하여 타개는 잘하는데 음지 나무가 되어 큰 인물이 되기는 어렵다.
음악은 밥보다 좋아하고 인정이 본성에 인상은 목자형이 많으며 신장은 보통보다 크고 해외에도 인연이 있어 중·말년에 이민 갈 수도 있다.
야간이라도 공부는 마치겠으며 항상 분주하고 집은 양옥이 좋고 이사도 많이 한다.</td></tr>
<tr><td>성　　격</td><td>귀하의 천성과 특징은 어질고 인자하며 보수적인 성격이 강한 편이다. 부드럽고 담백하면서도 받는 것을 좋아하는 편이다. 매사에 성실하고 온건하며 양심과 효심이 지배적인 성격이다.
자연의 진리와 선조를 숭배하는 윤리사상이 투철하며 새로운 것을 창조하고 개척하는 정신과 연구심이 뿌리 깊게 잠재해 있는 것이 특징이다. 타인의 간섭이나 정면대결은 가급적 피해 가면서 슬기롭게 처세하며 부모의 교훈과 학문의 진리를 바탕으로 입신양명의 꿈을 키운다.
다소 우월감, 이기적인 심리, 은근히 요행과 윗사람의 혜택을 기대하는 마음이 잠재해 있어서 베푸는 희생이 부족한 까닭에 교제의 폭과 포용력이 부족한 단점도 지니고 있다.
천체의 신비와 철학사상, 수자원과 바다 등을 동경하는 사상이 특징이다.</td></tr>
<tr><td>전　　공</td><td>교육학, 수학, 물리, 통계, 의학, 해양학, 어문학</td></tr>
<tr><td>사　　업</td><td>재복이 없으니 불가하고 타고 싶으면 문화, 조림, 농장 등이 적합하다.</td></tr>
<tr><td>직　　업</td><td>학자, 교수, 의사, 외교관, 유통, 무역, 선박 등이며 정치 외교나 문교 행정에서 입신한다.</td></tr>
</table>

<table>
<tr><td colspan="2" align="center">병신일주(丙申日柱)</td></tr>
<tr>
<td>병신해설</td>
<td>丙火가 좌하 신금에 병궁이 되어 의지할 곳이 없어 의당 종재하게 되는데 신궁에는 임수 살이 장축이요, 또한 수의 장생이라 재는 쇠하여 살이 되니 재살이라 하고 또 옛글에 병임신위 우양수면 난옹정년이라 함은 이를 두고 한 말이다. 이마가 넓어 상대로 하여금 속까지 시원한 느낌을 주게 되고 병원 출생에 일찍 고향을 떠났고 문곡귀인이 있어 학문도 탁월하며 다재다능에 타의 모방을 하는 데는 일가견이 있으며 관귀학관이 있어 승진이 빠르나 수재와 화재가 염려되니 물가에 가지 말 것이며 해외 출입한다.</td>
</tr>
<tr>
<td>성　　격</td>
<td>귀하의 성격은 명랑하며 예절과 행동이 분명하다. 심성이 착하고 깨끗하며 뒤끝이 없는 까닭에 대인관계에서 호감을 사는 편이다.
두뇌는 명석하고 정확하기 때문에 학문의 연구와 공부에 취미가 있어서 학창시절은 각광을 받는다.
또한 경제적인 혜택과 부친의 배경이 좋아서 항상 돈과 부친을 믿는 마음이 든든한 까닭에 어렸을 때는 우월감을 갖게 된다.
가급적이면 불화와 충돌을 타협과 조화로서 해결하며 복잡하고 어려운 일은 정면처리를 피하려는 유화적 성품이 장점이다.
충격을 받았을 때 속마음은 급하고 초조하면서도 분노와 신경질을 억지로 감추려고 태연한 자세를 보이는 것이 특징이다.
항상 겉으로는 남에게 위엄과 권위를 보이려고 노력한다. 또한 타인을 제압하고 지배하려는 의욕을 가지고 있으면서도 본성이 착하고 유약한 까닭에 돈을 떼었을 때도 악착같이 받아내지 못하고 오히려 동정하고 사정을 봐 주는 것이 본성이라고 보아야 한다.
항상 돈이 수중에서 떨어지지 않는 편이며 만약 현금이 떨어지거나 돈에 쪼들리면 의기소침해지고 삶의 의욕을 상실하는 공포증에 사로잡히는 약점을 안고 있다.
돈에 대해서는 낭비벽과 투기성이 잠재해 있어서 횡재와 이권을 은근히 바라는 요행과 혜택에 대한 잠재의식이 농후한 편이다.</td>
</tr>
<tr>
<td>전　　공</td>
<td>의학, 약학, 금속공학, 농학, 법학, 어문, 지리, 고고학</td>
</tr>
<tr>
<td>사　　업</td>
<td>식품, 철재, 운전 및 기사식당에서 성공하며 일지 편재로 재복은 좋고 양식 또는 외식도 즐겨할 것이다.</td>
</tr>
<tr>
<td>직　　업</td>
<td>재정이나 법정, 무관, 외국상사에도 근무하고 외화 획득에도 능숙하다.
만약 은행으로 입신하면 외환은행 외환부 해외지점에 근무한다.
법조인, 교수, 정치가, 의사, 종교가, 영농, 체육인</td>
</tr>
</table>

병오일주(丙午日柱)	
병오해설	丙火가 좌하 오화에 비겁이요 양인에 간여지동으로 화기충천, 득왕하다 보니 이름하여 천지만국의 火라 목화를 반기며 금수를 피한다. 인상은 둥글넓적하고 이마가 조금은 벗겨졌으며 호예다양에 만인에 평등하고 달변에 속냉속열로 조급하기는 하나 뒤는 없으며 눈이 크고 터럭이 강하며 상사에 직언도 잘 하는데 다소 산만하고 인내심이 부족하며 거짓이 없는 대신 타인의 비밀을 지키지 못하고 타인을 멸시하거나 하극상의 가능성이 있으며 매사에 자신은 좋으나 결실을 못 하니 역시 인간은 만능이 될 수 없는 모양이다. 냉철하기는 하지만 자만에 빠져 일을 그르치기 쉬우며 조달남아인 것이 부모를 꺾는 원인이며 장남으로 쟁재에 형제의 고민이 많고 인덕이 없음은 본인의 고집 때문이니 타인을 원망하지 마라.
성　격	귀하의 성격은 밝으며 예절이 바르고 자존심과 고집이 강하며 주체성과 의지가 확고하므로 동요되지 않는 것이 특징이다. 모든 일에 아집과 책임감이 있고 목적을 위해서는 불굴의 의지로 강행하는 독선적 행동으로 외로울 때가 있다. 자신의 소신이 옳다고 생각하면 굽힐 줄 모르며 대중의 공익과 대의명분을 위해서는 앞장서는 과감한 투쟁정신과 희생을 서슴지 않는 의협심도 투철하다. 타인을 통솔하며 지배하는 권위욕이 잠재해 있다. 심복부하를 거느리고 사회대중을 리드하려는 두령급 인물로 자질을 갖추고 있는 것이 특색이다. 인간성은 좋으며 인정미가 있어서 약자를 돕고 강자는 꺾으려는 의협심이 돋보인다. 특히 돈보다 인간을 존중하고 상사보다 부하를 사랑하는 마음이 더욱 미덕이라고 보아 대인격이 될 수 있다고 보아야 한다. 평소는 순하고 말이 없어서 약해 보이기도 한다. 그러나 생사를 좌우하는 위기에 봉착했을 때는 좌절하지 않고 오히려 담대해지며 침착해진다. 그리고 태연자약한 모습으로 여유 있게 대처하는 것이 특성이다. 사소한 고통과 어려움을 당해도 표시하지 않는 체질이다. 희로애락에 대한 감정에 동요되지 않는 지독한 성격인 까닭에 때로는 눈물이 없는 냉혈동물이라는 말까지도 들을 수 있다.
전　공	문학, 어문학, 약학, 화학, 유전공학, 제철분야
사　업	관공서나 권력기관을 배경으로 거래하는 것이 유리하며 칼, 침, 광선, 전자, 눈과 경마, 방사선 물질과 병원, 군대 등과 유대가 있다.
직　업	군인, 법관, 의사 또는 칼이나 가위를 쓰는 직업이 적성적이며 공직으로 처세하면 기관장급까지 바라보는 희망을 품게 된다.

<table>
<tr><td colspan="2" align="center">병인일주(丙寅日柱)</td></tr>
<tr><td>병인해설</td><td>丙火가 좌하 인목에 득장생하니 그 빛은 광채조요로 온 세상을 훤히 밝힌다. 능히 극금 생토를 할 수 있고 호예다양에 설단생금하고 거짓을 모르며 직언도 잘 하고 대인관계는 상하를 구분하지 않으나 흠이 있다면 비밀을 지키기 어렵고 인내심이 부족하다.
겉으로는 명랑하나 항상 수심이 따르고 미모로 태어나 멋쟁이로 불릴 것이고 頭腦가 명석하여 일독지십에 천재요 최고학부에 박사나 교단에서 보게 되며 문학 예능에도 재질이 있고 어학 유능에 해외에도 기거하는 수 있으며 분주다사에 남의 하소연 듣는 일은 면할 길이 없다.</td></tr>
<tr><td>성　　격</td><td>귀하의 성격과 특징은 밝고 솔직하며 숨겨 놓지 못하고 털어놓아야 마음이 후련한 성격이다.
위엄과 권위를 좋아하고 자존심과 고집이 있어서 남에게 굽히기를 싫어하며 동양적인 예절과 문화와 전통을 지키려는 보수적인 사상이 농후하다.
주체성이 확고하고 때로는 굽히기도 하지만 불의를 보면 참지 못하고 즉석에서 지적하는 직선적 성격이다.
새로운 분야를 창조하고 개척하는 데 관심이 있어서 항상 연구와 공부에 대한 취미와 호기심을 갖고 ·있다. 특히 신기한 분야를 개발하는 데 매력을 가지고 있으며 학자로서의 명예와 긍지를 위해 취득하려고 최선의 노력을 다하는 특징을 가지고 있다.
가급적 타인의 간섭이나 정면충돌을 피하며 자신의 능력과 실리를 갖출 때까지는 일만 하는 건전한 마음자세가 특징이다.
또한 실리와 타산에는 각박하지 못하며 금전과 이권문제는 항상 양보하거나 가까운 사람으로부터 배신과 피해를 보는 일이 많은 편이다.
특히 동양학문의 고전적 연구와 개발에 관심이 있으며 학자로서 새로운 것을 창조하는데 긍지와 신조를 가지고 있다.
남녀 모두 학문과 지능계통 배우자를 선택할 것이며 연애결혼이면 조혼이 가능하다.</td></tr>
<tr><td>전　　공</td><td>문학, 신방과, 교육학, 의상학, 예능계열, 어문학</td></tr>
<tr><td>사　　업</td><td>전자, 화학, 문화가 적합한데 금전보다는 명예와 편안함에 우선한다.</td></tr>
<tr><td>직　　업</td><td>문교, 체신, 동자부, 정치, 외교에도 일가견이 있으며 방송인, 무역업, 운수업, 건축업</td></tr>
</table>

<table>
<tr><td colspan="2" align="center">병자일주(丙子日柱)</td></tr>
<tr><td>병자해설</td><td>丙火가 좌하에서 자수를 만나 살지로 종살이 분명하나 자수는 천수라 움직이는 물이 되기에 좋은 명주가 되기는 어려운데 혹자는 병화는 태양이라 자수로부터 수극화를 당하지 않는다고 보고 있으나 병화를 태양으로 본다면 자수는 삼경이니 판단을 주의하라.
비록 예의 바르고 명랑하다고는 하나 외양내음이 되어 수심이 떠날 사이 없으며 이마는 넓어 시원하게 보이는데 소견이 좁아 흠이요.
약삭빠르면서도 잘 속아 넘어가고 만인의 평등은 좋으나 양허유과가 염려되며 일지 장성이라 고집이 세다.
시작은 좋으나 결실이 어렵고 부모덕이 없다.</td></tr>
<tr><td>성　　격</td><td>귀하의 성격은 예절이 바르고 명랑하면서도 위엄을 갖추고 있다.
언어와 행동이 바르고 질서와 약속을 정확하게 지킨다. 또한 옳지 못한 불의와 부정을 보면 참지 못하고 척결하는 데 앞장서는 관료사상이 투철하다.
어린 생명과 같은 새싹이나 봄에 처음 돋아난 풀과 같이 보드랍고 신선하며 생생한 사물을 귀여워하고 보호하는 자애심이 특징이다.
항상 먼 장래를 예측하고 전망하는 거대한 희망과 꿈을 안고 있으며 어둡고 그늘진 곳을 밝히는 것을 좋아하고 선구자가 되기 위해 노력을 아끼지 않는 지혜로운 사람이다. 본래 마음은 착하고 기질은 온화한 편이다. 그러나 정의로운 일과 대의명분에는 주장을 굽히지 않는 강한 면이 있다.
신의를 잃거나 비겁한 약점을 보이지 않으려고 애써 노력하는 자존심이 특징이다.
법과 질서와 약속과 체면을 지키는 데는 칼날 같다. 명예욕과 관료의식이 잠재해 있어서 관존민비 사상이 농후하여 공직을 가진 실력자는 존중하고 실력이 없는 사람은 천시하는 모난 성격이 단점이다.
제1의 적성이 관리직이다. 부정을 척결하고 어두운 그늘진 곳을 밝히는 법관, 행정공무원, 사정담당관리 등이 적성이다:</td></tr>
<tr><td>전　　공</td><td>자연과학, 의학, 회계, 해양학, 경영과, 관광학</td></tr>
<tr><td>사　　업</td><td>사업을 한다면 세금을 먼저 걱정할 형편이다.</td></tr>
<tr><td>직　　업</td><td>직장생활이 제일인데 교수, 의학자, 금융계, 수산업, 아나운서, 의사, 항해사, 연예인, 강사, 법관, 은행원, 경리, 전자, 유전자, 잉크, 염색 등의 사물과 유관한 직업</td></tr>
</table>

<table>
<tr><td colspan="2" align="center">병진일주(丙辰日柱)</td></tr>
<tr><td>병진해설</td><td>丙火가 좌하진 습토에 매기된 중 구조자가 없어 태양 또는 군주 지화라 해도 종래는 진토에 종을 해야 하니 이것이 바로 최강자는 최약자를 가장 두려워한다는 것을 증명하고 있다. 혹자는 진중 을목이 목생화로 득근할 수 있다고 할 수 있으나 을목은 흙속에서 발아도 채 되지 않은 씨앗의 형상이기 때문에 을목을 쓸 수는 없다.
심광체반에 설단생금하고 대머리에 위타 진력이요, 정통 신앙에 추진력이 좋기는 하지만 목 인수가 없어 단기에 일을 저지르고 생각하는 습성이나, 배짱은 두둑하고 대식가에 재주는 있는데 효용이 문제가 된다.
두뇌는 좋은데 노력이 부족하다.</td></tr>
<tr><td>성   격</td><td>귀하의 천부적 성격은 온화하고 슬기로우며 예절이 바르고 위덕을 겸비했다. 두뇌가 총명하여 학문과 지식을 존중하는 것이 특성이다.
기억과 사물을 추리하는 두뇌가 우수한 까닭에 학업에 취미가 있으며 성적이 우수한 편이다.
새로운 것을 창조하고 개척하는 정신이 투철하여 특허품, 생산업과 항만, 공장 등 건설업이 적성이다.
물질의 풍요와 재산의 증식 등으로 부유한 생활과 편리한 문화생활을 삶의 보람으로 생각한다.
평소의 생활이 명랑하고 낙천적 성격의 소유자이기도 하다. 너그러운 융통성과 항상 여유 있는 생활에 치중하는 편이다.
의식주 생활을 위주로 한 실용과 실리에 온갖 노력을 아끼지 않는 것이 특징이다.
무엇이든 잘 먹는 까닭에 건강에 자신이 있으며 또한 잘 먹어야 지혜와 능력이 솟아나는 천부적 체질을 타고났다. 항상 건강을 위해 식생활에 관심이 지대하며 특히 생선과 해초류 등을 좋아하는 특징적 체질을 타고났다.</td></tr>
<tr><td>전   공</td><td>의학, 통계학, 회계학, 금속공학, 교육학, 신방학, 의상학</td></tr>
<tr><td>사   업</td><td>식품, 육림, 종교, 토산품, 기술공업이 좋으나 항시 수입보다는 지출이 많으니 축재가 어렵다.</td></tr>
<tr><td>직   업</td><td>교육, 재정, 교수, 의사, 언론인, 디자이너, 엔지니어</td></tr>
</table>

<table>
<tr><td colspan="2" align="center">정미일주(丁未日柱)</td></tr>
<tr><td>정미해설</td><td>정화가 좌하 미토에 설기로 약할 것 같으나 미토는 유월 지기요 미중에 정화 을목 있고 또 오미합으로 정록을 인합하여 근을 하기 때문에 능히 극금할 수 있어 좋다.
심광체반에 도량이 넓고 위타진력에 희생정신이 강하여 만인에 공덕이나 음성이 높아 타인의 오해를 받기 쉽고 명랑한 성격에 달변이요 사리판단이 정확하여 타의 모범이며 화의 즐거움을 가지고 가니 어디를 가나 환대받으며 고집은 세다.
어떤 경우에도 자기의 몫은 반드시 챙긴다.
모친 잔질에 외가가 쇠몰하며 선망의 팔자요 몸에 흉터 있어야 하는데 아니면 수술받아 보고 물과는 담을 쌓고 생활하기 쉬운데 심하면 세수 전에 식사가 비일비재할 것이다</td></tr>
<tr><td>성　　격</td><td>귀하는 두뇌가 명석하고 밝고 명랑한 성격을 갖추고 있다.
주체성이 확고하며 자존심과 고집은 있으나 이해와 요령으로 슬기롭게 처세하므로 많은 사람으로부터 호감을 사고 있다.
인간성과 인정미가 넘쳐흐르며 욕심을 자제할 줄 알아서 분수에 알맞은 생활을 신조로 하고 있다. 타인에게 베풀기를 좋아하며 강자보다 약자를 돕는 의협심으로 인해 인심을 얻으며 모나지 않고 원만하게 처세하는 것이 특징이다.
평소 온순하고 낙천적인 성격이며 무엇이든지 잘 먹는 것이 건강을 유지하는 비결이다. 또한 일단 유사시에는 괴력을 발휘하는 사람으로 평가받는 특이한 체질이다.
학문과 지식을 겸비하고 특수한 기능과 소질이 풍부하다. 공부와 학습을 생활의 전부로 생각할 정도로 탐구력이 강하며 탁월한 기능과 두뇌와 필재를 겸비한 수재형 인물이다.
무엇이든지 잘 먹는 식도락을 취미로 낙천적 생활을 선호하는 까닭에 남녀 모두 요리에 관심이 있으며 식생활에 신경을 쓰고 있다.
남녀 모두 배우자를 선택할 때 먼저 잘 먹고 건강한 사람인가를 확인한다.</td></tr>
<tr><td>전　　공</td><td>의학, 약학, 유전공학, 낙농, 교육학, 어문학, 지리, 신방과</td></tr>
<tr><td>사　　업</td><td>육영, 식품, 전자, 기예, 농토, 목장, 토석지물, 건축자재, 요정, 예식장, 가공업 등이 좋다.</td></tr>
<tr><td>직　　업</td><td>법조인, 교수, 약사, 의사, 치과의사, 언론인, 디자이너, 화가, 군인, 건축, 전자, 기계, 의류계통</td></tr>
</table>

정사일주(丁巳日柱)	
정사해설	丁火가 좌하의 사화에 왕궁이 되었고 또 간여지동으로 화기가 왕성하니 왈 천지만국이 화라. 겉으로는 약하여 보이나 실은 강왕하여 무슨 일이든 갈수록 열을 올려 매진하겠고 또 보이지 않는 사중 경금을 잡기 위하여 꾸준하여 명랑하겠고 예의 바르며 거짓을 모르고 직언을 잘 하는 것까지는 좋으나 말이 씨가 되고 음성이 높으며 남의 비밀을 지킬 줄 모르는 것이 흠이다. 어학이 발달하고 일지 지살이니 국제적으로 활동하는 것이 좋다.
성 격	귀하는 주장과 개성이 투철하며 판단과 사리가 명석하고도 기민한 성격이다. 아울러 슬기와 예지를 갖춘 재사형 인물이다. 언어와 임기응변이 능하고 사회적인 처세와 대인관계가 분명하기 때문에 각광을 받을 수 있다. 자존심과 고집은 있으나 한계선을 벗어나지 않으며 다만 아집과 주체성이 강한 까닭에 독선적인 처세가 단점일 때도 있다. 그러나 예의와 지식으로 모든 것을 커버하는 특성이 있으며 정확한 판단력과 통찰력을 가지고 있으므로 매사에 능소능대하게 처세하므로 미움을 받지 않는 장점도 있다. 학문을 숭상하고 언어와 법률을 중요시하며 예절과 도덕을 지키는 문화인의 자질을 갖춘 신사형 인물이다. 특히 교육과 문화, 언론과 보도 등 계통에 치중하는 재능이 우수하므로 날카로운 필봉이나 연설로서 잘못을 비판하는 독설적인 기질도 가지고 있다. 명석한 분석과 예리한 관찰력으로 지나친 비판과 지적 등으로 미움을 받을 때도 있다. 남녀 모두 자존심이 강하므로 이성 앞에 굴종하는 성격이 아니다. 발표력이 다능하며 바른말을 참지 못하는 것이 때로는 미움받는 약점이 되기도 한다. 연설과 이론을 전개하는 일, 토론과 변론을 하는 일, 홍보와 사회를 보는 일 등 임기응변의 재능을 갖추고 있어서 언행에는 자신이 있다.
전 공	의약, 약학, 화학, 정보공학, 법학, 사학, 신방학, 어문학
사 업	전자, 화공, 유류, 섬유 등에 성공하며 친구, 형제가 돈 벌어 주는 것은 육십갑자 중 정사일밖에 없으니 교우관계가 승패를 좌우한다.
직 업	설단생금하는 교육, 재정, 법정이 좋은데 냉철하여 만인의 존경을 받겠고 의사, 법조인, 교수, 언론인, 외교관, 무역업, 운송업, 수산업

정유일주(丁酉日柱)

정유해설	정화가 좌하 유금에 사궁이 되고 화능극금이나 금다화식으로 종재가 분명하니 토금수를 희하고 목화는 대기하는데 혹자는 정화 음이 유에는 장생하기 때문에 신왕재왕이 아니냐고 고집하기 쉬우나 기세론에서는 음양을 구분하지 않고 양화와 같이 보기에 장생은 성립되지 않는다. 미모의 얼굴에 설단생금하겠고 간교하지 않으며 학문에 열중하고 사지에서도 구출됨은 위타진력에 천을귀인의 작용이며 부모유덕하나 모선망의 팔자다.
성 격	귀하의 성격은 밝고 명랑하며 깨끗하고 솔직한 것이 특징이다. 항상 명석하고 깔끔한 성품이 누구에게나 돋보인다. 예절이 바르고 속마음이 담백하기 때문에 친구들로부터 미움을 받지 않는다. 또한 마음이 독하지 못하며 거울같이 선명하고 슬기로운 점이 있어서 융통성과 임기응변으로 능소능대하게 처세하므로 누구에게나 눈총을 받지 않는 것이 특징이다. 항상 손에서 용돈이 떨어질 만하면 생기는 재물의 은총을 타고났다. 현금이나 보석을 직접 손에 쥐고 있어야 마음이 든든하며, 수중에 돈이 떨어지면 생기를 잃고 의기소침해져서 공포에 사로잡히는 약점을 안고 있다. 심지어 삶의 의욕상실로 자살까지 생각하는 불행이 따르는 수도 있다. 선천적으로 부친의 덕을 타고난 사람이 많으며 현금과 물질에 대한 집념, 돈과 부친을 의지하는 마음을 인생의 전부로 생각하기 때문에 배우자를 선택할 때도 첫째가 돈이며 둘째가 부친의 배경이다.
전 공	법학, 사학, 어문학, 신방과, 인체공학, 의학, 금속공학
사 업	의약, 금은세공, 양은기물, 비철금속에서 성공이요 재복이 좋아 큰돈 한 번 만져 보는데 그 시기는 중·말년이 될 것이다.
직 업	의사, 교수, 아나운서, 디자이너, 연예인, 법조계나 상경계가 제일이다.

<table>
<tr><td colspan="2" align="center">정축일주(丁丑日柱)</td></tr>
<tr><td align="center">정축해설</td><td>丁火가 좌하에서 축토를 만나 매기라 종아격으로 보아야 마땅하나 축은 금의 고로 사와 유를 인합하기 때문에 작용에 있어서는 종재격으로 보아야 한다.
화토식신이라 심광체질에 중후하고 호예다양에 설단생금인데 재고가 작용하면 한없는 욕심에 돈 한번 원 없이 써 볼 것이고 냉철하고 임기응변에도 능하며 화개에 재고라 신앙을 상대로 취재하겠고 또 종교에서 하는 일에는 인색하지 않으니 이것도 타고난 팔자인가.
근면하면서도 때때로 비관하니 알다가도 모르겠고 부친이나 숙백 중에 횡액은 백호대살의 탓이요.</td></tr>
<tr><td align="center">성　　격</td><td>귀하의 성격은 명랑하고 예절 바르면서도 강유를 겸비한 점이 특징이다. 책임의식이 강하므로 평소 긴장하는 마음을 늦추지 않는다.
가급적이면 타인과의 경쟁이나 시비 등 투쟁을 피하면서 오로지 실리와 목적을 위해 묵묵히 일만 하는 집념이 강한 실리형 인물이다.
새로운 것을 발견하고 창조하는 데 취미가 있어서 장래의 실리와 축재를 위하는 일을 개척하는 데 주력하는 성품이다. 마음이 어질고 약한 까닭에 분수에 맞는 일만 골라서 하거나 실리 위주의 처세만을 하는 까닭에 생활의 안정을 도모하고 있다.
장래의 성공을 위해 현실의 고통과 부족을 인내하고 극복하는 미덕을 높이 평가받을 수도 있다.
남녀가 모두 돈의 여유와 저축성 있는 배우자를 원하는 편이다. 주로 금융계통인 은행원, 증권회사, 세무사 등 경리와 재정에 관계되는 직업인과 유대가 생긴다. 또한 군인, 검찰관 등 권력직과도 인연이 있으며, 신앙생활과 종교인 또는 금속이나 무기를 저장하고 취급하는 계통의 배우자가 더욱 인연이 깊다.
목장, 토지 등과 인연이 있으므로 예금이 항상 수중에서 떠나지 않는 성실한 저축인이다.</td></tr>
<tr><td align="center">전　　공</td><td>의학, 수학, 물리학, 지리학, 고고학, 농학</td></tr>
<tr><td align="center">사　　업</td><td>식품, 금속, 토건업인데 땅을 사 놓으면 금싸라기로 변하니 투자해 볼 만하고 신방재고 한번 놓았으니 대부 한번 쉽게 되고 재복 좋아 수배억금하게 될 것이다.</td></tr>
<tr><td align="center">직　　업</td><td>법조인, 교수, 정치인, 영농업, 연예인, 법정, 재정, 교육계로의 입신이 좋다.</td></tr>
</table>

정해일주(丁亥日柱)	
정해해설	丁火가 좌하해수에 절지요 살지가 되고 보니 종살이 분명한 중 또다시 장간임수와 정임합이라 왈 유정지합이나 주의할 것은 정관으로서 만족하여야지, 갑목까지 욕심을 낸다면 생화로서 종래는 방해가 되므로 패망을 자초할 것이다. 외유내음이 배정냉철하며 지혜는 있으나 지속성 결여가 흠이요 잘못하면 변덕이 심하여 싫증을 빨리 느끼고 때로는 처세가 너무 좋아 오해를 받기 쉬우며 해외영주에 분주다사요 이사번다에 극언을 곧 잘 하며 예감은 빨라 생활에 도움이 되겠고 꿈도 잘 맞으며 신앙생활도 하여 본다. 식복은 있으나 큰 재복은 없다.
성 격	귀하의 성격과 특징은 첫째, 심성이 명랑하고 매사에 민감한 편이다. 솔직하고 슬기로운 심성인 까닭에 마음에 숨겨 놓는 것이 없어서 항상 밝고 싹싹한 대인관계가 특징이다. 마음이 독하지 못하나 공사에는 분명하며 권위의식과 명예욕이 잠재해 있어서 관료적인 자존심이 일생을 지배하고 있다. 대의명분과 체통을 세우기 위해서는 물질에 대한 욕심을 과감히 포기할 수 있는 용감한 인격이다. 음흉하고 내숭 떠는 것을 가장 싫어한다. 솔직하고, 담백하게 터놓고 시비를 가리기를 좋아하며 여운을 남기지 않기 때문에 뒤끝이 깨끗한 성품이 큰 특징이다. 일반적인 심성은 약하나 공적인 기강과 정의로운 명분을 앞세우기 위한 부정을 척결하는 일에는 강하고 예리한 것이 특색이다. 마음이 착하고 공정무사한 까닭에 청빈한 생활을 하더라도 부정이나 범죄를 저지를 수 없는 양심적인 인격이다. 잘못을 솔직히 시인하는 깨끗한 인격과 돈보다는 명예와 체면을 존중하며 권위와 지위를 좋아하는 관료적 사상 때문에 실력이 없는 사람은 무시하는 경향이 농후하다. 남자는 재산이나 인물보다는 명예와 출세에 뒷받침이 될 수 있는 배우자를 선택하게 된다.
전 공	의학, 자연과학, 해양, 농학, 교육학, 어문학
사 업	事業보다는 관직이 좋고 事業을 고집한다면 수산, 해운, 식품, 관광 등에 인연이나 성공은 기약하기 어렵다.
직 업	교수, 의사, 외교관, 언론인, 무역업, 디자이너, 예능계 등에서 입신이요.

<table>
<tr><td colspan="2" align="center">무신일주(戊申日柱)</td></tr>
<tr><td>무신해설</td><td>무토가 좌하 신금에 설기태심이라 병궁이며 의지처가 없으니 의당 종아가 분명하나 신금은 수의장생에 임수를 장축하고 있어 종아는 변하여 종재가 된다. 금수에 길하고 화토에는 흉인데 말년에는 예측불허의 재앙이 발생함은 금목상전의 탓이고 신의에 재주가 있다고는 하나 깊지 못함이 흠이요 매사에 완전함과 결실을 기대하나 고독은 면할 길이 없으며 비만체구에 키가 크기 어려우나 추리력과 취각은 발달하였고 공부는 도중하차요 분주다사에 해외 출입하며 인간중매나 중재에 일가견이 있으며 식복이 있어 수배억금한다.</td></tr>
<tr><td>성　격</td><td>귀하의 성격은 온화하면서도 남에게 신임을 얻을 수 있는 인격과 지능을 겸비하고 있다. 성실한 노력과 창조적 개척정신은 타의 모범이 된다. 특히 직감력과 신기가 발동할 수 있는 체질을 타고났다.
학문과 언어에 천부적 재능을 갖추고 있으며 창의와 개발에 따른 생산적 재능과 지식을 갖추고 있으므로 어디를 가나 환대를 받을 수 있다. 생활신조가 풍요와 편의, 문명과 이기에 있기 때문에 잘 먹고 잘사는 것을 최고의 목적으로 생각한다.
평소 슬기롭고 명랑한 낙천적 성격이므로 여유 있으며 융통성이 있는 실력을 바탕으로 능소능대한 처세와 풍요한 유머를 갖추고 살 수 있는 너그러운 사람이다. 특히 의식주 생활을 중심으로 온갖 분야를 연구, 개발하는 데 최선의 노력을 아끼지 않는 특성이 돋보인다.
무엇이든지 잘 먹는 식도락가이며 또 잘 먹어야 지혜와 능력을 발휘하는 체질을 타고났다. 항상 식생활과 건강에 치중하면서 맡은 일도 2배 이상 해낼 수 있는 정력과 의욕을 갖고 있다.
어느 직장을 가나 우수한 사람으로 인정을 받기 때문에 존경과 우대를 받는 것이 상례이다.
본인은 두뇌와 생활능력이 남달리 우수하나 배우자가 스스로 무능력해지는 것이 이해할 수 없는 운명의 장난이다.</td></tr>
<tr><td>전　공</td><td>법학, 사학, 어문학, 의학, 물리학, 금속공학, 정보공학</td></tr>
<tr><td>사　업</td><td>식품가공, 철재, 운수, 수산업에서 성공한다.</td></tr>
<tr><td>직　업</td><td>교수, 의사, 법조인, 외교관, 언론인, 엔지니어, 교육, 재정, 외국기관에서 입신인데 주의할 것은 신앙에 맹종치 마라.</td></tr>
</table>

무인일주(戊寅日柱)	
무인해설	戊土가 좌하에서 인목 편관을 만나 극토로 의당 종이 될 것 같으나 인중병화에 장생이라 살중에도 종을 하지 않는 것은 인목 하나밖에 없다. 인에 장생이 됨은 화토 공존으로 작용하기 때문이나 조하고 박토로서 사지구생이 되어 있는 것은 면하기 어렵기 때문에 극수는 물론 생금도 할 수 없다. 따라서 약한 기토만도 못하니 어찌 토로서의 임무를 수행할 수 있는가. 신용은 인정에 의하여 파괴되었으니 일해 주고 제 값 받기 어려우며 주체의 지구력이 약하여 호탕한 일 할 수 없고 어디를 가나 일복은 타고났으니 피할 길이 없으며 부모덕마저 없으니 누구를 의지할 것이며 일부이지에 식소다변이요. 이사번다에 객지성공인데 득재면 신액하고 실재면 건강한 중 탕화살마저 놓았으니 인간고락은 면키 어려우며 혹 음독을 한다 하여도 병화 때문에 살아나니 이를 두고 병 주고 약 준다고 한 말인가? 비록 학문을 좇는다 하나 빛 보기 어렵다.
성　격	귀하의 성격은 침착하고 온건하며 책임과 신의를 지키고 권위를 세우고자 한다. 성실한 생활과 근면한 노력이 삶의 신조이며 근중하고 과묵하면서도 투철한 사명감을 가지고 있으므로 항상 긴장감을 늦추지 않고 매사에 성실하게 임하는 것이 특징이다. 모든 일을 인내심과 의무감에서 어려운 중책도 해내기 때문에 전형적인 무관과 법관격 인물이다. 의협심과 명예욕이 잠재해 있어서 학창시절에 고시에 관심이 있으며 여하한 희생도 감수하면서 맡은 바 직책에 최선을 다하는 노력형 인물이기 때문에 국가동량지재로서 입신양명할 수 있다. 항상 새로운 발전을 기도하며 창조적 개척정신이 잠재해 있어서 미래지향적 진취성이 특징이다. 특히 학문과 정치 법률을 연구하는 데 관심이 지대하므로 많은 노력을 아끼지 않는다. 또한 동방사상을 선호하여 민족정기를 숭상하는 보수적인 특성을 엿볼 수 있다. 민족문화의 애착심과 국가관을 항상 강조하는 애국지사형 인물이며, 전통적인 한민족의 근본이 되는 자질을 타고났다고 보아야 한다.
전　공	자연과학, 한의학, 문학, 신방과, 유아교육학, 의상학
사　업	산림과 건축, 섬유와 제복, 임산물과 모재, 전주와 가로수, 교통과 통신, 운반과 여행수단 등과 인연이 있으며 전자, 화공 등에서 입신한다.
직　업	법관, 국회의원, 군인, 정보원, 검찰관 등 권위직과 인연이 많은 편으로 외교관, 교수, 학자, 의사, 방송인, 운수업 등

무오일주(戊午日柱)	
무오해설	무토가 좌하의 오화에서 생을 받고 또한 왕궁으로 신왕하다고 보니 조토가 되어 가색의 공을 이룰 수 없음이 서운하다. 극수는 잘 하나 생금을 못 하니 자기 위주요 이름하여 화토중탁이라 신앙과 연애한다. 신왕으로 목 관을 희할 것 같으나 조토에는 목이 고사라 불용하고 토가 물을 만나 비록 그릇이 된다고 하나 열량이 부족하여 질그릇밖에 안 됨이 서운하고 불 먹은 흙에 어설픈 수재는 종래 토의 균열을 야기할 터이니 파계의 아픔이 어떤 것인가를 알아야 하며 오중 정화의 도움은 좋은데 기토 비겁을 동반하고 있어 대가는 치러야 한다. 양토로서 후중하여 보이나 조토에 외양내음이 되어 경거망동하기 쉬우며 왕궁에 양인살이 있어 잔인할까 염려되며 희생을 근본으로 삼아야 한다. 얼굴은 부처님상이나 제값을 못 하고 이복형제에 인덕도 없는데 불사에는 일등이요.
성　　격	귀하의 성격은 외유내강하며 화강 양면의 저력이 잠재해 있다. 또한 부하를 통솔하고 타인을 제압하는 권위욕이 저변에 내포되어 있다. 대중의 추대와 존경을 받고자 하는 명예욕과 우월감이 있어서 오만에 빠지기 쉬운 점도 지적할 수 있다. 고집과 자존심이 강한 반면에 도덕과 질서를 지키고 예의와 준법에는 타의 모범이 되고 있는 것이 장점이다. 의지가 강한 까닭에 강자를 누르고 약자를 돕는 일에 앞장서는 데서 대중의 존경과 신임을 받는다. 조국을 사랑하고 선조와 전통을 존중하는 보수적 사상이 농후하며 모친의 도움과 혜택을 은근히 바라는 기대심리가 잠재해 있다. 집권욕과 집도의식이 잠재해 있어서 언제든지 권력을 잡거나 칼을 잡는 일이 생기면 만족할 수 있을 것이다. 대부분 자신을 억제하는 보수적 억압심리가 잠재해 있는 특수한 체질이다. 성을 억제하거나 성에 대해 추악감을 갖는 남자도 있으며 여자를 학대하거나 이혼과 사별 등의 불상사를 야기하는 경우도 있다.
전　　공	약학, 화학, 유전공학, 화학섬유, 화공학, 어문학, 미술
사　　업	의약, 문화, 종교 계통인데 본래가 재복은 없으니 탐재하지 마라.
직　　업	의사, 군인, 교육, 법관 또는 권력직에 종사하는 공직자를 비롯하여 일부 도축자, 요리사, 재단사 등의 칼이나 가위 또는 절단기를 사용하는 업종과 광선, 염료, 의약, 조명 등과도 인연이 있다.

무자일주(戊子日柱)	
무자해설	戊土가 좌하에 자중계수와 무계로 합하면서 종재가 되는데 사정에 해당하고 정재가 되며 원류인 상식의 부실로 거부되기는 어려우나 항시 타인으로부터 돈이 있는 것으로 보이며 재성 수가 류하지성이라 돈놀이하는데 결과는 배신당하니 주의하라. 무엇인가 태동은 되었으나 그 형체는 보이지 않으니 꿍꿍이속이 많겠고 장성에 자리하고 있어 고집은 있다 하나 외양내음이 되어 타협이 쉬우며 삶 자체도 외화내빈으로 겉 다르고 속 다르고 부종처화로 처의 말을 잘 들으나 미인수다에 잘못하면 소실이 정처 노릇을 하는 팔자가 된다. 귀인은 서북이요. 신의보다는 지혜에 편중하다가 손해 보며 시시로 잘 놀라는 편이다.
성 격	귀하는 온화하면서 안정적인 성격이다. 매사에 성실하고 정확하며 신용과 약속을 생명과 같이 지키기 때문에 사회의 귀감이 될 수 있는 인물이다. 지능지수가 높고 사고력이 우수하며 판단력이 빠른 편이다. 근면하고 성실한 노력은 타의 모범이 될 수 있으나 때때로 과감한 투지와 실천력이 부족한 까닭에 대업을 경영하기에는 부족한 점이 있다. 원래 마음이 착하고 모질지 못한 까닭에 양보와 타협으로서 매사를 합리적으로 해결하려 한다. 타산에 맞추어 계획대로 빈틈없이 처리코자 하는 지나친 타산은 대업경영을 주저하게 할 수도 있다. 남에게 베풀기에 앞서 나의 것부터 챙기고 지키는 보수적 성격이므로 때로는 소인배로 오해를 받을 수 있다. 두뇌의 회전이 빠르며 능소능대한 임기응변의 처세로 실리를 거둘 수도 있다. 근면하고 성실한 성품과 기능적 재질을 겸비했기 때문에 무엇이든지 실리가 있다고 보면 최선을 다하는 성품이다. 남녀 모두 배우자를 선택할 때 용모에 치중한다.
전 공	의학, 물리학, 수학, 통계학, 어문학, 관광학
사 업	수도, 음료수, 강하, 수영 및 스케이트장, 염색, 잉크, 전자, 유전자, 종자, 원자 등의 사물과 유대가 있다.
직 업	법관, 은행원, 경리, 전자, 유전자, 잉크, 염색 등의 사물과 유관한 직업, 교수, 의학자, 금융계, 수산업, 해운업, 연예인

무진일주(戊辰日柱)	
무진해설	戊土가 좌하에서 진토를 얻어 왕하고 있는 중 정재, 정관, 이덕을 얻어 출생 당시부터 부귀의 명인데 또한 습토라 능히 가장의 공을 이룰 수 있으니 토 중에서도 진토의 구실을 하게 된다. 따라서 조화비상에 이상이 원대하니 반드시 한 인간으로서 결실하고도 남음이 있으며 비만체구에 후중하여 주체가 강하고 중간역할을 잘 하고 화합중재의 명수이며 세인의 존경에 신의 지명으로서 신앙에도 독실하고 환경에도 적응을 잘 하고 주위에 지나칠 정도로 친구가 많이 모이는 것이 특징이다.
성 격	귀하의 성격과 특징은 자존심과 고집이 강한 반면에 신의와 관용을 신조로 하는 미덕을 갖추고 있다. 항상 남에게 베푸는 입장에서 덕을 쌓고 인심을 얻으며 살고자 하는 마음이 앞서고 있다. 그러나 심술을 내며 고집을 부리는 때도 있다. 심복부하를 거느리고 사회 대중을 통솔하며 집단적인 조직생활에서 두령급 인물이 될 수 있는 자질을 갖추고 있다. 인간을 존중하고 사회에 봉사하며 동기나 친구 등의 사랑과 존경의 대상이 된다. 대중에 대한 신임으로 정치사회에 입문하여 10만 선량이 되는 출세의 꿈을 안고 있다. 많은 사람을 조직적으로 통솔하고 그 위에 군림하고자 하는 욕망을 평생토록 포기할 수 없다. 교회와 사찰 또는 각종 사회단체에 참여하는 일에 호기심을 가지고 있으며 앞장서는 과감한 투지가 있어서 희생도 감수하는 성격이다. 경쟁이나 투쟁을 하는 소송, 경기 등에는 강한 승부욕이 따르며 끝까지 물고 늘어지거나 기어코 이겨야만 마음이 풀리는 특이한 성격이다. 남녀 모두 자존심과 고집으로 인해 혼기를 놓치거나 성혼의 어려움을 겪는 수가 허다하다.
전 공	어문계열, 농학, 지리학, 고고학, 낙농, 건축, 의학
사 업	식품이나 건축, 농업도 좋고, 욕심은 한없이 많고 재복도 좋아 수배 억금에 거부의 명이요. 돈주머니를 차고 다니는 격이니 남의 돈이라도 항시 수중에 있다.
직 업	인문계로는 상경이나 법정이요, 이공계로는 토목이며 관으로는 재정이요. 교수, 의사, 종교가, 건축가, 공예가, 연예인, 무역업

기미일주(己未日柱)

기미해설	己土가 좌하 미토에 비견으로 득왕하고 또 간여지동으로 득왕하여 신강이 되나 미토는 6월 지기로 화여기라 조토가 되어 만물을 자생할 수 없음이 서운하다. 따라서 불용가장이요 화토중탁하며 토극수는 잘 하나 토생금은 못 하니 당초부터 믿지 마라. 본심은 신의나 심술에 정복력이 강하고 한없이 까다로워 비위 맞추기 어려우며 아집 대단에 의심이 많아 본인 이외에는 믿지 않으니 자연 고독을 자초하겠고 신앙을 가지나 조토되어 오래가지 못하며 암록 있어 암조부신으로 좋다고 할 수 있으나 조토를 조장하니 반위손해이다.
성　　격	귀하의 성격은 고집과 자존심이 강한 편이다. 온화하고 원만한 것을 좋아하여 모나지 않고 둥글둥글하여 융통성 있게 처세하는 것을 좋아한다. 사회생활에서 가급적이면 강함과 유연함을 겸비하여 처리하며 매사에 중용을 지키려는 원칙을 세우고 있으므로 공사에서 형평을 이루어 인심을 잃는 일은 거의 없다. 항상 강자에게는 아부하면서도 반항심으로 약자를 돕는 중간역할을 하는 것이 특징이다. 모든 일에 중용을 지키려는 노력이 조화와 화합으로 증폭되어 많은 사람의 호응을 받게 되며 아내와 가정은 희생을 당하나 본인은 돋보이게 된다. 돈보다 유능한 심복부하들을 거느리고 충성을 바라는 마음이 앞서고 있다. 그러나 배신자와 이간하는 모사꾼들의 피해가 두렵다. 위장과 척추의 신경통과 수술 등으로 고통이 따르며 의사와 군인, 권력자가 되었을 때는 어느 정도 면할 수 있다. 남녀 모두 자제력이 강한 체질로 이성을 무조건 좋아하지는 않는다. 연애결혼이 아니면 중매로는 성립이 어려우며 만혼을 면키 어렵다. 성적인 감정이 둔하고 순한 것 같으면서도 고집이 강하므로 남자에게 무조건 순종하지 않으므로 불화와 별거 등의 불행을 자초할 염려가 많다.
전　　공	의학, 약학, 화학, 유전공학, 낙농, 교육학, 어문학, 신방과
사　　업	종교, 부동산, 토산품 등에서 성공이나 수재가 되어 자꾸 흘러가니 관리를 잘 해야 한다.
직　　업	일지관고라 재정계가 아니면 교육계에서 입신하고 의사, 언론인, 엔지니어, 디자이너

<table>
<tr><th colspan="2">기사일주(己巳日柱)</th></tr>
<tr><td>기사해설</td><td>己土가 좌하에서 사화즉 노야지화를 얻어 왕하고는 있으나 조토가 되기 때문에 금수를 희하는 것이 원칙인데 때로는 기토가 조하여 전답으로서의 기능을 상실한 반면 사중의 병화와 경금을 이용하여 좋은 자기로 변하니 세인이 경탄을 금치 못하리다. 상대에 따라 대처를 잘하라. 외음내양으로 겉으로는 약한 듯하지만 강직한 성격이요, 인품이 준수하여 멋쟁이이며 학문이 발달하고 대화 속에는 많은 학식과 덕이 겸비되어 있으며 화토진탁으로 신앙에 독실하고, 어깨 넘어 공부가 더 많은 도움이 된다.</td></tr>
<tr><td>성 격</td><td>귀하는 양심과 도덕성을 겸비한 보수적인 성격이다. 매사를 원만하게 처리하고 자연과 진리에 순종하는 철학적 사상을 가진 인격이다.
우직한 고집을 가지고 있으며 강인한 절개를 지키려는 충직한 의지의 소유자다. 평등과 조화를 선호하는 까닭에 아랫사람으로부터 존경과 추대를 받을 수 있으며 은근히 기대하는 이기적인 심리가 잠재해 있다.
나라에 충성하고 부모에 효도하는 것을 본분으로 삼고 있다. 예의와 도덕을 지키고 전통과 긍지를 지키는 데 관심이 지대하다. 특히 조국과 선조를 위하는 일이나 자연과 진리를 따르는 정신문화적 전통성과 유산을 계승하는 일을 중요시한다.
꿈이 잘 맞거나 예감이 적중하는 특이한 체질이다. 남녀 모두 이성관이 보수적인 까닭에 결혼에 어려움을 겪어야 한다. 특히 모친이나 웃어른의 절대의사가 혼인 성립의 키를 쥐고 있는 셈이다.
아내에 대한.애정과 의견보다는 모친을 우선 위하는 효자형 인물인 까닭에 부부의 행복은 모친에게 달려 있다고 본다. 그래서 딸 가진 집에서 혼사를 결정할 때 호된 시집살이를 각오해야 한다.
도덕과 양심을 앞세우고 의리와 순리를 따르고자 하는 마음에서 사업은 기복이 심한 편이다.</td></tr>
<tr><td>전 공</td><td>문학, 교육학, 어문계열, 유전공학, 화공학, 약학, 금속공학</td></tr>
<tr><td>사 업</td><td>학원, 문화, 전자, 비철금속, 토산품 등으로 성공하고 해외 출입에 이사를 많이 다닌다.</td></tr>
<tr><td>직 업</td><td>교육이나 언론 또는 해외기관에도 적합한데 이는 외국어에 능통하기 때문이고 화가, 화공 전 분야, 운수, 무역업</td></tr>
</table>

기유일주(己酉日柱)	
기유해설	己土가 좌하 유금을 놓아 사지요 금다토쇠라 종아격이면서도 청백함이 돋보이고 표충은 흙이나 지하는 보석광맥이 당권하고 있어 전답보다는 광산을 개발함이 유익하게 되어 있으니 본래의 목적을 바꾸어 편법으로 출세함이 빠르다. 신의 있고 위타진력에 신장은 작으나 단단한 체구로 달리기를 잘하고 문장력과 암기력이 뛰어나고 일지 장성으로 고집이 대단하여 강자에는 강하고 약자에는 약함이 특징이다. 부모덕은 없으며 자수성가해야 한다.
성 격	귀하의 성격은 온화하고 지혜로우며 중심을 지키려고 노력한다. 착하고 예절이 바르며 예민하고 강직한 점도 있다. 주장과 이론이 옳고 바르다고 생각되면 누구에게도 굽히려 하지 않으며 직언하는 고집이 특징이다. 바른말을 잘 하며 이론을 관철하려고 따지기를 좋아하는 특징을 가지고 있다. 때로는 입바른 소리를 잘 해서 미움을 받거나 따돌림을 받는 수도 생긴다. 지능지수가 높으며 언어와 설득력이 투철하고 기획과 경영에 탁월한 재능을 타고났다. 그러나 직접적인 실리와 연결이 부족한 까닭에 사업을 하면 잘된다는 보장이 없는 것이 단점일 수도 있다. 또한 원만하거나 어수룩한 곳이 없으므로 상대방이 접근을 피하려는 교제상의 단점도 안고 있다. 학문과 교육, 언론과 문화의 연구와 개발 등에는 누구보다도 뛰어난 재능과 소질이 있어서 수재라는 칭찬을 받을 수 있다. 재주가 좋으면 덕이 부족하다는 말과 같이 지나친 재간에 비해 소득이 적은 편이다. 인화와 덕망에 힘써야 높이 출세하고 대기만성할 수 있다.
전 공	금속공학, 정보공학, 법학, 사학, 어문학, 신방과, 예능계
사 업	의약, 식품, 육영 등이 좋은데 본래가 청격으로 큰 재복은 없으니 탐재하지 마라.
직 업	법정에서 입신, 의사, 교수, 언론인, 귀금속, 장신구, 재봉과 세탁에 관한 기구, 현금, 정밀기계, 구슬과 공 종류, 구기종목의 경기 등과 인연

<table>
<tr><td colspan="2" align="center">기축일주(己丑日柱)</td></tr>
<tr><td>기축해설</td><td>己土가 좌하에서 축토를 얻고 보니 비견이요. 또 간여지동으로서 일간이 왕할 것 같으나 축토는 동토요 금의 고장으로서 12월 중이 되어 토이기 전에 금수로 보기 때문에 오히려 설기태심이라 기토는 허토가 될 수밖에 없으며 따라서 토생금은 잘하나 토극수는 어렵고 철분이 과다한 전답이 되고 보니 어찌 가색의 공을 이룰 수 있겠소. 화상의 흉터에 언어가 거칠까 염려요. 신용부실에 의지심이 많고 경망하기 쉬운데 신앙과 근면으로서 착실하게 지구력을 가지고 매사에 임하면 반드시 복이 찾아올 것이다.</td></tr>
<tr><td>성　　격</td><td>귀하는 성실한 마음과 굳센 의지를 지니고 있다. 지능과 신의를 겸비하고 상하계급의 모순과 갈등의 조화를 갖추는 데 앞장설 수 있는 사회 중산층 인물이다.
가급적이면 매사를 원만하게 처리하고 공정하게 분배하려는 공존. 공영의 사상이 농후하다.
본래 심성이 온화하고 선량한 편이다. 은근히 돈에 대한 욕심이 있어서 한번 돈을 쥐면 내놓지 않으려 한다.
증권 또는 복권이나 경마 등을 선호하는 편이며 축재욕이 잠재해 있어서 꾸준히 돈 벌기 위해서 연구하는 특징을 가지고 있다.
될 수 있으면 모든 일을 타협적으로 해결하고 공평하게 분배하려는 의식이 잠재해 있다.
은근한 고집과 오기를 부릴 때가 있으며 실리에는 타산적이면서도 봉사에는 희생적인 특징을 지니고 있다.
두뇌의 회전이 빠르며 능소능대한 임기응변의 처세로 실리를 거둘 수도 있다. 근면하고 성실한 성품과 기능적 재질을 겸비했기 때문에 무엇이든지 실리가 있다고 보면 최선을 다하는 성품이다.
남녀 모두 배우자를 선택할 때 용모에 치중한다.
원래 고집과 자존심이 있어서 혼인의 성립이 우유부단하게 끌어가는 수가 허다하다. 뿐만 아니라 배우자의 애정보다 은근히 돈을 둘러싼 동기간의 질투로 일생 원만치 못한 가정이 허다한 편이다.</td></tr>
<tr><td>전　　공</td><td>어문학, 지리, 고고, 농학, 의학, 자연과학, 금속, 법학</td></tr>
<tr><td>사　　업</td><td>금속성 기계류와 무기, 군수품, 자동차, 재봉 등에 관한 사물과 인연이 있다.</td></tr>
<tr><td>직　　업</td><td>군인, 은행, 세무공무원, 철공계통, 영농업자, 종교인, 사찰, 교회, 경영인과 직책을 수임한 사람도 허다하다.</td></tr>
</table>

기해일주(己亥日柱)	
기해해설	천간의 기토가 좌하 해수에 절지요, 토능극수나 수다토류라 종재가 분명하나 해수는 목의 장생지이므로 또 해중에 갑목이 있어 종재는 변하여 종살이되는데 명주만 왕하다면 재와 관 2덕을 얻어 길한 명이 된다. 냉철한 중 추리력과 상상력이 좋아 선견지명이 있기 때문에 타인보다는 한수 앞서며 또 꿈이 잘 맞으니 생활에 응용하면 도움이 되며 술해 천문으로 신앙이 독실하며 외음내양이라 실속은 있다고 보나 일간이 허약하면 미신숭배하다가 본인이 무당 될까 염려되며 외식을 즐겨함은 재성에 지살이 있음이며 항시 분주하고 처세는 좋다. 비위가 약하고 요통으로 고생하며 시력과 심장이 약함도 원인은 비위에 있으니 위장병을 다스려야 만병이 치료된다.
성　　격	귀하의 성격은 온순하고 선량한 것이 특성이다. 매사를 무리 없이 합리적으로 생각하고 정당하게 처리하는 것을 본분으로 생각하는 사람이다. 정직하고 담백한 성품 때문에 죄를 짓지는 못한다. 가급적이면 상하가 조화를 이루는 것을 원한다. 악한 일은 피하고 착한 일만 하는 청귀한 성격의 인물이다. 매사에 근면하고 성실하며 노력한 것에 대한 응분의 대가 이상은 부당한 것으로 생각하는 사람이다. 분수 밖의 욕심에는 가책을 받는 착한 성품의 군자격의 인물이다. 마음이 약하고 내성적이며 분수와 사리만을 따지고 명분과 정도만을 앞세우는 까닭에 강자와 정면대결은 가급적 피해 가면서 오로지 실리와 가정만을 위해 안정 위주로 처세하는 것을 비겁하다고 생각하지 않는다. 남녀 모두 배우자의 복이 있는 편이다. 우선. 경제적 배경과 용모와 학벌 등이 남에게 빠지지 않을 정도로 우수한 것에 만족할 것이다.
전　　공	법률. 철학. 의학. 수학. 물리학. 통계학. 어문학. 교육학. 의상학
사　　업	무역. 수산. 원양어업. 운수. 식품 등이 좋으나 제조업보다는 완제품의 대리점 등이 더 좋고 외화 획득으로 애국한다.
직　　업	재정. 외교 또는 외국상사. 외국공관에 근무하는데 해외 출입도 한다. 교수. 의사. 금융계. 언론인. 디자이너. 인기직종

<table>
<tr><td colspan="2" align="center">경신일주(庚申日柱)</td></tr>
<tr><td>경신해설</td><td>庚金이 좌하 신금에 정록이요 간여지동으로 신왕하고 보니 위세가 당당이라 능히 극목하고 생수할 수 있어 자체조화를 충분히 할 수 있으나 인정이 부족하고 단조로움이 흠이 된다.
화를 얻어 성기함이 제일이요 수를 얻어 설기함이 제이니라. 거만한 것이 처세의 흠이요 냉철하며 재주가 있으나 인정이 부족하고 의리 때문에 약자 편에 서다 보니 항상 손해 보며 주중이 중화를 이루고 있으면 우국우족이라 나라를 위하여 이 한 몸 초개와 같이 버릴 수 있음은 타의 모범이라 혁명가의 기질에 음성 하나는 좋다.
임사즉결하며 변화무쌍으로 만인의 존경을 받으나 언행에 있어 언중유골이라 상대의 폐부를 찌르니 삼가야 하고, 부모덕이 없어 초년에 고생인데 아니면 말년이 불행할 수 있다.</td></tr>
<tr><td>성　　격</td><td>귀하의 성격은 우선 자존심과 강인한 의지를 들 수 있다. 항상 건전한 정신력으로 난관을 극복하는 투지는 타인의 추종을 불허한다. 매사에 냉정하고 독선적 고집으로 처리하는 일은 누구도 저지하기 어려우며 불굴의 의지와 패기는 천부적으로 부여받은 특성이다.
평소에도 엄숙하고 매사에 신중한 태도를 보이며 모든 일을 긍정적으로 받아들여 과단성 있게 처리한다.
약자를 돕고 강자를 누르는 의협심이 강하며 공정하고 무사한 성격이 사회적으로 존경받을 수 있는 소지다.
부정을 척결하는 데는 뜻을 굽히지 않는 강인하고 참신한 관료적 특징이 더욱 큰 인물이 될 수 있는 천부적 자질을 부여받은 점이다.
또한 심복부하와 참모급의 충복을 능히 거느릴 수 있는 체력과 아량과 실력이 부여되어 있어서 국가의 대업을 수임하면 멋지게 성취할 수 있다.
평범한 직장에서 주장을 관철하고 업무를 리드하는 직책을 맞게 된다. 주체성이 완강하므로 남의 말에 쉽게 넘어가지 않으며 신을 믿거나 종교를 갖는 일에 미치면 광신의 굴레를 벗지 못한다.
사업가로서도 굳은 의지와 창의력을 발휘하여 칠전팔기하는 기복 속에서도 종말에는 대업을 성취하여 두각을 과시할 수 있는 자질이 주어져 있다.</td></tr>
<tr><td>전　　공</td><td>의학, 정보통신, 자연과학, 통계학, 법학, 신방학, 사학</td></tr>
<tr><td>사　　업</td><td>관광, 운수, 식품, 철재 등에 해당하는데 큰 재복은 없으니 명예에 우선하라.</td></tr>
<tr><td>직　　업</td><td>군인, 교육, 감독직 등이 좋고 교수, 의사, 법조인, 언론인, 엔지니어, 외교관</td></tr>
</table>

경오일주(庚午日柱)	
경오해설	庚金이 좌하에서 오화를 만나 실지로 근을 하지 못하니 의당 종살이되겠는데 오화는 오 중 정화를 용하기 때문에 패지로서 완전하게 제련할 수 없으므로 농기구에 비유된다. (인오술 逢은 제외) 의리가 본성이나 조급함이 실패의 근원이며 일찍이 성숙하여 사회에 참여하나 타로부터 지탄을 받기 쉽고 종으로 뜻은 크나 패지로 성사가 어려워서 느느니 신경질뿐이요 어떻든 백마라 이상과 고집이 대단하나 알아주는 자 없으니 안타까울 뿐이다. 화상의 흉터에 세상 비관인데 심하면 음독이 염려되고 잘 생기지 못한 얼굴에 검붉은 점이 있고 지구력과 인내심이 부족하여 매사에 방해요. 학문은 도중하차인데 이유는 오중기토가 조토로서 생금불능이기 때문이다.
성 격	귀하의 성격은 냉정하고 강직하며 정확한 청백리의 성격이다. 관료적인 자존심과 권위의식이 잠재해 있어서 항상 올바른 마음과 정직한 행동을 삶의 신조로 하고 있다. 또한 명예욕과 입신양명의 출세욕이 누구보다도 강하게 작용하는 사람이다. 그래서 학업과 처세에 최선을 다하는 노력은 그 누구에게도 뒤지지 않으며 높이 평가받을 수 있다. 부정과 비리를 지극히 혐오하고 배격하는 청백리의 기품이 선천적으로 주어진 특징이다. 실력 있는 사람과 상사 앞에서는 꼼짝 못 하면서도 실력 없는 사람과 하급자는 약간 멸시하는 관료의식이 두드러지게 드러나 보이는 것이 결점이다. 피나는 노력으로 실력을 길러 각종 고시에 당당하게 대처하는 떳떳한 실력자이다. 과거급제로 금의환향의 꿈을 실현하는 사람도 있다. 상명하복하는 전형적인 관료정신으로 무장되어 있으며 직책과 사명에 최선을 다하는 충신형 인물이다. 남녀가 모두 배우자의 선택을 재산보다는 인물 위주로 보며 실력과 학벌을 더욱 앞세우는 경향이 두드러진다.
전 공	문학, 어문계열, 관광학, 디자이너, 약학, 유전공학
사 업	전자, 화공, 고물상, 소방설비 등이 좋은데 본래가 큰 재복은 없으니 탐재하지 마라.
직 업	공무원, 교수, 의사, 강사, 아나운서, 화공분야, 공업가나 경찰이 좋으며 혹 직업군인에서도 많이 본다.

경인일주(庚寅日柱)	
경인해설	庚金이 좌하인목에 절지로 무근이 되어 종재가 분명하나 인목은 화의 장생임으로 또 병화가 살을 포함하고 있어 종재는 변하여 종살이 된다. 따라서 조화가 비상하겠고 의리는 인정에 굴복하였으며 매사에 임사즉결이나 편견에 치우침이 흠이요. 겉으로는 냉정하나 본심은 온화하며 이향지객에 해외 출입 있어 보이고 이사번다는 지살의 연유이며 木, 財가 되어 분식, 화식, 양식을 즐겨 찾겠고 화상의 흉터가 없으면 화재를 주의하고 화재보험에는 필히 가입할 것이며 운이 부실하면 성정 조급에 압세까지 하니 신앙으로 안정을 찾기 바란다. 처세 좋고 냉철하여 공부도 잘하나 좌하 재가 되어 수리에 밝으며 돈보다는 명예를 우선하고 음성이 좋다.
성 격	귀하의 성격은 심성이 착하고 인정미가 넘쳐흐르며 마음이 약해서 눈물이 많은 것이 특징이다. 이해타산에 각박하지 못한 까닭에 항상 손해를 보면서까지도 양보하는 착한 성품이며 가급적 모든 일을 원만하게 처리하고 평화와 안정 위주의 생활을 도모하는 성격이다. 재산의 투기성과 요행심이 잠재해 있으며 항상 돈이 수중에서 떨어지지 않는 행운을 타고났다. 오로지 돈을 쥐고 있어야 마음이 편안한 황금지상주의 사상이 팽배해 있는 사람이다. 돈이 떨어질 만하면 생기는 혜택이 특징이다. 돈의 고갈과 손해가 가장 큰 공포와 고통이 되는 약점을 갖고 있다. 돈에 의지하는 배금사상과 부친의 경제적 실력과 배경을 크게 의지하는 잠재의식과 처갓집 또는 시집의 경제적 혜택을 은근히 바라는 마음은 남녀가 한결같다. 남녀 모두 배우자의 선택에는 그다지 어려움이 없다. 남자는 거의 경처나 공처가다. 아내에게 모든 권리를 내맡기고 의지하는 편이다. 가정의 번영을 위해서는 선조와 전통을 받들고 계승하는 것이 은총을 받게 될 것이다.
전 공	문학, 신방과, 교육학, 어문학, 의상학, 의학, 유전공학
사 업	화공, 섬유, 식품, 무역 등에 성공하고 재복이 좋아서 큰돈을 벌어 본다.
직 업	외교관, 학자, 공무원, 교수, 의사, 언론인, 화공분야, 디자이너, 무역업, 재정, 법정, 항공계 등에서 입신한다.

경자일주(庚子日柱)	
경자해설	경금이 좌하 계수에 병사되었고 금능생수이기는 하나 수다금갱으로 종래는 수에 종을 하니 종아격이라고는 하나 정란차로서 금수가 공존하게 되므로 금수운에 발하게 된다. 금수쌍청이라 그대의 청백함은 세인이 부러워하나 물도 지나치게 깨끗하면 고기가 살지 못하는 법이라 고독을 자초하고 경원의 대상이 될까 두렵다. 두뇌는 명철하여 추리력이 발달하였고 혁명가의 정신에 의리의 사나이나 주중이 부실하면 조성막파요 타인을 멸시하며 숨은 걱정이 많고 매사가 용두사미가 될까 염려되며 미모라고는 하나 볼수록 미운 것이 흠이요, 정통신앙에 시은포덕하는 것까지는 좋으나 신앙에 미치면 가정에 소홀할 수밖에 없구나.
성 격	귀하의 성격은 강과 유를 겸전하고 능소능대한 성품이 특징이다. 겉으로는 위엄을 보이려고 애쓰나 속으로는 이해와 의리를 앞세운 자비심이 깃들어 있다. 매사를 대화와 설득으로 정복하고 양보와 지혜로서 포용하려는 덕을 갖춘 인격의 소유자다. 본래의 심성이 담백하고 정결하다. 약간 내성적이면서도 의로운 일에는 직언을 서슴지 않는 직선적인 성격이다. 때로는 정적인 고독감을 곁들여 진리를 추구하는 명상과 사색을 좋아한다. 또한 심신을 수련하는 수도심과 선비정신을 엿볼 수 있다. 외적인 육체활동보다는 내적인 정신활동에 자신감이 있으며 능률을 올릴 수 있는 체질을 갖추고 있다. 심신의 정적과 안정으로 저술과 진리의 탐구 또는 기도와 수련 등에 몰입하는 수가 있다. 주로 교육 문화적 연구활동에는 최고의 능률을 발휘할 수 있으므로 교육자의 길을 걷는 것이 가장 적성적인 직업이다. 마음이 약해서 이해타산에는 각박하지 못한 까닭에 실업계통의 사업가가 되기는 부족한 점이 많다. 정직하고 근면하며 감상이 풍부하여 불우한 사정에는 눈물이 앞서는 까닭에 작가나 연예인이 되면 매우 높은 인기를 차지할 수도 있다. 가급적이면 실리를 추구하는 사업은 멀리하는 것이 도움이 될 것이다.
전 공	의학, 수학, 물리학, 통계학, 해양학, 경영학, 관광학
사 업	언론, 교육, 냉동, 식품, 여관 등이 적합하나 부자 되기는 어렵다.
직 업	교수, 강사, 금융계, 의사, 해운업, 연예인, 무역업, 군인, 법관, 교육 종교 철학에도 심취할 수 있다.

<table>
<tr><td colspan="2" align="center">경진일주(庚辰日柱)</td></tr>
<tr><td>경진해설</td><td>庚金이 좌하 진토에서 영양받고 괴강으로 튼튼하니 능히 극목 생수라 제 발등의 불은 끌 만한데 너무나 완벽함이 흠이요.
신의가 대단하여 임사즉결하고 그 포부가 원대하여 겉보기와는 다르며 한번 세운 계획은 끝장을 내고 마는 성격이다.
영웅호걸로서 매사에 자신이 있고 통솔력이 좋아 두령격이요. 겉으로는 냉정하나 속마음은 온화하여 한번 사귀면 변함이 없고 신앙이 독실하여 시은포덕하며 생활한다.
몸은 건강하여 걱정할 일이 없으나 풍습을 주의할 것이며 만약 폐나 대장에 병침하면 불치의 병이 될 터인즉 항시 조심하고 부모덕은 없어 자수성가에 재복은 좋아 걱정이 없는데 출세했다가 한번 망하면 재기불능이 흠이요 노년에는 활동하지 마라. 자손을 꺾는다.</td></tr>
<tr><td>성　　격</td><td>귀하의 성격에는 권위욕과 지배의식이 잠재해 있으며 이유 없는 고독감과 불안감이 특징이다.
실속이 없는 일에도 의리와 체면을 위해 앞장서는 편이다. 우직한 자존심과 고집을 앞세우는 특이한 개성은 이해관계나 타산을 떠나 허세를 부리기 위해 무조건 일을 벌이는 수가 있다.
실리가 따르는 경제문제에는 배신과 차질로 손해와 실패를 면키 어렵다. 사업관계는 의리와 상호 신뢰를 존중하기 때문에 상대방을 무조건 신임하다 배신과 위약으로 손해를 보는 일이 허다하다.
매사에 권태증이 빠른 것이 성격상 흠이며 뒤처리가 흐지부지하고 깨끗하지 못한 점이 단점이다.
남녀가 모두 배우자를 선택할 때 우왕좌왕 망설이는 경우가 있을 것이다. 신중을 기해야 한다. 경솔하게 상대방을 잘못 판단하거나 배후를 완전하게 파악하지 못하고 서두르다가는 후회하는 경우도 있다.</td></tr>
<tr><td>전　　공</td><td>수학, 물리학, 농학, 어문계열, 고고학, 지리학, 공예</td></tr>
<tr><td>사　　업</td><td>식품, 건축, 광업, 철강 등이 좋다.</td></tr>
<tr><td>직　　업</td><td>군인, 경찰, 정치가, 기공, 혁명가, 교육자, 법조인, 종교가, 낙농가, 건축업 등에서 입신한다.</td></tr>
</table>

신미일주(辛未日柱)	
신미해설	辛金이 좌하에서 미토를 만나 토생금 받아 신왕할 듯하나 미는 화여기 6월 조토라 생금하지 못하니 오히려 재살이 되므로 아마도 60갑자 중 좌하에 인수를 놓고도 종하는 것은 辛未일 뿐이다. 신의는 있으나 욕심이 많아 돈이 들어가면 나올 줄 모르고 심술에 고집이 대단하며 정복력이 강하고 신앙에 뜻이 있으나 오래가지 못함이 흠이다. 재복은 좋아 알부자이나 공부는 도중하차요.
성 격	귀하는 온화하고 양같이 온순한 성격이다. 속마음은 굳고 단단한 성품이다. 모든 일을 신축성 있게 환경에 맞추어 처세를 하는 특징을 가지고 있다. 평소 근검절약을 하며 실용적인 생활을 하고 있기 때문에 저축은 물론 낭비를 줄이고 재산증식에 최선을 다한다. 평소 의리와 책임감이 강하며 심성이 약한 까닭에 타인과의 이해관계에 있어서는 정면충돌을 피하고 양보만 하기 때문에 항상 손해를 보는 수가 많다. 현금의 저축심과 사물에 대한 애착심으로 인해 흐트러진 것을 거두어들이는 수습과 단합을 위해서 원만한 처세를 하는 편이다. 때로는 가장 가까운 사람이 배신과 중상모략으로 곤혹을 치르게 하거나 억울한 손해를 입히는 수가 있다. 건강상 몸이 약하지 않으면 한 가지 고질이 떠나지 않는 특수한 체질이다. 주로 기관지나 소화기 계통인 위장이 약한 편이다.
전 공	농학, 낙농, 지질학, 고고학, 의예과, 어문계열
사 업	농지, 주택, 사찰, 교회, 석재, 건축자재, 기계, 섬유, 도자기, 골동품, 예식품 등과 인연이 있다.
직 업	상고를 나와 일찍이 사회에 진출하는 것이 좋겠고 아니면 비밀경찰, 수사기관 또는 경제계, 은행 등에서 입신이 빠르며 문필 정확하고 예체능에도 일가견이 있으며 교육자, 공무원, 특수한 기능공, 철학자, 무복자까지도 소질이 잠재해 있다.

신사일주(辛巳日柱)	
신사해설	辛金이 좌하의 노야지 사화에 완전히 제련되어 종살이 분명한데 주중에 유나 축이 없어야 하고 인품이 준수하고 정직하여 겉보기와 달리 강한 일면도 있고 일지지살이라 항시 분주하고 이사가 많으며 해외와도 인연이 있는데 동남이 좋고 돈보다는 명예에 우선하나 식록은 있으며 성질이 급한 것이 흠이다.
성　　격	귀하는 참신하고 강직한 성품이다. 명예욕과 권위의식이 잠재해 있어서 입신양명과 출세를 위해 학문과 실력양성에 최선을 다하는 노력형 인물이다. 평생소원이 고시에 합격하여 금의환향하는 것이다. 상급자의 명령에 절대 복종하는 관료의식이 철저하며 합리적인 준법정신과 이에 따른 규칙적인 생활이 철저한 것이 타의 모범이 될 수 있다. 부정과 비리를 배격하고 척결하는 데 앞장서는 정의감은 좋으나 실력 없는 사람을 무시하는 것이 단점인 까닭에 큰 인물이 되기에는 덕이 부족하다고 할 수 있다. 일상생활이 거의 기계적이다. 약속과 책임을 지는 일에는 칼날과 같다. 돈이나 인기보다는 명예와 실력을 존중하는 관료적인 인물이다. 용의 꼬리보다는 범의 머리를 원하는 정치적인 두령의식과 권위욕이 마음속에 가득 차 있어서 권력직을 차지하고 높은 벼슬을 얻기 위해 온갖 노력을 아끼지 않는다.
전　　공	의학, 약학, 화학, 유전공학, 금속, 법학, 어문계열
사　　업	가급적이면 하지 마라. 만약 사업을 한다면 치과, 금은세공, 비철금속, 양복, 구두, 양말 등이나 세금을 먼저 걱정하게 된다.
직　　업	비밀관계, 항공계, 해외기관, 운수업, 의사, 법조인, 교육, 발명, 무역업, 운송업, 연예인

신유일주(辛酉日柱)	
신유해설	신금이 좌하에 정록이요 장성을 놓아 대단히 강왕하면서도 그 청순함을 따를 자가 없으며 주중에 토다라도 몰금되지 않음이 경금과 다르며 금극목은 잘하나 금생수에는 인색함이 서운하구나. 목적을 향해서 꾸준한 노력은 가상타 할 수 있으나 지나치게 청백함이 오히려 고독을 자초하겠고 미모에 인품이 청수하여 타인의 부러움을 사겠으며 냉철은 하나 과신은 금물이요. 의리는 있으나 완벽함이 흠이 된다.
성 격	귀하는 자존심과 고집이 강하며 주체성과 개성이 뚜렷한 성격이다. 자신의 소신을 굽히지 않고 일단 결심한 바를 관철하기 위해 밀고 나가는 신념과 개성이 확고한 인물이다. 사회 대중과 많은 부하를 능히 통솔할 수 있는 두령급 자질을 갖추고 있다. 사회적 공개념이 투철하므로 매사를 냉정하고 공정하게 파악하며 정확한 재료를 바탕으로 모든 일을 해결하는 것이 특징이다. 평소에 엄숙하고 신중한 생활태도와 공정무사하게 처리하는 관료의식이 분명하다. 청백리와 같은 관료정신이 잠재해 있어서 타의 모범이 되는 생활을 하기 때문에 존경을 받고 있다. 항상 아랫사람에게 잘 하기 때문에 심복부하와 유능한 참모급 인사들이 많이 따르며 동료들이 무조건 협조하는 인덕이 있다. 어려운 일에 봉착했을 때에도 침착한 태도로 대처하여 무난히 소임을 다하므로 공을 세우게 되어 출세를 할 수 있다. 남녀 모두 배우자를 자신의 주관에 의해서 선택한다. 가급적이면 공직생활을 권하고 싶다. 여건만 갖추어지면 고급관리까지 발탁이 가능하다. 사업이나 자유업의 경우도 끈질긴 노력으로 성공률이 높은 것으로 보고 있다. 대체로 심복부하와 조직적인 활동이 성공의 비결이다.
전 공	법학, 사학, 어문학, 신방과, 예체능, 의학, 금속공학, 유전공학
사 업	금은, 비철금속, 의약, 문화 등에 성공이나 너무나 깨끗하여 돈이 따르지 않으니 탐재하지 말고 명예를 우선하라.
직 업	행정, 법률, 철도, 보사직, 의사, 법조인, 교수, 외교관, 언론인, 연예인

신축일주(辛丑日柱)	
신축해설	辛金이 좌하 축토에 비록 입묘라고는 하나 오히려 자양지금으로 보기 때문에 입묘되면 서도 착근하는 것은 육십갑자 중 신축뿐이라 따라서 포태법보다는 생극제화가 우선인 것이다. 능히 생수하고 극목할 수 있으며 그의 세력은 타일주의 장생과 같은 힘을 가지게 되니 자연 목화를 회하고 금수를 기하며 신의 있고 매사에 유정하고 아무리 어려운 난관도 극복하고 반드시 결실을 하게 된다. 정통신앙에 시은포덕하나 첫인상이 조금은 냉정하게 보임이 흠이요 옥에 티다. 고집이 대단하고 유실자모인데 아니면 편모슬하이며 부선망에 이복형제가 염려되는데 비견고라 형제의 흉변이 있게 된다. 공부에 열심하니 인기 집중이요, 처자에 유덕하다.
성 격	귀하는 성품이 강건하고 냉정한 판단력을 가진 지성형 인격이다. 체질은 강인하며 인정과 의리가 있어서 봉사에 앞장서는 편이다. 또한, 특수한 감응력과 기능적인 자질을 갖추고 있어 인기에 영합하기를 좋아하는 체질이다. 보수적 고정관념으로 전통사상이 투철하며 자연의 혜택을 기대하며 자생능력을 기르는 데 노력을 아끼지 않는 특수한 개성의 소유자다. 가급적이면 투기사업은 삼가야 한다. 심복부하의 배신과 배우자 주변인물이 주는 피해 등으로 실패의 소지가 다분하다. 오로지 공무원, 교육자, 군인, 금융인, 기능공, 종교인의 신분이 적성이다. 종교적인 의식과 신앙적인 능력에 대한 관념이 잠재해 있어서 수련과 기도로 신비한 능력을 은근히 기대한다. 교회와 사찰, 철학 등을 통해 신비한 능력을 얻기 위하여 노력을 아끼지 않는 사례도 허다하다. 주위 사람과 부하들에게 도움도 받지만 종말에는 배신과 모략으로 손해를 입는 것이 특징이다.
전 공	법학, 지리, 어문학, 의학, 자연과학, 정보공학, 해양학
사 업	문화, 의약, 비철금속, 종교에 관한 사업이 적합한데 큰 재복은 없다.
직 업	교육, 무관, 의사, 법조인, 항해사, 엔지니어, 영농가, 건축가

<table>
<tr><td colspan="2" align="center">신해일주(辛亥日柱)</td></tr>
<tr><td>신해해설</td><td>신금이 좌하 해수에 설기되고 또 병궁이요 금갱이라 종아가 되나 해수는 갑목을 장축하고 목의 장생이므로 종아는 변하여 종재가 되며 가고 싶어 가는 길이라 상하가 잘 조정된다.
만약 다봉 해면 비천녹마격으로 그의 귀함은 검찰총장에 이를 것이며 얼굴은 길면서도 미모를 갖추었고 선각지명에 암기력이 좋아 되로 공부하고 말로 쓰니 만인의 칭찬이요.
총명하고 지혜를 갖추었으며 정통신앙하고 시은포덕으로 인정에는 약하나 상관의 작용으로 반항의식이 잠재해 있어 매도 무서워하지 않으며 금수쌍청이라 외적으로는 깨끗하나 내적으로는 물을 싫어하여 씻지를 않음이 흠이다.
설단생금이나 주중 부실하면 신들리기 쉽다.
재복은 좋으나 낭비가 염려된다.</td></tr>
<tr><td>성　격</td><td>귀하는 약간 냉정하면서 솔직담백하며 성격과 의리와 지능을 겸비한 신사형 성격이다. 직언을 잘 하고 감동을 줄 수 있는 호소력을 가지고 있는 반면에 약간 경솔한 언행으로 오만해 보이는 것이 단점일 수도 있다. 항상 명랑하면서도 말에 조리가 정연하고 행동과 일치하므로 신망을 받고 있다. 대화와 설득으로 타인을 굴복시키는 지략이 탁월한 인물이다. 마음이 모질지 못하고 인간성과 인정미가 앞서기 때문에 딱한 사정을 회피하지 못하고 동정하다가 손해를 보는 때가 있다.
언어와 지혜로서 분쟁과 난관을 타개해 주는 해결사 역할도 할 수 있는 소지가 있다. 때로는 임기응변과 선의적인 재치의 묘로 어려운 문제를 풀어 나가는 실력자로 각광을 받기도 한다. 그러나 지나친 직언으로 귀여움이나 권위를 잃거나 미움을 받는 수도 있다.
오로지 학문의 연구와 지능개발에만 전념하면 학자와 교수로 존경을 받을 수 있으며 아울러 실리도 도모할 수 있다.
속마음에는 신경질도 있으나 겉으로는 드러내지 않는 장점이 있으며 태연한 자세를 취하는 수양의 미덕도 갖추고 있다.
그러나 어려운 일에 봉착하면 당황하는 모습을 보이는 약점도 있다.</td></tr>
<tr><td>전　　공</td><td>의학, 통계학, 회계학, 해양학, 고고학, 교육학, 신방학</td></tr>
<tr><td>사　　업</td><td>식품가공, 수예, 무역, 제조업에서 성공한다.</td></tr>
<tr><td>직　　업</td><td>교수, 의사, 언론인, 수산업, 외교관, 디자이너, 재정, 교육, 법정, 외국기관에서 입신한다.</td></tr>
</table>

임신일주(壬申日柱)	
임신해설	壬水가 좌하에서 신금을 얻어 장생하니 그 기세가 당당하여 하해와 같아 자체로서 충분한 조화를 할 수 있을뿐더러 편관인 무토를 회하니 신왕 시에는 반드시 상대로 인하여 빛을 보니 원수가 아니라 귀인이요, 시대가 인물을 만든다는 것을 壬申을 통하여 배운다. 또 원류가 풍부하여 7년 大旱에도 마르지 않으니 그 여력이 대단하며 만인 평등에 어떠한 환경에도 적응을 잘 하고 활발하고 포용력이 있어 만인의 신망을 받으며 냉철한 천재로서 발명가에 많이 있으며 고집은 있으나 알고서 하는 일이니 박력이요.
성　　격	귀하는 창조적 발명심이 강한 성격이다. 새로운 것을 연구하고 창조하는 지혜와 슬기가 선천적으로 주어져 있어서 선구자가 될 수 있는 인물이다. 또한 순수하고 참신하며 창조적 개척정신이 갖추어져 있어서 미래를 지향해 새로운 지평을 여는 희망과 발전의 의지가 가득 차 있는 긍정적인 성격이다. 어려서부터 학문에 소질이 있어서 학위의 획득과 교육자로서 자격을 갖추기 위해 묵묵히 갈고 닦는 건전한 교육가적인 심성이 특징이다. 돈이나 권세보다는 학자나 교육자로 성공하는 것을 더욱 보람으로 생각하는 사람이다. 남녀 모두 배우자의 선택이 돈이나 인물보다 학벌과 지식 또는 기능과 인기 면을 참작하는 것이 우세한 편이다. 돈이 없거나 어려운 환경에서도 학위를 받기 위해 끝까지 노력하는 학문에 대한 집념이 특징이다.
전　　공	어학, 사학, 법학, 금속학, 정보통신, 의학
사　　업	사업은 거의 실패의 연속이지만 그래도 한다면 식품, 호텔, 관광, 해양, 수산업 등이 적합하다.
직　　업	의사, 군인, 외교관, 무역, 음악, 체육인, 교통, 통신, 보도, 언론 등과 인연이 깊은 편이다.

임오일주(壬午日柱)	
임오해설	壬水가 좌하 오화에 절지요 실지라 의당 종재가 되는데 오중정화와 정임합으로 유정지극이요 따라서 가고 싶어 가는 길이 되어 있으니 어찌 사심이 있으며 또한 기토정관을 얻어 녹마동향으로 재관이 아름답게 자리하고 있어 금상첨화는 이를 두고 한 말인가 보다. 지혜 있고 명랑하며 예의 바르고 준법정신이 좋은 중 가식이 없는 팔자요. 외강내유로 온순하고 매사를 가정 위주로 처리하니 저절로 복 받을 것이요. 부모덕은 있으나 형제는 고독하고 화상의 흉터가 없으면 화재를 주의하라. 고집이 있다 하나 만용은 없다.
성 격	귀하는 온건하고 성실한 것이 특징이다. 지혜와 슬기를 갖추고 있으며 온화하고 명랑하면서도 약간 내성적인 점이 특징이다. 근면성실하며 약속과 신용을 생명과 같이 지키는 미덕으로 존경과 신임을 받는다. 항상 실리를 추구하면서도 매사를 정확하고 꼼꼼하게 처리하는 까닭에 거의 실수가 없다. 지능이 높고 두뇌가 우수한 편이나 발표력이 부족하고 배짱이 없어서 큰일이나 어려운 일에 봉착했을 때 주저하는 약점을 가지고 있다. 이해타산이 빠르고 물질에 애착심이 강하며 돈에 낭비가 거의 없다. 뿐만 아니라 저축심이 강하므로 수중에서 돈이 떨어질 만하면 또다시 생기는 것이 남다른 홍복이다. 반면에 현금의 손해와 재산의 손실을 가장 두려워하는 약점을 지니고 있다. 남녀 모두 배우자를 선택할 때 중요시하는 것은 재산의 배경이다. 특히 눈동자가 맑고 예뻐보이며 피부색이 희고 명랑한 성격의 소유자를 만나게 된다. 여자도 남자와 같이 희고 맑은 얼굴에 눈에 매력이 있는 남자를 만나게 될 것이다.
전 공	화공학, 유전공학, 금속공학, 약학, 법학, 어문학
사 업	식품, 전기, 무역 등이 적합하나 정재요 화로서 散하니 명예를 취함만 못하며 화장품, 안경, 서화, 에너지, 열, 도서출판물, 서화 등과 인연이 생길 수도 있다.
직 업	재관쌍미로서 복록이 좋은데 가급적이면 관으로 진출함이 좋으며 법관이나 재정직, 교수, 법조인, 금융, 화공업, 제철분야, 화가

임인일주(壬寅日柱)	
임인해설	임수가 좌하 인목에 설기 태심이라 병궁이 되어 의당 종아가 되나 인중에는 병화가 있고 수의 장생지라 종아는 변하여 종재가 되는데 이름하여 희생이 갱생이라 한다. 지혜 있고 원만하며 환경에 적응을 잘 하고 두뇌는 명석하여 천재에 박사학위 받으며 항시 타인보다 앞서는 선경지명으로서 만인에 군림하며 인품 또한 준수하여 보는 이로 하여금 시원함을 준다. 일찍 고향을 떠나 성공하고 분주다사하며 화상의 흉터 있으나 오히려 복이 될 터이니 염려할 것 없고 언제 어디에나 그대가 있는 곳에는 행운의 여신이 같이 할 것이니 어찌 재앙이 있겠는가마는 모선망에 형제 고독은 면할 길이 없구나.
성　　격	귀하의 성격은 심성이 선량하고 내성적인 편이다. 지혜와 추리력이 깊고 학문연구와 창작활동을 선호하는 성격이다. 두뇌가 명석하고 지능지수가 높은 것이 특징이다. 외적인 활동보다 내적인 사색을 좋아하며 창의와 창조적 개발정신이 투철하며 생산적 번영을 도모하는 데 기여하고자 하는 마음과 취미를 가지고 있다. 적성과 소질을 개발하기 위해 학문과 지식을 연마하고 직접 실용생활에 연결하는 실학적 인물이다. 학위의 취득, 저서와 출판 등에도 지대한 노력을 경주한다. 화합과 단결에 앞장서기 때문에 모가 나지 않아 존경과 신임을 받고 있다. 모든 일에 기획과 경영을 생산적으로 연결하는 일에는 천재적 두뇌를 가지고 있다. 그러나 배짱이 없어서 자신의 기업보다는 타인의 대기업을 경영하는 데 참여하면 크게 기여하여 각광을 받을 수 있는 인재이다.
전　　공	문학, 철학, 신방과, 교육학, 의상학, 의학, 약학, 화공학
사　　업	서적, 도서출판물, 한약, 의류, 포목, 식품, 정원수, 산림, 건축물, 연료 등의 사물과 인연이 주어져 있으며 식품, 무역, 전자 등으로 수배억금의 복록을 자랑한다.
직　　업	법정, 외교, 교육, 재정, 외국상사에서 입신하며 교수, 의사, 언론인, 엔지니어, 디자이너, 무역업

<table>
<tr><td colspan="2" align="center">임자일주(壬子日柱)</td></tr>
<tr>
<td>임자해설</td>
<td>임수가 좌하 자수에 왕궁으로 통원되어 수기왕양으로 하해와 같아 능히 극화는 하나 생목에는 인색한데 이는 한냉지수이기 때문이라 따라서 본인 위주로 생활함이 흠이며 천간은 양으로 횡류에 한류이나 지지는 종류에 한류라 외화내빈에 겉으로는 평온하나 내적으로는 복잡다단한 생활이요.
선부후빈에 일득삼실이며 용두사미는 이를 두고 한 말이다. 도량이 넓고 은인자중이요 만인에 평등하나 성질이 나면 노도로 변하니 인마를 살상할까 염려된다. 얼굴은 중앙이 돌출하였고 비만체구에 고집은 대단하며 시작의 명수이고 의지는 대단해도 성공이 어려우며 본인이 태강하여 부모를 꺾게 되고 형제덕도 없으며 교우관계도 부실하다.</td>
</tr>
<tr>
<td>성　　격</td>
<td>귀하의 성격은 자존심이 강하고 주체성이 확립되어 있어서 남의 감언이설에 흔들리거나 현혹되는 일이 거의 없다.
겉으로 보기에는 순한 것 같으면서도 일단 유사시에는 태연해지며 놀라운 용기를 발휘하는 특수한 체질을 타고났다.
강자의 불의에 대항하고 약자를 돕는 의협심이 돋보인다.
인간성과 인정미를 겸비하고 있어서 딱한 사정을 보고 지나치지 못하는 성격이다. 여하한 희생이 따르더라도 정의를 위해 약자의 편에 서서 싸워 줄 수 있는 용감하고 의로운 인격의 소유자다.
남녀 모두 배우자를 선택할 때 자존심과 고집을 앞세우기 때문에 자신이 직접 결정하는 연애결혼이 아니면 혼인성립이 매우 어렵다.
남녀 모두가 자기 분야에서는 실권을 장악한 두령이 되지 못하면 만족할 수 없기 때문에 항상 일등고지를 향해 달리는 생활에 쫓기는 편이다.</td>
</tr>
<tr>
<td>전　　공</td>
<td>의학, 수학, 물리학, 통계학, 어문학, 경영학, 의상학</td>
</tr>
<tr>
<td>사　　업</td>
<td>전자, 종자, 생수, 수성, 염색, 액체, 섬유질과 인연이 있다.</td>
</tr>
<tr>
<td>직　　업</td>
<td>군인, 법관, 의사 등 생살지권을 가진 직업이 적성으로 법정, 군인, 의사교수, 의사, 금융계, 수산업, 관광업, 디자이너가 좋으며 화가 재가 되어 흩어지니 취재하기 힘들뿐더러 큰 재복이 없으니 탐재하지 마라.</td>
</tr>
</table>

임진일주(壬辰日柱)	
임진해설	壬水가 좌하 진중계수에 통원될 것 같으나 진토는 수기입묘로 수기를 거두어들임과 동시 일방 토극수라 종래는 류색이 되고 만다. 혹자는 수입손이 명이부절이라 하여 절처봉생으로 다시 소생된다고 하고 있으나 사화에 관해서이지 진토는 아니니 병이 될 수밖에 없으며 그러나 자 또는 신, 유를 만나면 능히 통원이 되면서 수기는 살아난다. 조달남아에 나이보다 많아 보임은 괴강에 입묘 탓이요, 병권 내지는 법정에서 입신이요, 임전무퇴에 절대로 남에게 굴하지 않으며 자립정신이 강하고 박력은 있으나 속전속결에 지구력이 약한 것이 흠이요, 시작의 명수이기는 하나 근심 걱정이 떠날 날이 없으며 유아 시절에 잔질이 남아 부모님의 걱정깨나 시켰다.
성　격	귀하는 매사에 신중하며 생각하는 것이 깊고 평소 말이 적으며 침착한 성격이다. 은인자중하는 행위와 성품은 많은 사람들로부터 존경을 받으며 더욱 책임감이 투철한 까닭에 신임을 받는 것이 장점이다. 과묵하고 실천이 앞서는 미덕을 갖춘 신사형 인격이다. 낭비와 허례허식을 줄이고 절약과 검소한 생활로 소탈하게 처세하는 것이 귀감이 되고 있다. 옛것을 지키는 안정 위주의 보수적 생활이 돋보이며 의협심과 자비심이 내포되어 있어서 이해타산을 초월해 공익에 앞장서며 희생과 봉사를 기꺼이 감수한다. 권위와 명예를 성취하기 위해 항상 노력하며 희생과 의무를 감수하는 충실한 관료형 성품이다. 특히 법관, 경찰관, 국회의원, 군인 등 권위직을 선호하는 경향이 있다. 또한 종교적 신앙심과 조상을 섬기는 숭조사상이 깊이 잠재해 있어서 제례행사에 앞장서는 일을 많이 한다. 남녀 모두 직업의 최우선 선택을 권위와 명예를 중심으로 하는 각급 직장이 바람직하다.
전　공	교육학, 신방과, 어문학, 고고학, 의상학, 의학, 수학, 통계학
사　업	사업은 재산이 어느 한계선을 넘어서면 발전이 정지되고 과욕을 내고 큰 집에서 살게 되면 건강까지도 영향을 주는 수가 있다. 식품, 호텔, 기술공업, 토지, 해양, 시장, 냉동, 피혁, 포목, 포장, 사찰, 교회, 법원, 경찰서, 형무소 등의 사물과 유대가 있다.
직　업	교수, 의사, 언론인, 정치가, 디자이너, 건축가

계미일주(癸未日柱)	
계미해설	天干癸水가 좌하 미토에 류색되어 종살이 분명하나 6월 지기로 화기를 장축하고 있어 재관을 얻은 것까지는 좋은데 모두가 편이 되어 길이 되지 못함이 서운하다. 음양을 구분하지 않는 방법으로 계수가 미토에 양궁이 되나 이는 금을 제외하고는 의지를 못하기 때문에 취하지 않는다. 지혜가 있고 환경에 적응을 잘 하고 처세가 좋으나 소심하고 때로는 심술이 발동하고 독점욕이 대단한데 고독을 자초함이 흠이요, 신앙에도 독실한 편이다. 속단에 경망은 금물이고 학업을 중단할까 염려된다.
성 격	귀하는 천성이 양같이 온순하고 매사에 성실한 것이 특징이다. 법과 질서를 철저히 준수하고 맡은 바 소임에 충실한 것이 대표적인 성격이다. 사소한 일까지도 관심을 기울여 항상 긴장감과 경계심리를 늦추지 않고 근무하는 자세에서 생활하고 있기 때문에 실수가 적은 편이다. 공직생활이 유리하며 사업은 관공기관의 배경이 있으면 성공한다. 독창적인 주체성이 약하므로 복잡하고 어려운 문제는 가급적이면 회피하고 양보와 타협으로 해결하려는 성격이다. 항상 세심하고 근심이 많은 편이며 타인의 권유를 뿌리치지 못하고 종교와 단체 등에 끌려 다니는 수가 있다. 아는 것은 많으나 발표력이 부족하여 공식석상에서는 선뜻 발언을 못 하는 수줍은 성격의 소유자다. 남녀가 모두 배우자의 선택이 쉽게 이루어진다.
전 공	의학, 약학, 유전공학, 교육학, 어문학, 지리학, 의상학
사 업	토산품, 부동산, 건축자재, 식품, 화공업이 좋은데 木庫라 약초재배나 조림은 하지 마라.
직 업	재정, 무관, 법조인, 교수, 의사, 언론인, 디자이너, 예능계

계사일주(癸巳日柱)	
계사해설	천간계수가 좌하의 사화에 절지로 무근이라 종재가 분명한중 장간에 정재 정관이 자좌녹근하니 왈 재관쌍미요 녹마동향으로 아름다운데 혹자는 사중경금이 생수하여 수입손이 명이부절로 가중이 된다고 하겠으나 그 경금은 노야지화 속에서 화극금 제지받아 생수할 수 없음에 주의 바라며, 그러나 주봉 축이나 유를 방해 없이 만나면 금국이 되므로 생수할 수 있는 것이다. 일지 지살로 일찍이 고향을 떠났고 종재가 되어 처세가 좋으며 원근회합으로 인정다후요 외유내강으로 본인의 실속은 차린다고 보나 화 財가 되어 散하기 쉬우니 관리가 우선이나 종래는 학마로 작용하니 공부는 도중하차할 수 있다.
성　　격	귀하는 온순하고 성실하며 싹싹하고 명랑한 성격이다. 누구와도 쉽게 어울리며 잘 순종하는 까닭에 귀여움과 사랑을 받는다. 모든 일을 합법적 차원에서 순리적으로 분수에 맞게 처리하므로 무리하게 강행하는 일은 거의 없다. 공직생활이 유리하나 정확한 사업도 내조로 인한 성공이 가능하다. 지나치게 소극적인 점이 남자의 성격에는 어울리지 않는 경우가 있다. 선천적으로 심성이 독하지 못하고 소심한 까닭에 사소한 일에도 근심과 심려를 하는 일이 많다. 불길한 일이 생기면 공포와 억측으로 골몰하는 성격인 까닭에 건강을 해치기 쉽다. 특히, 인간성과 인정미가 풍부하고 감상적인 까닭에 눈물이 많으며 강자에게는 아부를 잘 하고 약자에게는 적응을 잘 하는 순종형 체질이다. 모든 것을 폭넓게 포용하지 못하므로 큰일을 경영하기에는 부족한 성격이다. 오로지 맡은바 책임을 착실히 이행하며 사물을 아끼고 절약하는 미덕으로 사랑은 받지만 지나칠 정도로 아끼고 인색하기 때문에 인심을 잃기 쉽다.
전　　공	교육학, 어문학, 고고학, 신방과, 의상학, 의학, 수학, 통계학
사　　업	금융, 현금, 연료, 염료, 화학, 교통, 조명 등의 사물과 유대가 있으며 식품, 무역으로 외화 획득에 기여하며 해외기관에도 근무한다.
직　　업	법정, 재정, 의사, 정치가, 교수, 언론인, 디자이너, 건축가

계유일주(癸酉日柱)	
계유해설	天干癸水가 좌하의 유금 패지 목욕궁에서 생조를 받고 있다 하여 잘못 추명하면 오염된 물로 보기 쉬우나 유금은 8월의 정금이요 금은주옥이라 오히려 지나치게 깨끗함이 병이 되니 착오 없기 바란다. 수극화는 잘하나 수생목은 못하니 일장일단이 있고 미모는 분명하나 여자 같음이 흠이고 냉철하고 암기력이 뛰어나나 박력이 부족하고 너무 깔끔하여 자기 위주가 되어 환경에 적응이 어려워 고독을 자초할까 염려되며 타인에게는 후중하나 가족에게는 인색함은 유금의 원인이다.
성 격	귀하의 성격은 총명한 지혜가 돋보이며 새롭고 신선한 것을 좋아하는 순박한 성품이다. 순발력과 임기응변에 능하나 지구력이 부족한 것이 단점이다. 웃어른이나 타인의 간섭을 싫어하고 오로지 자신의 창의적인 노력으로 새로운 것을 창조하고 개척하고자 하는 의지는 강하다. 그러나 초지일관하는 투지가 약하므로 유종의 미를 거두지 못하는 사례가 단점이다. 강한 신념은 있어서 모든 일을 벌여 놓기는 잘 하나 곧, 권태증이 생겨 마무리와 수습단계에서 소극적으로 처리하는 관계로 유종의 미를 거두지 못하는 경우도 있다. 사업은 실패율이 높으며 직장생활이 유리하다. 배우자의 선택은 웃어른의 의견이 절대적으로 작용한다. 남녀가 모두 인물이 수려하고 용모가 아름다우며 매력적인 인물을 좋아한다.
전 공	법학, 사학, 어문학, 신방과, 정보공학, 의학
사 업	본래가 사업가는 아닌데 꼭 하고 싶다면 문화, 의약, 교육, 의류 등이 좋고 본청자립의 명이니 탐재하면 망한다.
직 업	법조인, 교수, 아나운서, 디자이너, 연예인, 의사, 침구사 등 예리한 금속을 다루는 직업을 갖거나 구슬과 같이 둥근 물건(당구, 축구, 농구, 볼링, 골프)을 이용하는 데 인연이 있다.

계축일주(癸丑日柱)

계축해설	天干 癸水가 좌하의 축토에 비록 극을 받는다고는 하나 축의 본질은 토이면서도 금의 고장에 수 여기하고 12월의 지기요 자수 정록을 인합하기에 계수는 축토에 통원이라 능히 극수하는데 한냉지수에 철분이 과다하여 수생목은 못한다. 미모는 자랑할 수 없으나 근면성실하고 지혜가 있고 준법정신이 강하며 지구력은 있으나 말 못 할 고민이 많고 가끔 가다 세상을 비관함이 흠이다. 화상의 흉터가 없으면 평생 화재를 주의하고 책과는 평생을 가까이할 것이며 장서가나 도서 수집가가 되기 쉽다.
성　　격	귀하는 침착하고 온건한 성격이며 지와 용을 겸비한 학자로서 문무를 겸전한 인물이다. 항상 권위와 명예를 선호하는 의식과 욕망이 잠재해 있으며 과거급제하여 금의환향하는 꿈을 안고 있다. 주체성이 확고하며 아집이 강한 까닭에 누구에게도 굴종이나 아부하는 일이 없는 고지식한 인물이다. 또한 내성적이면서도 책임과 의무를 존중하는 관료형 성격에 충성과 효심을 겸비한 선비정신이 당당한 인격이다. 투철한 의무와 봉사정신이 잠재해 있어서 모든 일을 희생적으로 헌신하는 데에 몸을 아끼지 않는 투사형 인물이기도 하다. 궂은일에 앞장서며 어려운 일을 떠맡는 의협심이 투철한 희생적 성격이 특징이라 할 수 있다. 인간성과 인간미가 넘쳐흐르며 강자를 누르고 약자를 돕는 의협심이 타의 모범이 되고 있으며 불의와 부정에 항거하고 사회정의를 이룩하기 위한 정신이 잠재해 있는 것이 또한 특징이다. 배우자의 선택이 연애로 이루어지지 않으면 결혼이 늦어지거나 결혼 성립에 어려움을 겪을 수 있다.
전　　공	법학, 사학, 어문학, 신방과, 통계학, 회계학, 금속공학
사　　업	문화, 출판, 서점, 식품, 골동품, 의약 등에서 성공하는데 절대로 낙농을 하지 마라. 백호대살이 있어 하루아침에 망한다.
직　　업	무관, 의사, 교육, 법조인, 종교인, 외교, 언론인, 수산업, 항해사

계해일주(癸亥日柱)	
계해해설	天干癸水가 좌하의 해수에 통원되었고 비겁이요 왕궁이라 득왕하고 보니 대해수로서 능히 극수하고 생목으로 자체 조화를 충분히 할 수 있음으로 어느 누구의 도움이 없이도 인간 결실을 할 수 있음이 그 무엇보다도 좋구나 선각지명에 천재적 두뇌요 잔잔한 성품에 마음의 깊이를 알 수 없고 외유 내강에 신앙으로 수양마져 쌓았으니 어디를 가나 화대받으며 발명가의 팔자로 목표를 향하여 묵묵히 매진함은 따를자가 없으며 명예 우선으로 국제적인 인물이 분명하고 무한한 잠재력은 높이 평가 할 만하다. 흘러가는 물이니 막지 말고 환경만 조정하여주면 되고 해중 갑목에 설기를 잘하여 타인보다 항상 한수 앞서며 한류가 되어 만인이 필요로 하는 물이니 누가 구원을 요청하면 싫다고 하지 말고 도와주고 인목을 동반한다면 금상첨화라 욕심은 끝도 한도 없구나.
성 격	귀하는 침착하고도 근엄한 성격이다. 지혜가 깊고 지능지수가 높은 편이다. 학문과 공부에 남다른 취미가 있어서 학림학자의 지위까지 오를 수 있다. 각종 고시를 통해 권위와 명예를 성취하기 위해 남다른 노력과 집념을 아끼지 않는 학구형 인격이다. 덮어놓고 고집과 자존심을 앞세우는 사람은 아니다. 때와 장소 또는 자신의 능력과 실력 등 지위와 권위에 맞추어 책임을 수임할 수 있는 공정한 성격의 소유자다. 불의에 항거하며 상소문을 올리던 선비정신으로 어려움과 고난에 처해서도 체면과 위신을 세우기 위해 인내하고 지조를 굽히지 않는 고집도 대단하다. 온갖 고난을 극복하면서도 약점과 결점을 결코 노출시키지 않는 자존심이 투철하다. 가급적이면 공직이 유리하며 사업은 배경의 도움이 없으면 실패율이 높다.
전 공	의학, 자연과학, 수자원 개발, 어문학, 교육학, 신방학.
사 업	바다와 물, 섬유질, 해산물, 해양, 원양, 해운, 해수욕, 수영, 냉동 등
직 업	교수, 의사, 언론인, 금융계, 회계사, 디자이너, 인기직종. 법정 외교교육에서 출세하는데 평생의 소원은 육영사업이다.

3) 혈액형별 적합한 창업아이템

(1) O형: 외식업 창업

O형은 창업시장에 가장 적합한 혈액형으로 조사결과 전체 창업자의 33% (194명)를 차지하여 가장 많은 혈액형으로 조사됐다. 일반적으로 O형은 목표가 뚜렷하고 매사에 긍정적이고 낙천적이어서 자신감이 넘치는 편이며 끈기와 오기도 강한 성격으로 분류되어 주류전문점이나 치킨전문점, 고기전문점 등 외식업종에서 단연

두각을 나타냈다.

목적과 상황에 따라 집중력도 뛰어나 철저한 계획을 세우고 진행하는 스타일로 유행, 유망 아이템 모두에 적합하다. 특히 O형의 여성들은 화술과 손재주가 뛰어나 어린이 교육이나 비즈공예, 액세서리전문점 등에 도전해 볼 만 하다.

(2) B형: 기술·판매형 아이템 적당

B형은 전체 창업자의 약 30%에 해당되고 매출도 상위권에 위치하는 등 창업시장에서 적합한 혈액형으로 분류됐다. 일반적으로 B형은 주위의 시선에 구애받지 않는 개방적인 성격으로 틀에 박힌 보수적인 일보다는 자신이 흥미를 느끼는 일에 몰두해서 파고드는 스타일이다.

창의력이 뛰어나 다양한 아이디어와 날카로운 판단력을 장점으로 가지고 있고 인정이 많은 따뜻함도 지니고 있다. 국내 대기업 CEO 가운데 가장 많은 비중을 차지하고 있기도 한다.

B형은 전문적인 지식을 요하는 기술형 아이템이나 판매·유통형 창업 아이템에 적합하며 조사결과 피부관리전문점이나 편의점, 아이스크림 판매점, 베이커리 판매점 등에서 다른 업종보다 단연 두각을 나타냈다.

B형의 경우에는 덜렁대고 싫증을 잘 내며 생각하고 있는 바를 행동으로 바로 옮기는 편이어서 그만큼의 실패도 많으므로 창업을 할 때 철저한 사전계획과 준비가 필요하다.

(3) A형: 서비스업 계통

일반적으로 A형은 매사에 조심스러워 꼼꼼하고 실수가 적은 편이고 상대방을 배려하는 마음이 깊어 편안한 응대를 해 주는 서비스업 계통이 적당하다. 다른 사람들의 시선을 많이 의식하는 편에 속해 사람들이 인정해 주는 공익적이고 대의명분이 있는 사업을 하는 것이 좋다.

A형은 성취감과 사명감을 느끼면 강한 추진력이 생기는 타입으로 전체 가맹점의 26%(153명)를 차지하고 있었으며 외식업, 무점포, 문구·팬시점 등 모든 업종의 창업 아이템에 고루 분포됐다. 하지만 매출 면에서는 중위권 유지가 가장 많은 것으로 조사돼 창업 적성도는 보통으로 분류됐다.

(4) AB형: 웨딩 이벤트

개성이 강하고 예술적인 감각도 뛰어난 편이나 성격이 다소 특이하고 복잡해 주위 사람들에게 이중인격자라는 오해를 받기도 하는 AB형 사람들은 평범한 일보다는 끊임없는 변화와 재창조를 요구하는 일이 적당하다. 이번 조사에서 전체 창업자 중 12%에 해당돼 미약하지만 창의력과 응용력이 뛰어나 웨딩이벤트나 광고업, 여행업, 맞춤다이어트 전문점, 정보 제공업, 인력공급 및 고용 알선업 등에 적합하다.

자료 출처: 창업경영연구소

3. 평생직업의 발견

직업에 귀천은 없다. 그러나 직업마다 가치는 다르다. 직업이 한 인간의 인생에서 차지하는 가치의 높고 낮음이 있음은 틀림없는 사실이다. 직업이 인생의 전부라면 그 사람에게 직업의 가치는 높고 직업이 인생의 극히 일부에 불과하다면 상대적으로 직업의 가치는 낮다고 할 수 있다.

우리가 직업에 대한 개인적 사정을 보면 첫째, 먹고살기 위한 수단으로서의 직업인데 희망하는 직업에 종사하면서 보람을 느낄 수 있는 직장을 구하는 데 실패한 사람들은 어쩔 수 없이 생계수단으로 직업을 선택한 경우로서 한 번뿐인 인생에서 참으로 안타까운 일이다.

둘째, 사회에 참여하기 위한 직업인데 여기에는 두 가지가 있다. 사회에 적극적으로 참여하고 온 힘을 바치며 사회 속에서 일하는 경우와 사회인으로서 도태되지 않기 위하여 형식적으로 직업을 가지려는 소극적인 경우가 있다.

셋째, 인생의 목적을 이루기 위한 수단으로서의 직업이다.

넷째, 인생의 목표 그 자체로서의 직업이다.

셋째나 넷째 부류에 들기 위해서는 아무 직업이나 상관이 없는 것이 아니라

단순히 적성에 맞는 직업을 넘어 인생의 목표 추구에 적합한 직업이어야 한다.

한결같이 평온한 생활을 인생의 목표로 삼으면서 직업 군인이 되는 것, 사회봉사를 희망하면서 사채업을 하는 것은 적합한 직업

이 아니다.

한 가지 직업에 평생을 바치고 몰두하면서 과연 후회가 없을 것인가 하는 점을 고려해 볼 필요가 있다. 이런 점들을 종합적으로 판단한 다음 응시자의 기질에 따른 직업적성을 맞추어 직업을 선택하는 것이 중요하다.

1) O형이 원하는 직업

인생의 출발점에서 우수한 환경조건 때문에 엘리트 코스를 보장받은 사람이 있는데 그런 사람들을 제외한 O형의 Color는 젊은 시절에 여러 직업을 전전하는 사람이 많다.

① O형은 여러 직업을 전전한 뒤 30세 정도가 되면 자신에 맞는 전공분야를 결정하고 그 후는 외길을 가며 전공을 바꾸는 일에 서툴러서 직장을 변경하는 데 제약이 따른다.

② O형은 기질적으로 집단성(좁은 의미의 사회성)이 강해 집단활동을 추구하는 특징이 있다. 집단의 성격이 자신의 전공분야와 일치하면 좋지만 그 기대를 해소하지 못할 때 O형인생은 기대에 어긋나게 된다.

③ O형이 직업을 선택할 때는 장래에 그 분야에서 충분히 집단활동을 해낼 수 있느냐 하는 점을 사전에 고려해야 한다.

2) B형이 원하는 직업

직업과 일은 의미가 다른데 직업이란 사회적인 분류의 하나이다. 형식적인 것에 개의치 않는 B형은 전문가로서 인생을 보내는 사람이 가장 적고, 직업과 전문분야를 잘 이해하지 않는다.

　① B형은 나름대로 일관된 방향으로 흥미를 가지고 있다고 생각하지만 타인의 눈으로 보면 직업과 전문분야가 뒤바뀐 경우가 많다.

　② 여러 가지 다양한 직업을 섭렵하면서 자신은 방향을 바꾸지 않았다고 생각한다. 그중 직업에 전혀 흥미를 느끼지 못하고 의식조차 없기 때문에 고생하는 경우가 많다.

　③ A형처럼 충실한 생활에 관심을 갖거나 직업에서 흥미를 찾아야 한다. 자신의 흥미와 사회적으로 유리한 직업을 조화시키는 것이 B형이 해결해야 할 과제이다.

3) A형이 원하는 직업

직업에 임하는 A형의 마음가짐은 두 가지가 있는데 하나는 자신의 직업을 천직이라고 느끼고 직업을 통해 사회적 사명감을 만족시키는 것, 즉 적극적 의미의 사회참여를 위한 직업을 갖는다는 의식, 또 하나는 철저하게 생활비, 즉 '무언가를 위해' 또는 '누군가를 위해'라는 사명감을 가진 삶을 추구하는 경우이다.

　① A형은 이러이러한 것을 위해 일한다고 거리낌 없이 말한다.

　② A형은 순수하게 그것 자체가 목적인 직업을 가질 수 없으며 자신만을 위해 행동하게 될 때 매우 당황한다. '～을 위해서'라고 구체적으로 내세울 대상을 찾지 못할 때 당황한다.

　③ 사명감은 '사회를 위해', '인류를 위해' 하는 식으로 넓은 범위나 '가정과 가족을 위해서'라는 좁은 의미도 동일하다고 생

각한다.

④ A형은 일터에서 보낸 시간은 희생의 시간으로 생각하므로 근무시간 후 시간은 자신의 인생을 위한 시간이며 그 시간을 유효하고 밀도 높게 보내려는 욕구가 강해 적절한 레저를 즐기는 사람은 바람직하지만 가끔 술과 도박에 빠지는 경우를 주의해야 한다.

4) AB형이 원하는 직업

AB형은 사회 참여를 위한 직업을 가질 때 가장 보람을 느낀다. AB형은 적극적이든 소극적이든 사회에 참여하려는 의욕이 강해 참여의 역할이 결정되어 안정되어 있는 경우, 무언가 복지에 관계된 일을 하고 있는 경우, 사회나 타인을 위해 공헌했다는 평가가 돌아오는 경우, AB형의 기질과 취향이 일치하는 경우가 최고의 직업이 된다.

① AB형은 두 개의 직업을 병행하는 경우가 많다.

② 대부분의 직업을 소화해 낼 수 있으며 특히 인간관계를 다루고 타인을 돌보는 직업 분야라면 충분히 만족감을 느낄 수 있다.

③ AB형은 모든 욕구에 집념이 적은 편이므로 자신의 능력을 100% 발휘하지 못하지만 예술이나 디자인 등에서는 100% 발휘가 가능하다.

④ 타인과의 이질감이 남아 있는 AB형은 사회참여를 두려워하며 그런 경우는 어떤 직업에서나 열의를 갖지 못할 우려가 많다.

1. 습관

1) 인품이란 일종의 습관이다

인사하는 습관, 옷 입는 습관, 책 읽는 습관, 돈 쓰는 습관, 상대의 이야기를 경청하는 습관, 상대의 입장을 배려하는 습관, 아이들이나 어려움에 처한 사람을 보면 감싸고 도와주는 습관, 사물의 이면을 관찰하는 습관 등, 헤아릴 수 없이 많은 습관이 모여서 한 사람의 인품을 만든다.

성공하는 사람은 훌륭한 습관을 지니고 있으며 실패하는 사람은 실패할 수밖에 없는 습관을 가지고 있는데 바꿔 말하면 훌륭한 습관을 지니고 있어서 성공할 수 있었던 것이다.

성공을 꿈꾸지 않는 사람이라면 나쁜 버릇을 평생 고치지 못하지만 성공을 꿈꾸는 사람이라면 나쁜 습관은 한시라도 빨리 고쳐야 성공할 수 있는데 한 번 잘못 길들여진 습관은 고치기가 엄청 어렵다는 데 문제의 심각성이 있다.

어제의 습관이 오늘의 나를 만들었고, 오늘의 습관이 내일의 나를 만든다. 따라서 성공을 하기 위해서는 성공할 수 있는 습관을 먼저 익히는 것이 필요하다.

옛날 고사에 만행에 나선 스님이 그 마을에서 가장 잘사는 부잣집에 들려 하룻밤 묵어가기를 간청하였더니 부자가 환대해 주는 고로 스님은 공양에 대한 보답으로 무얼 도와줄까 생각하다가 집안을 한 바퀴 돌아보았는데 주인장이 다리를 달달 떠는 것이 아닌가. 스님이 '저렇게 다리를 떤다면 3년 못 가 재산이 거덜나겠구먼.'이라고 생각하고 주인이 잠들기만을 기다렸다가 주인이 잠들자 도끼를 가지고 달달 떠는 주인의 발목을 자르고 줄행랑을 쳤다.

마을에서는 난리가 났다. 중놈이 하룻저녁 기거할 자리가 없어 따뜻한 음식을 배불리 먹이고 따뜻한 방까지 주었더니 은혜도 모르고 주인의 발목을 자르고 도망쳤다고…….

2~3년이 지난 후 스님은 또다시 만행길에 나서 그 마을 그 부잣집 소식을 물었더니 다리는 잘렸지만 아직 부자로 산다는 소식을 듣고 안도의 한숨을 쉬었다 한다.

이렇게 한번 잘못 든 버릇은 다리몽둥이를 자르기 전에는 고칠 수 없을 만큼 고치기가 어려운데 악습을 고치는 가장 좋은 방법은 다음과 같다.

2) 습관을 바꾸는 21일의 법칙

21일 법칙은 무엇이든 21일 동안 계속하면 습관이 된다는 법칙으로 예일대를 비롯한 많은 대학에서 실제 활용하고 있는 방법론이며 동양에서는 예부터 내려오는 '21일간 소원을 빌며 자기 도장을 찍으면 과거, 현재, 미래에 걸친 나쁜 기운을 씻어 내고 좋은 기운만을 불러들인다.'는 일종의 전통이 있다.

우리 뇌는 충분히 반복되어 시냅스가 형성되지 않은 것에는 저항을 일으킨다. 그러므로 좋은 습관이 몸에 익을 때까지는 21일간 의식적으로 노력을 기울여야 한다. 사람의 생체시계가 교정되는 데는 최소한 21일이 소요되기 때문이다. 21일은 생각이 대뇌피질에서 뇌간까지 내려가는 데 걸리는 최소한의 시간으로, 생각이 뇌간까지 내려가면 그때부터는 심장이 시키지 않아도 뛰는 것처럼, 의식하지 않아도 습관적으로 행하게 된다.

출처: 정철희/21일 공부모드

3) 몸에 밴 습관이 인생을 좌우한다

원래 습관의 족쇄란 너무도 가벼워 느낌조차 없다가도, 시간이 흐를수록 점점 무거워져 결국에는 다리를 절단 내고 만다.

내 나이쯤 되면 습관을 바꾼다는 것 자체가 거의 불가능해진다.

이미 습관의 노예가 되어 버린 것이다.

오늘 당장 좋은 습관을 택해 실천하겠다고 다짐하면 여러분은 머지않아 그 습관을 자신의 것으로 만들 수 있다.

출처: 워렌 버핏, 대학생과의 대화에서

자기계발 분야의 대가 브라이언 트레이시도, "습관은 처음 시작할 때 보이지도 않는 얇은 실과 같다. 그러나 습관을 반복할 때마다 실은 두꺼워지며, 우리의 생각과 행동을 꼼짝없이 묶는 거대한 밧줄이 될 때까지 한 가닥씩 보태진다."고 동일한 메시지를 전하고 있다.

행동과 습관은 복리(複利)로 계산되므로 시간이 흐름에 따라 차이가 증폭된다. 개인이나 조직이나 성공과 실패는 '무시할 만한 자그마한 습관'에 좌우되는 경우가 많다.

4) 미래 관점에서 현재를 보는 습관

자료 출처: 박현주 미래에셋 회장

산 위에서, 바다를 보면 거대한 파도도 고요하게 보인다. 멀리 하늘 위에서 육지를 보면 한눈에 모든 것이 들어온다. 이를 헬리콥터 뷰(Helicopter View)라고 하는데 요즘같이 혼란한 시기엔 작은 일에 일희일비하지 않으면서, 미래 관점에서 현재를 보고, 헬리콥터 뷰를 견지하는 그런 지혜가 더욱 필요하다.

5) 습관의 세 종류

습관에는 크게 세 가지 종류가 있는데 첫째는 타성에 젖은 습관으로 매사에 지난 일을 답습하며 10년 전, 20년 전의 생각이나 태도, 업무처리 방식을 고집하면서 변화를 무척이나 싫어하는데 이런 사람은 성과가 타인에 비하여 떨어지기 시작하고 결국은 도태될 수밖에 없는 사람이다.

둘째는 현상유지를 하는 습관인데 이런 사람은 매일 바쁘고 매사에 허겁지겁하는데 겉으로 보기에는 굉장히 열심히 하기 때문에 발전될 것 같은데 언제나 그 모양인 사람이다.

셋째는 창조적 습관으로 같은 시간, 같은 장소, 같은 일을 거부하며 항상 새것을 만들거나 다르게 일하기 위해서 머리를 짜내기 여념이 없는 사람들이 이 사회를 발전시키고 풍요롭게 하며 자신도 행복하다.

그래서 우리는 언제나 옳은 일을(Do right thing), 올바르게(Do thing right) 하며 항상 새로운 일, 창조적인 일에 도전해야 한다.

6) 부자들의 일곱 가지 습관

젊은 부자들의 대표적인 습관은 '끊임없이 배운다.'는 것이다. 그들은 비즈니스든, 돈이든, 취미생활이든 간에 모든 분야에 대해 끊임없이 배운다.

그들은 '끝없는 배움'이야말로 자수성가형 부자가 되는 데 필수요건이라고 주장한다.

그리고 젊은 부자들은 '어떤 경우에도 일희일비하지 않는 태도'를 갖고 있다. 일이 잘 풀리고 돈이 많이 벌린다고 해서 크게 좋아하지도 않고, 일이 잘 안 풀리고 돈이 적게 벌린다고 해서 결코

조급해하거나 좌절하지 않는다. 이를 달리 표현하면 '항상심'이라고
도 할 수 있고, 남들보다 '끈기'가 대단하다고도 표현할 수 있다.

"언제 경제적 자유를 획득한 부자가 될 것인가?" 요즘의 화두는
'얼마나' 많은 돈을 벌 것인가가 아니라 '언제' 경제적 자유를 얻을
것인가가 주요 관심사로 떠오르고 있다.

부자는 무엇보다 끊임없이 배운다. 업무에서도, 취미생활에서도,
재테크에서도 그들은 항상 배우는 자세를 갖고 산다. 부자는 또
'언제나 긍정적으로 생각한다'고 하는데 긍정적으로 사고하는 습관
이 운을 불러들인다. 부자가 아닌 일반인들은 의식적, 무의식적으
로 '가난과 곤란, 그리고 실패에 대한 두려움'에 집중하지만, 젊은
부자들은 '부와 풍요, 그리고 성공에 대한 평안함'이라는 긍정적인
쪽에 집중한다.

부자는 '이기적으로 행동한다.'고도 말하는데 여기서 '이기적'이라
는 표현은 조금 다른 의미로서 최종결과로서의 이익을 의미하는
것이다. 예를 들어 청담동 명품의류 매장 직원들에 따르면 부자들
은 대개 매너가 좋고 입어 본 옷을 소중하게 다루지만 부자가 아
닌 사람들은 직원들에게 무례하고 입어 본 옷을 대충 던져 놓으며
식당에서도, 또 다른 곳에서도 비슷한 행동을 한다.

그런데 매너 있는 행동과 언어는 결국 자신에게 경제적이든 비
경제적이든, 유형무형의 이익으로 돌아오기 마련이며 반대로 무례
한 명령조의 행동은 그때 기분은 화끈할지 몰라도 자신에게는 아
무 이익도 오지 않는다는 것을 모르는 행동이다.

부자는 또 '숫자중독증'에 걸려 있다고 할 정도로 숫자에 밝고 친하다. 그래서 '엑셀' 프로그램을 잘 활용하며, 그들은 '하루＝24시간'이라고 생각하는 대신 '하루＝1,440분'이라고 생각하는 사람들이라고 한다.

이 밖에 부자는 '항상심'을 갖고 있으며, '언제나 따뜻'하지만 동시에 '냉혹할 정도로 차갑다'. 배움, 긍정, 이기적, 숫자, 항상심, 따뜻함, 냉혹함…… 이것들이 부자의 일곱 가지 습관들의 키워드들이다.

세상에는 우리를 효과적이고 유용하고 평온한 삶으로 인도하는 원칙이 분명히 존재한다. 그것은 마치 자연법칙처럼 우리 주변에 있다. 개인이나 조직을 대단히 성공적으로 만드는 그 원칙은 결국 습관으로 표현된다. 모든 위대하고도 영속적인 사회, 가족, 단체들이 가지고 있는 공통적인 여러 원칙들이 이 습관의 효용성을 증명한다.

습관이란 지식, 방법, 동기를 내포하는 것이며, 우리의 성품은 결국 습관의 복합체이다. 보다 성공적이고 효과적인 인생을 위한 일곱 가지 습관이 있다. 그 일곱 가지 습관은 다음과 같다.

(1) 주도적이 되어라.

(2) 목표를 확립하고 행동하라.

(3) 소중한 것부터 먼저 하라.

(4) 상호 이익을 추구하라.

(5) 경청한 다음에 이해시켜라.

(6) 시너지를 활용하라.

(7) 심신을 단련하라.

습관 (1), (2), (3)은 개인적 차원에서 강조되는 덕목이고, 습관 (4), (5), (6)은 대인관계에서 지켜야 할 덕목이며, 습관 (7)은 모든 항목들을 기초에서 받쳐 주는 덕목이다. 또한 이 습관들은 서로 긴밀하게 연결되어 있어 상호 보완적 시너지 효과를 낸다. 일곱 가지 습관은 개인의 자기관리와 대인관계의 효과성에 대한 통합적인 접근방식이다.

한편, 일곱 가지 습관을 완전히 자기 것으로 하기 위해서는 인내심을 가지고 꾸준히 실천하는 것이 필요하다.

> "사람은 반복적으로 행하는 것에 따라 판명된 존재다. 따라서 우수성이란 단일 행동이 아니라 바로 습관이다."

아리스토텔레스의 말이다. 습관의 중요성을 갈파하는 속담이나 격언을 남긴 사람은 이외에도 수없이 많다. 성품이란 근본적으로 습관의 복합체라고 볼 수 있다. 성공적인 인생을 사는 데 중요한 패러다임이 성품윤리라고 할 때, 우리는 성품을 규정하는 데 필요한 구체적인 논의를 습관에서부터 시작할 수밖에 없다.

일곱 가지 습관은 다음과 같은 논리에 의해 배열되었다. 앞의 세 가지는 개인적 차원에서 실천하는 것이며 독립성을 내면화하는 것이 궁극적인 목표다. 그 뒤의 세 가지는 대인관계에서의 승리를 목적으로 고안된 것이며 상호의존성을 인식하는 것이 근본이 된다. 그리고 마지막 일곱 번째 습관은 일종의 복습 코스이자 나머지 여섯 가지 습관들을 완성하는 항목이다.

이런 일곱 가지 습관을 배우기 전에, 우리가 우선적으로 해야 할 일이 있다. 그것은 마음의 문을 여는 일이다. 누구나 가지고 있는 내면에서만 열 수 있는 단단한 마음의 문을 열 준비가 되어 있는 사람만이 일곱 가지 습관을 자기 것으로 할 수 있을 것이다. 또한 이들 습관을 공부해 자신의 것으로 만들기 위해서는 자신에 대한 인내심이 요구된다.

습관 1. 주도적이 되라(개인 비전의 원칙)

인간의 본질을 설명하기 위해 널리 수용되는 이론에는 세 가지가 있다.

① 유전적 결정론 : 조상의 기질이 DNA 속에 저장되어 한 인간의 기질을 결정한다.

② 심리적 결정론 : 양육된 방식과 어린 시절의 경험이 개인적 성향과 인격구성을 결정한다.

③ 환경적 결정론 : 배우자/동료/자녀/직장상사 같은 주변 인간은 물론, 경제적 여건이나 국가정책 같은 상황이 한 사람의 현재 모습을 결정한다.

그러나 이런 환경이 주는 자극에 대해서 다양한 반응을 할 수 있는 선택의 기회가 인간에게는 있으며, 성공의 비결은 자극에 대한 반응을 적극성(Proactivity)을 가지고 하는 데 있다. 이 적극성을 내 습관으로 만드는 가장 좋은 방법은 다름 아닌 주도적인 말을 하는 것이다.

우리가 살면서 관심 있어 하는 부분과 영향력을 미치는 부분을 원으로 표시하여 분류한다면, 우리 자신이 어떤 사람인지 보다 잘 알 수 있다. 우리는 궁극적으로 '관심의 원'에서 벗어나 '영향력의 원'에 삶의 초점을 맞추어야 한다.

결과와 실수에 대해 냉정하게 생각하는 것이 필요하다. 우리는 자신의 행동을 선택할 자유는 가지고 있지만, 이 같은 행동이 가져오는 결과를 선택할 자유는 없다. 결과는 우리의 능력 밖에서 여러 가지 요인들의 합에 의해 일어나는 사건이므로, '관심의 원'에 속한다. 또한 과거의 실수도 '관심의 원'에 속한다. 왜냐하면 우리는 이미 벌어진 실수를 취소할 수도, 원상태로 돌릴 수도 없으며, 그것으로 인한 결과를 통제할 수도 없기 때문이다.

'영향력의 원'에서 가장 중요한 것은 약속을 지킬 수 있는 능력을 가지는 것이다. 이때의 약속은 타인은 물론이고 자기 자신과의 약속도 포함된다. 우리가 환경에 대해 반응을 선택할 수 있다는 사실을 아는 것은 우리 자신에게 책임감을 일깨울 것이며, 다른 모든 습관들의 실질적인 기초가 된다. 통제할 수 있는 일에는 노력을 집중하고, 통제할 수 없는 일에는 그대로 받아들이는 자세가 나를 좀 더 행복하게 만든다.

습관 2. 목표를 확립하고 행동하라(개인 리더십의 원칙)

모든 것은 두 번 창조된다. 첫 번째 창조는 마음속에서, 두 번째 창조는 실제 현실에서. 우리는 무의식적으로 혹은 순간적으로 자신의 미래에 대한 소망이나 전망을 디자인한다. 목표를 확립하고 행동한다는 것은 이런 디자인을 좀 더 적극적으로 또는 시스템적으로 하는 것이다.

자신의 최후 순간에 갖고 싶은 이미지, 모습, 그리고 패러다임을 매사를 검토하는 기준틀과 표준으로 삼는 것이다. 그리고 이런 장기적인 전망 속에 그것을 실현시킬 수 있는 오늘의 행동, 내일의 행동, 내주의 행동, 내달의 행동이 유기적으로 연결될 수 있도록 노력하는 것이 중요하다.

자기사명선언서는 일종의 개인헌법 같은 것으로서, 당신의 목표를 확립하고 행동을 체크하는 데 도움을 줄 것이다. 당신이 임기응변과 순발력만으로 살지 않고, 합리적인 원칙에 기준을 두고 인생을 살고 싶다면, 원칙을 확인할 수 있는 자기사명선언서를 작성하는 것도 좋은 방법이다. 원칙 중심의 패러다임을 준비한 사람은 다음과 같은 장점을 손에 넣는다.

첫째, 다른 사람들이나 주변 여건 때문에 자신의 행동이 좌우되지는 않을 것이다. 둘째, 당신이 선택한 결정은 장기적으로 확실한 결과를 보장하기 때문에 결국 가장 효과적이다. 셋째, 당신의 결정은 삶의 궁극적인 가치관에 기여해 의미 있는 생활을 할 수 있다. 넷째, 상호 의존적 인간관계에 입각해 다른 사람과 커뮤니케이션을 할 수 있다. 다섯째, 압박감을 덜 수 있어 오히려 최선을 다할 수 있고, 당신의 선택을 즐길 수 있을 것이다.

사명선언서는 시간에 구애받지 말고, 완성까지는 긴 시간이 걸린다고 생각하고 심사숙고해 쓰는 것이 좋다. 그리고 신중하게 작성된 선언서는 정기적으로 검토하는 것도 필요하다. 한편 이렇게 무언가를 상상하고 이미지화 하는 데는 우리의 오른쪽 뇌의 역할이 크다. 이러한 상상과 이미지 훈련은 어떤 물질적 이득에 중점을 둔 일시적 성공의 성취에 동원될 수도 있다. 하지만 이 훈련의 보다 훌륭한 용도는 자신을 초월하고, 자신의 목적과 상호 의존적인 현실을 지배하는 원칙들에 입각해 헌신적인 삶을 창조할 수 있도록 양심을 잘 활용하는 데 있다.

사명선언서는 개인의 것에서 가족사명선언서로 또는 조직사명선언서로 단위를 넓혀 가며 작성해 보는 것도 좋다. 조직사명선언서의 경우, 꼭 최고 책임자만이 작성할 것이 아니라, 조직의 모든 구성원이 각자의 입장에서 작성하는 것이 필요하다.

습관 3. 소중한 것부터 먼저 하라(개인 관리의 원칙)

	긴 급 함	긴급하지 않음
중요함	영역 1 위기 급박한 문제 기간이 정해진 프로젝트	영역 2 예방, 생산 능력 활동 인간관계 구축 새로운 기회 발굴 중·장기 계획, 오락
중요하지 않음	영역 3 잠깐의 급한 질문, 일부 전화 일부 우편물, 일부 보고서 일부 회의 눈앞의 급박한 상황 인기 있는 활동	영역 4 바쁜 일, 하찮은 일 일부 우편물 일부 전화 시간 낭비거리 즐거운 활동

시간관리 분야의 발전은 우리가 자기 생활을 더 잘 관리할 수 있도록 만들어 주었다. 시간관리 1세대의 핵심은 메모지 이용이다. 이것은 우리가 해야 할 일들에 대한 명확한 인식과 총괄하려는 노력의 표현이다. 시간관리 2세대의 상징은 달력과 약속기록부로, 미래의 일에 대해 스케줄을 작성할 수 있다는 장점을 낳았다. 시간

관리 3세대는 현재 널리 사용되는 방법으로, 우선순위와 목표설정과 구체적인 실천이라는 개념을 탄생시켰다. 이것은 중대한 공헌을 해 왔지만, 사람들은 '효율적인' 스케줄 작성과 시간 통제가 자주 역효과를 가져온다는 사실을 깨달았다. 제4세대 시간관리는 대상과 시간에 초점을 맞추기보다, 인간관계의 유지와 증진, 그리고 결과의 달성을 강조한다.

달리 말하면, 시간관리라는 표현 자체가 잘못된 것이라고 생각한다. 왜냐하면 우리는 시간을 관리하는 것이 아니라, 우리 자신을 관리해야 하기 때문이다. 위의 것은 우리가 자신의 행동을 반성할 수 있거나, 시간관리의 기준을 확립할 수 있도록 도와주는 표다.

□ 시간 관리 매트릭스

대부분의 사람들은 자신은 영역 1의 활동을 한다고 생각하며 실제로는 영역 3이나 4에 속하는 일을 하고 있다. 이런 사람의 대부분은 근본적으로 책임감이 없는 사람이다. 물론, 영역 1의 활동들에만 관심을 두는 사람 역시, 엄청난 긴장감의 연속으로 종국에는 지쳐 쓰러질 위험이 클 뿐 아니라, 생산성에도 문제가 있을 것이다.

영역 2가 바로 효과적인 자기관리의 심장부다. 일곱 가지 습관이 모두 이 영역 2에 속한다. 영역 2에 속하는 활동은 예컨대 인간관계 구축, 자기사명선언서 작성, 장기 계획 수립, 신체적 운동, 예방적 정비, 사전 준비 같은 것이다. 또한 대인관계에 있어 가장 중요한 것은 신뢰이며, 신임적 위임이 가져오는 놀라운 결과는 당신을 가정과 사업에서 성공하도록 도와줄 것이다.

❑**상호 의존의 패러다임**

상호 의존으로 넘어가기 전에 다시 한 번 확인하자. 남을 존중하려면 자기 자신을 존중할 수 있어야 한다. 진정한 자기 존중은 스스로에 대한 지배와 독립성으로부터 나오며, 이것이 습관 1, 2, 3의 초점이다.

대부분의 사람들은 자기 자신의 문제보다는 대인관계의 문제에서 더 큰 고통을 느낀다. 자신의 생활에서 비전, 리더십, 개인관리의 부족 때문에 만성적인 고통을 느끼는 사람은 많다. 그러나 우리는 이 고통에 익숙해져 있으며, 나아가 적응하며 사는 것을 배우고 있다. 반면 대인관계에서의 고통은 직접적이고도 강렬한 경험이어서 치유를 서두르게 된다. 하지만 이 경우 성격윤리 중심의 응급처치식의 치유를 도모할 때가 많다. 보다 근본적인 치유를 위해서 필요한 상호 존중의 가치를 익히기 위해 '감정은행 계좌'라는 개념을 알아보기로 하자.

감정은행 계좌는 우리가 인간관계에서 구축하는 신뢰의 정도를 은유적으로 표현한 것이다. 신뢰가 높아지면(감정 잔고가 많으면) 의사소통이 쉽고 즉각적이고 효과적이다. 반대로 신뢰수준이 낮아지면(감정 잔고가 바닥나거나 차월되면) 여유와 융통성이 없는 팍팍한 생활에 직면한다. 감정은행 계좌를 적립하기 위한 예입 수단으로는 크게 여섯 가지가 있다.

① 상대방에 대한 이해심
② 사소한 일에 대한 관심(약간의 친절과 공손함)

③ 약속의 이행

④ 기대의 명확화(오해로 인한 의견의 불일치를 막을 수 있다)

⑤ 언행일치

⑥ 진지한 사과

습관 4. 상호이익을 추구하라(대인관계 리더십의 원칙)

인간관계에는 여섯 가지 패러다임이 있다. 승/승(나도 이기고, 상대방도 이기는), 승/패, 패/승, 패/패, 승, 무거래(거래를 하지 않는 것) 등이다. 흔히 승/승(Win/Win)적 사고가 가장 중요하다고 말하나, 사실 최적의 선택은 그때그때의 상황에 따라 다르다는 것이 현실에 더 맞는 이야기다.

상대가 승/승의 자세가 없고, 무조건 자신만 이기려고 하는 자세를 보일 때, 우리는 그런 사람과 무거래를 선택하는 것이 더 낫다. 하지만 그런 고약한 상대를 만나는 경우가 아니라면, 우리는 승/승적 사고를 대인관계 리더십의 습관으로 만들 필요가 있다.

승/승적 사고는 우리가 모든 상호작용에서 성공하기 위한 근본으로, 어떠한 상황을 만나더라도 제3의 대안이 있다고 믿는 태도에서 시작된다. 승/승적 사고를 가지기 위해서는 일정한 성품이 요구된다. 그것은 언행이 일치하는 신뢰가 가는 성품이며, 관대하면서도 용기 있는 성숙한 성품이고, 세상에는 사람들을 위해서 모든 것이 풍부하게 존재한다는 패러다임을 마음에 갖는 풍요의 심리다. 이런 성품을 가지고 맺은 인간관계에서 합의를 도출하고, 조직의 시스템과 과정을 통해 확인하고 실천하는 것이 중요하다.

승/승적 사고는 조직의 관리자나 부모 같은 위치에 있는 사람에게만 유용한 것은 아니며, 본질적으로 임기응변식의 처방이 아니다. 승/승적 사고는 한 개인이 분명한 실행지침과 가용자원을 가지고 구체적인 성과를 달성하도록 도와준다.

습관 5. 경청한 다음에 이해시켜라(공감적 커뮤니케이션의 원칙)

커뮤니케이션은 일상생활에서 가장 중요한 기술이지만, 학교나 사회에서 중요시하는 것은 어떻게 당신 자신의 생각을 표현하는가의 문제다. 하지만 좋은 커뮤니케이션의 기본은 남의 입장을 헤아리고 이해할 수 있도록 그의 말을 듣는 것이다. 효과적인 대인간의 커뮤니케이션은 테크닉만으로는 절대 이루어질 수 없고, 솔직함에 바탕을 둔 공감적 경청을 할 수 있는 능력이 필수적이다. 공감적 경청은 다른 사람의 말을 흉내 내는 수준의 '적극적' 경청이나 '반사적' 경청과는 다르며, 언어에 눈과 가슴을 더하여 온몸으로 듣는 것을 말한다.

먼저 이해를 하는 것이야말로 생활의 모든 분야에 적용되는 원칙이다. 아마추어 세일즈맨은 단순히 제품을 팔지만, 전문 세일즈맨은 고객의 욕구와 문제점에 대한 해결책을 판매한다. 처방을 내리기 전에 진단이 필요한 것은 전문직에 종사하는 사람이라면 누구나 동의할 수 있는 말일 것이다. 훌륭한 판단을 위해 먼저 상대와 상황에 대해 이해하는 것이 필요하다.

습관 5는 당장 실행해 볼 수 있는 것이지만, 실행하기 전에 잊어서는 안 될 것은 성급히 서둘러서는 안 된다는 것이다. 대화 시에는 인내를 가지고 상대를 존중하는 마음을 가져야 한다. 기업에서, 가정에서 당신이 사랑하고 아끼는 사람을 깊이 이해하기 위해 시간을 투자하고 서로 마음을 열고 대화를 나누면, 엄청난 수확이 있을 것이다. 이런 일대일의 대화야말로 감정은행에 잔고가 마구 쌓이는 일이다. 대화의 상대자와 당신이 마음을 열고 서로의 입장을 이해하려고 노력하면, 창의적인 해결방법과 제3의 대안에 접근하게 된다.

습관 6. 시너지(Synergy)를 활용하라(생산적 협조의 원칙)

전체는 각 부분들의 합보다 더 크다. 자연은 이런 시너지 효과를 증명하는 여러 사례들을 가지고 있다. 두 개의 나무판자를 합치면 각자 따로 지탱하는 무게보다 훨씬 더 큰 무게를 지탱하며, 두 개의 식물을 서로 가까이 심어 놓으면, 그 뿌리들이 엉켜서 토양을 더욱 비옥하게 해 더 잘 자란다. 남자와 여자가 만나 힘을 합해 아기를 낳아 세 식구를 만드는 것도 시너지의 한 예이다. 시너지의 본질은 차이점을 인정하고, 강점을 활용하고, 약점에 대해 서로 보완하는 데서 나온다.

현실에서 이런 시너지 효과에 대해 알고 있는 사람은 많아도, 한 번만이라도 시도해 보는 사람은 적다. 그것은 우리가 방어적이고 보호적인 커뮤니케이션을 하도록 훈련받고, 다른 사람이나 인생을 신뢰하면 안 된다는 각본에 물들어 있기 때문이다. 혹시 숨어 있을지도 모르는 당신의 잠재력을 캐내 개발하기 위해서는 과감히 새로운 영역으로 도전하는 정신이 필요하다.

기업과 개인의 상담 사례들은 용기를 가지고 솔직하게 마음을 털어놓고 하는 대화가 아무도 예측 못 한 멋진 결과를 가져오는 것을 여러 번 보여 주었다. 커뮤니케이션의 효과와 수준은 결국 커뮤니케이션을 하는 쌍방의 신뢰 수준에 비례한다.

신뢰란 남의 지식과 능력과 사명감을 인정하고, 나의 오류가능성을 점검하여, 남의 입장을 이해하려고 애쓰는 것에서 나온다. 시너지의 본질은 서로간의 차이점을 인정하는 데서 시작된다. 사람들 간의 정신적, 감정적, 심리적 차이점을 소중히 여기는 태도가 요구된다. 또한 당신이 대인관계에서 시너지 효과를 낸다면, 결국 그것은 당신 자신의 내면에서 창출된 것이다. 시너지는 앞에서 다룬 모든 습관들이 궁극적으로 달성하는 최고의 성취다.

습관 7. 심신을 단련하라(균형적인 자기 혁신의 원칙)

나무 자르는 일이 너무 바쁘기 때문에 톱날 갈 시간을 내지 않는 인부는, 결국 무뎌 가는 톱날 때문에 힘만 쭉쭉 뺄 뿐, 생산성이 떨어지게 된다. 심신을 단련하는 일은 개인적 생산성을 높이는 일이다. 눈앞에 닥친 급한 일에 휘둘리지 말고, 장기적인 전망에 충실하려는 사람은 심신을 단련하는 일에 게을러서는 안 된다. 심신을 쇄신하는 일은 다음의 네 가지 차원으로 분류해 볼 수 있다.

① 신체적 차원 : 우리 몸을 효과적으로 돌보는 활동으로, 지구력(심장에서 몸 전체로 피를 보내는 힘), 신축성(유연성), 힘이 구성요소다. 신체적 차원을 쇄신하는 활동의 핵심은 규칙성이며, 주도성이란 습관을 날카롭게 가다듬을 수 있다.

② 영적 차원 : 우리의 가치체계 중심으로 종교적 믿음 또는 위대한 문학이나 음악에 심취하는 것, 때론 자연 그 자체로부터 내면의 평화를 얻는 사람도 있다. 영적 재충전과 쇄신은 시간투자를 요구한다. 하지만 자신의 인생목표를 확인하게 됐을 때 느끼는 새롭고 신선한 기분은 당신의 생산성을 분명히 높여 줄 것이다.

③ 정신적 차원 : 정신개발과 학습에 관계되는 훈련으로 성인교육이나 교양교육은 인생계획을 더 큰 질문과 목적, 그리고 기존의 패러다임과 다르게 검토할 수 있는 능력을 키워 준다. 정보습득과 마음을 확장시키는 일에는 역시 독서가 최고다.

④ 사회적 / 감정적 차원 : 습관 4, 5, 6을 실천하는 일이 핵심으로 대인관계에서 가장 중요한 것은 내면적 안정이다. 그리고 내면적 안정은 언행일치의 삶에서 탄생한다.

자기 혁신은 계속적인 개선과 성장을 추진할 수 있는 힘을 준다. 끝으로 모두가 이미 충분하다고 생각하는 순간을 조심하라. 대부분의 경우 스스로를 기만하는 때이기가 쉽다. 발전을 지속적으로 유지하기 위해서는 학습, 결심, 실천을 거듭해서 반복해야 한다.

□ 내면으로부터의 변화를 다시 강조하며

이상의 모든 논의는 우리 자신뿐만 아니라 후손들을 위한 것이다. 배우자와 자녀, 그리고 세대 간의 유대는 인간이 가질 수 있는 유익하고, 보람 있고, 만족스러운 상호 의존 관계 중의 하나일 것이다.

인생을 보다 행복하고 보다 성공적으로 사는 것은 불가능한 일이 아니다. 일곱 가지 습관이라는 구체적인 사항을 이해하고 실천하는 것으로 시작해 보기를 권한다. 이 과정에서 우리는 실수를 저지르기도 하고, 거북스럽게 느껴져 실천을 미룰 수도 있다. 따라서 효과적이고 유용하고 평온한 삶을 영위하기 위해서 일곱 가지 습관을 실천하려는 사람은 결국 '인내심'이란 단어를 기억해야 한다.

자료 출처: 스티븐 코비/성공하는 사람들의 일곱 가지 습관

7) 좋은 습관 형성 7단계법

1단계: 결심하라

항상 특정 방식으로 행동한다고 단단히 결심하라. 예를 들어, 매일 아침 일찍 일어나 운동을 하겠다는 결심을 하면 그 시간에 자명종 시계가 울리도록 하라. 시계가 울리면 즉시 일어나 운동복으로 갈아입고 운동을 시작하라.

2단계: 예외를 인정하지 마라

새 습관의 형성기에 예외를 인정하지 마라. 핑계를 만들지 말고 합리화하지 마라. 의무를 저버리지 마라. 매일 아침 6시에 일어나기로 결심하면 자동적인 습관이 될 때까지 6시에 일어나는 연습을 반복하라.

3단계: 다른 사람에게 말하라

특정한 행동 습관을 익히는 중이라고 주변 사람들에게 말하라.

결심을 밀고 나가는 당신을 지켜보는 사람이 있다고 생각할 때 당신은 놀랄 만큼 굳은 결심으로 원칙을 지켜 나간다.

4단계: 새로운 자신을 시각화하라

마음의 눈으로 특정한 방식으로 행동하는 자신을 보라. 새 습관을 이미 익힌 당신의 모습을 더 자주 시각화하고 상상하라. 새 습관은 더 자주 시각화할수록 더 빨리 무의식 속으로 들어가고 자동적인 버릇이 된다.

5단계: 확언하라

스스로 반복해서 확언하라. 습관을 형성하는 속도를 높여 줄 것이다. 예를 들어, "나는 매일 아침 6시에 일어나 일을 시작할 거야!"라고 말할 수 있다. 자기 전에 이 말을 반복하라. 대부분의 경우 시계가 울리기 전에 저절로 깨기 때문에 곧 자명종 시계가 필요 없어질 것이다.

6단계: 굳은 결심으로 밀어붙여라

결심한 일을 하지 않으면 불편함을 느낄 정도로 새 습관이 자동적이고 쉬운 일이 될 때까지 계속 연습하라.

7단계: 자신에게 보상하라

가장 중요한 일은 새 습관을 익히는 자신을 잘 대우하는 것이다. 스스로에게 보상을 할 때마다 행동을 재확인하고 강화하게 된다. 무의식 속에서 보상의 즐거움을 만끽하는 것이다. 행동이나 결심의 성과로 얻는 긍정적 결과에 대해 강한 애착을 보일 것이다.

2. 태도

1) 태도

(1) 앉은 태도

• 바르게 앉는 사람은 인품이 훌륭하다.

• 앉아서 공연히 무릎을 떠는 사람은 경솔하고 돈복이 없다.

• 여러 사람 몫의 좌석을 독점하는 사람은 이해심이 없다.

• 앞으로 기울이고 앉는 사람은 집중력이 없다.

• 앉기만 하면 무엇에 기대려 하는 사람은 기력이나 체력이 쇠
약하다.

(2) 말하는 태도

• 빠른 말씨로 연거푸 떠들어 대는 사람은 경솔하고 성급하다.

• 상대방을 바로 보지 않고 말하는 사람은 마음에 비밀이 있다.

• 중환자 같은 말씨의 사람은 일생 동안 불운하다.

• 언제나 화난 듯이 말하는 사람은 근본이 정직하다.

• 대화중에 궁상을 떠는 사람은 신용하지 마라.

• 속삭이듯 말하는 사람은 비밀이 있다.

• 제스처가 큰 사람은 자기주장이 강하다.

• 손바닥을 위로 향하고 말하는 사람은 건성으로 대하고 있는
사람이다.

• 큰 소리로 말하는 사람은 정직한 사람이다.

• 턱을 내밀고 말하는 사람은 허풍이 심하고 자만심이 강하다.

- 공격을 당해도 도중에서 반론하지 않고 상대방의 주장을 잘 듣는 사람은 대인이 된다.
- 침착하게 쉬엄쉬엄 말하는 사람은 느리거나 생각이 깊다.
- 윗사람에게는 정중하고 아랫사람에게는 방자하며 거만한 사람은 언젠가 실패한다.
- 성공담이나 자랑만 하는 사람은 허영심이 강하고 거짓말쟁이다.
- 실패담을 섞어서 말하는 사람은 여유가 있다.
- 턱을 바싹 당기고 눈을 치켜뜨며 말하는 것은 상대방을 멸시하고 있는 증거다.
- 웅변가는 설득력이 없다/눌변가는 설득력이 강하다.
- 상대의 말을 가로채는 사람은 자기 본위다.

(3) 걷는 태도

- 상체는 무겁게, 걸음걸이는 가볍게, 가슴을 펴고 걷는 사람은 곤란을 극복하고 성공한다.
- 양어깨를 흔들고 걷는 사람은 성공하지 못한다.
- 서둘러서 걷는 사람은 성급하고 지레짐작을 잘 한다.
- 위를 보고 걷는 사람은 활력은 있지만 거만하다.
- 밑을 보고 걷는 사람은 음침해서 성공하지 못한다.
- 어깨를 으스대며 걷는 사람은 허세를 부리지만 소심한 사람이다.
- 앞으로 기울이고 걷는 사람은 운이 열리지 않는다.
- 걸으면서 자꾸만 뒤를 돌아보는 사람은 나쁜 생각을 품고 있거나 누군가에게 쫓기고 있다.
- 두리번거리면서 걷는 사람은 경계심이 많고 마음이 동요하고

있는 사람이다.

- 발소리를 크게 내고 걷는 사람은 교양이 없고 예의를 모른다.
- 앞으로 넘어질 듯 걷는 사람은 단명하다.
- 마릴린 먼로의 걸음걸이는 무지하거나 색정으로 몸을 망친다.
- 고양이처럼 굽은 등으로 걷는 사람은 해마다 재수가 없어진다.
- O다리로 걷는 사람은 애정운이 좋지 않다.
- 아장아장 빨리 걷는 사람은 소심한 사람이다.

2) 에티켓이란?

영어에서의 에티켓(etiquette)은 예절 예법, 동업자 간의 불문율이 란 뜻이며 그 어원은 'Estipuier'(나무 말뚝에 붙인 출입 금지)라는 의미인데 이는 베르사유 궁전을 보호하기 위해 궁전 주위의 화원에 말뚝을 박아 행동이 나쁜 사람이 화원에 들어가지 못하게 표시를 붙여 놓은 것이 그 어원이다.

그 후 단순히 '화원 출입금지'라는 뜻뿐만 아니라 상대방의 '마음의 화원'을 해치지 않는다는 의미로 넓게 해석하여 '예절'이란 의미로 자리 잡게 되었는데 이것이 오늘날 널리 사용되고 있는 에티켓의 유래이다.

3) 매너란?

매너(manner)를 사전에서는 방법, 방식, 태도라고 명시되어 있고 복수로는 '예의범절'이라고 되어 있는데 매너는 사람마다 갖고 있는 독특한 습관, 몸가짐으로 해석할 수 있다. 매너는 제3자의 희망

사항이며 기본 개념은 상대방을 존중해 주는 데 있으며 이는 상대방에게 불편이나 폐를 끼치지 않고 편하게 하는 것을 뜻한다.

이렇게 에티켓(Etiquette)과 매너에 대해 의미를 가릴 때엔 에티켓은 사람들 사이의 합리적인 행동 기준을 가리킬 때 사용되고 이러한 에티켓을 바탕으로 행동으로 나타내는 것을 매너(Manner)라고 한다.

(1) 상대를 호칭하는 매너

자신보다 낮은 직급의 사람을 호칭할 때는 '김 과장', '박 부장', '오 차장', '최 선생'이라고 하면 되고 '과장님', '실장님'이라고 부르기보다 '김 과장님', '최 실장님'이라고 성과 직급을 함께 붙여서 호칭하는 것이 좋다.

그러나 문서에서 직급을 나타낼 때는 상관의 호칭에서 '님'은 빼는 것이 올바른 쓰임새로 예를 들면 '사장님의 특별지시', '부장님의 직접주문' = '사장 특별지시 사항', '부장 직접주문 항목' 등으로 나타내는 것이 좋다.

외국인을 호칭할 때는 직위가 아닌 이름을 부른다

(예 = Mr. James).

기혼여성의 경우에는 남편의 이름 앞에 Mrs.를 붙여 부른다

(예 = Mrs. James).

부하직원은 상사에게 '수고하셨습니다.' '수고하세요.' 등의 표현은 쓰지 않는 것이 바람직하다.

(2) 만남의 매너

첫 만남에서 긍정적인 모습을 줄 수 있는 요령은

- 복장을 단정히 한다.
- 진실한 말을 한다.
- 호감받는 화장을 한다.
- 마음의 문을 열어 둔다.
- 밝고 명랑한 표정과 마음을 가진다.
- 될 수 있는 한 많이 듣는다.
- 이름을 기억해서 불러 준다.
- 너무 가까이 접근하지 않는다.
- 칭찬을 한다.
- 경어를 사용한다.
- 처음의 10초에 미소 짓는다.
- 상대에 대한 믿음을 가진다.
- 분위기에 집중한다.
- 상대방과 시선을 마주친다.
- 상대방의 보디랭귀지를 잘 살펴본다.
- 적절한 언어를 구사한다.
- 상대를 존경한다는 것을 보여 주도록 한다.

(3) 인사의 매너

□ 인사의 방법

인사는 형식적이 아니라 존경심을 담고 해야 하며 인사는 많이 해야 좋은 이미지를 남기고 상대가 기억해 줄 수 있다. 인사는 상대가 나를 못 알아본다 해도 먼저 인사하는 것이 좋은 인상을 심어 줄 수 있다.

여성은 양손을 가볍게 앞으로 모으고 허리를 구부리면서 인사하고 인사 후 약 1초 정도 기다렸다가 고개를 들면서 생긋한 미소를 지을 수 있으면 더욱 호감이 가며 남성은 양손을 바지 옆선에 가볍게 붙이고 허리를 구부리면서 인사를 한다.

인사말은 몸을 구부리면서 하고 인사말이 끝났을 때 몸을 일으키며 인사의 시작은 상대의 눈을 바라보는 것이다.

□ 피해야 할 인사 방법

- 상대의 눈을 보지 않고 땅을 보고 인사한다.
- 인사하면서 아무 말도 하지 않는다.
- 인사하면서 말을 중간에 끊는다.
- 상사에게 '수고하셨어요.'라고 한다.
- 고개만 까딱하면서 인사한다.

(4) 명함 매너

명함은 원칙적으로 명함집에 넣어서 사용해야 하며 명함집에 명함을 거꾸로 넣어 두어 한 번에 꺼내어 상대에게 바로 전할 수 있도록 준비한다.

상대를 기다리게 하고 명함을 찾는 것은 매너에 어긋나며 명함은 깨끗한 상태로 여유 있게 준비하며 남성은 가슴 포켓 또는 양복 명함주머니에, 여성은 핸드백에 넣어 두며 남성이 윗주머니나 바지 뒷주머니에서 명함을 꺼내는 것은 미관상 좋지 않다.

명함을 주고받을 때는 먼저 자신의 소개를 짤막하게 한 다음 명함을 건네주는 것이 좋으며 명함은 서서 주고받는 것이 매너이다.

명함을 건넬 때는 반드시 상대방이 읽기 편하게 자기의 이름이 상대방 쪽을 향하게 한다.

지나치게 고급스러운 명함은 피하는 것이 좋고 손아랫사람이 윗사람에게 먼저 건네는 것이 예의이며 상대방으로부터 명함을 받았을 경우에는 하의 주머니에 넣지 말고 상의 안쪽 주머니에 넣는다.

명함을 건네는 위치는 상대방의 가슴 높이가 적당하다. 명함은 오른손으로 건네고 왼손 바닥으로 받는다. 받은 명함은 두 손으로 잡고 본다.

❑ 명함을 주고받을 때 유의해야 할 사항

상대방이 보는 앞에서 방금 받은 명함에 글씨를 쓰는 것은 매너에 어긋나기 때문에 반드시 메모지를 사용해야 하며 상대에게 양해를 얻고 명함에 토를 달아 두는 것은 매너에 어긋나지 않는다.

상대에게 이름이나 소개를 하지 않고 명함만 건네는 것은 자칫 거만한 인상을 줄 수 있으며 상대방의 명함을 받은 후 자기도 모르게 손장난을 하는 수가 있는데 이도 조심해야 한다.

(5) 전화 매너

❑ 전화를 걸 때의 매너

전화는 꼭 필요할 때 걸어야 하며 전화를 걸 때는 메모지와 팬을 준비하여 이야기할 내용이나 요점을 정리하여 한 번의 통화로 의사소통이 다 이루어지게 해야 한다.

전화에서는 웃음이나 감탄 등 느낌이 상대방에게 민감하게 전달되고 잘못 오해를 살 경우가 많으므로 세심한 주의가 필요하며 상대가 전화기를 끊고 난 후 한 호흡 동안 기다렸다가 전화를 끊는 것이 좋다.

비즈니스 전화일 경우에는 먼저 건 편에서 먼저 끊는 것이 에티켓이다.

□**전화를 받을 때의 매너**

전화는 두 번째 울릴 때 받는 것이 좋은데 첫 번째 울릴 때 받으면 너무 성급한 느낌을 주고 세 번 이상 울리면 상대를 너무 기다리게 하는 느낌을 줄 수 있기 때문이며 전화를 받으면 먼저 자신을 밝히고 용건을 묻는 것이 매너다.

전화를 받을 때 금전, 숫자, 시간, 고유명사는 필히 메모하고 다시 복창하여 확인을 한다. 전화통화 시에는 애매한 답변은 하지 않아야 하며 전화를 받을 때는 미소 지으며 평소보다 더욱 명랑한 목소리로 응대한다.

(6) 악수 매너

악수는 상대의 눈을 마주 보고, 가벼운 미소와 함께 허리를 곧게 펴고 손을 마주 잡으며 원칙적으로 오른손으로 해야 한다.

악수할 때 허리를 굽히거나 두 손을 잡지 않는 것이 매너이나 상대가 윗사람일 경우 상체를 조금 기울이는 것도 괜찮다.

악수는 윗사람이 아랫사람에게, 기혼자가 미혼자에게, 선배가 후배에게 청하는 것이 매너이며 여성의 경우 여성이 먼저 청하나 근래에는 남성이 먼저 내밀어도 결례는 아니며 악수할 때 남성은 장갑을 벗어야 하며 여성은 장갑을 껴도 무방하다.

악수는 어깨 높이 정도로 너무 세지 않게 쥐고 한 손으로 하며 깨끗한 손으로 해야 하며 반가움의 표시로 손바닥을 긁어서는 안 된다.

(7) 소개 매너

자신을 소개할 때는 이름을 다 밝혀야 하며 '저는 김00인데 아는 것이 아무것도 없습니다.' 등 너무 낮추는 것도 상대를 당황하게 할 수 있으며 자신을 소개하면서 간단한 인사말을 건네는 것이 좋다.

소개는 가장 낮은 지위나 연령이 어린 사람부터 하며 남성과 여성이 같이 있는 경우에는 여성부터 먼저 소개하며 지위나 나이가 비슷한 사람을 소개할 경우에는 소개하는 사람과 가까이 있는 사람부터 소개한다.

10명 이상 직위, 성별이 혼합되어 있을 경우 각자 자신에 대해 소개할 수 있는 분위기를 만들고 소개할 땐 직위와 이름과 함께 간단한 긍정적인 특징도 함께 소개하면 좋다. "이쪽은 같은 과 김00 대리인데 수영을 잘 합니다."

한 사람을 여러 사람에게 소개해야 할 경우에는 한 사람을 여럿에게 소개한 후 여러 사람을 한 사람에게 소개하며 같은 날 입사한 사원을 소개할 경우 생년월일을 기준으로 연장자부터 소개한다.

(8) 대화의 매너

대화 시 자기 이야기는 40% 정도, 들어 주는 것은 60% 정도가 적당한데 대화는 분명한 발음으로 너무 빠르지 않게 한다.

- 시선을 상대방에게 주어 산만하지 않게 배려한다.
- 침을 튀기거나 같은 말을 반복하거나 속삭이지 않는다.
- 다른 사람 앞에서 귓속말을 주고받지 않는다.
- 껌이나 음식을 씹으면서 이야기하지 않는다.
- 대화는 50~60센티 정도 거리를 두고 마주 보며 대화한다.
- 윗사람과 대화 시 뚫어지게 쳐다보는 것은 매너에 어긋난다.
- 적당한 유머와 공통의 화제로 대화한다.
- 혼자 아는 척하지 않는다.
- 남의 비밀 이야기나 사적인 질문은 화제로 삼지 않는다.
- 남의 말을 끊고 자기 이야기를 하지 않는다.
- 외국말이나 어려운 전문 용어는 대화에서 삼간다.
- 지나친 농담 특히 상대의 신체적인 불쾌감을 주는 대화는 삼간다.
- 상대의 이야기에 호응하는 대꾸를 해 준다.

(9) 테이블 매너

- 가급적 식기에서 소리가 나지 않게 식사한다.
- 긴장하지 않고 즐겁게 식사한다.
- 올바른 자세, 즉 테이블에 몸을 가까이 붙이고, 허리를 펴고 앉는다.
- 이야기하면서 식사한다.
- 입 안에 음식을 담고 이야기하지 않는다.
- 식기는 옮기지 않는다.
- 자기의 포크로 남 접시의 요리를 가져다 먹지 않는다.

- 부득이한 경우 외에는 테이블 수건으로 닦지 않는다.
- 빵으로 접시의 소스를 닦아서 먹거나 커피에 적셔서 먹는 것은 매너에 어긋나니 주의한다.
- 빵은 나이프와 포크를 이용하지 않고 손으로 한 입 크기로 떼어 내어 먹는다.
- 저녁식사에 빵은 잼을 사용하지 않는다.
- 빵 접시는 좌측의 것이 본인의 것이고 물 잔은 우측의 것이 본인의 것이다.
- 레스토랑은 반드시 사전에 예약을 한다.
- 예약에 변경사항이 생길 시엔 반드시 레스토랑에 미리 연락을 해 둔다.
- 고급 레스토랑에는 정장을 해야 한다.
- 핸드백 외의 코트나 큰 가방 등은 프런트에 맡기고 들어간다.
- 레스토랑에서는 반드시 종업원의 안내를 기다린다.

테이블로 갈 때에는 종업원, 여성, 남성의 순서로 간다.

안내받은 자리가 마음에 들지 않을 경우에는 종업원에게 희망을 표시하여 다시 안내를 받는다.

여성의 자리는 남성의 오른편이며 안내원이 없을 경우에는 남성이 여성의 왼쪽에서 자기의 오른쪽에 여성이 앉을 수 있도록 의자를 뒤로 약간 빼서 착석을 도와준다.

- 테이블에 팔꿈치를 세우거나 턱을 괴지 않는다.
- 머리가 음식 쪽으로 가지 않게 주의한다.
- 나이프나 포크 사용 시 양 팔꿈치는 몸 쪽에 붙인다.

- 식사 시 의자의 위치를 바꾸지 않는다.
- 테이블 위에 핸드백이나 신문을 올려 두지 않는다.
- 냅킨은 전원이 다 앉은 후 안정된 상태가 되면 조용하고 자연스럽게 펴서 접어진 쪽을 자기 앞으로 놓는다.
- 테이블에서는 옆 좌석 사람과 먼저 인사를 나눈 후 앞좌석 사람과 인사를 한다.
- 메뉴는 천천히 본다.
- 메뉴판을 손가락으로 짚어서 주문하지 않는다.
- 메뉴에서 제일 비싼 요리나 제일 싼 요리는 피하고 중간 정도의 요리를 주문한다.
- 주문은 여성과 초대 손님이 먼저 주문한다.
- 남성을 동반한 여성은 직접 종업원에게 주문하지 않고 남성에게 주문하고 남성이 종업원에게 주문하는 것이 매너.
- 식사 중 담배를 피우지 않는다.
- 바닥에 나이프나 포크가 떨어지면 종업원을 불러서 처리한다.
- 종업원은 소리 내지 않고 손만을 들어 부른다.
- 식사 중 전화는 금기이나 특별한 경우에는 '실례하겠습니다.'라고 양해를 구하고 자리에서 일어선다.
- 멀리 있는 양념병은 가까이 있는 사람에게 부탁하여 사용한다. 절대 엉거주춤 일어서서 팔을 뻗지 않는다.
- 식사 중 머리를 만지거나 귀나 코를 만지지 않는다.
- 식사 중 사용하지 않는 손은 무릎 위에 놓아둔다.
- 테이블에서는 다리를 꼬아 앉지 않는다.
- 음식을 뒤적거리거나, 냄새를 맡거나, 허리띠를 풀지 않는다.

• 핑거볼은 한 손씩 가볍게 씻고 나머지 손으로 냅킨을 준비한다.

(10) 뷔페(buffet)식사 매너

• 음식은 적당량 보기 좋게 담는다.

• 음식은 정찬의 순서대로 나누어 담아 먹는다.

• 미각을 돋우는 찬 음식 – 스프와 빵 – 샐러드 – 뜨거운 메인음
  식 – 디저트류 – 차 등의 풀코스 순서대로 조금씩 나누어 담아
  먹는다.

• 아무리 좋아하는 음식이라도 집중적으로 그것만 먹지 않는다.

• 뷔페에서는 테이블을 중심으로 왼쪽 방향으로 돌면서 담는다.

• 생선과 육류는 같은 접시에 담지 않는다.

• 음식을 먹으면서 다니거나 먹고 남기는 행동은 매너에 어긋난다.

• 여성이 음식을 담으러 갈 때에는 남성이 에스코트하여 접시에
  옮겨 담는 것을 도와주며 요리 선택에 세심한 신경을 써 준다.

• 음료를 가지러 가는 것은 남성의 역할이며 같이 식사하는 사
  람들과의 보조를 맞춘다.

(11) 호텔 매너

• 객실은 벨맨의 안내를 받고 1불 정도의 팁을 준다.

• 호텔 포터(porter)가 가방을 가지고 오면 개당 1불의 팁을 준다.

• 객실 내의 미니바를 사용하였을 때는 비치된 계산서를 표시하
  고 체크아웃 시 계산한다.

• 객실은 매일 청소를 하므로 매일 한 사람당 1불 정도의 팁을
  침대 사이드 테이블에 두고 외출한다.

- 청소를 원하지 않을 때는 'Do not disturb'라고 적힌 카드를 문고리에 걸어 두도록 한다.
- 객실 내에 비치된 물품을 기념으로 가지고 나오지 않는다.
- 객실 내에 비치된 슬리퍼는 객실용이므로 그것을 신고 로비나 레스토랑에 나타나지 않는다.
- 호텔 복도에 나갈 때는 외출용 옷을 입고 나간다.
- 호텔 복도를 지날 때는 조용한 목소리로 이야기해야 한다.
- 객실 내에서 고추장, 김치, 라면 등의 냄새를 풍겨 다른 고객에게 불쾌감을 주는 일을 자제해야 한다.
- 객실 문을 열어 두고 바닥에서 고스톱 등을 치는 것을 삼간다.
- 호텔욕실의 바닥에는 하수구가 없는 경우가 많으므로 샤워는 욕조 안에서 샤워커튼을 안쪽으로 단단히 치고 바깥으로 물이 나가지 않게 조심하면서 한다.
- 객실을 두 사람이 쓸 경우엔 먼저 쓴 사람이 욕조나 세면대의 물기를 닦아 놓고 나오는 것이 매너다.
- 다른 사람의 객실을 방문하고자 할 때는 꼭 미리 전화로 통보하고 방문한다. 상대방이 방 번호를 알려 주지 않는 한 객실 번호를 묻지 않는다.
- 이성의 방문을 호텔에서 받게 될 때에는 될 수 있는 한 로비에서 만나도록 한다.
- 이성의 방문을 객실에서 받을 경우에는 객실문을 약간 열어 두는 것이 매너다.
- 두 사람이 객실을 사용할 때에는 가급적 객실로 손님을 초대하지 않는다.

• 외국의 호텔일 경우 로비나 엘리베이터 등에서 다른 투숙객이
나 호텔 종업원들과 마주쳤을 때는 '굿모닝' 정도의 인사를
웃으며 나눈다.

(12) 비행기에서의 매너

기내에서는 신발을 벗지 않는 것이 매너이며 장거리 비행 시엔
기내용 덧버선을 신기도 하나 복도를 다닐 때는 꼭 구두를 신도록
한다.

• 기내 의자에 발을 올려 두는 것은 매너에 어긋난다.
• 이륙·착륙 시와 식사시간에는 의자의 등받침을 똑바로 한다.
• 의자를 뒤로 젖힐 때도 뒷좌석의 고객이 놀라거나 음식을 쏟
지 않도록 천천히 젖혀 배려한다.
• 창가 쪽 자리에 앉을 때는 너무 자주 자리를 떠서 옆 사람에
게 불편을 주지 않는다.
• 기내에서 취침 후 화장실을 갈 때엔 미리 머리와 옷매무새를
확인하고 통로를 통과하여 흐트러진 모습에 유의한다.
• 기내 화장실은 남·여 공용이므로 화장실의 사용 여부를 바깥
에서 볼 수 있게 표시가 되어 있다(사용 중 Occupied, 비어 있
을 때 Vacant).
• 기내 화장실 사용 시엔 노크하지 않고 표시등을 보고 이용하
는 것이 매너다.
• 기내 화장실 사용은 반드시 문고리를 잠가 사용 중임을 표시
해야 한다.
• 기내 화장실의 종이타월은 별도의 쓰레기 함(Towel disposal)에

버린다.

- 기내 화장실은 사용 후 반드시 종이타월로 세면대의 물기를 깨끗이 닦아 놓고 나오는 것이 기본 매너다.
- 승무원을 부를 때는 옷을 잡거나 몸을 손으로 찌르지 말고 승무원 호출버튼을 누르거나 가볍게 손을 들어 부른다.
- 승무원의 서비스에는 반드시 간단한 감사의 표시로 응대한다.
- 기내 식사 후엔 주변을 깨끗이 정리하고 냅킨으로 살짝 덮어 놓고 치워 주길 기다린다.
- 비행기가 도착하여 승무원의 안내방송이 있기 전까진 미리 일어나 짐을 꺼내거나 통로에 서 있는 것은 위험하기도 할 뿐만 아니라 기내 매너에도 어긋난다.
- 기내에서는 오징어 등 냄새가 심한 음식물을 먹지 않도록 한다.

(13) 승용차 매너

승용차에도 상석이 있는데 택시와 같이 운전사가 있는 차에서는 운전사와 대각선의 뒷좌석이 1등, 그 옆이 2등, 운전석 옆자리가 그다음이며 4명이 탈 경우에는 뒷좌석 가운데가 말석이다.

- 자가용의 차주가 직접 운전할 때에는 운전자의 오른쪽 좌석에 나란히 앉아 주는 것이 매너이며 운전자의 부인이 탈 경우는 운전석 옆자리가 부인석이 된다.
- 지프류의 차일 경우(문이 두 개)에는 운전석의 옆자리가 상석이며 버스에서는 운전기사의 뒤쪽 창문자리가 상석이다.
- 승용차에서는 윗사람이 먼저 타고 아랫사람이 나중에 타며 아랫사람은 윗사람의 승차를 도와준 후 반대편 문을 이용하여

타고, 내릴 때는 아랫사람이 먼저 내린 후 윗사람의 하차를
도와줄 수 있도록 한다.

• 상석의 위치에 상관없이 여성이 스커트를 입고 있을 경우엔
  뒷좌석 가운데 앉지 않도록 배려해 주는 것이 매너다.

(14) 엘리베이터 매너

엘리베이터 안내원이 있을 경우는 탈 때나 내릴 때 손님이나 윗
사람이 먼저 타고 내린다. 안내원이 없을 경우는 손으로 문을 누
르고 윗사람을 먼저 태우고 내릴 때는 버튼을 누른 채 윗사람을
먼저 내리게 한다.

윗사람이 2명 이상일 경우 아랫사람이 먼저 탄 후 문이 닫히지
않도록 열림 단추를 눌러 안전하게 탈 수 있도록 배려하고 내릴
때도 열림 단추를 눌러 모두 내리게 한 후 마지막으로 내린다.

엘리베이터의 상석은 조작 단추의 대각선 안쪽이며 엘리베이터
에서는 윗사람의 앞을 가리지 않도록 비스듬히 서도록 배려한다.

여러 명이 탔을 경우엔 조작 단추 가까이 있는 사람이 열림단추
를 눌러 모두 내리게 한 후 마지막으로 내리며 항상 여성이 먼저
타고 내릴 수 있도록 배려한다.

(15) 방문 매너

사무실을 방문할 때는 바쁜 시간은 피해서 미리 시간약속을 하
며 방문 시간은 오후 3~5시가 적당하고 사무실 방문 시 미리 초
대되지 않은 사람과 동행하는 것은 매너에 어긋난다.

방문 시간에서 다소 여유 있게 도착하여 미리 화장실에서 용모

와 복장을 점검한 후 사무실에 들어가서 미리 방문처 방문자의 이름을 알리고 본인의 명함을 내놓고 응접실에 안내를 받으면 출입구에서 가까운 말석에 앉아 기다린다.

가방이나 코트는 책상 위에 두지 않고 가방은 바닥에, 코트는 무릎에 놓고 기다리다가 상대방이 들어오면 곧 일어서고 상대가 상석을 권하면 '감사합니다.' 하며 옮겨 앉는다.

차나 음료를 가지고 오면 감사의 표시를 하고 상대가 권하면 마시며 면담 중에는 방문자나 손님을 맞이하는 측 모두 시계를 보지 않는 것이 매너다.

사무실은 업무 공간이므로 너무 오래 머무르지 않고 요즘 대부분의 사무실은 금연 공간이므로 사무실에서는 담배를 삼간다.

사무실에서는 사적인 대화나 사생활과 관련된 질문은 하지 않는 것이 매너이며 방문의 목적이 달성되지 않아도 표정을 바꾸지 않고 정중히 인사한 후 사무실을 나온다.

(16) 음주 매너

윗사람이 술을 권할 때는 잔은 두 손으로 받고 술을 마시지 않을 경우라도 윗사람이 권할 경우엔 잔을 받아 형식적으로라도 입에 가져가는 것이 매너이며 술잔은 윗사람이 돌린다.

□**칵테일 매너**

• 칵테일 잔은 반드시 다리 아랫부분을 잡고 천천히 조금씩 마신다.

• 칵테일 잔은 항상 자신의 오른편에 놓는다.

- 칵테일을 마실 때 소리 내지 않는다.
- 칵테일에 들어 있는 올리브나 체리 등은 칵테일을 반쯤 마신 후 먹는다. 올리브의 씨는 칵테일 잔 안에 넣지 않고 따로 종이에 싼다.
- 여성일지라도 분위기에 따라 가벼운 칵테일을 같이 즐긴다.
- 칵테일을 재청할 경우엔 먼저의 것과 같은 것을 청한다.
- 칵테일 밑을 깔고 있는 종이 냅킨으로 입술을 닦지 않는다.

❑ **Wine 매너**

wine glass는 다리를 잡고 마시며 red wine은 상온에서, dry white wine은 10도 정도, sweet white wine은 5도 정도 차게 해서 마신다.

와인을 따를 때는 잔을 들어 올리지 않으며 와인을 마시지 않겠다고 테이블의 와인 잔을 엎어 버리는 것은 매너에 어긋나는 행동이다. 더 이상 와인을 마시고 싶지 않을 때엔 종업원이 따르려 할 때 가볍게 그라스를 손으로 가리는 것이 거절의 사인이 된다.

예외의 경우도 있지만 붉은색이 나는 고기요리에는 red wine, 크림소스를 사용하는 생선요리에는 white wine이 어울린다.

(17) 국가별 독특한 매너

- 오스트리아는 악수할 때 손을 굳게 잡는데 나치문양을 싫어하므로 유사표시는 삼가야 한다.
- 이탈리아는 제스처를 많이 쓰며 활동적으로 남자끼리 만나서 포옹도 하고 어깨도 두드린다. 또 턱밑을 쓰다듬으면 자신에게 관심이 없는 표시로 사용된다.

- 리비아에서는 어린이의 머리를 쓰다듬는 것은 피하는 것이 좋다.
- 이란에서는 반라 여성의 달력이나 그림의 반입이 금지되어 있다.
- 영국에서 식사나 관광할 때엔 예의 바른 태도와 복장에 신경을 쓴다.
- 이스라엘에서 사람과 헤어질 때에는 '샬롬'이라고 인사한다.
- 그리스에서는 고개를 상하로 끄덕이는 것이 'no'의 표시다.
- 이슬람교도가 많은 중동에서는 돼지고기류를 먹지 않는다.
- 대만에서는 제3자에게 눈을 깜박이는 것을 삼가야 한다.
- 호주에서는 여성이 윙크하는 것을 무례한 행동으로 보며 또 엄지손가락을 세워서 상대방에게 표시를 하면 'No'의 뜻이다.

(18) 문병과 장례식 매너

□ 문병의 매너

지인이나 친지가 병이 난 사실을 알면 되도록 빠른 시일에 문병을 가는 것이 매너이며 문병은 5~6분 정도 병원에서 정한 면회 시간을 이용하고 환자가 중병일 때는 꼭 본인을 만나기보다 가족을 통해 쾌유를 바란다는 뜻을 전하는 것이 좋다.

환자가 자택에 있을 경우 꽃을 가지고 가도 무방하나 병원에는 꽃을 피하며 서양에서는 문병을 받으면 완쾌 후 문안 왔던 사람에게 전화나 방문으로 감사 표시를 하는 것이 매너다.

□ 장례식의 매너

고인이나 그 가족들과 특별한 사이였다면 자택이나 장례 회관에 가서 문상을 드리고 직접 조의를 표하며 아주 가까운 사이가 아니라면 장례식에만 참석하여도 된다.

외국인의 장례식에 참석하였을 때에는 존칭을 붙인 서명을 하고 유족에게 'I'm so sorry'나 'Please accept our sympathy'라고 말한다.

장례식에 참석할 때 복장은, 남성은 검은색 정장에 검정 넥타이, 여성은 어두운 빛의 정장을 입으며 검정색이라도 롱드레스나 보석 장신구는 하지 않는다.

(19) 선물 매너

방문 시 선물은 들어가면서 인사를 한 후 '마음에 드실 거 같아서 가져왔습니다.' 정도의 말과 함께 선물을 자연스럽게 내어 놓으며 선물을 받는 쪽에서는 성의에 감사하고 그 자리에서 '열어 봐도 될까요?'라고 말한 다음 선물 상자를 풀어 보고, 적당히 좋아하는 표시를 하는 것이 매너다.

선물은 방문의 분위기를 좋게 할 수 있으므로 간단한 것을 준비하며 선물은 작은 것이라도 반드시 포장을 해야 하며 싼 물건을 포장만 잘 해서 선물하지 않는 것이 매너다.

(20) 운전 매너

여성과 어른을 모실 경우 타고 내릴 때 반드시 문을 열어 편히 탈 수 있도록 배려하며 평소보다 30% 저속 운행하여 편안하게 모신다.

여성은 몸부터 타고 다리부터 내리며 안전벨트를 매고 동승자도 맬 수 있도록 배려하고 운전을 할 때 라디오나 음악은 동승자의 의견을 반드시 물어 보고 동작시킨다.

차량 안에서 전화를 받을 때는 반드시 양해를 구하며 동승자가 전화를 받거나 질문을 할 때는 라디오 볼륨을 줄여 주고 경적은 위급한 상황에서만 사용한다.

4) 배려하는 언어를 사용하자

첫째, 고운 말의 싹을 틔우자

인디언들에게 '말'은 생명의 숨결이자 자신의 영적 상태를 보여 주는 상징이다. 그들에게 언어는 단순히 '뱉어 내는' 의사소통의 도구가 아닌 것이다. 인디언 연구가 서정록 씨는 "태초에 신이 인간에게 준 생명이 언어라고 믿는 인디언들은 감히 말로 남을 해코지하거나 모욕하는 것을 상상하지 못한다. 결국 자신이 오염된다고 믿기 때문"이라고 말한다.

2008년 오늘, 대한민국의 말 풍경은 어떠한가. 영적 통찰로서의 언어는 고사하고 비난과 야유, 즉흥적 배설을 위한 상스러운 말들이 무성하다. "막 가자는 거지요."(노무현 전 대통령 취임 초) 등 정치인들로부터 시작된 '품격 없는 언어의 배설'은 인터넷과 TV를 통해 전 방위적으로 확산됐다. 방송은 '막말'을 그대로 내보내거나, 자막처리를 하면서 시청자를 더 안달 나게 하는 방식으로 '막말 마케팅'에 한창이다. "× 새끼" 같은 말이 방송으로 나가기도 하고, "성질 더러운 인간", "너 죽을래", "(상대방을 향해) 쓰레기", "싸가지 없는 ××" 같은 말들은 심지어 '자막'을 타고 시청자들 뇌리에 각인된다. 황상민 연세대 교수는 "시청률에 혈안이 된 방송사들이 사적인 막말을 습관적으로 사용하면서 규범적이고 정상적인 언어 체계에 대한 대중의 잣대 자체가 허물어지고 있다.”고 우려했다. 욕설과 비속어가 난무하는 ‘난장판 국회’도 화면을 타고 그대로 시청자들에게 전달되면서 옳고 그른 말에 대한 대중의 불감증을 초래했다.

김진배 유머경영연구원장은 “품격 있는 사회란 폭력이나 상소리 대신 웃음과 유머, 부정과 비난보다는 긍정과 칭찬이 있는 사회”라며 “원색적 비난보단 유머감각 뛰어난 사람이 성공하고, 그런 국민이 많은 나라가 경쟁력을 갖춘다.”고 말한다.

다행히 언어의 격, 소통의 격을 높이려는 노력들이 우리 사회 곳곳에서 시도되고 있다. ‘당신은 지금 나의 하늘을 밟고 계십니다.’ 서울 이촌동 강촌아파트 게시판에 적혀 있는 글귀다. ‘실내 소음을 자제하자’는 내용의 게시물 맨 윗줄에 김승희의 ‘윗층사람’이란 시(詩)에 나오는 한 구절을 인용해 제목으로 뽑은 것이다. 아파트 주민 김미라(33) 씨는 “쿵쾅거리지 말라고 직접 말하는 것보다 훨씬 호소력이 크고 기분이 좋다.”고 말했다.

둘째, 토론 교육을 하자

깊이 읽고, 생각하고, 말하게 하는 훈련으로 상대방을 포용하고 설득하는 것을 익힐 수 있는 방법으로는 토론이 가장 효과적이다.

미국, 캐나다, 뉴질랜드 등지의 대부분 초·중·고등학교에는 '토론대회'가 있다. 고교 과정에는 아예 '커뮤니케이션'이란 과목이 있다. 지난달 25일, 캐나다 밴쿠버에서 30분 정도 떨어진 거리의 한 사립중학교 8학년 교실, 과학시간에 '창조론'과 '진화론'을 놓고 토론이 벌어졌다. 그룹별로 자료 조사를 끝낸 학생들은 발제와 반론, 재반론의 '시소논전'을 벌였다. 교사는 아이들의 발표내용, 반론과 경청 태도를 한 발짝 물러서서 평가할 뿐이다. 그룹 활동의 효과성도 평가 대상이다. 한 명의 뛰어난 학생이 준비한 훌륭한 내용보다 그룹원이 공동으로 참여한 것에 더 높은 점수를 준다. 소극적 그룹원을 끌어들이는 것도 이들이 연습하는 리더십 요소다. "토론 목적은 정신적 성숙이니까요." 이 학교 교장의 말이다.

민주주의는 말과 글의 능력을 바탕으로 한다. 얼마나 합리적인 토론을 이끌어 낼 수 있느냐가 그 사회 민주주의 수준을 결정한다. 상대를 코너로 몰아가 백기를 들게 만드는 것보다는 자신의 견해를 상대가 받아들이도록 배려하고 설득하는 훈련을 하는 아이들, 이들이 자라 협력하고 공생하는 사회를 일궈 갈 것은 틀림없는 일이다.

셋째, 리더의 말이 중요하다

윈스턴 처칠 영국 총리가 30분 늦게 의회에 참석했다. 정적(政敵)들이 '게으른 사람'이라고 비난했다. 처칠은 머리를 긁적이며 "예쁜 부인을 데리고 살면 일찍 일어날 수가 없습니다. 다음부터는 회의가 있는 전날 각방을 쓰겠습니다."라고 답해 의회를 웃음바다로 만들었다. 영국 국민은 처칠의 익살과 유머를 사랑했고, 처칠은 영국민의 익살과 유머 수준을 높였다.

미국에서 가장 영향력 있는 여성 오프라 윈프리가 국민들의 사랑을 받는 이유는, 유창한 언변이 아닌 '가슴으로 안아 주는' 대화를 시도하기 때문이다. 토크쇼에서 성폭행 피해자와 이야기를 나누던 중 자신의 어릴 적 성폭행 경험을 고백하며 피해자를 포용해 미 전역의 시청자들을 울린 일화는 유명하다. 윈프리의 토크쇼 테이프는 수백만 장씩 팔려 나간다.

말을 잘하는 것보다 다양한 생각을 인정하는 포용력과 사람의 마음을 얻는 소통의 기술이 중요한 시대다. 실제로 역사의 한 페이지를 장식한 위대한 리더들의 말은 분열 대신 단합, 좌절 대신 도전하는 용기를 줌으로써 희망이 되고 비전이 됐다.

리더의 말은 국민의 말을 이끄는 마차다. 그동안 우리 역사 속 많은 지도자들은 일방 커뮤니케이션으로 국민을 이끌어 왔다. 산업화 시대엔 리더의 말 한 마디에 이견을 낼 사이 없이 일사불란했다. 거꾸로 지도자의 '막말' 한마디가 나라의 언격(言格)을 떨어뜨리기도 했다.

커뮤니케이션 전문가들은 "배려하는 말하기, 경청 훈련은 어릴 때부터 이뤄져야 한다."고 입을 모은다. 특히 유머 감각은 부모의 창의력과 긍정적인 사고방식에서 지대한 영향을 받는다. 말썽꾸러기에 학교 공부는 꼴찌였던 에디슨을 역사에 기록될 발명왕으로 만든 사람은 "톰, 네가 너무 우수해서 학교 공부가 널 따라오지 못하는구나." 하며 격려했던 그의 어머니였다.

5) 웃고 사는 법

우리가 사람을 쳐다볼 때 가장 먼저 눈을 쳐다보게 된다. 단지 쳐다보는 모습이 많이 쳐다보는가, 적게 쳐다보는가, 바로 쳐다보는가, 곁눈질로 쳐다보는가에 따라 다를 뿐이다.

과연 우리는 어떤 모습으로 사람을 쳐다보는가?

중요한 것은, 처음 눈을 쳐다볼 때 첫인상이 머릿속에 각인이 되어 오래도록 가슴에 남게 된다.

눈의 모습을 본 후, 행동에 따라 다음의 어떤 모습으로 대할까, 어떤 행동을 취할까를 결정하게 된다.

그렇다면 우리는 어떻게 해야 좋은 이미지를 보일 수 있을까?

바로 눈이 먼저 웃을 수 있도록 노력하라.

어떻게 하면 눈이 먼저 웃을 수 있을까?

① 상대방에게 호기심이 가득해야 한다.

② 상대방을 존경하는 듯한 모습으로 대하라.

③ 긍정적인 마음을 가지고 쳐다보라.

이러한 마음자세가 되어 있으면 자연스레 눈이 먼저 웃게 될 것이다.

바로 눈이 먼저 웃는 순간! 우리의 만남은 부드러우면서도 편안한 관계가 될 것이다.

① 거울을 접할 때마다 수시로 미소 지어라. 미소 짓기도 연습이다.

② 나만의 웃음노트를 만들어라. 신문, 잡지 가리지 말고 우울할 때 한 번씩 들춰 보면 기분전환이 된다.

③ 웃을 시간을 정해 두자. 하루의 피곤함에 웃을 일이 없어도 억지로 웃으면서 웃음을 습관화하자.

④ 우울한 뉴스는 NO. 이는 피어나는 웃음을 해치는 적이다.

⑤ 웃음에 시와 때를 가리지 말자. 식사 때, 처음 만난 사람과 눈을 마주쳤을 때도, 심지어 화장실에서 볼일을 볼 때도 웃자.

⑥ 저절로 미소 짓게 만드는 나만의 사진을 눈에 잘 띄는 곳에 둔다. 가족사진이나 재미있었던 사진도 좋다.

⑦ 인기 코미디 프로그램의 한 부분을 따라 해 보거나 개그맨을 흉내 내 본다. 나뿐만 아니라 주변사람들에게도 웃음을 줄 수 있다.

⑧ 과거에 있었던 일, 미래에 일어날 일 등 수시로 즐거운 생각을 떠올리며 웃는다.

❑ 웃는 일을 습관화하는 것이 성공의 가장 빠르고 확실한 비결이다

누군가를 만나고 나면 상큼한 인상을 남기는 사람이 있는데 우리가 그런 주인공이 될 수 있다면 얼마나 멋진 일인가, 상대방에게 멋진 호감을 줄 수 있는 방법은 아래와 같다.

① **"주말에는 주로 뭐하세요?"**

사람들과 친해지고 싶은가?

그렇다면 상대를 비롯해 그의 가족에 관해 관심이 담긴 말을 해야 한다.

이와 같이 누군가에게 보여 주는 외향적인 관심을 일컬어 우리는 스몰토크(small talk)라고 한다. 세상에 빅토크(Big Talk)가 마치 존재했던 것마냥, 이 단어는 어디서 유래한 것인지 궁금하다. 여하튼 당신은 동료와 그들의 가족에 대해 물어야 한다.

"최근 참석했던 한 세미나에서…… 나는 내 파트너에게 '토요일에는 주로 뭐 하세요?'라고 물었다. 그는 세세하게 답을 했고 나는 그의 일들, 이를테면 아들의 축구경기, 시어스에 공구 사러 가기, 세탁물 찾기나 장 보러 가기 등과 같은 집안 일 그리고 야구경기 관람 등과 같은 일에 관심을 표현했다. 가령 나는 그가 공구에 어떻게 관심을 갖게 되었는지…… 조언을 구했다. 그는 주위의 누군가가 아주 세세하게 관심을 표명한 것에 대해 아주 기뻐했고, 나는 그를 구워삶았다는 것을 알았다."

② 나는 당신의 조언이 필요합니다
사람들은 모두 남에게 필요한 존재로 여겨지기를 원한다.
심지어 내성적인 사람도 그런 느낌을 좋아한다. 그리고 사람들에게는 나름의 의견이 있다. 어떤 주제에 대해서든, 특히 당신이 정통해 있다고 생각하는 주제에 대해 동료들의 의견이나 조언을 물어야 한다.
좋은 아이디어를 가진 사람으로 여겨지는 것만큼 기분 좋은 일도 없다.
물론 좋은 의견이라고는 거의 없는 사람으로 취급받는 것만큼 모욕적인 일도 없다. 나는 특히 내 고객들에게 그들의 전문 분야에 대한 조언을 구한다.
"프리미엄 휘발유를 넣어야 할까요? 뭐가 다르죠?"
"노트북 맘에 드세요? 저도 하나 살까요?"
나는 늘 내 자신에게 이렇게 말한다.
"타고난 재능을 활용하라. 그리고 네 고객들에게서 배워라!"
게다가 그것은 호감 있게 보이는 데도 아주 좋은 방법이 된다.

③ 자신의 결점을 이야기하라

작은 약점을 뜻하는 '결점'은 굉장한 말이다.

내가 내 결점을 다른 사람들에게 말하면 이들도 자신의 결점에 관해 털어놓기 때문이다. 때로 결점은 우리가 서로 친해지는 데 도움을 주기도 한다.

내가 약점을 드러내자 많은 사람이 놀라워했지만 그 덕분에 그들은 내게 마음을 열게 되었다. 내 약점이 부적합한 것일수록, 나는 사람들과 훨씬 더 친해질 수 있다.

내가 결점을 이야기했던 사람들은 대부분 "자신에게 그렇게 깐깐하게 굴지 마세요. 당신이 생각하는 것보다 당신은 훨씬 더 나은 사람이에요."라고 말했다. 이를 통해 사람들로부터 더 많은 호감을 샀으며, 당신도 마찬가지일 것으로 믿는다.

④ 매력적인 대인관계기술, 이야기 걸기

이야기하기는 아주 매력적인 대인관계 기술이다.

이야기를 통해 남과 친해질 수 있는 수많은 길을 열 수 있기 때문이다.

이야기를 듣는 사람에게는 '나를 친할 만한 가치가 있는 사람으로 보는 게 틀림없어. 어쨌든 기분 좋군, 맘에 들어.'와 같은 기분이 들게 마련이다.

⑤ 조금 더 자세히 알아 두기

사람들은 자신이 관심을 가지는 주제에 관해 당신과 이야기 나누기를 좋아한다. 모든 주제에 대해 조금만 더 알아 두려고 노력하는 것이다. 대개 아주 피상적인 수준으로 알고 있는 게 전부지만 그래도 꾸준히 노력한다.

나는 소설, 비소설 가리지 않고 읽지만, 특히 본 섹션의 요지처럼 다양한 주제를 조금 더 알아 두기 위해 업계신문, 주말 연예보도지, 파이낸셜 신문, 취미 웹사이트 등도 즐겨 본다.

⑥ '비위 맞추기'를 활용하라

우선 상대방에게 '칭찬'을 말해 놓고, 그다음 느껴 보라.

자료 출처: 알렌 N. 와이어/소통기술

6) 사람들은 이렇게 대접받기를 원한다

(1) 존중해 달라

존중을 표현하는 가장 좋은 방법은 상대방의 말을 귀담아 들으려는 의지, 즉 공감적 경청에서 시작된다. 리더가 자신을 존중하는지 아닌지 부하들은 직감적으로 알아챈다. 리더의 행동 하나하나에 존중 또는 멸시의 신호가 담겨 있기 때문이다. 부하들과 시선을 맞추고, 그들의 말을 귀담아 듣고, 인사를 할 때 웃으며 손을 내밀고, 모욕적인 용어나 행동을 삼가는 것 등, 리더의 이런 작은 행동에서 부하들은 존중받고 있다는 느낌을 받는다.

(2) 공정하게 대해 달라

다른 사람의 신발을 신고 하루 종일 돌아다닌 적이 있는가? 이렇게 입장을 바꿔 보면 그동안 생각지 못한 많은 것들을 떠올리게 된다. 그래서 최근의 정책이나 의사결정이 과연 옳은지에 대해서도 새로운 각도에서 이해할 수 있다. 관리자들 중에는 비록 자신의 이익과 맞지 않더라도 직원들의 입장에서 볼 때 옳은 일이고 공정하기 때문에 그 방향을 선택하는 사람들이 있다. 이처럼 '다른 사람의 입장'을 고려한 결정은 그 자체로서도 의미가 있고 그 사람들로부터 신뢰를 이끌어 내는 지름길이기도 하다.

(3) 정직하게 대해 달라

정직한 리더는 빠르게 직업인생을 개척하지만 '위선자의 꼬리표'는 중요한 순간마다 발목을 잡아당긴다. 부하들은 함께 나누기를 원한다. 그런 부하들에게 거짓말은 참을 수 없는 모욕이다. 거짓말은 인간관계를 더 이상 회복하기 어려운 수준으로 망가트린다. 신뢰를 형성하는 기간은 사람마다 조금씩 다르다. 그러나 한번 신뢰가 무너지면 인간관계 전체가 순식간에 절단 나고 만다. 정직도 황금률의 일부이다. 누구나 자신을 솔직하게 대하는 사람에게 마음을 열고 다가서기 마련이다.

(4) 다양성을 인정해 달라

서로 다른 환경에서 성장한 다양한 부하들을 관리해야 하는 리더는 '입장 바꿔 생각하기'를 통해 그들의 사고방식부터 정확히 파악해야 한다. 문화적 뉘앙스와 행동양식을 이해하지 못하고서는 부하들을 효과적으로 관리할 수 없다. 그렇다면 다양한 환경에서 성장한 부하들의 다양한 사고방식을 이해하기 위해 리더는 무엇을 해야 할까? 마음의 문을 열고 공감대를 이루는 데서 시작해야 한다.

자료 출처: 스티븐 E. 콘 & 빈센트 D. 오코넬 / 함께 일하고 싶은 팀장

❏미인대칭 비비불

미소는 마법입니다, 미소 지으면 행복해요

인사는 내가 먼저하고 내가 먼저 손 내밀어 악수하면 더욱 친해

지고

대화로 모든 문제를 풀어 가면 모두가 즐거워요

칭찬함으로써 상대의 기를 북돋아 주고

비난하기보다 이해를 하고

비방하기보다 제안을 합시다

불평, 불만하기보다 다 같이 지혜를 모읍시다

그렇게 미인대칭 비비불하여 모두 같이 성공합시다

7) 고전에서 배우는 성공의 마음관리

우리는 우리의 보석 같은 고전을 너무 등한시하는 것 같은데 최
소한 사장이 되려면 자신의 철학이 있어야 한다. 사업을 하면서
좌우명이 될 만한 글을 명심보감에서 가려 뽑아 제공하니 사장님
들이 이를 본받아 실천한다면 훌륭한 리더나 사장이 될 수 있을
것으로 생각한다.

① 남을 배반해서는 안 된다.

　　心不負人이면 面無慙色이니라

② 제가 싫은 일은 남에게도 하지 마라.

　　性理書에 云 接物之要는 己所不要을 勿施於人하고 行有不

　　得이어든 反求諸己니라.

③ 남의 권한을 침범하지 마라.

子曰 不在基位하여는 不謨基政이니라.

④ 남의 처지를 먼저 이해하라.

凡使奴僕에 先念飢寒이니라.

⑤ 내가 남에게 잘 해야 남도 나에게 잘 한다.

莊子曰 於我善者도 我亦善之하고 於我惡者도 我亦善之니라.

我旣於人에 無惡이면 人能於娥에 無惡哉인저.

⑥ 남을 먼저 존중하라.

若要人重我인댄 無過我重人이니라.

⑦ 사람을 의심하지 마라.

疑人莫用하고 用人勿疑니라.

⑧ 명예는 감출수록 드러난다.

有麝自然香이니 何必當風立이니라.

⑨ 항상 조심하라.

景行錄에 云 坐密室을 如通衢하고 馭寸心을 如六馬하면

可免過니라.

⑩ 참는 것이 복이다.

得忍且人이요 得戒且戒하라. 不忍不季면 小事成大니라.

⑪ 손님을 푸대접하지 마라.

待客엔 不得不豊이요 治家엔 不得不儉이니라.

⑫ 자만심이 몸을 망친다.

器滿卽溢하고 人滿卽喪이니라.

⑬ 욕심대로 하면 화를 당한다.

近思錄云 循天理면 卽不求利而無不利하고 循人欲하면 卽

求利라도 未得而解已隨之니라.

⑭ 예의를 모르면 자신을 그르친다.

晏子曰 上無禮면 無以使下하고 下無禮면 無以侍上이니라.

⑮ 입은 조심할수록 좋다.

朱文公曰 守口如瓶하고 防意如城하라.

⑯ 일을 망친 뒤에 후회해도 소용없다.

景行錄에 云 人性이 如水하여 水一경卽不可復이요 性一縱
卽不可反이니 制水者는 必以堤防하고 制性者는 必以禮法
이니라.

⑰ 집안의 화목이 중요하다.

子孝雙親樂이요 家和萬事成이니라.

⑱ 아버지의 허물을 말하지 마라.

父不言子之德하고 子不談父之過니라.

⑲ 더불어 살아야 한다.

呂氏鄕約에 云 德業相勸하고 過失相規하며 禮俗相交하고
患難相恤이니라.

⑳ 은혜를 베풀며 살아라.

景行錄에 曰 恩義를 廣施하라 人生何處不相逢이라. 讐怨을
莫結하라.

路蓬狹處면 難回避니라.

제2부 창업

제1장 창업을 위한 비전수립

기업을 창업한다는 것은 개인적으로는 원대한 꿈을 이루는 일이며 국가적으로는 일자리를 창출하며 경제적으로 사회에 공헌함을 의미한다.

이렇게 원대한 출발을 하기 전에 반드시 해야 할 일은 무엇 때문에 창업을 하고 창업 후 그 기업은 어느 방향으로 어떻게 갈 것이며 무엇으로 사회에 기여할지에 대한 가치체계를 먼저 정립해야 한다.

소니는 전후 패전국의 수도인 동경의 한 허술한 사무실에서 창업을 준비하면서 제일 먼저 몇 날 며칠 고민한 것이 앞으로 소니는 어떤 회사여야 되는지에 대한 선언이었다.

그래서 결론을 얻은 것이 소니는 항상 새로운 것을 추구한다는 것이었고 소니는 당시 최첨단기술로 개발된 트랜지스터를 이용하여 세계의 어느 회사도 개발에 성공치 못한 트랜지스터라디오를 만들어 대히트를 쳤다. 당시의 라디오는 진공관식이 전부였고 진공

관식 라디오는 크기가 크고 무거워 휴대할 수 없었고 음질 또한 좋지 않았는데 소니의 트랜지스터라디오 발명으로 대전환기를 맞게 되었다.

그 후 소니는 항상 새로운 제품을 개발하는 데 심혈을 기울여 오디오 앰프, MP3 등 새로운 기술과 제품으로 세계의 제품과 기술을 리드해 왔다. 그렇기에 당신은 창업을 하면서 당신 회사가 어떤 제품이나 서비스로 어떻게 고객을 만족시키고 국가와 인류에 기여할지를 정의하지 않고 출발한다면 북극성을 잃은 선박처럼 이리저리 흔들릴 수밖에 없을 것이다.

1. 가치체계의 정립

가치체계란 기업이 보유하고 있는 고유의 핵심가치, 핵심역량 등을 바탕으로 기업이 추구하는 바를 장기적인 기업의 가치방향과 중·장기 목표(비전) 등을 일목요연하게 정리한 체계도를 말하며 그 구성은 미션을 정점으로 비전, 전략목표, 핵심 성공요인(CSF) 등으로 구분할 수 있다.

기업이 지속적으로 성장하면서 성공하기 위해서는 반드시 가치체계가 명확하게 정립되지 않으면 안 된다. 기업이 나아갈 방향인 미션과 일정기간 내에 달성해야 할 목표인 비전 그리고 비전을 달성하기 위한 핵심역량이 무엇인지도 모르고 어디로 어떻게 갈 것인가?

기업의 목표방향이 명확하지 않은 상태에서 자원을 투입하여 업무를 수행하면 자원은 100% 투입하였으나 성과는 제로(0)인 결과를 초래하게 된다. 지금까지 열심히 일한다는 관행을 버리고 성과가 날 수 있도록 잘 하자는 데 성과관리의 목적이 있다.

가치체계를 구축하기 위해서는 기업이나 조직이 보유하고 있는 인적, 물적, 지적 자원과 현재 기업의 위치를 명확히 판단하는 것에서부터 시작해야 한다.

❑ 가치체계 구축 추진절차

① 사업의 성공에 대한 철학으로 우리 회사에 무엇이 중요한가에 대한 핵심가치를 발굴하고 공유하여

② 조직의 존재이유인 우리는 왜 존재하는가에 대한 미션을 정립하고

③ 미션방향으로 언제까지 얼마나 도달할지에 대한 조직의 3~5년 후 미래상인 비전을 개발하고

④ 비전을 달성하기 위한 실천과제로 전략목표를 설정하여 조직이 지속적인 발전을 할 수 있도록 가치체계를 구축한다.

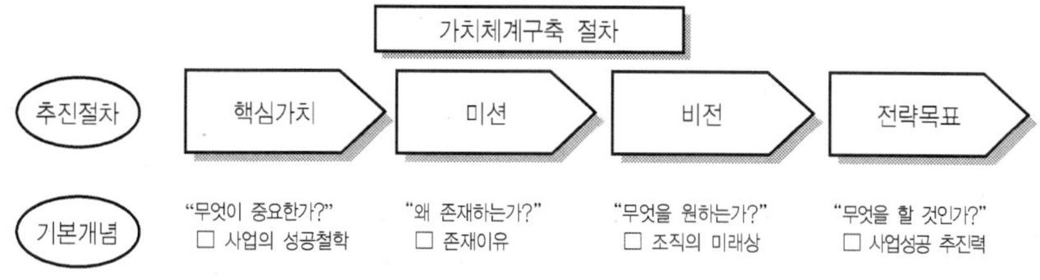

2. 핵심가치

웹스터 사전의 핵심가치에 대한 정의는 "본래부터 가치가 있거나 바람직한 것으로 생각되는 일종의 원칙 또는 품질이다."라고 말하고 있는데 가치관은 사람들에게 행동을 취하게 하는 힘을 제공해 주는 힘의 원천이다. 가치관은 내재적이고 감정적이며, 대체로 변화시키기 어려운 것으로 무엇이 가장 중요 한 것인지를 결정하게 하는 것이 가치관이다.

1) 가치관의 특성

- 가치관은 행동 지침을 제공해 준다.
- 가치관은 규정이나 규칙을 대신한다.
- 자신의 가치관과 일치할 때 강한 에너지, 동기, 욕구, 의지 등이 나타난다.
- 조직의 가치관은 불문율과 같다.
- 가치관은 쉽게 변하지 않는다.
- 사람들은 자신의 가치관에 따라 행동한다.
- 하나의 가치관은 다른 가치관과 서로 갈등을 불러일으킬 수 있다.

2) 조직의 핵심가치

- 핵심가치는 범조직적인 공동의 신념을 형성한다.
- 핵심가치는 업무수행에 관한 행동양식이나 기준을 결정해 준다.

- 핵심가치는 오랜 시간 동안 지속적으로 존재하는 것이다.
- 핵심가치는 최고경영자와 관리자들의 확신과 개인적인 가치관을 반영하여 구체화된다.

3) 핵심가치에 대한 합의

핵심가치에 대해 분명하고 공개적으로 합의하고 조직원들이 모두 공유하고 실행하면

- 조직이 어느 정도 노력을 투입해야 할지 그 깊이와 범위를 결정해 준다.
- 무엇이 적절한 사업유형이고 무엇이 적절하지 않은 사업유형인지를 알려 준다.
- 개인의 기대를 설정하고 그것을 다른 사람에게 전달하는 데 도움이 된다.
- 조직 내에서 효과적으로 일할 인재를 채용하는 기준을 제공한다.
- 사업의 운영방식과 우선순위를 결정하는 데 도움이 된다.

4) 조직가치의 사례(HP의 조직가치)

- We have trust and respect for individuals.

  (우리는 개인을 신뢰하고 존중합니다.)
- We focus on a high level of achievement and contribution.

  (우리는 높은 수준의 성취와 공헌을 강조합니다.)
- We conduct our business with uncompromising integrity.

  (우리는 최고 수준의 정직을 바탕으로 사업을 운영합니다.)

- We achieve our common objectives through teamwork.

  (우리는 팀워크를 통해 공통 목표를 성취합니다.)

- We encourage flexibility and innovation.

  (우리는 융통성과 혁신을 장려합니다.)

5) 가치진술문의 사례(SONY의 개척정신)

"SONY는 개척자이며 결코 남을 뒤따르려 하지 않을 것이다. 전진을 통해 SONY는 전 세계에 봉사하기를 원한다. SONY는 항상 미지에 대한 탐구자가 되어야 한다.

SONY는 개인의 능력을 존중하고 능력을 고무하는 원칙을 가지며, 각 개인이 최고 능력을 발휘할 수 있도록 항상 노력한다. 이것이 바로 SONY의 생명력이다."

SONY는 지금 사상 최대의 적자를 기록하며 경영상 어려움에 봉착해 있는데 아마도 자신의 정체성을 잃었기 때문이 아닌가 생각한다.

자료 출처: HBR '96. 9~10 "Building Your Company's Vision"

James Collins, Jerry Porras

3. 미션

1) 미션의 정의

미션이란 기업의 "존재이유를 말하며 우리는 왜 존재하는가", "우리는 왜 이 사업을 하는가?"라는 물음에 대한 답이라고 말할 수 있다. 기업은 영리가 목적인데 그 영리를 어떤 방법으로 이룰 것인가, 이룬 후는 어떻게 할 것인가가 명확히 정의되어야 한다.

인간은 공기 없이는 한순간도 존재할 수 없다. 인간이 살아가기 위해서 공기는 필수적인 것이다. 그렇다면 인간은 공기만을 마시기 위해서 태어났는가? 공기는 인간이 태어난 목적을 이루기 위한 도구가치이며 인간이 태어난 목적가치는 숭고한 목적을 이루기 위해서이다.

TV드라마 '조선왕조 500년'을 집필했던 신봉승 작가는 2008년 12월 9일 조선호텔에서 열린 휴넷CEO포럼 주최 '제11회 CEO Insight 월례조찬회'의 '조선왕조 역사로 보는 리더십' 강연에서 당신은 왜 태어났는가라는 다소 추상적인 질문을 던지면서 강연을 시작했는데, 자신은 왜 태어났는지에 대해 서슴없이 "민족중흥의 역사적 사명을 띠고 이 땅에 태어났다."고 말하여 참석자들의 웃음을 터트린 일이 있다. 사람은 누구도 아무런 이유 없이 이 세상에 태어나지 않았다.

예를 들면 예수님은 이 세상에 사랑을 전하기 위해서 오셨고, 부처님은 이 세상에 자비를 전하기 위해서 오셨다. 인간은 누구나 이 세상에 무언가를 남기기 위해서 태어났으므로 인간은 이 세상에서 반드시 해야 할 목적이 있다. 그것이 미션이다.

그것이 무엇인지를 명확하게 인지하지 못하고 하루하루의 생활에 매달리는 인생을 살다 보면 행복하지도 않고 인생이 즐겁지도 않으며 살아야 할지 말아야 할지에 대하여 고민하게 되고 경우에 따라서는 인생을 도중하차하는 경우도 생기는 것이다.

돈은 도구가치일 수도 목적가치일 수도 있다. 어떤 경우도 맞거나 틀린다고 할 수는 없다. 그러나 돈을 목적가치로 할 경우 기업이 돈을 버는 목적을 달성한 후 할 일이 없어져 기업의 존재가치를 상실하고 방황할 수 있다. 그러나 돈을 도구가치로 볼 때 기업은 많은 돈을 벌어서 1차적으로는 고객과 조직원들을 만족시키고 그리고 사회를 위해서 봉사하거나 사회에 환원함으로써 보다 숭고한 목적을 달성할 수 있다.

기업은 돈 없이는 한순간도 존재할 수 없다. 기업이 볼 때 돈은 보다 숭고한 목적을 이루기 위한 도구일 뿐이며 기업이 돈을 번 다음 해야 할 숭고한 목적, 예를 든다면 사회봉사, 사회환원 등이 기업의 미션이 될 수 있다.

예를 들면 특전사의 미션은 "안 되면 되게 하라", 해병대의 미션은 "한번 해병은 영원한 해병이다" 얼마나 멋진 미션인가? 특전사나 해병이 아닌 사람들조차 이 말을 듣는 순간 자신이 자랑스러운 공수부대원이나 해병이 된 것처럼 가슴이 찡하지 않은가? 그리고 국가와 민족을 위해서, 자랑스러운 공수부대원으로서, 해병으로서 무언가 해야겠다는 각오가 서지 않는가?

회사 설립목적에 나타난 경영이념, 경영방침 등, 그대로는 조직원들의 가슴에 동기를 부여하여 조직원의 열정에 불을 붙이기에는 부족하므로 아래와 같은 사항을 고려하여 미션을 정립한다.

미션은 기업의 존재이유로서 50~100년간 존속할 수 있어야 하며 북두칠성이나 등대와 같이 방향을 가리키는 역할을 하며 미션의 방향으로 기업이 전진하지만 영원히 도달할 수는 없는 절대 가치방향을 말한다.

2) 미션의 성격

멀리 있어서 영원히 도달할 수는 없는 방향성을 말하며 기업이 지향하는 방향을 말한다.

3) 미션의 구성

미션은 계획된 미래(陽)와 핵심이념(陰)으로 구성되며 陰인 핵심이념은 핵심가치와 핵심목표로 불변의 가치를 가지고 陽을 도우며 陽인 계획된 미래는 BHAG(크고, 힘들고, 대담한 목표)를 이루기 위하여 달성할 목표에 대한 활력이 넘치고 매력을 끌면서 조직원을 한 방향으로 동기를 부여하는 힘이 있어야 한다.

4) 미션의 형태

미션은 1음절이나 2음절 정도의 단문형태의 문장으로 ~하자, ~되자 등과 같은 형태의 문장이 적합하다.

5) 미션 수립 시 검토 사항

미션 수립 시 아래 세 가지에 대한 명확한 정의가 필요하다.

① 우리는 왜 존재하는가? (Why)

사회적인 요구와 이해관계자의 요구를 담아야 한다.

② 누구를 위해 봉사하는가? (Whom)

우리의 고객은 누구인가, 우리는 어느 지역에서 봉사하는가
에 대한 정의가 명확해야 한다.

③ 우리는 무엇을 제공할 수 있는가? (What)

우리가 제공하는 제품은 무엇인가, 우리가 제공하는 서비스
는 무엇인가가 명확해야 한다. 물론 사업을 진행하다 보면 A
사업보다 B 사업이 더 사업성이나 수익성이 좋아서 바꿀 수
있다. 그때는 그 사업에 맞도록 수정, 보완하면 된다.

미션을 작성하고 검토할 때는 반드시 아래의 검토사항과 부합하
는지를 검토해야 한다.

① 이 미션은 앞으로 50~100년간 지속가능한가?
② 이 미션은 우리의 근본적인 존재이유인가?
③ 이 미션은 우리 업무의 중요성을 부여한 말인가?
④ 이 미션은 상상력을 자극하고 우리를 활기 넘치게 하는 것인가?
⑤ 이 미션은 우리가 가야 할 방향을 제시하는가?

6) 미션 사례

핵심이념을 확인하는 것은 하나의 발견 프로세스이지만, 마음속
미래를 그리는 것은 창의적 프로세스(a creative process)이다.

BHAG를 생각해 내는 데 큰 어려움을 겪는 경우가 종종 있다. 창의적 프로세스 방법을 미래의 시각에서 접근한다. 그리하여 어떤 경영자들은 명확한 서술로 먼저 시작하고, 그로부터 BHAG로 되돌아가 더 크고, 더 멋진 미션을 창작한다.

이와 같은 접근은 다음과 같은 질문으로 시작한다. '우리는 20년이 지나면 이 위치에 있을 것이다.' 우리는 무엇으로 보이기를 바라는가? 이 회사는 어떻게 보여야 하는가? 종업원들에게는 무엇을 느끼게 해야 하는가? 무엇을 성취해야 하는가?

마음속에 그린 미래가 옳은 것이냐 여부를 분석하는 것은 맞지 않다. 과업(Task)은 미래에 대한 예측이 아니라 창작(Creation)이다. 따라서 창작에는 정답이 존재하지 않는 것이다.

미션은 기업이나 조직의 존재의미와 중·장기적인 목표달성을 위한 중요한 과정이므로 '어떻게'라는 수단적인 측면보다는 '무엇을'이라는 거시적인 측면으로 접근하여 작성토록 하며 가치체계 설정에 지대하게 기여한 자를 선별하고 포상 등 인센티브 부여방안을 마련하여 운영하면 효과적이다.

The Best Global Company

— LG —

인류의 생활을 보호하고 향상시키자 !

— Merck —

미해결된 문제를 혁신적으로 해결하자 !

— 3M —

인류 복지와 진보를 위해 기술 측면에서 기여하자 !

— HP —

대중에게 혜택을 주기 위한 기술의 진보와
적용의 기쁨을 경험해 보자 !

— Sony —

디지털 컨버전스 혁명을 주도하는 기업 !

— 삼성전자 —

4. 비전

비전이란 3~5년 동안에 우리 조직이 이루어야 할 꿈이 실린 목표로서 바람직한 미래의 모습을 제시하는 것을 말한다. 조직이 3~5년 후 어떤 위치에 있기를 원하는지를 광범위하게 기술하는 것으로, 어느 방향(미션방향)으로 얼마나 발전하기를 원하는지를 표현한 신념이다.

이것은 막연한 꿈이나 희망이 아니라 언젠가는 반드시 달성해야 할 실질적인 목표다. 따라서 비전을 통해 기업이나 조직의 모든 구성원들은 미래 자사가 어떤 기업이 되고 그 안에서 자신의 모습은 어떻게 될지를 예상할 수 있다.

1) 비전의 정의

비전은 자신이 누구이고, 어디로 가고 있으며, 무엇이 그 여정을 인도할지를 아는 것으로서 일정 시간(3~5년)에 이루고자 하는 것, 성취하고자 하는 것, 열망하는 것에 대한 합의로서 반드시 이루어야 할 목표다.

비전을 수립하고 공표하는 것 자체가 앞으로 기업을 어떻게 이끌어 가겠다는 전략의도를 밝히는 것으로서 경영전략의 첫 단추가 된다.

2) 비전의 성격

3~5년이라는 중·장기적 기간이 있고 그 기간 동안에 이루어야 할 구체적이고 실천가능한 목표여야 하며 조직원의 마음과 열정과 역량을 한곳으로 모아 줄 수 있는 슬로건 같은 것이라야 한다.

3) 비전의 형태

비전은 1음절이나 2음절 정도의 단문형태로서 ~하자, ~되자 등과 같은 형태의 문장으로 반드시 달성해야 할 기간이 명시되어야 한다.

① 정량적 표현의 비전, ② 정성적 표현의 비전, ③ 혼합형 표현의 비전으로 구분할 수 있는데 조직의 필요나 형태에 따라 편리한 형태의 비전을 설정하여 사용하면 좋지만 가능하다면 정량적 표현의 비전이 조직원들에게 명확한 동기를 부여하는 데 효과적이다.

4) 확고한 비전을 위한 조건

① 우리가 하고 있는 일이 무엇인지를 알 수 있게 해 준다.

② 매일매일의 결정을 내릴 수 있도록 지침을 준다.

③ 우리가 바라는 미래의 청사진을 눈앞에 그려 준다.

④ 영속성이 있다.

⑤ 더 훌륭해지려는 것이지만, 경쟁에서 이기는 데에 치중하지 않는다.

⑥ 단지 숫자의 나열이 아니라, 가슴을 설레게 하는 어떤 것이다.

⑦ 모든 이들의 마음과 정신에 와 닿는다.

⑧ 각자가 어떤 기여를 할 수 있는지를 알 수 있도록 해 준다.

5) 기업 비전의 중요성

올바른 비전은 조직원의 참여를 이끌어 내며 활기를 불어넣고, 조직원들에게 삶의 의미를 부여해 주며, 탁월성에 대한 기준을 설정해 주며, 현재와 미래를 연결해 주는 가교의 역할을 한다.

(1) 비전이 있을 때

조직구성원들이 확보한 목표의식과 공유가치에 입각하여 일사불란하게 행동함으로써 조직의 역량이 집결되고 조직성과가 높아지며 명확한 비전을 제시함으로써 기업이 무슨 목적으로, 왜 존재하는지를 분명히 깨닫고, 조직에 대한 강한 정서적 몰입을 유발할 수 있는 환경을 조성한다.

(2) 비전이 없을 때

조직의 목표가 불명확하고, 조직구성원들이 개별적인 행동을 취하므로 조직의 힘이 분산되고 조직의 성과가 낮아진다. 실패의 원인과 책임을 타인이나 타 조직에게 돌리면서 책임을 회피한다.

(3) 조직 비전의 필요성

- 공동의 미래상을 중심으로 사람들의 힘을 결집한다.
- 여러 사람이 행하는 일이 서로 조화를 이루도록 조정한다.
- 누구나 의사결정을 할 수 있게 한다.
- 사업계획 수립의 기초를 제공해 준다.
- 현실에 안주하지 않고 부적절한 현 상태에 도전하게 한다.
- 바람직하지 않은 행동을 더욱 눈에 잘 띄게 해 준다.

6) 비전 수립 프로세스

CEO의 비전방향 제시를 시작으로 스텝들의 분석과 의견 수렴을 통하여 비전 초안을 완성하고 모든 계층의 인원이 모두 참여하여 의견을 수렴하고 수정, 보완, 추가하면서 비전안이 확정된다. BSC 구축 시 비전 도출절차는 TFT의 WorkShop에서 분임조별로 브레인스토밍을 통하여 개인의 의견을 모으고 모아진 의견을 바탕으로 유사한 것끼리 그룹핑을 하면서 최적안을 찾아내게 된다.

이렇게 도출된 의견을 바탕으로 분임조별로 의미를 부여하고 다듬어서 분임조별로 2개안을 발표한다. 이렇게 발표된 안을 바탕으로 정당성, 유효성, 적절성 등에 점수를 부여하여 최고점수를 획득한 세 개의 안을 가지고 다시 조별로 다듬고 의미를 부여하여 최종선택을 한다.

선택된 안은 임원진과 간부진에게 보고회를 통해 보고하고 수정, 보완하여 최종 안으로 확정하고 발표하게 된다.

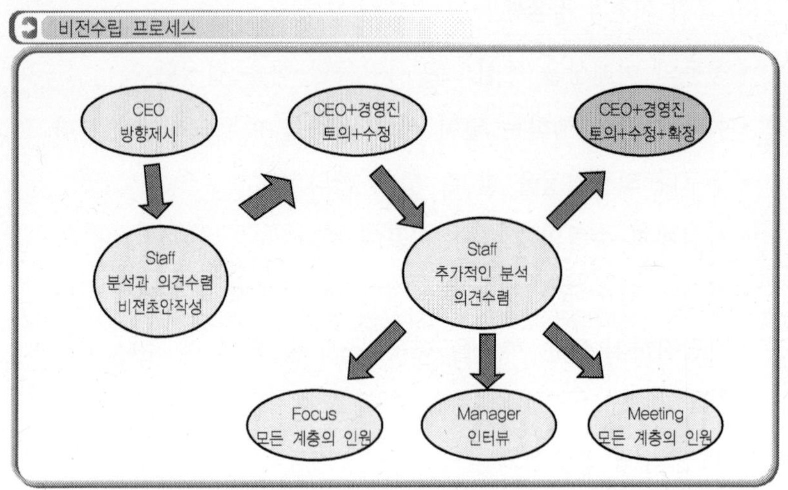

7) 비전 선언문의 조건

비전 선언문은 조직원 전체의 합의가 필요하며 막연한 희망이나 꿈이 아니라 도전적이면서 실현가능성이 있는 목표를 제시해야 하며 개인의 노력이 조직의 목표와 연결되고 목표달성을 위해 적극적인 참여와 의욕을 고취할 수 있는 간결하면서도 쉽게 이해하고 조직원들의 가슴에 하겠다는 열망을 불러일으켜야 한다.

- 우리들이 나아가고자 하는 곳을 표현한다.

- 알기 쉽고 이해하기 쉽다.
- 조직이 희망하는 정신을 가지고 있다.
- 내용의 완벽성을 추구하지 않음으로써 사람들이 나머지 부분을 채울 수 있게 한다.
- 모든 사람들이 선호하고 의미가 있는 미래의 상태를 묘사한다.
- 사람들이 그것을 들었을 때 강한 충동을 느낄 수 있는 것이다.
- 어려운 때일지라도 동기부여를 해 주는 힘을 제공한다.
- 달성가능한 것으로 인식된다.
- 도전적이고 추진력 있고 도약적이다.

8) 비전 검토 사항

비전을 작성하고 검토할 때는 반드시 아래의 검토사항과 부합하는지를 검토해야 한다.

① 이 비전은 달성 여부를 측정할 수 있는가?
② 이 비전은 언제까지라는 기간이 명시되어 있는가?
③ 이 비전은 모호하거나 추상적이지 않은가?
④ 이 비전은 조직원의 마음과 열정과 역량을 모아 줄 수 있는가?
⑤ 이 비전은 실행가능한가?
⑥ 우리의 핵심역량은 무엇인가?
⑦ 우리의 미래 모습은 어떤 것인가?

비전은 반드시 실행해서 달성해야 할 목표이기 때문에 실행력에 중점을 두고 언제까지, 누가, 어떻게 달성할지가 명시되어야 한다.

9) 비전 적절성 검토

브레인스토밍을 통하여 개인의 안을 도출하고 도출된 안을 분임조 내에서 그룹핑을 통하여 유사하거나 중복되는 것들을 제거하고 분임조별로 세 개의 안을 도출한 후 분임조별 발표를 한다.

분임조별로 발표된 안 중에서 아래의 적절성 검토를 통하여 1차 안을 확정하고 1차안을 전 분임조가 의미를 부여하고 다듬어서 2차 적절성 검토를 거쳐 확정한 후 임원진의 승인을 거쳐 최종 확정한다.

10) 비전 수립 참고사항

독일의 경영학자 헤르만 지몬(Simon)이 세계 최고 강소(强小)기업들의 공통점을 분석할 결과, 한 가지 놀라운 사실은 이들이 창업 초기부터 세계시장을 겨냥해 모든 것을 기획하고 준비했다는 점이다. 상당수 기업은 창업과 동시에 해외지사를 세웠다.

역사적으로도 16세기 이후 세계 강대국으로 성장한 8개국(포르투갈, 스페인, 네덜란드, 영국, 프랑스, 독일, 미국, 러시아) 중 작은 나라들, 즉 포르투갈, 스페인, 네덜란드, 영국은 모두 남보다 한발 앞서 세계로 나아갔다.

작은 나라 또는 작은 기업이 커지려면 세계를 겨냥해야 한다. 그러나 세계를 조준해야 하는 이유는 그것이 넓은 시장을 제공해주기 때문만은 아니다.

글로벌 경영의 매력은 '글로벌 스탠더드'를 가르쳐 준다는 점이다. '글로벌 스탠더드'란 전 세계가 '파이를 가장 잘 키워 준다'고 인정한 가치나 제도 또는 기법을 말한다.

글로벌 스탠더드가 주는 끊임없는 자극, 변화에 대한 충동, 다양성이 주는 역동성, 이런 것들은 국내에 안주하는 기업에 비해 엄청난 발전 동력을 생성시키기 때문이다.

11) 비전 사례

☐ 비전 선언문의 사례(소니(SONY)의 비전 선언문)

우리는 전 세계에 퍼지게 될 상품을 만들 것이다…….

우리는 미국시장에 진출해서 직접 판매하는 최초의 일본기업이 될 것이다.

우리는 미국기업들이 실패했던, 예를 들어 트랜지스터라디오 등의 기술 혁신에 성공할 것이다.

지금부터 50년 후 우리의 상품명은 전 세계의 어느 곳에서나 유명한 것이 될 것이다. 그리고 어느 곳에서든지 가장 혁신적인 기업과 비견되는 기술 혁신과 품질을 보여 줄 것이다.

일본 제품은 싸구려가 아니라, 좋은 것을 의미하게 될 것이다.

□ 비전 선언문의 사례(컴퓨터회사 비전 선언문)

우리는 동료들의 존경을 받게 될 것이다.

제조부서에서는 우리의 지원을 적극적으로 구할 것이고, 우리 부서에서 만든 제품들은 주로 우리의 기술적인 기여로 인하여 시장에서 빅 히트를 치게 될 것이다.

우리는 스스로에 대해 자부심을 갖게 될 것이다.

우리 회사에서 가장 진취적인 사람들은 우리 부서에서 일하고자 할 것이다. 우리 부서 사람들은 누가 묻지 않아도 자신이 하고 있는 일을 진정 좋아하고 있다고 스스로 말할 것이다.

우리 부서 사람들은 성공의 길을 걸을 것이다.

우리 부서 사람들은 자신이 원하기 때문에 기꺼이, 열심히 일할 것이다.

고객들은 우리가 그들의 생활에 긍정적으로 기여하고 있다는 것을 느낄 것이다.

12) 비전의 미래에 대한 시각

최고경영자는 우선적으로 미래를 위한 준비를 위해 충분한 시간적 배려를 하고, 종업원들이 가지고 있는 좁은 세계관을 확장시켜 줄 수 있도록 노력해야 한다.

미래에 조직원들과 회사가 어느 위치에 서 있는지를 알 수 있도록 명확하고 간결하고 실행가능한 미래 청사진을 제시해야 한다.

5. 창업기업의 성공원칙

창업기업은 글로벌 스탠더드가 되어야 성공할 수 있다. 창업기업의 성공원칙 인 'Can We? vs. Why Not?'에 관심을 가지고 창업 초기부터 이에 맞추면서 기업이 성장해야 한다.

❑ 기업 경쟁하에서의 일반적인 인식

작은 기업은 큰 기업에 의해 항상 도태되며 사업부진과 인수대상이 될 가능성이 매우 높다. 규모가 큰 기업들만이 살아남는 빈익빈 부익부 현상이 심화 되고 있다. 이미 1등 기업들이 경쟁우위를 확보하고 시장을 선점하고 있다. 시장은 이미 포화상태이며 큰 기업과 경쟁하며 더 이상의 성장을 기대하는 것은 비현실적이라는 인식을 타파하고 도전할 때 성공할 수 있다.

❑ Can We?

작은 기업에게는 선택권이 없고 큰 기업에게 항상 규모의 경제에서 밀릴 수밖에 없고 사업추진에 엄두가 나지 않아서 결국 기존 시장의 게임 룰에 따르는 수밖에 없으며 생존을 위해서는 1위 기업이 만들어 놓은 방식과 전략을 따르는 수밖에 없고 이를 위배하는 경쟁우위는 갖기 어려울 것이므로 큰 기업과는 정면으로 부딪히기보다 경쟁을 피하는 것이 좋을 것 같다는 생각은 기우에 지나지 않음을 확신할 수 있어야 한다.

❑ Why Not?

큰 기업보다 작은 조직과 적은 자원이지만 이는 오히려 큰 기업이 갖지 못하는 유연성과 효율성을 확보하기가 용이하며 시장의 주인은 결국 소비자이며 소비자의 이해를 통한 적극적인 대응이 게임의 룰을 바꿀 수 있으므로 고정된 시장은 없으며 항상 창의적으로 큰 기업이 생각하지 못한 영역은 있고 이를 통한 경쟁력 확보가 가능하기 때문에 작은 기업도 선택과 집중에 따라 사업전략을 잘 수립하여 경쟁하면 경쟁우위를 점할 수 있으며 세계적인 기업으로 성장할 수 있다는 신념이 필요하다.

그래서 창업기업의 성공은 'Can We?'이라는 소극적인 태도가 아닌 'Why Not?'의 적극적이고 긍정적인 태도에서부터 출발해야 성공할 수 있다.

자료 출처: 1등 기업을 무너뜨린 마케팅전략 33

성공원칙 1: 틈새시장은 결코 작은 시장이 아니다

성공원칙 2: 뚜렷한 성향을 가진 소수의 고객군을 공략하라

성공원칙 3: 제품 자체에 집중하라

성공원칙 4: 소비자를 누구보다도 잘 이해하라

성공원칙 5: 약점에서도 소비자 니즈는 있다

성공원칙 6: 소비자가 즐길 수 있는 독특한 문화를 창조하라

성공원칙 7: 1등 기업이 만들어 놓은 상식과 틀을 깨라

성공원칙 8: 창의력을 기반으로 한 신선한 충격을 주어라

성공원칙 9: Value Chain상에서 자신만의 특별한 강점을 개발하라

성공원칙 10: 신속하게 시장에 대응하라

성공원칙 11: 조직은 효율적으로 구축하라

성공원칙 12: 철저한 비용관리를 통한 재무적 유연성을 확보하라

성공원칙 1: 틈새시장은 결코 작은 시장이 아니다

상대적으로 시장규모가 작고 기회비용이 커서 대규모기업들이 간과하는 틈새시장을 공략함으로써 거대기업과 핵심사업에서의 직접경쟁을 피하면서 사업을 성공시킬 수 있는데 큰 기업에겐 작지만 중소기업의 입장에서 충분히 수익가능성이 있는 틈새시장이 존재하니 틈새시장에 진입하여 전문성을 갖춤으로써 경쟁우위의 확보가 가능하다.

성공원칙 2: 뚜렷한 성향을 가진 소수의 고객군을 공략하라

다수의 일반소비자보다 뚜렷한 성향, 관심 및 니즈를 가진 소수

의 특정소비자를 만족시키는 데에 집중함으로써 특정시장을 장악 및 이를 통한 사업성공이 가능한데 거대기업은 일반적으로 규모의 경제를 위해 다수의 소비자군을 목표로 사업을 펼치기 때문에, 특정 소비자군의 세부 니즈를 간과할 가능성이 높으나 작은 기업은 핵심역량을 특정니즈 및 취향을 가진 소수의 소비자를 위한 제품 또는 서비스 제공에 집중하여 해당 소비자군의 만족도를 극대화할 수 있다.

성공원칙 3: 제품 자체에 집중하라

마케팅요소인 4P의 모든 요소들로 경쟁하기는 자원이 한정되어 불리할 수 있으니 제품 자체를 핵심역량으로 선택하고 집중하면 거대기업과의 경쟁력을 확보, 사업성공이 가능한데 거대기업들은 풍부한 자원의 보유로 4P의 모든 영역에서 충분한 자원 활용이 가능하지만 4P의 요소 중 제품 자체를 핵심역량으로 선정하고, 본질에 충실한 것(Back to Basic)이 경쟁우위로 이어지고 이를 기반으로 하여 타 요소로의 체계적인 자원투입이 성공에 필수적이다.

성공원칙 4: 소비자를 누구보다도 잘 이해하라

기업 내부의 입장이나 기타 이해관계자가 아닌 철저하게 소비자 입장에서 사업을 추진함으로써 목표고객군 내에서 경쟁력 확보를 통한 사업성공이 가능한데 목표소비자들이 누구인지 정확하게 이해, 철저하게 그 니즈에 눈높이를 맞춘 제품과 서비스를 제공해야 하며 목표 소비자들의 라이프스타일, 취향, 관심사, 소비성향 및

고민, 생활패턴 등에 대한 분석이 지속적이고 체계적으로 이루어져
야 한다.

성공원칙 5: 약점에서도 소비자 니즈는 있다

피할 수 없는 회사의 약점 안에서도 소비자의 니즈를 철저히 파
악하여 기회요소를 도출한다면 사업성공이 가능한데 회사의 약점
을 숨긴 채 장점만을 부각시키는 것은 역효과를 불러올 수 있으며
회사의 약점에서도 소비자니즈를 파악하고, 최대한 소비자의 입장
에서 이를 개선할 수 있다면 효과적인 경쟁우위 달성이 가능하다.

성공원칙 6: 소비자가 즐길 수 있는 독특한 문화를 창조하라

기업의 제품을 구매하는 소비자만이 누릴 수 있는 독특한 문화
를 제공함으로써, 경쟁력 확보를 통한 사업성공이 가능한데 단순한
제품/서비스가 아닌 '경험'과 '특권', '아이덴티티'를 사도록 하여 소
비자 Loyalty 부여, 제품판매를 제고할 수 있으며 대중적으로 크게
성공할 대형브랜드를 추구하기보다 다수의 열광하는 팬을 거느린 컬
트브랜드를 추구함으로써 공고한 시장경쟁 우위 확보가 가능하다.

성공원칙 7: 1등 기업이 만들어 놓은 상식과 틀을 깨라

거대기업이 만들어 놓은 기존의 틀에 아무 변화도 없을 거라 믿
는 사람들의 상식의 틀을 깸으로써 새로운 경쟁력 확보를 통한 사
업성공이 가능한데 소비자들은 1등 기업의 제품, 서비스에 익숙해

져서 대체적으로 만족하고 있는 듯 보이지만 한편으로는 식상함을 느끼고 있으며 소비자들은 끊임없이 새로운 것에 대한 기대를 가지며, 이러한 니즈에 신속하고 체계적으로 접근함으로써 경쟁우위가 가능하다.

성공원칙 8: 창의력을 기반으로 한 신선한 충격을 주어라

거대기업이 생각하지 못하는 창의적이고 독특한 아이디어를 활용하여 소비자에게 제품과 브랜드에 대한 강한 인식을 심어 줌으로써 경쟁력 확보를 통한 사업성공이 가능한데 일반적인 광고나 마케팅방식으로는 거대기업 대비 자원의 한계 등의 이유로 소비자의 충분한 관심을 끌기 어렵지만 저렴한 비용으로 강력한 Buzz Effect를 일으킬 수 있는 아이디어를 활용하되 관심을 끄는 데에 그치는 것이 아니라 분명한 메시지를 전달함으로써 경쟁력 확보가 가능하다.

성공원칙 9: Value Chain상에서 자신만의 특별한 강점을 개발하라

전체 Value Chain상에서 적어도 한 가지 이상의 Value Chain에서 경쟁하고자 하는 거대기업과는 다른 창의적이고 차별화된 경쟁력을 가지면 이러한 경쟁력을 바탕으로 사업의 성공이 가능한데 R&D, 구매, 영업, 마케팅, 생산, 물류, 고객만족(A/S 포함) 등의 Value Chain상에서 적어도 한 가지 이상의 차별성이 필요하고 제품의 특성, 브랜드콘셉트, 소비자와의 커뮤니케이션방법, 소비자의 니즈 등을 기반으로 거대기업이 모방하기 어려운 창의적인 핵심 Value Chain의 차별화를 통한 경쟁력 확보가 가능하다.

성공원칙 10: 신속하게 시장에 대응하라

작은 기업은 상대적으로 대기업 대비 시장의 흐름을 정확히 파악하고 재빠르게 이에 대처하는 것이 용이하며 이를 통해 경쟁력 확보를 통한 성공이 가능하지만 거대기업의 경우 많은 인적자원과 복잡한 조직, 정형적이고 체계적인 프로세스를 확보하고 있어 오히려 시장 환경 변화에 전사적으로 재빠르게 대응하기 쉽지 않지만 작은 기업은 시장 변화에 항상 촉각을 곤두세우며, 변화가 필요할 경우 조직 전체가 일괄적으로 변화에 대처함으로로써 경쟁력 확보가 가능하다.

성공원칙 11: 조직은 효율적으로 구축하라

조직 자체에 군살을 배제하고 의사결정체계 및 HR 체계를 효율적으로 운영함으로써 상대적으로 규모가 크고 복잡한 거대기업 대비 경쟁력 확보를 통한 사업성공이 가능한데 거대기업의 경우, 많은 인력이 분명한 역할 분담하에 독립적으로 움직이기 때문에 사업의 추진속도나 효율성 면에서 오히려 불리할 수 있으나 소규모를 장점으로 활용하여 짧은 의사결정체계 및 유연한 HR 체계로 신속하게 시장에 대응, 경쟁력을 확보할 수 있다.

성공원칙 12: 철저한 비용관리를 통한 재무적 유연성을 확보하라

필요 이상의 지출을 최소화하고 철저하게 비용을 관리함으로써 재무구조상의 유연성을 확보하여 이를 통한 경쟁력 확보 및 사업의 성공이 가능한데 작은 기업일수록 재무상의 자금 수급이 어려워 특히 재무적인 안정성을 갖추는 것이 매우 중요하고 관리 부족에 의한 비용최소화, 철저한 원가관리 및 Overhead Cost 발생방지 등 전 방위적인 비용관리를 통한 재무상의 유연성 확보가 경쟁력 확보에 필수적이다.

사업의 핵심요소는 말 그대로 사업의 기본골격으로서 6하원칙 측면에서 생각해 보면 가장 중요한 무엇(What)을 할 것인가는 사업을 하고자 하는 창업자의 인생을 결정하는 것으로 자기에게 맞을지를 고려하는 점이 중요하고, 사업의 규모를 어떻게 시작할까(How), 기업의 형태를 결정하는 왜(Why) 요소는 창업자의 목적과 경영철학을 만족하는 사업의 형태를 결정하고, 누구(Who)와 사업을 할 것인가 하는 창업 멤버의 결정은 장차 사업성공과 성장을 좌우하는 장기적인 조직의 문제이며, 그리고 언제(When)와 어디서(Where) 요소는 업무의 진행과정에서 좀 더 세부적으로 분석하여 결정해야 한다.

WHO	• 정보수집 • 사업적 성과 창업자의 경영능력
WHAT	• 창업자에 적합한 아이템 선정 • 아이템 찾기 (트랜드가 5~6 사이로 변화)
WHEN	• 창업시기 결정 (비전을 담은 사업계획 수립)
WHERE	• 좋은 입지 (위치, 크기, 설비 등을 사전에 충분히 파악)
HOW	• 자금조달 및 최적사업 규모 결정 • 사업형태 및 경영전략 수립
WHY	• 사업의 목적, 경영철학 수립 (회사설립(개인/법인), 사업장 공사 및 오픈)

1. 사업아이디어의 탐색

창업자에게 가장 필요한 자질은 무엇일까? 여러 가지 대답이 나올 수 있지만 아이디어, 영업력, 리더십, 그리고 균형감감을 빼놓을 수는 없으며 그중에서도 가장 중요한 것이 아이디어, 즉 새로운 무엇인가를 끊임없이 찾아내는 참신한 발상일 것이다.

경영자 스스로가 아이디어맨이 되어야 하며 자기 이외에도 사내에서 새로운 발상이 풍부한 직원을 많이 키워 낼 수 있는 사람이어야 한다. 아이디어와 인연이 없는 창업자가 치열한 경쟁사회에서 살아남을 확률은 극히 미미하기 때문이다.

회사가 발전하는 힘의 근원도 참신한 발상에 있고, 반대로 회사가 어려움에 빠졌을 때 위기를 극복할 수 있는 최선의 묘책도 참신한 아이디어뿐이다. 아이디어에는 대(大)와 소(小) 두 종류가 있는데 큰 아이디어는 사업을 시작할 때 어느 업종, 어느 업계를 표적으로 삼을지를 선택하는 것이다. 그 밑바닥에는 '내 인생의 보람은 무엇인가?'라는 자신의 인생관이 자리해야 한다. 인생관이 없는 사람은 어떠한 발상도 나오지 않으며 좋은 발상이 떠올랐다고 하더라도 효과가 없다.

또한 앞으로 시대의 흐름을 읽을 수 있는 미래관과 자신이 하려는 사업이 사회적으로 어떻게 공헌할 것인지를 생각해 보는 가치관도 필요하다.

그런 관점에서 비즈니스를 생각해야만 비로소 진정한 의미의 새로운 발견이 가능하고 '사회기여'라는 대의가 없는 아이디어는 진정한 아이디어라고 할 수 없다.

한편 작은 아이디어란 이러한 제품, 이러한 서비스를 어느 계층의 사람들에게 제공하면 어떻게 될 것인지를 생각하는 구체적인 내용을 말한다. 물론 여기에서 말하는 것이 제품이나 서비스에만 국한된 것은 아니다. 구입, 제조, 판매, 관리 등 비즈니스의 모든 부문에서 독창적인 발상이 요구된다.

그런 의미에서 고객이 제기하는 비즈니스 과정상의 문제는 두 손을 들고 환영해야 하며 현재 발생하고 있는 문제점은 앞으로 플러스로 전환할 수 있다고 생각하는 것, 문제야말로 아이디어의 어머니라고 받아들이는 것, 이것이 바로 아이디어맨이 되는 첫걸음이다.

1) 사업아이디어의 발견

사업을 시작함에 있어서 사업아이디어는 아주 중요한 요소인데 사업아이디어의 바탕에서 사업 구상을 체계화할 수 있고, 또 효과적인 사업 계획서를 작성할 수 있는데도 대부분의 창업기업가들은 사업아이디어를 우연히 발견하였다고 말하거나 때로는 전 직장에서 또는 일상적인 관찰이나 취미 활동을 통해서 아이디어를 얻는 경우가 많다. 아이디어는 전 직장, 초청, 권리의 취득, 자영업, 취미활동, 인맥과 만남, 계획적 탐색 등을 통해서 획득할 수 있다.

(1) 전 직장

직장 경험이 창업의 중요한 바탕이 될 수 있는 것은 나름대로 경쟁력 있게 대응할 수 있는 자신감을 갖게 하기 때문이다. 특정한 전문화된 작업을 수행하다 보면 해당 업무나 제품 서비스의 기술적 현황과 미비점 및 발전가능성에 대해 잘 파악할 수 있고 시장에 나와 있는 제품 서비스의 장단점에 대해서도 비교, 분석적인 시각을 갖고 있으며 관련된 공급업체나 고객과의 관계망도 잘 정립되어 있기 마련이다. 제품의 특성상 일용재가 아니고 차별성이 많을수록, 또 소비자 스스로 품질을 판단할 수 있어 브랜드나 명성이 중요하지 않을수록 이러한 직장 경험에 기초한 창업은 성공적일 수 있다. 그러나 전 직장의 경험을 바탕으로 창업했을 때 창업기업이 과거 회사와 직접적으로 경쟁하는 위치에 있을 때 법적, 도의적인 제약이 있을 수 있기 때문에 각별한 주의가 필요하다.

(2) 초청

어떤 경우 주변의 인물이 사업기회를 인식하고 그것을 성사시키기 위해 사업동지로 초빙해서 협력하면서 창업을 추진할 수도 있다. 이는 아이디어를 가진 사람이 시간적·금전적 제약으로 협력자를 찾는 경우나 성공적이지 못한 사업의 채권자들이 새로운 주인을 찾는 경우에 발생할 수 있다.

(3) 권리의 취득

다른 사람이나 단체가 개발한 제품 또는 서비스의 특허 등에 라이선스 등의 제작·판매권을 취득하는 것은 사업을 신속히 전개할 수 있는 방법이다. 이러한 권리를 취득할 수 있는 원천에는 전 직장, 타 회사, 개발발명가, 기술거래소 등이 있을 수 있다.

(4) 자영업

독립적 경제활동을 영위하는 사람들이 그 활동과 경험으로부터 사업기회를 찾아낼 수 있다. 어떤 경우는 프리랜서 활동 등을 통해 고객의 욕구를 잘 알 수 있어 그것을 충족시키는 새로운 사업을 추진할 수도 있다. 또 특정한 업종에 종사하다가 우연치 않게 새로운 상품 아이디어를 개발하게 되는 경우도 있다.

(5) 취미활동

자신이 좋아하는 취미생활로부터 사업아이디어를 구체화할 수도 있는데 자신이 좋아하는 특정한 아이템을 자신의 취향에 맞게 다듬고 멋지게 만들어 즐겨 쓰다가 주변의 여러 동료들이 관심을 표명하여 똑같은 것을 만들어 달라고 주문을 하게 되면 그러한 부류의 사람들이 일반 소비자화될 수 있다는 판단을 할 수 있다. 단, 취미생활은 자신이 좋아서 하는 것이고 자신의 취미활동을 즐기기 위해서 투자하는 것이기 때문에 수익성 자체에 관심을 두지 않을 수 있다는 단점이 있을 수 있다.

(6) 인맥과 만남

직장 생활로부터 또는 일반사회 생활로부터 여러 방면의 전문가들과 접촉하면서 형성된 인맥이 상호 교류의 과정을 통해서 좋은 사업아이디어를 일깨우는 계기를 마련해 줄 수 있다. 업무상 전문가 집단, 예컨대 법조인, 회계사, 금융가, 모험자본가 등과의 주기적인 접촉을 통해서 그들이 알고 있는 특허의 라이선싱 기회나 매각 업체 등의 정보를 입수하여 활용할 수 있다.

(7) 계획적 탐색

대부분의 경우 사업 기회가 체계적인 탐색보다는 자연 발생적으로 발견된다고 해서 예비 창업자들이 우연적인 발견을 위해서 마냥 기다릴 수는 없다. 우연한 발견도 적극적으로 탐색하는 자에게 돌아올 확률이 높기 때문에 무언가 아이디어 탐색의 방안을 모색해야 한다.

2) 신제품 개발 정보원

신제품 개발에 필요한 정보는 고객, 사내연구자, 판매 담당자, 경쟁자, 유통과 특허정보 등 다양한 정보원으로부터 수집할 수 있는데 조사대상인 정보원이 어디에 있는가에 따라 고객조사, 첨단과

학·기술조사, 경쟁기업조사, 영업담당·판매점조사 등으로 구분할
수 있다.

(1) 고객조사

고객의 Needs와 Wants를 포착하는 것이 신제품개발 관련 아이
디어 탐색의 시작으로 이런 방법에는 직접적인 고객조사, 투영법테
스트, 그룹인터뷰, 시장조사, 시장포지셔닝분석, 제안 장려 등이 있
다. 새로운 제품아디이어에 대한 직접적인 질문보다는 현재 사용하
고 있는 제품의 문제점을 파악하는 과정에서 보다 많은 아이디어
를 구할 수도 있다.

(2) 첨단과학·기술조사

과학적 연구를 통하여 신제품아이디어를 수집할 수도 있는데 아
이디어는 신소재(반도체), 합성섬유 등과 같이 기초연구로부터 얻
어지는 경우가 많지만 일반적으로 많은 투자비용과 장기간의 시간
이 필요한 기초연구보다는 단기적 이윤증대에 기여할 수 있는 응
용연구나 제품개량연구에 보다 많은 관심을 가지게 되므로 동 조
사과정에서는 연구기관의 특허라든가 학술회의의 자료 등의 연구
정보를 이용하는 것이 효과적이다.

(3) 경쟁기업조사

동종기업의 신제품개발 활동과 신규사업의 판매활동, 주요 목표
등을 주의 깊게 관찰·조사하면 매우 중요한 자료가 될 수도 있
다. 예를 들면 국내자동차 완성업체인 H사는 전 세계에서 출시되
고 있는 신제품을 모두 수입하여 성능 등을 분석하여 그 결과를

신제품개발에 반영하고 있는데 이와 같이 경쟁기업의 신제품을 구입하여 연구하는 것도 하나의 방법이 될 수 있다.

(4) 영업·판매점 조사

자사의 영업담당자와 판매점은 현 제품에 대한 고객의 불만사항 및 새로운 기능의 요청 등 고객의 니즈를 직접적으로 파악할 수 있을 뿐만 아니라 경쟁기업의 움직임을 가장 먼저 파악할 수 있는 위치에 있다. 따라서 신제품 아이디어의 좋은 정보원이므로 담당자에게 교육을 잘 시켜서 신제품 아이디어를 제안케 하고 포상 등을 실시하여 동기를 부여할 필요가 있다.

3) 신제품 개발 아이디어 제안기법

사업아이디어는 수집·학습·축적된 다면적 지식의 조합에 의하여 발생하는데 아이디어는 착상, 재치, 아이디어 등을 포함하는 개념이다.

착상은 실제 이론이나 정보의 뒷받침이 없는 것으로 실용성이 부족한 단순한 생각을 말하며, 재치는 전문적인 지식을 지닌 사람이 어느 순간에 '아 이것이다.'라고 하는 생각으로 착상보다는 실용성·논리성을 가지고 있으나 제품화에는 아직 이른 단계의 생각이다. 그리고 아이디어는 제품화가능성이 있는 생각으로서 구체화한 제품이미지라고 할 수 있는데 이런 아이디어를 제품화하기 위해서는 기술과 마케팅에 대한 인식이 필요하다.

신제품 개발에 있어 아이디어의 중요성이 강조됨에 따라 그동안 많은 아이디어 제안기법이 개발되어 활용되고 있다. 대표적인 기법으로는 속성열거법, 강제연상법, 문제분석법, 브레인스토밍법, 브레인라이팅법, 발상체크리스트법, 표 형식 발상법 등을 들 수 있다.

(1) 속성열거법

이 기법은 대상의 속성을 열거ㆍ정리ㆍ세분화하고 개개의 속성을 변화시켜 새로운 속성을 조합한 후 제품아이디어나 개선안을 창출하는 방법으로, 기존 제품의 개선에 많이 이용되는 기법이며 성능ㆍ외형 등 새로운 속성을 조합한 발상이므로 '생략할 것인가, 용도를 변경할 것인가, 수정할 것인가, 확대할 것인가, 축소할 것인가, 단순화할 것인가, 대체할 것인가, 배열을 달리할 것인가, 조합해 볼 것인가' 등과 같은 조합을 통하여 유익한 아이디어를 창출할 수 있다.

(2) 강제연상법

이는 몇 가지 대상제품을 열거한 후 정리하여 그 가운데 하나의 제품을 선택한 후 이를 모든 제품과 비교하면서 관찰하는 기법이다.

(3) 문제분석법

새로운 정보를 소비자로부터 구한 후, 제품에 대한 보다 심층적인 분석을 통하여 아이디어를 제안하는 기법으로 문제분석법은 소비자에게 특정 제품과 제품군의 사용법에 관하여 어떤 문제가 있는지를 질문하여 소비자의 수요(Needs)와 욕구(Wants)를 탐구하는 기법이다.

(4) 브레인스토밍법

선발된 소수의 구성원들이 집단회의를 열고 집단의 리더가 제기한 문제에 대하여 참가자 각자가 생각나는 아이디어를 자연스럽고 자발적으로 제시하게 함으로써 유용한 아이디어를 가능한 한 많이 얻어 문제를 해결하려는 활동으로, 효율적인 운영을 위해서는 제안된 아이디어에 대해서는 비판하지 않는다, 자유롭게 기분 좋게 이야기한다, 아이디어의 질보다는 많은 양의 아이디어 제안을 추구한다, 아이디어를 조합, 발전시킨다 등 4대 원칙을 반드시 지켜야 참신한 아이디어를 창출할 수 있다.

(5) 브레인라이팅법

브레인스토밍법과 같이 자유연상에 의한 아이디어 개발방법이나 참여자들 간 문제에 대한 대화를 나누지 않고 백지에 각자의 아이디어를 적는 방법이다.

이 방법은 구두표현이 그다지 세련되지 않은 집단, 즉 대화력이 약한 사람들의 특성에 맞게 개발된 것으로 치밀한 검토를 요하는 문제에 대한 해결방안을 모색할 때 적합한 방법이다.

(6) 발상체크리스트

체크리스트를 이용하여 아이디어를 발상하는 기법으로 단시간 내 다각적인 분석이 가능하여 보다 좋은 아이디어의 도출이 가능하다.

(7) 표 형식 발상법

발상을 촉진하는 포인트를 정리하고 이들을 조합하여 발상과정을 표로 순서화함으로써 독창적인 아이디어를 구하는 방법이다. 이 방법에는 조합발상법, 유추발상법, 시즈발상법 등 세 가지 방법이 있다.

조합발상법은 5W1H 등 과제에 대한 소비자 니즈로부터 발상의 포인트를 미리 정리해 두고 조합 과정에서 아이디어를 창출하는 것이다. 니즈는 있는데 아이디어가 부족한 경우 이용하는 방법이다.

유추발상법은 상품이 갖는 상식적인 성질을 반대로 보아 키워드로부터 유사성을 찾아내 독창적인 아이디어를 발상하는 방법이다.

4) 특허검색

특허청에서 제공하는 특허정보 무료검색서비스(KIPRIS)(http://www.kipris. or.kr)에서 특허, 실용신안, 의장, 상표출원에 대한 등록 여부를 검색할 수 있는데 아이디어를 확보한 후 해당 아이디어에 대한 특허등록 여부와 특허 MAP을 확인하여 해당 제품의 발전과정과 발전방향도 알아보아야 한다. 시대의 흐름에 맞지 않는 상품이나 아이디어는 시장이 형성되기 어렵기 때문에 아무리 좋은 것이라도 쓸모없는 것이 될 수 있다.

2. 개인 사업목표 수립

창업자는 창업회사의 가치체계(미션, 비전), 사업규모, 진로, 전략목표 등을 확고하게 설정하고 사업을 시작해야 사업진행 중 방향을 잃고 표류하지 않으며 확고하게 설정된 목표라 할지라도 외부

경영환경의 변화를 주시하면서 변화에 유연하게 적응할 수 있어야
한다. 창업자가 설정한 목표는 주관적인 기준으로 설정할 수도 있
고, 객관적인 기준으로 설정할 수도 있다.

사업목표 설정 시, 우리기업은 왜 존재하는가, 우리의 중·장기
목표는 무엇인가, 어떤 규모의 성장을 원하는가, 성숙기에 계속기
업으로서 비즈니스를 매각할 것인가 유지할 것인가, 사업이 성장
후 자녀들에게 상속할 것인가, 직원들에게 물려 줄 것인가, 사회에
헌납할 것인가, 사업을 경영하면서 위험성 있는 시도도 할 수 있
는가, 성장을 추구할 것인가 안정을 추구할 것인가, 어떻게 사회에
기여할 것인가 등에 대하여 깊은 성찰이 필요하다.

3. 기업의 성장과정

기업 창업 후 성장과정을 보면 기술개발단계, 생산단계, 마케팅
단계 세 단계로 크게 구분할 수 있는데 기술개발단계에서의 생존
율은 90%로 거의 모든 기업이 살아남고 생산단계에서 40~50%로
기업의 절반 정도가 도태되며 살아남은 기업들은 생산한 제품을
마케팅하는 과정에서 거의가 도태되고 5~10%의 기업만이 생존하
게 된다.

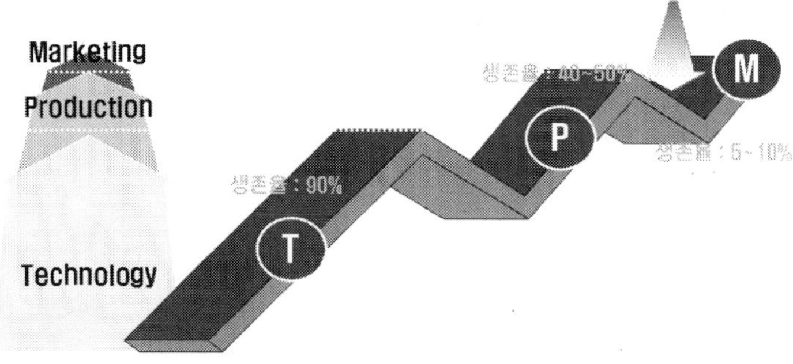

1) 기술개발단계

무한경쟁시대에서 기업생존의 요체는 기술로서 기업이 생존하기 위해서는 지속적으로 기술을 개발해야 하며 기술혁신을 통해 제품의 품질을 향상시키고 생산원가를 감소시키는 데 주안점을 두어야 한다. 기술개발의 삼위일체는 정보(Information), 기술개발인력(Man-Power), 자금(R&D 자금)이다.

창업자들은 기술개발만 완료하면 기업에 자금이 유입되어 경영이 금방이라도 정상화될 것으로 판단하지만 사실은 이후의 문제가 더 크다는 점을 인지하고 대비해야 한다.

2) 생산단계

개발된 기술의 활용과 응용으로 신제품을 생산하는 단계에서는 생산시설의 준비, 생산인원의 선발과 교육, 원자재의 구입 등 해결해야 할 문제가 많지만 제품의 시장성, 제품의 경쟁력, 제품의 품질 등의 문제로 창업기업의 반 정도는 생산단계에서 도태되고 있다.

생산의 6요소는 입지(Site), 공장 건축(Factory building), 기계·장비(Machinery & Equipment), 인력(Labor), 원자재(Raw – Materials) 디자인(Design)으로 어느 하나 만만한 것이 없음을 인지하고 철저히 준비해야 생존할 수 있다.

3) 마케팅단계

기업의 목표(Goal)는 이윤창출로서 이윤을 창출하기 위해서는 생산제품이 창고에 쌓여 있어서는 안 된다. 그래서 기업은 온 힘을 다해 제품(상품)과 소비자의 연결고리인 마케팅 활동을 전개하지만 이미 시장에는 수없이 많은 유사제품들이 나름대로의 시장점유율을 확보하고 후발주자의 진입을 막고 있으며 소비자 또한 새로운 제품에 대한 인지도가 낮아 판매에 어려움을 겪게 된다.

마케팅의 3요소는 기존거래관계의 보수성을 타파하면서 장벽을 허물고 자사 제품이나 서비스에 대한 고객의 인지도(Brand Power)를 향상시키고 신뢰도(Credibility)를 제고해야 한다.

기술·생산은 필요조건이지만 마케팅은 충분조건으로서 생산한 제품을 시장에서 팔지 못하면 기업은 존립할 수가 없다.

4. SWOT 분석

1) SWOT 분석이란?

분석대상의 내부환경을 분석하여 강점과 약점을 발견하고, 외부환경을 분석하여 기회와 위협요인을 찾아내어 이를 토대로 강점은 살리고 약점은 죽이며, 기회는 활용하고 위협은 억제하는 경영전략을 수립하는 방법론이다.

이때 사용되는 4요소를 강점·약점·기회·위협(SWOT)이라고 하는데, 강점은 경쟁기업과 비교하여 소비자로부터 강점으로 인식되는 것은 무엇인지, 약점은 경쟁기업과 비교하여 소비자로부터 약점으로 인식되는 것은 무엇인지, 기회는 외부환경에서 유리한 기회요인은 무엇인지, 위협은 외부환경에서 불리한 위협요인은 무엇인지를 찾아낸다.

2) SWOT 분석 시 질문내용

① 어디에 우리의 사업이 위치하고 있는가와 어떻게 거기에 도달할 것인가?

② 우리가 감당해야 하는 사업상황은 무엇인가?

③ 미래를 위하여 배워야 할 것은 무엇인가?

④ 당면하게 될 위협은 무엇인가?

⑤ 우리에게 알려진 기회는 무엇이며, 어떻게 그것을 탐구하고 새로운 사업 기회로 창출할 수 있는가?

이상을 한마디로 말하면, 첫째는 우리는 어디를 향하여 갈 수 있는가와 둘째는 우리가 바라는 곳은 어디인가를 결정하는 것이다

SWOT 분석을 위한 비즈니스의 심층분석을 위해서는 아래 질문에 답하면서 해결책 또는 대응책을 발견할 수 있다.

(1) 제품 또는 서비스

- 제품이나 서비스의 품질은 좋은가?
- 경쟁업자와 가격이 어떻게 비교되는가?
- 판매촉진에 비용을 얼마나 쓰는가?
- 제품 또는 서비스를 어디서 팔아야 하는가?
- 어떤 방식으로 제품 또는 서비스를 변경해야 하는가?

(2) 재무

- 통상적인 이윤과 현금의 수준은 얼마인가?
- 제품 또는 서비스가 어디서 오는가?
- 우리의 대차대조표는 얼마나 건전한가?
- 어떤 자본원천이 유용한가?

(3) 인사

- 우리의 경영에 어떤 갭이 존재하는가?
- 종업원의 기능에 어떤 갭이 존재하는가?
- 무엇이 그들을 최선으로 일하게 하는가?
- 무엇이 그들을 최악으로 일하게 하는가?
- 그들에게 어떻게 임금을 지불하는가?

(4) 시설물

- 우리의 빌딩, 기계와 자동차 등은 얼마나 오래되었나?
- 그들의 수명 기대치는 무엇인가?
- 그들을 어떻게 효과적으로 사용하나?

외부환경에 관한 네 가지 주요 분야에 관한 질문내용은 다음과 같다.

(5) 소비자

- 소비자는 누구인가?
- 그들은 제품과 서비스에서 무엇을 바라는가?
- 그들에게 품질과 가격이 어떻게 중요한가?
- 제품 또는 서비스를 어디서 어떻게 구매하는가?
- 판매촉진이 얼마나 중요한가?
- 소비자들이 왜 우리의 제품 또는 서비스를 특별히 구매하는가?
- 제품에서 무엇을 개발하는가?
- 시장의 규모와 미래의 성적에 관하여 추정할 수 있는가?

(6) 경쟁업체

- 누가 우리의 경쟁업체인가?
- 그들은 어느 규모의 비즈니스이며 어디에 위치하고 있는가?
- 그들은 어떻게 이윤을 추구하는가?

(7) 기술

- 기술은 변하는가?
- 무엇이 변하는가?

(8) 경제

- 우리나라에서의 성장전망은 무엇인가?
- 해외로 판매(수출)할 수 있는가?
- 어떤 변화가 우리에게 영향을 미치는가?
- 무엇이 원자재의 가격에 영향을 미치는가?

3) SWOT 분석 및 활용

기업 내부의 강점과 약점을, 기업 외부의 기회와 위협에 대응시켜 기업의 전략을 도출하는 SWOT 분석에 의한 마케팅 전략 특성은 아래와 같은데 자사의 능력과 필요에 부합하는 전략을 선택하고 실행한다.

① SO전략(강점 – 기회전략) : 시장의 기회를 활용하기 위해 강점을 사용하는 전략

② ST전략(강점 – 위협전략) : 시장의 위협을 회피하기 위해 강점을 사용하는 전략

③ WO전략(약점 – 기회전략) : 약점을 극복함으로써 시장의 기회를 활용하는 전략

④ WT전략(약점 – 위협전략) : 시장의 위협을 회피하고 약점을 최소화하는 전략

4) 창업자의 SWOT 분석

성공적인 창업을 위해서는 창업자의 할 수 있다는 자신감이 중요한데 호경기라 하더라도 결의에 찬 창업자의 도전의식이 없으면 머지않아 어려움에 처하는 것과 마찬가지로 절망적인 불황이라 하더라고 자신감을 가지고 임하면 어떤 어려움도 극복할 수 있지만 무턱대고 자신감을 갖는 것은 무의미하다. 환경이나 역량에 대한 분석적인 시각이 없는 돈키호테식 자신감은 오히려 사업을 망칠 수도 있다.

이런 점에서 자신감을 회복하기 위해 자신의 강점과 약점을 파악해서 자신이 가지고 있는 장점은 최대한 활용하고 약점은 미리 보완하거나 피해 감으로써 실패를 미연에 방지할 수 있기 때문이다.

자신의 강점과 약점에 대한 판단은 주관적이고 자기지향적 판단으로 흐를 수 있으므로 더욱 냉철하고 합리적으로 모색해야 한다. 한 가지 유의할 점은 자신의 강점과 약점을 스스로 발견해야 하기 때문에 가급적 3차원 관점에서 접근하는 것이 중요하다. 자신이 어떤 직장의 인사담당자가 돼 적재적소에 활용하기 위해 남을 평가한다고 가정해 보자. 물론 평가 대상은 자기 자신이다.

자신의 강점이나 약점을 파악하는 것은 자만이나 자학의 목적이 아니라 창업에 전략적으로 활용하려는 것이므로 냉철하게 살펴보되 가급적 긍정적 안목에서 분석할 필요가 있다.

(1) 자신의 강점

막연하게 생각해서는 자신의 강점을 발견하기 쉽지 않다. 이럴 경우에는 1부 2장의 창업자의 적성과 자질에 나타나는 성격 유형이 참고자료가 될 수 있다. 어려운 상황일수록 자신의 잠재력을 찾는 것이 중요하다.

자본금이 부족하고 조달할 방법이 없다면 더욱 더 돈을 들이지 않고 아이디어로 돌파할 수 있는 방법을 찾아야 하며, 시장이 급랭해서 소비가 극심하게 침체된 경우에는 그런 상황을 돌파할 수 있는 전략을 세워야 하기 때문이다. 자신의 강점을 평가할 때는 가급적 직장이나 학창생활에서 검증된 것들을 중심으로 기술해야 주관적 오류를 방지할 수 있다.

다음의 체크리스트를 통해 자신의 강점을 발굴해 보자. 항목별로 자신이 어디에 해당하는지 체크해 보면서 강점을 파악할 수 있다. 평가방법은 먼저 각 항목에 자신의 해당 정도를 체크해서 '보통' 이상으로 표시되는 항목을 강점으로 분류하며 만일, 성품, 대인관계, 업무습관, 미래대비 항목에서 자신이 생각하고 있는 내용이 없거나 추가하고자 하는 경우에는 새로운 항목으로 넣어서 평가하면 된다.

이렇게 분류된 강점 항목을 상위 다섯 개만 골라 표에 옮겨 적으면 된다.

(2) 자신의 약점

스스로 생각해도 능력이나 자질이 부족한 부분은 누구나 있기 마련이다. 다음에 제시된 체크리스트에서 '보통' 이하에 해당하는 항목들이 자신의 약점이라고 볼 수 있는데 평균(30점)에 미치지 못하는 항목 중에서 하위 5개 항목을 골라 뒤에 제시되는 표에 강점과 함께 정리하면 된다.

강·약점 체크리스트(예시)

구 분	항 목	매우 그렇다 (5점)	비교적 그렇다 (4점)	보통 이다 (3점)	그렇지 않은 편 (2점)	전혀 아니다 (1점)
성 품	• 긍정적 사고를 한다					
	• 겸손하다					
	• 기지나 재치가 있다					
	• 인내와 끈기가 있다					
대인관계	• 대인관계의 폭이 넓고 깊다					
	• 활달한 성격이다					
	• 화술의 표현력이 뛰어나다					
	• 인상이나 외모가 호감을 준다.					
업무습관	• 업무에 완벽하다					
	• 일에 대해 집중한다.					
	• 기회 및 분석력이 있다					
	• 추진력이 있다					
	• 창의력이 있다					
미래대비	• 정보마인드가 있다					
	• 컴퓨터 실력이 있다					
	• 어학능력이 있다					
	• 독서를 많이 한다.					
	• 건강하다					

강점과 약점의 체계적 정리

No	강점 Best 5	약점 Best 5
1		
2		
3		
4		
5		

(3) 강점과 약점의 정리 및 활용

창업전략을 수립할 때 강점이 기회를 극대화시키는 용도로 활용
된다면 약점은 위험을 피하는 용도로 활용될 수 있는데 예를 들어
인터넷을 이용해서 전자상거래 사업을 하려는 두 사람이 있다면
한 사람은 컴퓨터에 능숙하고 정보마인드가 높은 반면, 다른 사람
은 그렇지 못하다면 전자가 성공할 가능성이 높은 것이다. 따라서
후자는 이런 분야보다 자신의 강점이 있는 분야를 중심으로 창업
을 준비하는 게 현명하다.

5. 창업자 적성평가

창업자의 적성평가는 창업의 핵심키워드로서 제1부 2장 창업자
의 적성과 자질 편을 참고하여 자신은 창업자로서의 적성과 자질
을 충분히 갖추고 있는지 파악하고 부족한 점을 보완하여 성공 창
업에 도전해야 한다.

6. 외부도움 필요 확인

창업은 혼자의 힘과 노력만으로는 많은 어려움이 있으므로 외부
도움 필요사항을 확인하고 구체적으로 어떠한 도움이 필요한지 점
검해 보아야 하는데 가족구성원, 친구들의 도움 및 지원, 은행, 벤
처캐피탈, 일반 투자자를 통한 재정적인 도움 및 지원, 기술지원

기관이나 전문가의 기술적인 도움 및 지원, 시스템적인 도움 및 지원, 정부의 도움 및 지원 등을 받을 수 있는지 여부를 사전에 충분히 파악하고 있으면 필요시 요긴하게 활용하여 사업성공에 보탬이 될 수 있다.

7. 시장분석

1) 시장 유형

시장은 분석해야 할 고객, 즉 구매 주체의 특성에 따라 다음과 같이 크게 네 가지 유형의 시장으로 나눌 수 있는데 개인 및 가정의 소비를 위해 구매하는 소비자 시장(consumer market), 가공이나 재생산을 목적으로 구매하는 산업구매자 시장(industrial market), 재판매를 목적으로 구매하는 재판매업자 시장(reseller market), 정부 혹은 공공기관이 구매 주체인 정부 시장(government market)으로 구분할 수 있다.

2) 고객 분석

(1) 고객 분석의 전제와 의의는 소비자의 구매 행동은 목표지향적인 행동으로 소비자가 주체적인 정보 처리를 하므로 소비자의 구매 동기와 구매 행동은 마케팅 조사를 통해 이해할 수 있다. 소비자의 구매 동기와 구매 행동은 기업의 마케팅 활동에 의해 영향을 받는데 소비자의 구매 동기와 구매 행동은 시간의 흐름에 따라

변화한다는 것을 전제로 분석해야 한다.

(2) 욕구(needs)와 요구(wants)의 이해

고객을 분석하는 첫 단계는 소비자가 원하는 바를 일차적인 결핍상태라고 할 수 있는 욕구(needs)와 이차적인 희망 사항이라고 할 수 있는 요구(wants) 두 수준으로 분리해서 이해할 수 있는데 첫째, 요구 측면의 수요 역동성 이해 욕구는 인간의 생존에 필수 불가결한 생리적 욕구나 생활에서 발생하는 욕구에 한정되는 것이 아니라 인간의 지속적이고도 보편적인 모든 동기 유발 요인을 말하는 것으로 적합한 시장 정의를 통한 경쟁 기업을 확인할 수 있게 되고 경쟁 차원에 관한 개념이 정리가 되며 따라서 효과적 마케팅 전략 수립이 가능해지며 시장 정의를 통해서 그 기업이 해야할 일 혹은 해서는 안 되는 일이 분명해진다.

둘째는 요구 측면의 수요 역동성 이해로서 수요라는 측면에서 요구(wants)의 개념은 욕구에 비해 훨씬 더 구체적이고 사람들에 따라 차이가 많으며 변화가 잦은 편으로 요구는 소비자의 제품 선택 기준이 된다. 선택 기준으로서의 요구는 반드시 유형적인 것이 아니다. 이미지 혹은 인격성과 같은 무형적인 선택 기준에 대한 이해가 더 중요하다.

3) 소비자 구매 행동 분석

(1) 구매 참여자는 제안자(initiator)로서 최초 구매 필요성을 제기하는 사람, 정보탐색자(searcher)로서 제품에 대한 정보를 탐색하는 사람, 정보통제자(gate keeper)로서 정보를 가려내거나 왜곡할 수

있는 위치에 있는 사람, 영향력 행사자(influencer)로서 구매 제안에 대한 의사결정에 영향력을 미치는 사람, 의사결정자(decider)로서 구매 의사 결정을 최종적으로 내리는 사람이다. 구매자(buyer)로서 실제로 제품이나 서비스를 구매하는 역할을 담당하는 사람, 사용자(user)로서 제품이나 서비스를 소비하거나 또는 사용하는 사람으로 구분할 수 있다.

(2) 구매 목적에 따라 분류하면 저렴한 가격과 편리함으로 자동 판매기 커피를 찾는 사람, 커피의 고유한 맛 때문에 커피 전문점 커피를 찾는 사람, 음악 감상과 휴식을 목적으로 고급 카페 커피를 찾는 사람, 고급스러운 분위기와 고품격 서비스 때문에 호텔 커피숍 커피를 찾는 사람으로 구분할 수 있다.

(3) 구매 절차는 구매 경험이 적고 관여의 체계적 구매 행동에는 문제 인식단계(problem recognition)의 문제인식이란 소비자가 바람직하다고 생각하는 상태와 실제로 느끼는 상태 사이의 차이가 일정 수준보다 커져서 구매동기가 활성화된 상태를 말하며, 정보탐색단계(information search)의 정보탐색은 우선 소비자 자신이 기억이나 경험을 되살리는 내부탐색(internal search)부터 시작되며, 그것만으로 충분한 경우에는 정보탐색이 끝난다. 대안평가단계는 평가기준파악, 상표신념구축, 태도 형성, 구매의도 형성으로 되어 있으며, 구매행동(purchasing behavior)단계는 특정 대체 안에 대해 구매 의도가 형성되면 구매 행동으로 옮기며 구매 후 평가(postpurchase evaluation)단계는 구매 후 평가를 만족, 불만족 또는 인지 부조화(cognitive dissonance)로 구분한다.

상품 준거(brand referral) 구매 행동은 예를 들어 자동차의 경우, 누구에게나 관여도가 높은 상품이다. 그런데 A사의 자동차에 대한 선호도가 대단히 높은 소비자에게는 재구매 시에 별다른 생각 없이 A사의 제품을 산다.

(4) 구매 행동 영향 요인은 문화와 하위문화란 어느 특정사회가 지니고 있는 가치관, 태도, 살아가는 방식을 통틀어 일컫는데 문화는 집단 구성원들의 행동방향을 제시하며, 행동을 규제하고, 행동에서 즐거움을 얻도록 해 주며 사회 계층은 비슷한 수준의 사회적 지위와 경제력을 가진 사람들의 집합을 같은 계층 내에서는 사람들의 태도, 가치관, 사고방식, 행동에서 많은 공통점이 발견되며 준거집단(reference group)이란 개인의 태도나 행동에 직접·간접으로 영향을 끼치는 모든 집단을 말한다.

- 회원집단 : 교회, 가정, 학교
- 희구집단 : 영화배우, 운동선수
- 회피집단 : 회원이 되기를 꺼려하는 집단
- 부류집단 : 가족, 이웃, 친구, 소속된 단체

생활양식(life style)이란 사람들이 생활 혹은 시간과 돈을 소비하는 유형을 말하는데 이는 소비 행동에 영향을 주는 또 하나의 중요한 개인적 특징이다. 생활양식은 개인이 문화, 사회계급, 준거집단, 가족 등의 영향을 받아 습득한 것이지만 보다 구체적으로 말하면 개인의 가치체계나 개성의 파생물이라고 할 수 있다.

개성(personality)이란 행동 반응의 결정요인이 되는 개인의 내적·외적 기질 유형을 뜻한다. 다시 말해서 개성이란 개인이 환경에 대한 반응을 결정·반영해 주는 내부 심리적 특성이라 할 수 있다.

인간의 학습은 충동, 자극, 단서, 반응 그리고 강화의 상호작용에서 이루어진다고 할 수 있다.

마케팅관리자는 이러한 학습 이론을 응용함으로써 자사 제품을 강력한 구매 충동과 연결시키는 방안, 제품의 구매를 자극할 수 있는 단서의 개발과 활용 방안, 자사 제품에 대한 긍정적 강화 효과를 창출하는 방안 등을 강구하는 데 도움을 얻을 수 있을 것이다.

4) 시장성 분석

시장성 분석이란 고려하고 있는 아이템을 어느 정도나 팔 수 있겠는가를 조사, 분석하는 일로 사업 아이템의 선정 및 평가 수단으로 이용할 수 있는데 시장을 발견하고 분리하고 설명하고 계량화할 수 있는 자료를 조사하고 분석하여 판매량을 추정하기 위한 활동으로써 환경분석(거시, 산업), 시장의 특성, 수요분석, 공급분석, 미래수요분석, 시장점유율 분석, 매출액 추정 등을 할 수 있다.

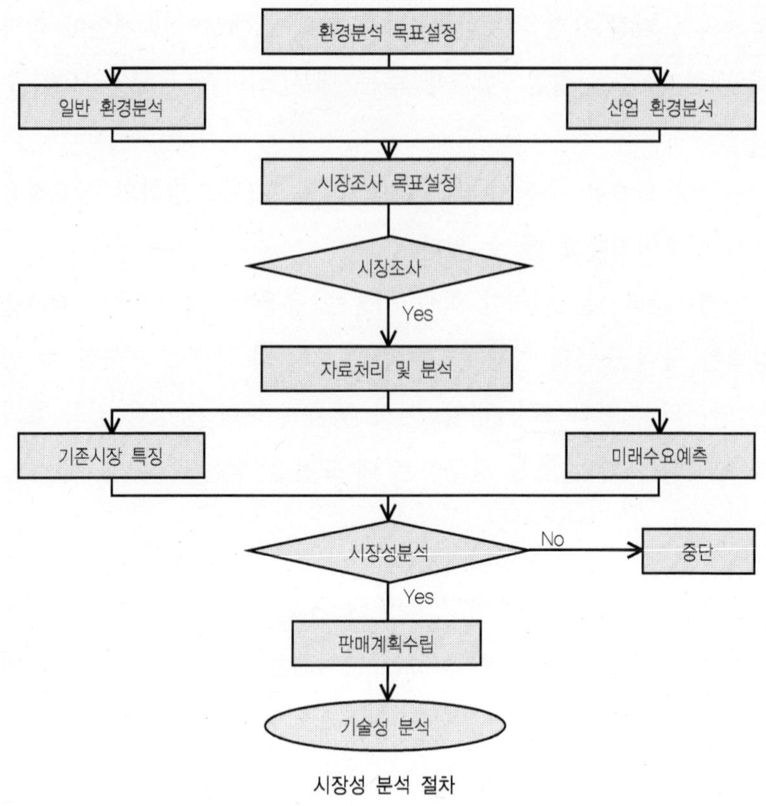

시장성 분석 절차

5) 기술성 분석

기술성 분석은 대상 아이템이 기술적으로 실현가능한지를 조사·분석하고(제품설계), 실현가능한 대안의 생산시스템(공정설계)을 선정하여 그 대안들에 대한 원가(Cost)를 추정하는 활동을 말하며 기술의 사업화가능성, 기술의 우위성, 제품의 용도 및 특성, 제조공정, 생산일정 및 공장규모, 생산설비 선정, 공장위치 선정 및 레이아웃, 소요 노동력, 원재료의 특성 및 수급관계, 폐기물의 유무 및 그 처리방법 등에 대한 분석을 한다.

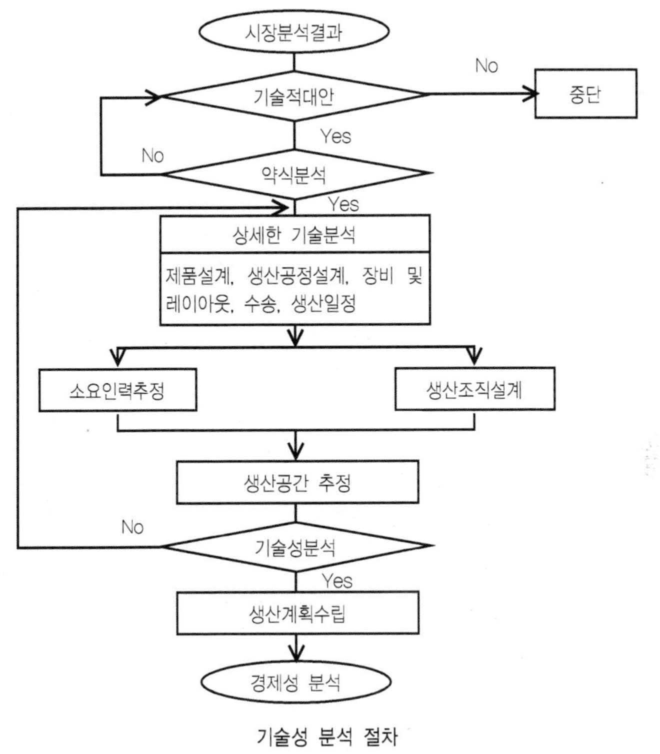

기술성 분석 절차

6) 경제성 분석

사업의 목표는 적정 이윤의 추구에 있으므로 시장성 분석과 기술성 분석을 통해 획득한 정보, 자료를 종합하여 필요한 자본의 규모를 결정하고 투자안의 현금흐름(CASH FLOW)을 추정하여 종합적인 경제성을 평가하는 활동을 수행한다.

프로젝트의 내용이 시장성과 기술성을 만족시킨다 하더라도 최종적인 투자의 결정은 경제성의 여부에 있다고 하여도 과언이 아니므로 경제성 분석은 매우 신중히 실시해야 한다.

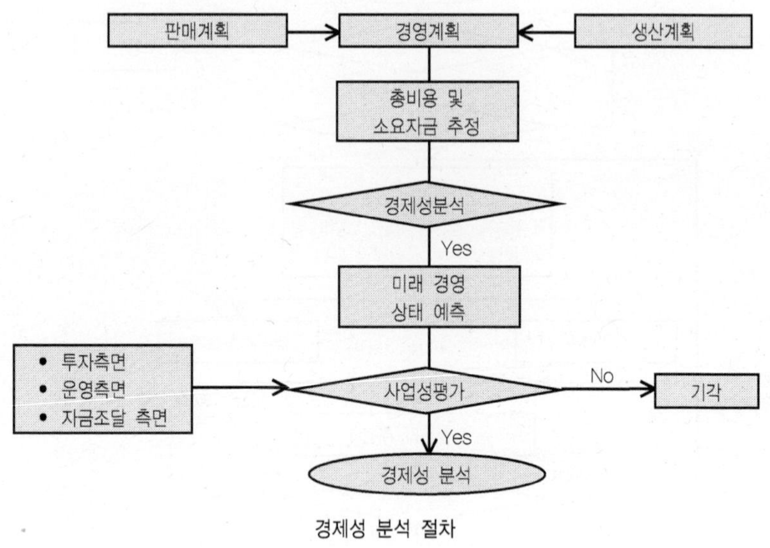

경제성 분석 절차

8. 생산제품 선정

소비자의 니즈(needs)를 파악한 후에는 생산제품을 선정하는데 현재 시장에 유통되고 있는 제품, 상표 등을 구체적으로 확인하고 개선점 및 고객에게 신선하게 접근할 수 있는 콘셉트로 구체화해야 한다.

제품은 문장으로 제시될 수도 실물로 제시될 수도 있는데 이 단계에서는 제품을 보완할 수도 있으며 언어 또는 그림으로 설명할 수도 있지만 제시되는 내용이 구체적일수록 제품테스트의 신뢰성은 높아지므로 실제로 제품모델을 2~3개 만들어서 소비자의 평가를 받아 보는 것이 필요하며, 소비자의 평가결과를 분석하여 가능성이 높은 제품 콘셉트가 만들어진다.

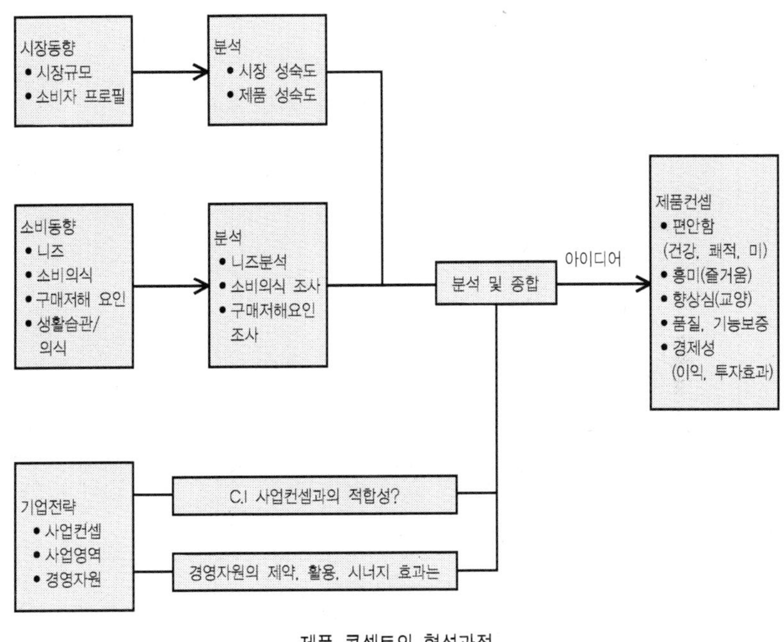

제품 콘셉트의 형성과정

9. 원가관리

1) 원가란?

원가동인의 변화에 따른 원가의 반응을 원가의 형태라 하며 원가는 변동원가, 고정원가, 혼합원가(준변동원가), 계단원가로 구분할 수 있다.

2) 원가의 추정

(1) 원가 추정의 기준은 원가와 원가동인 사이의 관계가 경제적
    타당성이 있어야 하며 원가와 원가동인 사이의 관계는 과거
    의 자료들을 설명할 수 있어야 한다는 기준이 있다.

(2) 원가추정방법은 변동원가는 조업도에 따라 총액이 비례적으
    로 변동하는 원가로서 경제학에서는 비선형원가함수를 가정
    하는 반면에, 회계학에서는 선형원가함수를 가정한 이유는
    추정의 용이함과 관련범위 때문이다.

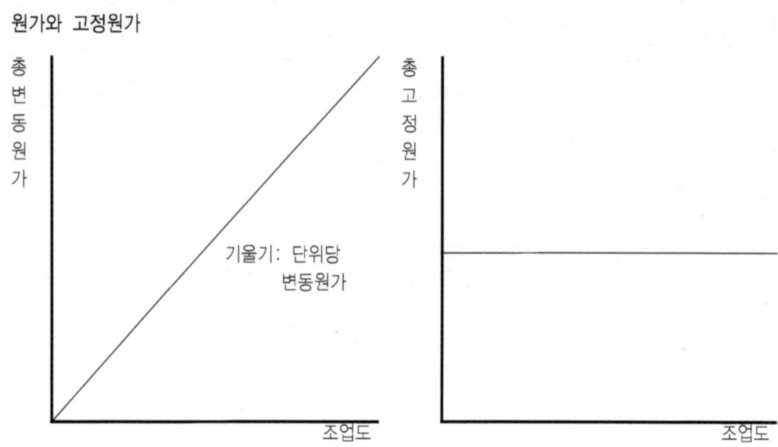

고정원가는 특정 기간 동안 조업도에 관계없이 총액으로 일정한
원가로서 고정원가 비중이 심화되는 이유는 생산의 자동화, 근로자
임금의 안정화 때문이다.

고정원가는 기초고정원가, 재량고정원가로 분류하며 기초고정원

가는 기업의 공장, 기계설비, 기초적 조직구조 등과 관련된 원가로서 공장감가상각비, 기계감가상각비, 재산세, 보험료, 최고경영자의 급료로 장기적으로 나타나며, 영업활동을 단축할지라도 계속 발생하는 원가이며 재량고정원가는 경영자의 연간 의사결정에 따라 발생하는 고정원가로서 광고선전비, 연구개발비, 홍보활동, 종업원 교육훈련 프로그램 등에 소요된 비용으로, 특징은 예산기간 초에 결정, 기간별로 조정가능하며, 통제가 힘들고, 투입과 산출과의 인과관계가 성립하지 않는다.

혼합원가는 준변동원가라고도 하며 변동원가와 고정원가가 혼합된 원가로서 유형은 수선유지비, 전력원가, 판매원의 급여 등이 있다.

계단원가는 일정한 조업도 범위 내에서는 원가가 일정하게 발생하지만 그 조업도를 벗어나면 원가가 상향 또는 하향하는 원가로서 원인은 투입요소의 불가분성 때문이다.

혼합원가와 계단원가

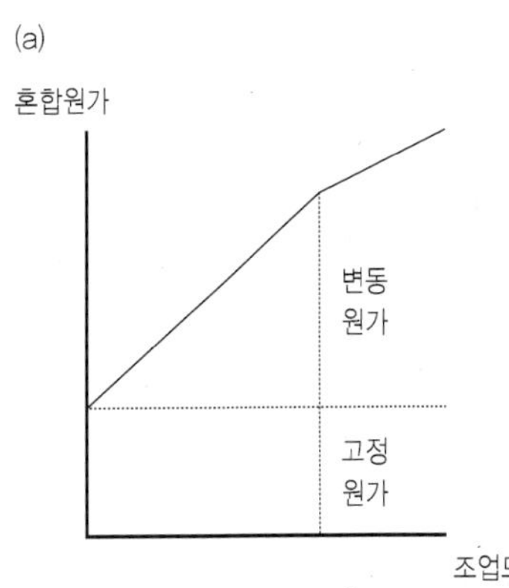

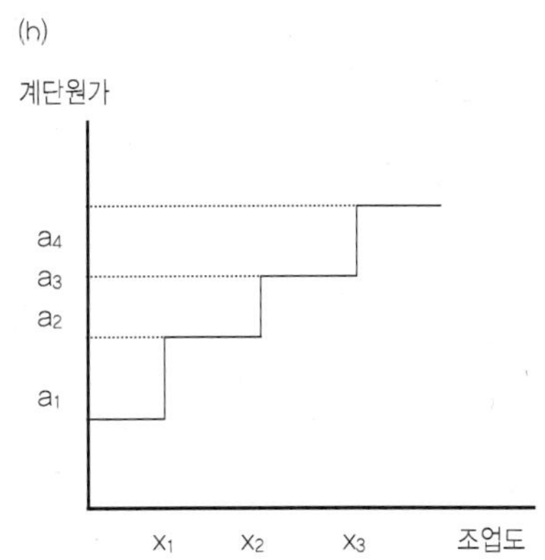

3) 원가계산 방법

원가계산

구분	항목		산출근거	단가	수량	금액	비고
고정비	1	인건비					
	2	임대료					
	3	통신료					
	4	차량유지비					
	5	식대					
	6	은행이자					
	7	보험료					
	8	할부금					
	9	감가상각					
	10	기계수리비					
	11	난방비					
	12						
	합계						
변동비	1						
	2						
	3						
	4						
	5						
	6						
	7						
	8						
	9						
	10						
	합계						
총생산량							
총판매량(금액)							
영업이익							
손익분기점	손익분기수량						
	손익분기금액						

10. 판매목표

이제 막 시작하려는 사업에 대하여 종합적인 계획을 어느 한 시점에서 수립하는 데에는 앞으로 일어날 일이 어떠할지를 모르고, 무엇을 알고 있어야 할지도 모르며, 알아야 할 것을 파악했다 하더라도 이에 대한 정보를 얻기가 쉽지 않기 때문에 적지 않은 문제가 있을 수 있지만 이럴 때에는 조금씩 더듬는 방식으로 직접 행동을 취해 보는 것이 유익하며, 언제라도 수정해야 할 상황이 발생하면, 신속하게 신축적으로 대처해 나가면서 창업방향을 잡아 나가는 것이 유리하다.

매출 추정

매출은 사업성공에 가장 중요한 요건이다. 매출이 손익분기점에 될 수 있으면 빠르게 도달할 수 있게 만드는 능력은 사업을 성공시키는 데 필요한 다른 모든 능력 가운데서 가장 필요하며 중요한 일이지만 창업 초기에 매출을 예상한다는 것은 쉽지 않은 일이다. 왜냐하면 창업자가 의지로 만들어 내는 일이기는 해도, 매출은 시장상황, 파는 방법, 제품의 성격, 경쟁자들의 움직임 등이 변하면서 따라 변할 수밖에 없기 때문이다.

판매를 예측하는 데는 원론적으로 세 가지 방법이 있는데 하향식 방법(top down), 상향식 방법(bottom up), 그리고 수평식 방법(horizontal)이다.

하향식 매출추정방식은 전체 시장으로부터 자기 사업체의 몫으로 계산해 내려오는 방식으로 전체 시장규모를 사전에 연구해 낸 후 창업기업의 시장점유 정도를 계산하는 이 방식이 흔히 범하는 오류는, 시장규모를 너무 과대하게 평가하는 경향이 있는데다가, 자기 사업의 점유율을 역시 과대하게 높여 잡는 경향이 있다.

상향식 매출추정방식의 판매추정은 하향식 매출추정방식보다는 좀 수고스러운 방식이기는 하지만 훨씬 더 정확할 수 있다. 이 방식을 취하면 우선 주변을 세세히 관찰하여 가능하다면 구매고객별로 시장을 쪼개서 분석한다. 그다음 창업기업이 획득할 수 있는 특정 고객집단이나 세부시장을 기초로 하여 매출액을 각각 계산해 내고, 이들을 모두 더하여 합산하게 된다. 이 방식은 꼼꼼하게 구석구석 찾아서 매출처를 수색해 내어야 하는 수고를 해야 한다. 그렇지만 구체성이 높고, 실제로 실현해 낼 수 있는 가능성을 더 높이며, 이렇게 예측해 나가는 과정에서 사업의 실체를 좀 더 현실적으로 깨달을 수도 있다.

수평적 매출추정방법은 창업기업과 유사한, 이미 설립되어 성공한 기존의 사업체들의 수준과 단순하게 비교해 보는 방법으로 주의할 점은 새 회사는 언제나 기존회사와 경영환경이나 조건이 다르고 또 이 방법이 효과적이려면, 새 회사가 비교회사의 여러 조건을 고루 갖추도록 해야 정확한 비교가 가능해진다.

11. 제품개발 및 시제품 제작

1) 제품개발

물리적 가능성 연구 및 실현성 분석은 물리적으로 기능을 하도록 하거나 점검하는 제품기능성 분석, 고객이 제품을 사 주도록 맞추어 나가는 판매가능성, 동작이 제대로 되고, 시장에서 구매해 주는 제품을 내가 실제로 만들어 낼 수 있도록 해 주는 생산가능성 분석, 만들 수 있고, 기능을 제대로 하며, 시장조건에 맞도록 해 놓은 후, 과연 만들어 놓은 제품이 실제로 이익을 내도록 만들어 가는 수익성 분석 등이 있다.

물리적 가능성 연구 및 실현성 분석은 다음과 같은 실패의 원인을 막아 주는 데 기여하는데 제품이 개발되고 있는 중심개념이 작동성이 없거나, 시장 요구상황에 맞지 않아 제품이나 서비스 개발에 들어가는 노력과 시간과 돈이 낭비되거나, 제품이 기반하고 있는 개념이 작업성은 있으나, 시장 요구상황에 맞추지를 못해, 오래지 않아 경쟁자가 나타날 단서를 제공하고, 최초 창업회사는 강제 퇴출되거나, 개념의 작업성도 좋고, 고객구매조건도 잘 갖추었으나, 설계가 잘못된다든지 하여 실제 생산에 있어서 경제적으로 생산하는 데 실패하여 우스꽝스럽게도 원가가 치솟게 되거나 A/S비용이 많이 들게 되거나, 제품이 제대로 개발되었고, 고객도 만족하도록 되어 있고, 생산도 이상적으로 잘 되고 있으나, 고객의 손에 제품이 넘겨졌을 때, 이 제품이 그만 기능상의 문제 등을 일으켜 고객이 손해배상청구 소송을 일으켜 사업이 막다른 지경에 이른다거나,

창업한 사업체가 생존하려면 다방면으로 재능을 규합하여야 하고, 갖가지 지원이 필요하게 될 터인데, 초기에 이를 미리 갖추는 데 실패하여 능력이 부족한 창업이 되었을 경우, 곧 경쟁자가 나타나 창업사업을 인수해 가 버리게 되거나, 창업이 성공하기는 하는데, 목전의 창업사업이 암시하는 옆길사업기회에 충분히 주의를 기울이지 못해서 사업성공의 가능성을 완전히 확보 못 하는 등이다.

2) 시제품 제작

시제품의 제작은 창업자가 직접 제작할 수도 있고, 주위의 관련 전문가, 기계제작소, 연구소, 대학, 중소기업진흥공단 시제품제작 지원사업, 한국발명진흥회 우수특허 사업화 패키지 지원사업/시제품제작지원 사업, 중진공/생기원 아이디어 상업화 지원사업 등을 통하여 제작할 수도 있다.

□ 시제품 제작지원제도

(1) 중소기업진흥공단 시제품제작 지원사업

지원내용은 제품개발 상담 및 3D 설계, 엔지니어링해석(CAE), 3차원 측정 및 역설계(3D Scanning & Reverse Engineering), 시제품 제작, 온라인 협업개발지원(www.camtech.or.kr) 등이 있다.

제품개발 상담 및 3D 설계지원은 다양한 제품개발 경력의 전문가 상담을 통해 개발 초기부터 효과적인 개발 방향 설정을 도와드리며, 개발시행 착오를 줄이고 상품화가 가능한 제품디자인, 기구설계 등의 설계를 지원한다.

엔지니어링해석(CAE)지원은 기구, 구조, 사출성형 해석 등 제품 개발의 기술적 애로 해결을 위한 컴퓨터 시뮬레이션 기술을 지원해 준다.

3차원 측정 및 역설계(3D Scanning & Reverse Engineering)는 제품에 대한 정밀측정 및 곡면형상 측정을 통해 도면이 없는 샘플 제품의 디자인 및 설계에 필요한 데이터를 추출하고, 이를 활용하여 제품의 도면화 및 제품검사(Inspection) 등을 지원해 준다.

시제품 제작지원은 양산체제 구축 이전에 시행착오 예방을 위한 디자인 및 기능 검토용 시제품, 전시회 출품 및 규격승인용 시제품 제작을 지원해 준다.

온라인 협업개발지원(www.camtech.or.kr)은 제품개발 관련업체(디자인/설계/생산/바이어 등)가 온라인상 원격지에서 동시에 참여하는 화상기술 회의 및 온라인 협업 기반의 기술협의 시스템을 통해 제품개발을 효율적으로 수행하도록 지원해 준다.

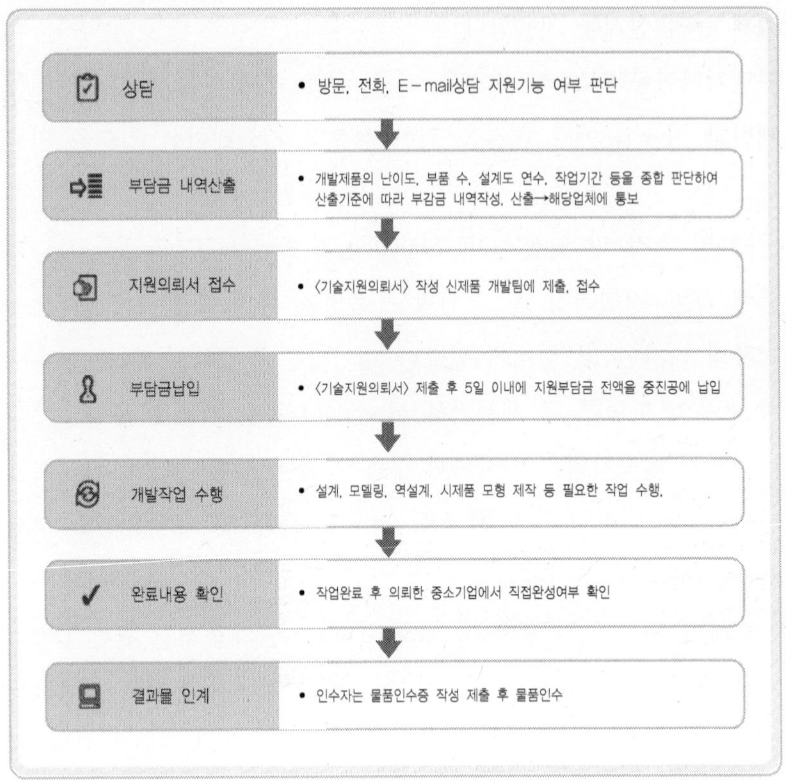

지원 절차도

지원대상은 신제품 개발을 목적으로 기술지원을 받고자 하는 중소기업으로50인 이하 소기업, 수출 주도형 중소기업을 우선 지원하며 수출상담·전시용 샘플제품을 지원한다.

(2) 한국발명진흥회 우수특허 사업화 패키지 지원사업/시제품제작지원

사업개요는 개인발명가 및 중소기업이 보유한 특허·실용신안·디자인의 기술성 및 사업성이 우수한 특허를 엄선·지원하는 우수특허 사업화 지원사업(국제출원비용·시작품제작·발명의 평가비

용)과 특허·브랜드·디자인경영 등 지식재산 경영컨설팅사업과 연계하여 기업별 실정에 맞게 맞춤형 패키지 형태로 지원하는 사업이다.

대상사업은 국제출원비용 지원, 우수발명시작품제작을 지원하며 발명의 평가비용 지원, 지식재산경영 컨설팅 등도 함께 지원한다.

사업별 신청기간

　① 국제출원비용 : 연중 수시

　② 시작품제작지원 : '09. 1. 12.～'09. 2. 13.(1회)

　③ 발명의 평가비용 : '09. 1. 12.～'09. 2. 1.3

　　(단, 기술거래용 평가는 예산 범위 내 연중 수시 접수)

　④ 중소기업 지식재산경영 컨설팅신청 : 우수특허 사업화

　　지원사업의 신청기간과 동일

(3) 중진공/생기원 아이디어 상업화 지원사업

아이디어 상업화 지원사업의 사업목적은 성공가능성이 높은 우수 아이디어를 발굴하여 상품화 제작, 소비자 반응평가, 마케팅 등을 원스톱 지원하여 창업 성공률을 제고하는데 있다.

지원대상은 예비창업자 및 2008년 12월 29일 현재 창업 후 3년 이내 기업으로, 지원내용은 아이디어사업자당 50백만원 이내(총 사업비의 70% 한도) 지원, 아이디어 발굴, 상품화제작, 소비자 반응평가, 마케팅, 자금조달 연계 등 창업부터 사업 안정화까지 일괄 지원하며 아이디어사업자는 총 사업비의 30% 이상을 부담하며 이 중 10%는 반드시 현금으로 부담해야 한다(현물의 경우 주관기관

과 협의를 통하여 주관기관이 부담가능하다).

제품이 기능을 발휘하도록 계획하고, 계획된 대로 기능이 발휘되는 제품을 실제로 생산할 수 있게 하는 방법은 설계의 여러 형태나 과정을 충실히 거침으로써 가능해진다.

아이디어로 발상된 제품에 기능을 집어넣는 일이 제품기능설계이다. 설계된 제품은 실제 최소의 재료 투입과 효율적인 공정으로 생산이 가능하도록 설계되어야 하는 것이기 때문에 기능설계는 생산가능설계를 동시에 생각하여야 한다. 설계는 선례역할, 추상설계, 실물모형, 디버깅, 스타일 잡기와 포장, 생산설계 등으로 설명할 수 있다.

① 선례역할 : 과거의 경험적 제품(서비스)에서 아이디어를 얻어 이를 모방하고 품질개선 등을 추가하는 것이다.
② 추상설계 : 실물모형을 구상하기 전에 먼저 추상적으로, 머리를 이용하여 설계를 그려 보는 것이다. 우선 머릿속으로 쭉 생각을 해 보는 방법과, 종이와 연필을 가지고 그려 보는 방법, 컴퓨터로 설계해 보는 방법 등이 있다.
③ 실물모형(프로토타입) : 연필과 종이의 수준을 지나 이제 실물의 형태로 직접 신제품의 모형을 만들게 되면, 여러 가지 특별한 이점을 얻을 수 있다.

기능을 발휘하는지 확실히 알 수 있다.

어떤 모양이 될지를 확인할 수 있고, 다른 모양을 취할 대안을 생각할 수 있다.

- 개선할 방법을 찾게 된다.
- 원가 자료를 얻을 것이고, 원가의 세부내용을 파악하게 된다.
- 특허권 신청에 관한 구체적 사항을 추려 내게 한다.
- 예상 잠재고객들에게 실물모형을 보여 줄 수 있고, 시장검증을 할 수 있게 된다.
- 동업자, 직원 또는 투자자들에게 모형을 보여 주고 이들을 설득할 수 있게 된다.

④ 디버깅 : 결함을 찾아내서 제거하거나 수정하는 일을 디버깅이라 한다.

⑤ 스타일과 포장 : 실현성 분석과 제품설계를 진행하면서 동시에 개발된 제품이나 서비스를 어떤 모습으로 고객에게 제시할 것인가를 생각해 두어야 한다.

스타일이나 포장이 해결해야 할 일은 다면적이다. 상품이 외견상으로 품위 있게 보이도록 할 뿐만이 아니라, 사용하기 더 쉽고, 더 안전하게 만들어야 하고, 운반편리성이 있어야 하며, 쌓아 놓기도 좋아야 하고, 로고 모양도 알맞아야 하고, 색채의 선택이 우수해야 하며, 특히 PL법을 염두에 두고 사용설명서 제작에 주의를 기울여야 한다.

⑥ 생산설계 : 제품모형을 설계하는 데 어려움이 있겠지만, 채택된 모형을 이제 실제 생산에 걸어 제조해 내도록 하는 데는 모형제작 때에 못지않은 어려움이 따른다. 가장 중요한 사항

은 제품의 설계가 생산에 들어갔을 때 말썽 없이 진행될 수 있도록 해야 한다.

12. 투자능력 확인

사업을 시작하기 전에 사업에 필요한 총소요자금을 정확히 산정하는 일은 현실적으로 어려운 일이며 사업을 경영하다 보면 계획과 실제는 차이가 나고 예상하지 못한 지출이 발생해 당초의 자금계획보다 많은 지출이 이루어지는 것이 보통이다. 따라서 조달할 자금은 추정된 총소요자금의 약 1.3배 정도를 마련하는 것이 바람직하다.

총소요자금이 파악되면 자신이 조달가능한 자금을 초과하는 부분은 차입으로 조달하게 되는데, 초보 창업자의 경우 자기 자금은 총소요자금의 70% 이상이 바람직하다.

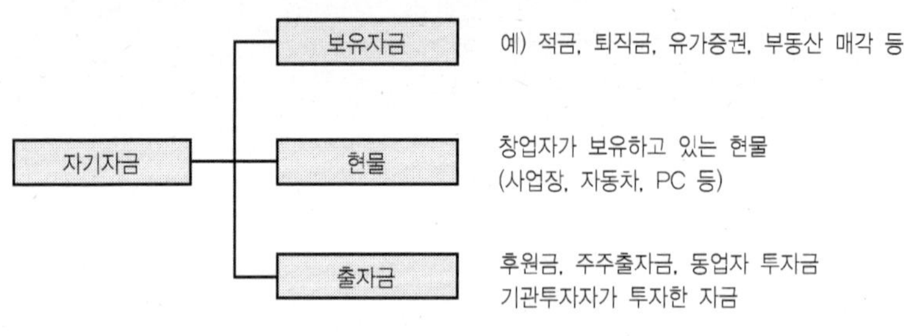

자기 자금의 유형

13. 재무추정 및 수익계획

1) 추정손익계산서

추정손익계산서는 기업의 향후 성장가능성을 타진해 볼 수 있는 가장 중요한 재무제표이다. 연도별 매출액 규모는 얼마나 되며, 당기 순이익은 어느 정도를 실현하여 기업의 궁극적인 수익달성가능 여부를 예측할 수 있기 때문이다.

따라서 원칙에 입각해서 추정손익계산서를 작성할 경우에는 여러 가지 부속명세서, 즉 추정제조원가명세서, 고용계획 및 인건비 명세 등 판매비와 일반관리비 명세서, 감가상각 및 이연자산상각, 지급이자와 할인료 등 영업 외 비용명세 등 각종 부속명세서를 작성해야 한다.

추정제조원가명세서는 각 제품별로 제품 한 단위당 원재료비, 노무비, 경비를 산정하여 연간 총제조비용을 산출한 후, 여기에 기초 재공품 재고액, 즉 전기 말 재고품 재고액을 가산하고, 기말 재공품 재고액을 차감하여 당기 제품 제조원가를 산출한다. 이렇게 산출된 당기 제품 제조원가를 추정손익계산서의 각 연도별 매출원 가란에 이기한다.

판매비 및 일반관리비 추정은 인건비와 경비로 대별하여 작성하되, 인건비명세는 각 연도별 고용계획에 의거, 관리직과 생산직 직원의 1인당 월평균 임금을 기준으로 월급여와 상여금 등 연간 지급월수를 산출하고 여기에 연도별 종업원 수를 곱하여 산출한다. 이때 각 연도별 인건비 예상액은 평균 인건비 상승률을 적용하여 가산한다.

판매비와 일반관리비 중 경비는 회사 실정에 따라 각 항목별 기준연도 예상경비를 산출한 후, 이를 기준으로 각 연도 경비집행 예산을 산출하되 이때는 각 연도별로 소비자 물가상승률을 감안하고, 특정경비가 늘어날 특수사정이 있는 경우에는 이를 감안하여 각 연도별 경비집행 예상액을 산출한다.

유형고정자산 및 이연자산에 대한 감가상각비 추정은 여러 가지 관련 요소가 존재한다.

첫째 요소는 대상자산으로서 건물, 구축물, 기계장치, 차량운반구, 공구·기구·비품 및 기타의 유형고정자산 및 이연자산이 대상이 된다.

둘째 요소는 감가상각비 계산의 기준, 즉 감가상각 대상가액이다. 여기서 '감가상각비 계산기준 = 취득원가 - 잔존가액'이다.

셋째 요소는 내용연수이다. 내용연수는 자산을 취득했을 때부터 이를 폐기할 때까지의 추정된 사용연수이다.

넷째 요소는 감가상각의 방법이다. 감가상각 방법은 정액법, 정률법이 있는데 일반기업에서는 정액법을 주로 사용한다.

추정손익계산서 작성 후에는 반드시 손익분기점 분석과 수익률을 현가법(NPV)에 의해 계산해 봄으로써 목표수익률 달성이 가능한지, 그리고 사업성이 있는지를 분석해 보아야 한다. 만약 손익분기점 매출이 창업 3~4년 후에 실현된다면 2~3년 내에 손익분기점 매출액이 실현되도록 재조정할 필요가 있으며, 내부수익률법(IRR) 또는 순현가법(NPV) 등에 의거하여 투자수익률을 계산해 보아서 목표수익률에 미달하는 경우 역시 추정손익계산서를 재작성하지 않으면 추정손익계산서뿐만 아니라 사업계획서 전체가 무의미해질 수 있다.

(1) 내부수익률법(IRR: Internal Rate of Return Method)

투자로 인한 미래 현금유입의 현가와 현금유출의 현가를 동일하게 하는 할인율(내부수익률)을 가지고 투자결정을 하는 방법

(2) 순현재가치법(NPV: net Present Value Method)

투자로 인하여 발생하는 미래의 모든 현금흐름을 적절한 할인율(요구수익률, 자본비용 등)로 할인하여 순현가를 구하고 이에 의하여 의사결정을 하는 방법

2) 추정대차대조표

추정대차대조표의 작성순서 및 방법은 다음과 같다.

첫째는 전기 말 재산상태(기존업체 경우) 또는 현재의 재산상태(창업기업 경우)를 기준으로 작성한다. 즉 직전연도 대차대조표 또는 사업계획서 작성일 현재의 기준연도 대차대조표를 작성한 후 자금수지 예상표상의 자금 원천 부분과 자금 사용 부분의 순증감액을 각 계정과목별로 가감하여 현재의 재산상태를 기록한다.

둘째는 추정대차대조표 항목 중 자금수지예상표와 손익계산서와 상호 연관이 있는 항목, 즉 유형고정자산 · 이연자산 · 단기차입금 · 장기차입금 · 자본금 · 당기 순이익 등을 우선적으로 연계하여 손익계산서상 비용 부분에 계산된 항목은 추정대차대조표상 해당 자산 계정에서 이를 차감하는 형식으로, 그리고 자금수지 예상표상

순증감액을 가감하여 추정대차대조표를 부분적으로 작성한다.

셋째는 손익계산서상 매출액을 기준으로 총자본 회전율(＝매출액/총자본)을 곱하여 자산총계 및 부채와 자본총계를 산출한다.

넷째는 한국은행 및 한국산업은행의 기업경영분석 또는 재무분석자료의 중소기업 동업계 대차대조표 자산총계 및 부채와 자본총계에 대한 각 계정과목의 비율을 적용하여 연도별 각 계정과목의 금액을 산정한다. 물론 부채와 자산총계가 일치해야 된다. 그리고 각 자산계정의 합계와 자산총계, 부채와 각 계정과목의 합계가 부채와 자본총계 합계와 세부적으로 일치하는지도 확인해야 한다.

3) 손익분기분석 및 수익성 향상계획

(1) 연도별 이익계획

연도별 이익계획은 추정손익계산서상의 매출액, 매출총이익, 경상이익, 세전 순이익, 당기 순이익으로 구분하고 동 업계와 대비하여 보는 것도 좋다. 경쟁사와 대비하여 특히 부진한 사항 등은 여기에 대한 원인 및 대책 등도 수립해야 한다.

(2) 손익분기분석

손익분기점이란 기업경영에 있어서 수익총액과 비용총액이 일치하게 되는, 이익도 손실도 없는 매출액 또는 조업도를 말하는데 손익분기점은 어느 정도의 매출을 올려야만 이익도 손실도 아닌 손익분기점에 도달할 수 있는 것이며, 손익분기점 도달 시점은 영업개시 후 언제가 될 것이냐가 분석의 핵심과제가 된다.

  손익분기점 분석은 사업성패의 관건인 동시에 자금수급계획의 지침이기도 하다. 매출이 손익분기점에 이르기 전까지, 그리고 손익분기점에 이른 후에도 일정 기간 동안은 자금의 투입만이 이루어지기 때문에 동 기간 동안 소요될 자금을 미리 확보하지 않으면 사업이 본궤도에 오르기 전에 도산하고 마는 결과를 가져올 수도 있다. 따라서 손익분기점 분석은 자금조달계획을 미리 수립하기 위한 척도로서 활용할 수 있다.

  또한 손익분기점 산출 후 손익분기점 달성 시점을 재조정할 필요성이 있는 경우 판매수량, 금액, 고정비, 변동비 등의 타당성을 검토함은 물론, 이들 요소로부터 경비의 절약 방안 등을 강구할 수 있어서 손익분기점 자체를 재조정할 수도 있다.

  손익분기점의 평가기준은 그 평가 목적에 따라서 다양하다. 단순히 손익분기점 매출액을 산출하는 경우에는 손익분기점에 이르는 매출액 규모의 산출에 그 목적이 있으며, 이 손익분기점 매출액을 산출하면 이를 근거로 하여 창업 후 어느 시점에 이익 실현이 가능한지를 예측해 볼 수 있다.

  손익분기점에서의 매출량과 매출액은 얼마인가?

  Q^*(손익분기점에서의 매출량) $= FC/(P - V)$

  TR^*(손익분기점에서의 매출액) $= FC/(1 - V/P)$

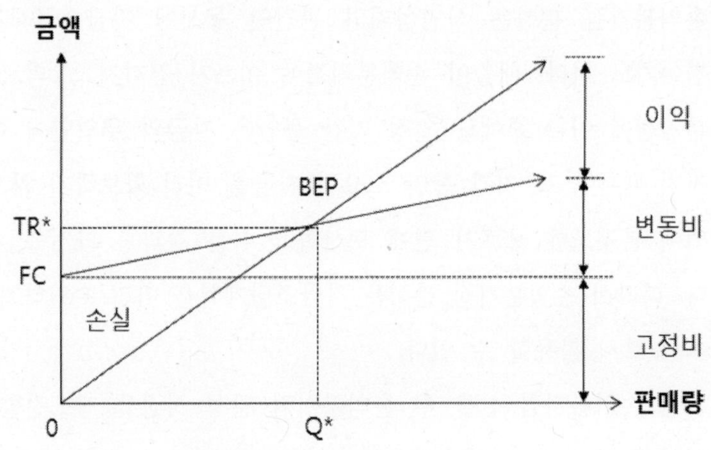

(3) 수익성 향상계획

손익분기 전략은 손익분기점 매출액의 조기달성을 위한 마케팅 계획 및 관련비용절감 등과, 수익성이 저조한 기업의 경우에는 수익성 향상계획 및 재무구조 개선계획도 수립해야 한다.

14. 창업 시기

1) 창업자의 창업 적정연령

사업을 구상하다 보면 '과연 언제 사업을 시작하는 것이 최적기인가?'라는 의문을 갖지 않을 수 없다. 그만큼 사업을 시작함에 있어서 시기가 중요한 의미를 갖게 되는데 창업 시기는 크게 나눠서 창업자의 적정 연령은 몇 살인가, 그리고 국가 경제 전체의 흐름 속에서 호경기 또는 불경기 중 어떤 시점에 사업을 시작하는 것이 좋은가의 두 가지 측면에서 생각해 볼 수 있다. 먼저 창업의 시기를 창업자 연령과 관련지어서 생각해 보면 창업연령은 창업자에 따라서 차이가 날 수밖에 없다. 즉 창업 최적기는 창업자에 따라서 다를 수 있다. 그러나 일반적으로 50세가 넘어서 새로운 사업을 시작한다는 것은 현실적으로 상당한 제약이 따른다. 현재의 비즈니스와 직접 관련이 없는 새로운 사업 분야에 뛰어든다는 것은 그만큼 위험부담이 크고, 사고 자체가 이미 안정성향으로 굳어져 버렸기 때문에 모험적인 일을 새로이 시작하는 데는 큰 용기가 필요하다.

물론 50세 이후에 창업을 하더라도 사전에 장기적으로 계획하고, 꾸준히 준비해 온 예비창업자는 예외이지만 평소에 언젠가는 사업가의 길을 가겠다고 결심한 이상은 좀 더 빨리 사업에 착수하는 것이 유익하다.

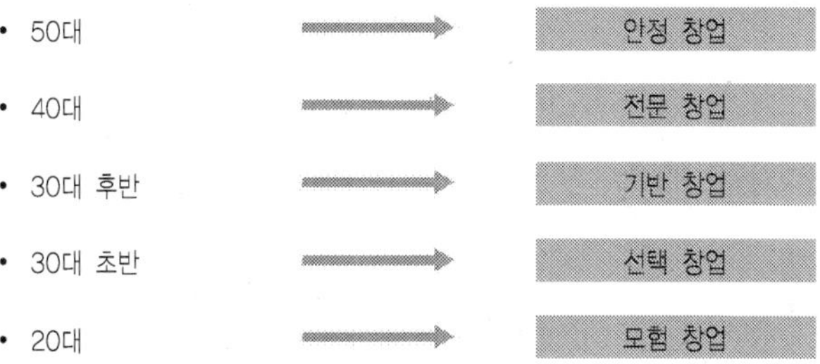

2) 경기흐름 분석에 의한 창업시점

흔히 사업은 호경기에서 시작하는 것이 좋다고 보는 견해가 적지 않다. 그러나 사업이 일시적인 경제활동이 아닌 장기적인 경제활동이라 보았을 때는 오히려 불경기에 사업을 시작하는 것이 더 현명하다고 볼 수 있는데 이유를 살펴보면 첫째, 보다 철저하고 신중한 사업을 추진할 수 있다. 불경기에는 기존 기업의 경우에도 시설투자를 자제하고, 사업 확장도 꺼리는 편이다. 그리고 창업의 열기도 높지 않은 것이 일반적인 현상이다. 따라서 새로운 사업을 시작할 때, 보다 철저한 사업계획을 수립할 수 밖에 없고, 사업추진도 신중해질 수밖에 없다. 실패의 두려움이 앞서기 때문이다. 이와 같이 철저하고 신중한 사업 착수는 오히려 사업을 성공으로 이끄는 열쇠가 될 수 있다.

둘째, 경쟁자가 비교적 적은 상태에서 사업을 시작할 수 있다는 점이다. 어떤 사업이든지 경쟁자만 없다면 기본적으로 성공가능성이 높다. 이런 관점에서 불경기에는 신규창업도 호경기에 비해서 적을 뿐만 아니라, 기존사업의 경우에도 사업 확장을 주저하고 있기 때문에 사전에 꾸준한 준비를 하여 온 예비창업자의 경우에는 불경기가 오히려 창업의 적기가 될 수 있다.

불경기가 지나고 호경기에 접어들면 오히려 급속한 영업신장을 이룩하여 짧은 기간 내에 사업을 본궤도에 올려놓을 수 있기 때문이다.

셋째, 주변여건이 창업하기에 매우 좋다. 불경기에 좋은 사례를 몇 가지 들어 보면, 우선 제조업을 창업하려고 하는 경우에는 기존기업의 부도로 말미암아 금융기관들이 보유하고 있는 공장, 기계 등 기존시설 활용도가 높고, 법원경매나 성업공사공매 등을 통해 호황기 때의 절반 수준이면 좋은 입지, 좋은 시설을 골라서 사업장을 취득할 수 있을 것이다. 도·소매업이나 서비스업의 경우에도 목이 좋은 곳에 점포와 사무실을 얻을 수 있는 장점이 있고 임대료도 저렴할 뿐만 아니라 좋은 조건으로 계약도 할 수 있어 좋다.

이 외에도 대부분의 업종에 있어서 경쟁가가 호경기보다 많이 낮기 때문에 업종선택이 비교적 용이하다든지, 금융기관에 대한 자금수요가 적어서 금융기관으로부터 자금조달이 쉬운 점, 종업원 충원이 용이한 점 등도 불경기에 사업을 시작하는 장점이 되는 것이다.

그러나 주의할 점은 사전에 충분한 준비가 없었던 예비창업자가 단순히 불경기에 사업을 시작하는 이점만 믿고 실행에 옮겨서는 안 된다. 갑작스런 퇴직이나 일시적 충동에 의해 사업을 시작하는 경우에는 오히려 호경기에 사업을 시작하는 것이 바람직할 수도 있을 것이다.

결국 여기서 말하는 '불경기가 사업 시작의 적기다.'라고 하는 것은 사전에 장기적으로 철저한 준비를 하여 온 예비창업자에게 적용되는 창업 시기임을 명심해야 한다.

15. 법률적 문제 검토

아이템 선정 및 시장성 분석 후에는 법적 문제점을 점검해 보아야 한다. 정부의 각종 인·허가 또는 신고의 이행, 사업을 수행하기 위해 세법에서 규정하고 있는 사업등록 신청, 그리고 법인설립의 경우 법인설립등기와 법인설립신고 등의 절차를 이행해야 된다.

창업자가 선택한 업종이 인·허가 대상인지, 신고만 하면 되는 업종인지, 아니면 별도의 인·허가 내지는 신고절차가 필요 없이 사업을 할 수 있는지를 사전에 검토하여 해당 인·허가 절차를 완료한 후 사업을 개시하여야 한다.

또한 사업 인·허가와 관련한 해당 기관은 어디며, 어떤 서류가 필요하고 어떤 절차를 밟아 이행하여야 되는지에 대해서도 함께 검토해야 하며 창업예비 절차에서 기업형태가 결정되어 법인(주식회사)을 설립하여야 하는 경우에는 자본규모의 결정, 주주구성 등을 결정한 후, 상법 등에서 규정하는 절차에 따라서 법원에 법인설립등기를 하고, 법인설립등기 후 발급되는 법인등기부등본 등을 첨부하여 관할 세무서에 법인설립신고와 사업자등록 신청을 하여야 회사가 성립하는 것이다.

물론 법인이 아닌 개인기업 설립 시에는 법인설립등기와 법인설립신고가 필요 없고, 사업 인·허가와 사업자 등록만으로 사업수행을 위한 법적 절차를 수행할 수 있게 된다. 법인설립신고에는 법정등기 사항이 있기 때문에 이들 사항이 누락되는 일이 없도록 하는 것이 중요하며, 법인설립신고에는 향후 회사 경영상 회계처리 기준이 되는 고정자산 등의 감가상각 방법을 사전에 신고토록 하고 있어서 향후 경영방침과 연관시켜서 신고해야 한다.

16. 특허출원

특허, 실용신안, 의장, 상표 등의 신청 및 등록은 변리사 및 주변 출원자의 도움을 받아 출원할 수도 있고, 특허청 홈페이지 (http://www.kipo.go.kr)의 'One-stop 출원도우미'나 관련도서의 도움으로도 작성하여 출원할 수도 있다.

1) 지적재산권

산업재산권은 특허, 실용신안, 의장, 상표 등이 있으며 저작권은 창작물에 대한 저작권과 실연, 방송, 음반제작자의 권리인 저작인 접권, 컴퓨터프로그램 보호법 등이 있고 신지적재산권에는 반도체 배치설계 보호법, 영업비밀, 데이터베이스, 식물신품종에 대한 기타가 있다.

(1) 산업재산권

산업재산권의 개념도

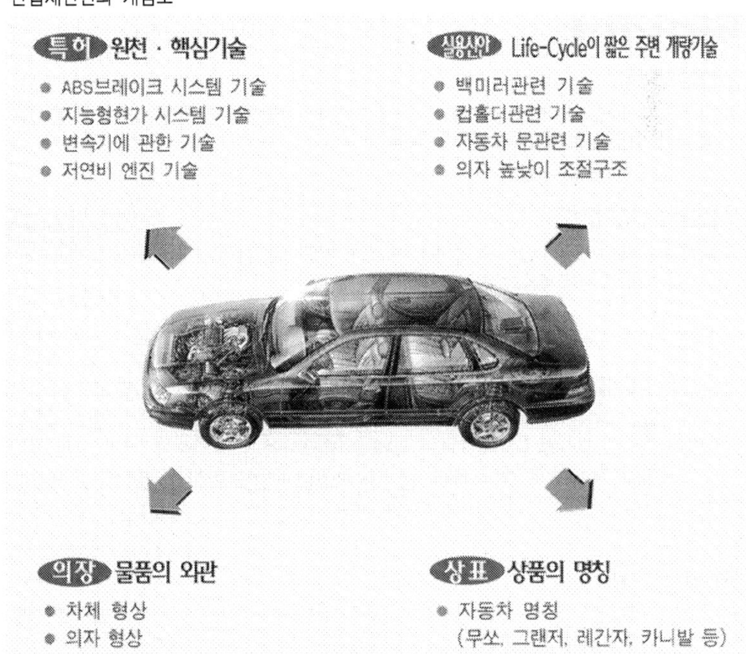

특허: 자연법칙을 이용한 기술적 사상의 창작을 보호
실용신안: Life cycle이 짧은 물품의 형상, 구조, 모양에 관한 고안의 보호
의장: 물품의 외관에 나타난 디자인의 보호
상표: 기호, 문자, 도형으로 구성된 표장에 화체된 신용의 보호

(2) 저작권

저작권 : 저작권(창작물) 및 저작인접권(실연, 방송, 음반제작자의
　　　　권리)

컴퓨터프로그램 보호법 : 프로그램에 나타난 표현의 보호(아이디
　　　　어는 특허로 보호)

(3) 신지적재산권

반도체배치설계 보호법 : 현재 MASKWORK의 유사 저작권 보호

영업비밀 : 비공지성, 비밀관리성, 유용성

기타 : 데이터베이스, 식물신품종

산업재산권 개요

구 분	특　　허	실 용 신 안	의　　장	상　　표
정 의	자연법칙을 이용한 기술적 사상의 창작으로서 고도한 것(대발명)	자연법칙을 이용한 기술적 사상의 창작(소발명)	물품의 형상, 모양, 색채 또는 이들을 결합한 것으로서 시각을 통하여 미감을 일으키게 하는 것	타인의 상품과 식별되도록 하기 위하여 사용하는 기호, 문자, 도형, 입체적 형상 또는 이들을 결합한 것 및 이들에 색채를 결합한 것
보 기	전자를 응용하여 처음으로 선화기를 생각해 낸 것과 같은 발명	송화기와 수화기가 분리되어 있던 것을 일체로 하여 편리하게 한 것과 같은 형상이나 구조 등에 관한 고안	탁상전화기를 반구형이나 네모꼴로 한 것과 같이 물품의 외관에 대한 형상이나 모양 또는 색채에 관한 디자인	전화기 제조회사가 자사제품의 신용을 유지하기 위하여 제품이나 포장 등에 표시하는 표장으로서의 상호나 마크 등
존속 기간	특허등록일로부터 특허출원 후 20년	실용신안등록일로부터 실용신안 출원 후 10년	등록일로부터 15년	등록일로부터 10년 갱신등록 시 반영 구적

2) 특허제도

특허제도의 목적은 발명을 보호, 장려하고 발명의 이용을 도모하여 기술발전 및 산업발전을 촉진하고 기술적 사상을 보호하며 기술 공개에 대한 대가를 제공하는 데 있다.

특허의 요건은 첫째, 주체적 요건으로서 정당한 발명자 또는 그 승계인이 권리 능력이 있을 것, 둘째는 객체적 요건으로서 발명의 성립성, 신규성, 진보성, 산업상 이용가능성, 불특허사유가 없어야 하며, 셋째는 절차적 요건으로서 특허출원 방식, 명세서 기재, 출원 범위, 선원주의의 요건에 맞아야 한다.

3) 특허권

배타적 독점권인 특허권의 발생은 설정등록일로부터 출원일 후 20년간 존속한다.

특허권의 필요성은, 특허권의 독점적 실시로 공격적 전략으로는 제품 관련 기술에 대한 특허권 확보로 타 기업의 모방 배제가 가능하고 자유로운 사업 활동을 보장받을 수 있으며 방어적 전략은 타 경쟁사가 자사 제품 관련 특허권을 보유하고 있는 경우 방어출원을 할 수 있다.

제품 관련 기술 중 원천기술에 관한 특허가 타인에게 속해 있는 경우 특허권을 양도받거나 전용 실시권을 설정하여 사용할 수 있다.

특허대상은 발명품으로서 특허법 2조에 발명이란 "<u>자연법칙을 이용한 기술적 사상의 창작으로서 고도한 것</u>"을 말하며 불특허대상은 단순한 자연법칙, 추상적인 아이디어, 문학, 연극, 음악 등 예술적 창작, 공서양속(公序良俗) 위반, 연구기관, 연금술, 인체를 대상으로 하는 수술방법, 단순한 정보제공을 위한 데이터베이스 등은 특허를 받을 수 없다.

발명의 실제적 의미는, 기업에서 제품 개발에 필요한 기술은 모두 특허대상으로 발명이 현재 존재하지 않는 전혀 새로운 것을 말하는 것은 아니며 기존의 기술을 어떻게 보다 효과적으로 조합하여 보다 바람직한 결과를 창출하는가 하는 점이 발명의 핵심 포인트이다.

4) 특허 심사

특허심사는 완전 심사주의로서 보완제도를 두고 있는데 출원공개제도 및 조기 공개, 심사청구제도, 등록공고제도, 이의신청제도를 운영하고 있다

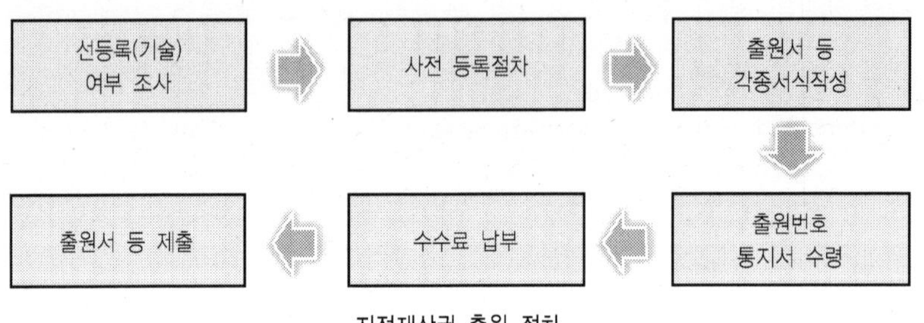

지적재산권 출원 절차

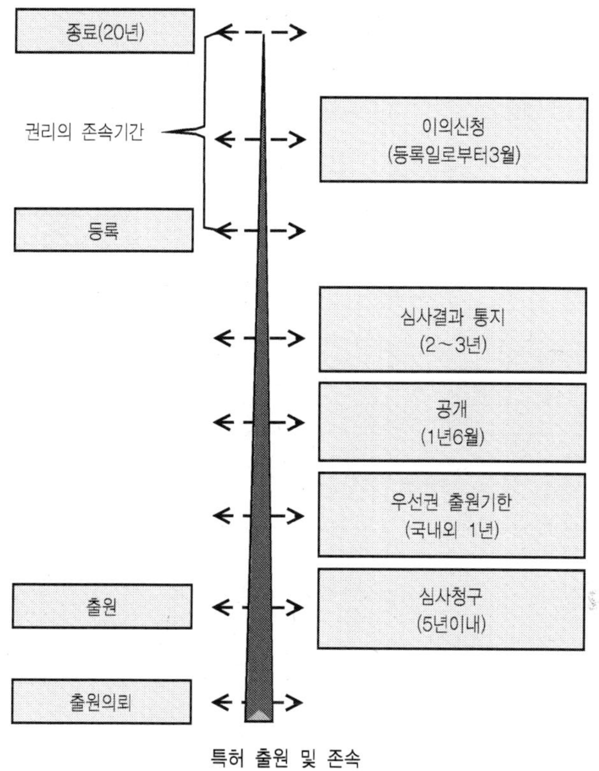

특허 출원 및 존속

17. 검토와 보완

창업 진행순서의 개념단계에서 실시된 모든 단계를 검토, 수정 후 피드백하여 수정·보완해야 하며 검토와 보완 작업의 개념은 아래와 같다.

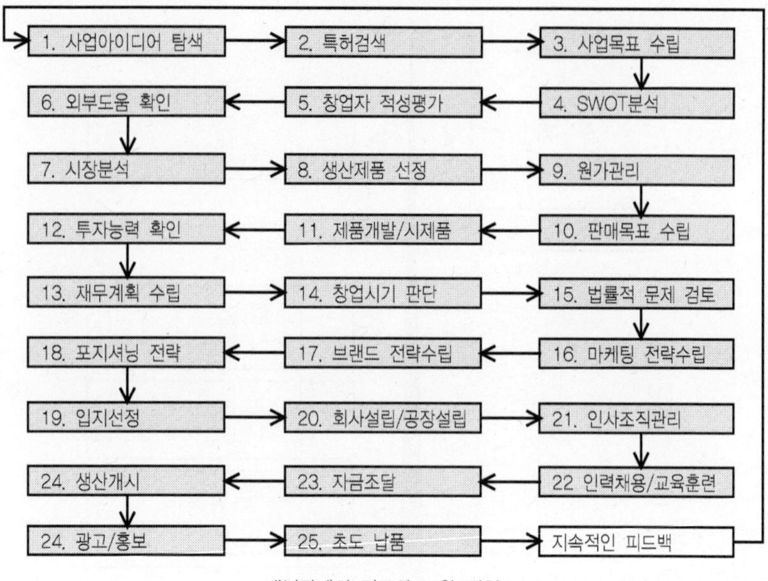

개념단계의 검토와 보완 작업

사업전개 단계별 점검사항

경영자는 회사를 설립하고 수많은 가정들을 검증하거나 보완하면서 기업을 발전시켜 나간다. 그런데 계획 중에는 아주 잘못되거나 부분적으로 틀린 것들도 있다. 따라서 경영자는 지속적으로 새로운 지식을 쌓고 그에 따라 계획을 점점하고 보완해야 한다.

경영자는 이전 단계에서 습득한 정보를 바탕으로 새로운 단계 또는 이정표로 진행할 것인지를 결정해야 한다.

단계별	Check List	평가
1단계 제품 구상과 테스트 완료	핵심 포인트: 개발단계로 돌입할 것인지 여부 결정 · 위험과 비용을 감수할 만큼 충분한 수익 기회가 있는가? · 검증 결과 때문에 제품 개발과 목표 시장에 대한 기존 계획을 수정해야 하는가?	
2단계 제품의 시제품 완성	핵심 포인트: 시제품 개발 과정 분석 · 개발시기와 비용에 대해 어떤 계획을 세웠으며, 또 그것을 어떻게 수정했는가? 그 이유는 무엇인가? · 새로운 고용, 공장건설, 마케팅 정책의 변경이 계획과 일정에 어떠한 영향을 주었는가? · 계획의 변경이 자금 조달의 필요성과 시기에 어떠한 영향을 주었는가? · 노동력, 자재, 가용 설비와 비용에 대해 무엇을 배웠으며, 그것이 가격 정책에 어떠한 영향을 주었는가? · 목표 시장에 대한 관찰 결과와 과정이 아직 유효한가? 아니라면 어떻게 수정했는가? 그러한 변화가 다음 단계의 계속되는 사건에 대한 계획(목표, 시기, 자원 활용)에 어떠한 영향을 줄 것인가? · 제품의 특징이 처음의 구상 및 계획과 부합하는가? 혹은 그것이 새로운 기회를 창출했는가? 새로운 기회를 만났다면 방향을 어떻게 수정해야 하는가? · 주요 납품업체와 서비스 유통업체에 대한 가정이 아직 유효한가?	
3단계 최초의 자금 조달	· 투자자는 기업을 어떻게 보고 있는가? · 고도로 경쟁적인 금융시장의 요구에 부합하는 재무 및 비용구조를 가지고 있는가?	
4단계 생산설비의 시운전/서비스업 체의 시험 운영 완료	· 자재의 적합성과 비용 · 가공비용과 기술 · 투자의 선행조건 · 생산인력에 대한 훈련, 불량률과 비용, 품질관리의 요건 · 공급자재의 균질성 · 공정 명세, 작업시간, 유지 보수	
5단계 시장 테스트	핵심 포인트: 시장에 대한 기본 가정 검증 · 고객들이 제품 구매의사를 표시했는가? 그렇든 아니든 간에 그 이유는 무엇인가? · 제품이 경쟁사보다 우수하여 차별성이 있는가? · 비용에 대해 알려진 정보를 고려할 때, 가정한 가격 정책의 가정들은 아직 유효한가? · 제품이 변화하는 상황에서도 성능을 발휘할 수 있는가? 안 된다면 어디에 문제가 있으며 그 이유는 무엇인가? · 예상된 시장 점유율과 크기, 목표 시장 등에 대한 추정치를 어떻게 수정할 것인가? · 서비스 요건에 대한 가정은 정확한가? · 이 정보가 전체 계획과 사업 시기에 어떠한 영향을 줄 것인가?	

단계별	Check List	평가
5단계 시장 테스트	·제품이 변화하는 상황에서도 성능을 발휘할 수 있는가? 안 된다면 어디에 문제가 있으며 그 이유는 무엇인가? ·예상된 시장 점유율과 크기, 목표 시장 등에 대한 추정치를 어떻게 수정할 것인가? ·서비스 요건에 대한 가정은 정확한가? ·이 정보가 전체 계획과 사업 시기에 어떠한 영향을 줄 것인가?	
6단계 생산 개시	·테스트를 통해 지속적인 생산과 품질 요건을 충족시키는 데 소요되는 실제 비용은 얼마인가? ·생산과정을 중요한 몇 단계로 나누고 선적하기 전에 충분한 물량을 확보하였는가?	
7단계 선도적 판매	핵심 포인트: 유망한 잠재 고객 접촉과 요구 파악 ·실제 시장에서 경쟁사의 제품과 비교한 결과 ·제품의 성능 ·기존의 판매 방법의 유지 혹은 수정 여부 ·지속적인 서비스 요건에 대한 정보 ·품질 관리와 규격에 관한 추가 정보	
8단계 최초의 경쟁	·경쟁사들의 반응을 예측 ·예상되는 경쟁자의 움직임에 대응할 수 있는 대안을 마련하고 연구 ·경쟁자의 진정한 경쟁력 파악	
9단계 첫 번째 재설계, 방향 전환	·제공 물품(서비스)과 시장요구와의 차이 파악 ·시장규모, 세분화된 시장, 투자 요건, 가격, 필요자금과 조달가능성에 대한 관련된 모든 과정을 검토	
10단계 최초의 가격 변경	·가격 변경이 영구적인가 아니면 일시적인가? ·만약 영구적이라면 사업이 존립할 수 있는가? ·그렇지 않다면 존립하기 위해 고정비용 등을 재조정할 수 있는가? ·가격 변화를 특정한 시장 분야로 한정할 수 있는가? (고객 차별화)	

자료 출처: 하버드 창업 가이드

18. 마케팅전략

1) 마케팅의 의의

국제시장의 개방과 시장다변화에 따른 경영환경의 급속한 변화로 기업 간의 경쟁은 첨예화되고 있는데 이 변화는 미래를 향한 산업구조의 고도화를 촉진하여 시장정보와 기술 등의 첨단 분야를 경영과 마케팅에 접목시켜 활용해야만이 미래를 보장받을 수 있는 것이 현실이 되었다.

마케팅(Marketing)보다 시장(Market)이 더 빠르게 변하고 있으며 기업 간의 경쟁뿐 아니라 고객의 개성과 요구도 다양하고 급변함에 따라 제품의 수명주기가 단축되고 가격은 저렴하면서도 최상의 품질에 대한 서비스 욕구가 점증하고 있다.

즉 첨단의 마케팅전략(Marketing Strategy)과 함께 각 기능을 유효하게 조정하고 실행하는 마케팅시스템을 갖춘 자만이 시장경쟁에 대응할 수 있다.

기업의 사업을 조명하고 시장조사를 통하여 시장세분화전략(Market Segmentation Strategy), 구매동기분석(Buying Motivation Research), 직접 판매(Direct Marketing) 검토, 효율적 매너지리얼마케팅(Managerial Marketing) 추구 검토, 판매관리(Sales Management)계획, 광고 등의 종합적 마케팅전략을 수립하여 현재의 경제사회 환경하에서 현재의 제품, 현재의 고객, 현재의 판매나 채널에 대한 대응력 강화와 내실을 다져 나가면서 새로운 판매채널로 확대할 수 있도록 방안을 제시할 수 있어야 한다.

2) 마케팅과 판매

마케팅과 판매를 혼용하는 경우가 많은데 마케팅은 당장 매출을 올리기 위한 '판매수단'인 판매와는 달리 장기적으로 사업이 잘 되도록 체계화하고 분위기를 형성하는 조직적인 활동이라고 볼 수 있는데 판매자 중심의 판매를 계속 중시한다면 고객으로부터 외면당하고 결국은 시장에서 도태될 것이다.

고객 가치관의 개인화와 다양화가 진전되고 생활수준이 향상되고 있는 오늘날은 제대로 된 마케팅 사고가 유지되도록 기업에게 요구되고 있다.

예를 들면, 우리나라의 대형 소매점으로는 크게 두 종류가 있는데 백화점과 같은 고급 손님과 일정 수준의 고객을 위한 매장이 있으며 이마트, 홈플러스 같은 대형할인매장이 있다.

판매와 마케팅의 비교

비 교	판매	마케팅
초 점	기존제품	고객의 니즈에 따른 제품
방 법	판매방식 : 일상업무	잘 팔릴 수 있는 전략
목 적	활동 중심	분석 및 창조
성 과	당장의 매출성과	지속적 성장
	매출수량에 기초한 이익	고객만족에 기초한 이익

창업기업의 마케팅 전략에서 가장 기본적인 사항은 3C, STP, 브랜드에 대한 이해는 반드시 필요한 사항으로 이에 대한 충분한 이해와 전략이 필요하다.

3) 마케팅 전략의 세 주체(3C)

마케팅 전략의 세 가지 주체는 기업(Company), 경쟁기업(Competitor), 고객 (Customer)으로서 마케팅의 핵심으로 자사 분석은 자사의 제품과 서비스에 대한 장단점을 파악하기 위하여 실시하며 경쟁사 분석은 동일하거나 유사한 제품과 서비스를 제공하는 타 회사의 특징과 장점을 분석하여 경쟁상대를 파악하는 것이 목적이며 소비자 분석은 사회변화의 흐름을 파악하고 시장(고객)의 욕구를 예측하기 위하여 실시한다.

4) 마케팅 전략의 절차(STP)

시장 세분화(Segmentation), 표적고객 선정(Targeting), 포지쇼닝(Position ing)의 약자로서 마케팅 전략을 수립함에 있어서 1단계로 주위 경쟁자 등을 분석하는 시장 세분화(Segmentation) 작업이 필요하고 다음에는 회사가 나아가야 할 목표시장(Targeting)을 정하고 이에 적절한 회사의 위치와 제품의 이미지를 구축(Positioning)한다는 마케팅전략 분석방법으로 창업, 신제품 개발, 신시장 개척에 있어서 유용하게 활용되고 있다.

시장 세분화(Segmentation)는 세분화 변수 도출과 세분화를 실시하여 세분 시장별 특성을 파악하며 표적고객 선정(Targeting)은 각 세분시장의 매력도를 평가하여 표적시장을 선정하고 포지셔닝(Positioning)은 각 표적시장별 가능한 포지셔닝 개념을 도출하고 선정된 포지셔닝과 개념을 선택·개발·전파한다.

□ 포지셔닝

포지셔닝의 출발점은 상품으로 하나의 상품이나 하나의 서비스, 하나의 회사, 하나의 단체 또는 한 개인에서부터 시작한다. 그러나 포지셔닝은 상품에 대해 어떤 행동을 취하는 것이 아니라 잠재고객의 마인드에 어떤 행동을 가하는 것으로 잠재고객의 마인드에 해당하는 상품이나 서비스의 위치를 잡아 주는 것이다.

포지셔닝의 활용은 어떤 고객이 A라는 제품을 구입했다면 그가 그 제품을 선택한 이유는 두 가지 때문이다. 하나는 여러 가지 유사 제품 가운데 종합적으로 볼 때 A가 가장 좋다고 판단했거나 아니면 하나는 고객이 자기 니즈에 합치하는 제품은 A밖에 없다고 판단했기 때문이다.

전자의 경우라면 제품의 마케팅 믹스 전략이 승리를 거둔 것이며, 후자의 경우라면 제품 포지셔닝의 승리라고 할 수 있다. 바꾸어 말하면 전자는 '경쟁에서 이긴 것'이고, 후자는 '경쟁을 회피한 것'이다. 물론 경쟁에서 이기는 것도 중요하지만 경쟁을 회피하는 것도 비용 대 효과를 감안해 보면 더 나은 전략일 수 있다.

포지셔닝의 의의는 마케팅 믹스 전략 규정에 크게 좌우하며 그런 의미에서도 포지셔닝에 대해서는 사내에서 충분히 검토하고 일단 결정했으면 그것을 철저히 주지시키는 것이 중요하다. 예를 들면 일회용 카메라의 경우 '렌즈가 달린 필름'으로 포지셔닝한 후 먼저 그 유통 전략이 변했다. 유원지의 매점이나 노점, 편의점이 주요 판로가 되었던 것이다.

포지셔닝 테크닉은 지금까지는 주로 제품 자체를 어떻게 정의할 것인가에 관한 사례를 소개했지만, 실제로는 2차원 지도를 그려 놓고 그 안에서 경쟁자와 어떻게 차별화할 수 있는가를 찾아내려는 시도를 많이 한다.

일반적으로 이 지도를 퍼셉션 맵(perception map)이라고 하는데 중요한 것은 고객의 머릿속에 자사의 제품을 차별화하는 데 의미를 가지는 기준(상정한 고객이 중요하다고 인식하는 대표적인 속성)을 선정하고 그것을 조합하는 것이다. 또 2차원 축을 선택할 때는 그 축들의 독립성이 높아질 수 있도록 조합을 선택할 필요가 있다.

고객의 마인드에 들어가는 가장 손쉬운 방법은 첫 번째가 되는 것으로 '북대서양을 단독 비행한 사람은? 찰스 린드버그이다.' 그럼 '북대서양을 두 번째 단독비행에 성공한 사람은?' 우리는 쉽게 대답할 수 없다.

마인드에 가장 좋은 포지션을 차지한 첫 번째 사람, 첫 번째 산, 첫 번째 회사를 쫓아내는 것은 거의 불가능하다.

컴퓨터의 IBM, 사진의 코닥, 복사기의 제록스, 렌터카의 허츠, 콜라의 코가, 전기의 제네랄일렉트릭, 우리나라에서는 배 아프면 활명수 등이 이에 해당한다.

개인적으로든, 정치적으로든, 기업적으로든, 잠재고객의 머릿속에 첫 번째로 들어갈 수 있다면, 거기가 바로 포지셔닝 문제의 시발점으로 우리는 첫 번째만을 기억할 뿐 두 번째는 거의 기억하지 않는다.

포지셔닝에 성공하기 하기 위해서는 포지셔닝이 마케팅 전략에 큰 영향을 미치는 것인 만큼 그것을 결정할 때는 신중을 기하여 하는데 포지셔닝이 위력을 발휘하려면 포지셔닝 타깃의 '크기'가 적절해야 한다. 판매자가 생각하는 포지셔닝이 고객에게 제대로 전달되어야 한다. 판매자가 생각하는 포지셔닝에 고객이 공감할 수 있어야 한다. 기업의 포지셔닝(기업 이념, 정책)과 제품 포지셔닝이 정합성을 유지할 수 있어야 한다.

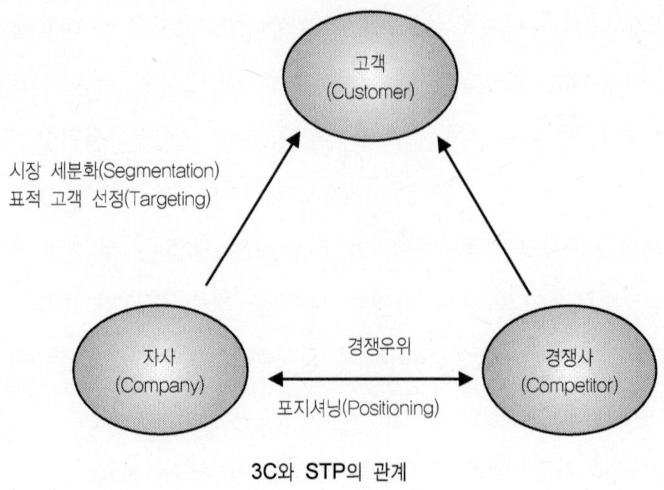

3C와 STP의 관계

5) 시장변화 가능성에 따른 전략

시장에서 상품의 수명주기는 일반적으로 도입기 – 성장기 – 성숙기 – 쇠퇴기의 순환과정을 거치게 되는데 이러한 시장변화를 잘 고려하여 아이템을 선정하는 것이 중요하다.

만약 시기적으로 너무 앞선 도입기의 상품을 아이템으로 선정하여 사업을 시작한다면 시장이 성장되기까지 많은 시일을 기다려야 하는 결과를 초래하여 막대한 손실을 가져올 수도 있다.

또한 성숙기 후반의 아이템에 뒤늦게 참여하여 사업을 하게 된다면 소위 막차를 타게 되어 조만간 사업을 중단하여야 하는 결과를 초래하여 막대한 투자비용의 손실을 가져올 수도 있다.

그러므로 창업과정에서 아이템의 시장변화를 정밀하게 분석하여 계획사업이 중·장기적으로 지속성이 있는가, 상품의 수명주기상 어느 사이클에 있는가 등을 충분히 고려해 보아야 한다. 참고로 제품수명주기(Product Life Cycle) 이론에 의한 각 단계별 내용을 살펴보면 아래와 같다.

도입기는 일반적으로 상품(제품) 판매량이 적어서 새로운 판매처를 개척하고 소비자 인지도를 넓혀 나가야 하는 시기이므로 사업 측면에서는 기업이익보다 오히려 손실이 발생하는 시기이다. 이 시기 상품의 판매전략은 유통경로를 확보하여 소비자가 쉽게 신상품을 구매할 수 있게 하고, 소비자가 시용 구매를 할 수 있는 기회를 제공하는 등의 방법을 통하여 상표이미지 구축 전략을 세워야 한다. 그리고 신상품을 구입하는 소비자층은 이 상품에 대한 검증되지 않은 위험을 감수하고 구입할 수 있는, 일반적으로 소득이 높은 혁신층이 많으므로 고소득층을 대상으로 고가정책을 쓰는 것도 판매전략의 한 방법이 될 수 있다.

성장기는 신상품이 소비자 욕구를 충족시켜 다수의 소비자가 급속히 신제품을 수용하는 단계이다. 이 성장기에는 판매량이 급속히 증가하고, 판매량의 증대는 단위당 유통비·고정비 등의 원가절감을 가져와 기업이익이 점점 늘어나게 되어 성장기 말기에는 최대의 이익이 실현된다.

따라서 매출액의 증가로 산업 전체의 이익이 발생하고 경쟁기업들은 점차 이 시장을 매력적인 것으로 평가하여 진입을 시도하게 된다. 그 결과 시장에 유사한 제품들이 많이 출시되어 경쟁이 격화된다. 이 시기의 판매전략은 가격 인하 등을 통하여 기존 소비자의 반복구매를 유도하고 새로운 소비자 구매를 개척하여 판매망을 확충해 나가야 한다.

성숙기는 도입기나 성장기보다 오랜 기간 동안 지속되는 것이 보통이며 제품의 표준화와 대량생산으로 제품원가와 제품가격이 낮아진다. 성숙기는 성장기에 진입한 많은 경쟁기업들로 인하여 잠재적 소비자의 대부분이 제품을 수용하여 판매량이 증가하지만 매우 완만한 속도로 증가한다. 판매는 어느 정도 안정적이지만 경쟁의 악화로 인하여 제조업체나 소매상의 이윤은 감소하기 시작하고 아울러 시장점유율이 낮은 생산업체는 시장에서 탈락하게 된다. 이 단계의 판매전략은 기존의 시장점유율을 방어하면서 적정이윤을 계속 유지하는 것이다. 이 단계는 신상품이 출시된 이후 상당한 기간이 지났기 때문에 아울러 변화하는 고객의 욕구를 충족시키기 위하여 신상품의 도입을 통한 마케팅 전략이 필요한 시기이다.

쇠퇴기는 신기술개발로 인해 대체품이 출현하거나 성능이나 가격 면에서 우수한 신제품이 개발되는 경우 기존 상품의 수요는 급격히 떨어져서 제품수명단계는 쇠퇴기로 접어들게 된다. 쇠퇴기 상품은 매출이 점차 감소하고 매출 감소로 인하여 기업이익이 점점 줄어들게 된다.

쇠퇴기의 판매전략은 비용절감과 투자비의 회수로서 철수전략과 잔존전략이 있다. 이를 위한 방안으로서 매출액이 저조한 품목들을 제거하여 최소한의 이익을 유지하는 수준에서 저가정책을 택한다. 그리고 유통 전략 측면에서는 취약한 중간상들을 제거함으로써 적정수의 점포만을 유지하는 방안이 필요하다.

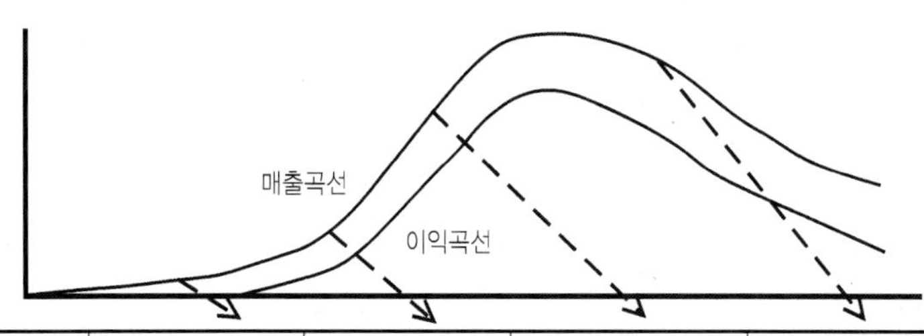

	도입기	성장기	성숙기	쇠퇴기
기본전략	브랜드 인지도 강화	브랜드인지도 확대	브랜드인지도 유지	선택적 특화
전략포인트	집중 광고 및 홍보	비용절감/유통침투	브랜드 경쟁	사업 재정의
제품전략	제품구색 제한	히트상품 출시	제품수명 연장	진부화 지연 및 극복
가격전략	높은 가격, 할인제한	탄력적 가격운영	저가격 경쟁력 확보	가격회복 및 유지
유통전략	핵심거래선 우선확보	유통경로 확대	유통효율성 추구	유통망 축소, 선별유지
판촉전략	교육, 홍보 캠페인	광고, 판촉에 집중	광고축소, 서비스강화	최소의 광고, 판촉유지

제품수명 주기에 따른 전략

6) 브랜드 전략

브랜드(brand)란 각 기업, 제품군 혹은 특정 제품이 상거래에서 가지는 고유 명사이다. 마케터는 자사 제품이 경쟁사의 제품보다 우월한 가치를 가지고 있다고 고객에게 알리는 활동을 언제나 브랜드를 통해서 전하게 되므로 고객은 해당 브랜드에 대해서 신뢰감이나 호감도, 선진성 등 다양한 이미지를 연상하게 된다.

브랜드의 가장 기본적인 기능은 제품에 붙여지는 이름이라는 기능을 꼽을 수 있지만 브랜드는 단순히 이름 이상의 기능을 갖고 있다. 고객은 어떤 제품의 모든 점에 대해서 완전히 이해할 수 없을 경우 제품=그 제품의 브랜드로서 인식하게 된다.

따라서 제품 자체에 대해서 별다른 차이를 느낄 수 없거나 차이를 인식시키는 데 시간이나 비용과 많은 수고를 들어야 하는 제품일 경우 브랜드는 제품 차별화에 커다란 무기가 된다. 또 브랜드는 기업과 소비자 양자에게 가치를 제공한다는 점도 알고 있어야 하기 때문에 브랜드를 조기에 확립하는 것은 후발 기업의 진입을 막는 효과도 있다.

특히 아이디어 주도형 제품은 후발 기업의 진입이라는 위협이 시즈형 제품보다 크다. 아무리 특허로 보호하려고 해도 돌비 사운드와 같은 기본 특허가 아닌 이상 대형 제조회사가 특허의 틈새를 비집고 들어와 유사한 기능의 제품을 만드는 것은 그리 어려운 일이 아니다.

이런 경우 광고할 때 제품의 기능만을 강조한 것은 오히려 후발 기업을 돕는 결과를 낳을 수도 있다. 따라서 새로운 타입의 제품을 출시할 때는 '매출로 연결시키고 싶은 속성'을 강조하는 데만 머물지 말고 브랜드를 함께 팔아야만 한다.

또한 지나치게 강력한 브랜드 이미지는 아예 그 제품 부류 전체에 대한 대명사가 되는 수도 있다.

'코카콜라', '워크맨', '제록스'가 그렇다. "이 서류 좀 제록스해 주지 않겠나?" 하는 표현은 이 브랜드가 얼마나 강력한가를 보여 주는데, 이를 그냥 내버려 두면 복사기의 일반 명칭으로 간주되어 가령 나중에 경쟁사의 다른 제품이 이 네이밍을 무단으로 사용해도 막을 도리가 없어질지도 모른다. 따라서 빅 브랜드는 늘 브랜드네임을 보호하는 데 많은 주의를 기울이고 있다.

브랜드	타사의 제품과 차별화하기 위하여 사용하는 명칭, 사인, 심벌 디자인 등
브랜드네임	브랜드 가운데 언어로 표현되는 명칭
브랜드 마크	브랜드 중에서 언어로 표현이 불가능한 사인, 심벌, 디자인
트레이드마크	등록상표
카피라이트	저작물을 모든 형태로 이용할 수 있는 권리, 저작물이란 서적, 음반, 영상, 건축, 소프트웨어 등 예술적, 사상적 창작물

브랜드의 종류

브랜드는 몇 가지 패턴이 있다. 먼저 기업 브랜드(corporate brand)에 대하여 생각해 보면 기업 브랜드가 정착한다는 것은 그 기업이 좋은 평가를 받는 다양한 기업 활동을 통하여 그 기업이나 분사한 자회사의 이름이 사람들 마음속에 일정한 브랜드 가치를 가진 이미지로 떠오를 만큼 성장했다는 뜻이다.

요즘은 텔레비전을 사려고 여러 회사의 카탈로그를 비교해도 일장일단만 느껴질 뿐 결정적으로 우월한 제품은 존재하지 않는다. 승용차도 마찬가지여서 실내 공간의 크기나 성능, 경제성 등 모든 면에서 결정적인 차이를 발견할 수 없다.

이처럼 두드러진 차별화의 요인을 찾아볼 수 없을 경우에는 참신하고 품질이 좋다는 인상을 주거나 금방 친숙해지고 안도감을 주는 기업 브랜드 이미지가 구매의 결정타가 된다. 따라서 기업은 특정한 이미지를 키우기 위해 모든 사업 활동을 일관성 있게 펼친다. 기업은 다양한 제품군이나 제품을 산하에 거느리고 있다. 소비자는 최종적으로는 어느 기업의 특정 제품을 구입하는 것이므로 기업 네이밍뿐만 아니라 각 제품이나 제품군의 네이밍도 중요하다.

　그러면 기업은 기업 브랜드와 제품 브랜드(제품군 브랜드)를 어떻게 가려 쓰고 있는가? 크게 두 가지 패턴이 있다. 그 하나는 강력한 기업 브랜드를 강조하고 그 산하에 개별 브랜드를 전개해 가는 것이다. 삼성, LG 같은 가전제품 회사는 일부 제품 카테고리에서 제품 브랜드를 병용하기는 하지만 기본적으로 우산 전략(umbrella strategy)을 취하고 있다. 또 한 가지 패턴은 기업 브랜드보다 각 제품 브랜드나 제품군 브랜드를 강조하는 것이다.

　일반적으로 시장을 독점한 강력한 기업 중에는 기업보다 개개의 브랜드를 강조함으로써 더 높은 점유율을 차지하려는 경우도 많다. 이 방법을 멀티브랜드(multi brand) 전략이라고 하는데 높은 시장 점유율을 가지는 유명 기업이 점유율을 더욱 신장시키고자 할 때 자사 브랜드끼리 시장에서 서로 경쟁하게 하는데, 이때 멀티브랜드 전략을 채택하는 경우가 많다.

　멀티 브랜드 전략이 뿌리를 잘 내리면 우산 전략보다 시장점유율이 훨씬 더 많이 확대할 가능성이 크지만, 한편 마케팅 비용을 개별 제품들로 분산시키지 않을 수 없다는 비효율적인 면도 있다. 기업 브랜드와 제품 브랜드의 중간에 세컨드 채널이 있다(사업 브랜드, 패밀리 브랜드가 여기에 해당한다). 이것은 하나의 기업 브랜드로는 시장을 점유하기에 한계가 있는 경우에 취하는 전략이다.

<브랜드 체계>

기업 브랜드	기업명이 브랜드로 인지되어 제품명으로 사용되는 것
사업 브랜드	기업 내 사업 단위가 브랜드로 인지되어 제품명으로 사용되는 것
패밀리 브랜드	제품카테고리에 걸치는 포괄적인 브랜드로 인지
제품군 브랜드	하나의 핵심브랜드에서 파생된 다수의 변형을 가지는 것
제품 브랜드	단일 제품의 브랜드

브랜드네임의 위력은 우리가 사물을 생각한 대로 보게 되는 것이다. 장미꽃은 이름이 장미이기 때문에 아름답다고 보고 기대한 향기까지 맡는 것이다. 브랜드네임은 소비자 마인드의 상품 사다리에 브랜드를 거는 고리와 같은 것으로 브랜드네임으로 성공하기 위해서는 바로 상품에 걸맞은 이름을 지어 주는 일이다.

옛날에는 상품의 수도 적고 커뮤니케이션의 양도 많지 않아서 브랜드네임이 그렇게 중요하지 않았지만 현재는 느슨하고 의미 없는 이름으로는 승부할 수가 없다. 소비자에게 해당 상품의 주된 이익에 대해 명쾌하게 알려 줄 수 있는 브랜드네임을 찾아야 한다.

상품 자체가 너무 해당 상품 부류의 전체 이름에 근접하면 일반적인 명사가 되어 사용할 수 없는 경우가 발생할 수 있으니 일정한 선을 넘지 않도록 해야 하며 거의 일반적이면서도 일반적이지 않은 이름을 가려내야 하며 강력하고 묘사적인 네이밍은 모방형 경쟁상대의 침범을 막아 주고 자사의 장기간 성공을 보장하는 최고의 보험 역할을 할 수 있도록 해야 한다.

잘못된 네이밍을 피하기 위해서 단어는 세월의 흐름에 따라 변한다는 사실을 인식하고 자사의 브랜드 네이밍을 지속적으로 관찰하고 시대의 변화에 따라서 남들이 먼저 변화를 이용하지 못하도록 해야 한다. 또한 우리는 조어를 많이 사용하는데 신제품에 의미 없는 조어를 사용하는 것은 대단히 위험하지만 많은 사람들이 열망하던 신제품을 들고 소비자의 마인드에 제일 먼저 입성할 때는 상관이 없다. 참고로 사용빈도가 높은 알파벳은 S, C, P, A, T 이고 사용빈도가 낮은 것은 X, Z, Y, Q, K로서 영어단어 8개 중 하나는 S로 시작한다. X로 시작되는 것은 3,000개 중 1개다.

브랜드네임은 그 메시지와 사람들 간에 생기는 최초의 접점으로 메시지의 효율성을 결정하는 것은 미적 감각에서 브랜드네임의 좋고 나쁨을 말하는 것이 아니라 브랜드네임의 적절성에 있으며 제품을 이용해 얻을 수 있는 혜택을 암시하는 방법이 좋으며 브랜드네임은 마치 칼날의 끝과 같아서 그것으로 고객의 마음을 열어 메시지를 침투시켜야 하며 브랜드네임이 적절해야 상품의 빈틈을 메우고 거기에 머물 수 있기 때문이다.

브랜드네임으로 가장 좋은 것은 제품의 브랜드를 개발하고 궁극적으로는 그것이 회사의 이름이 되게 하는 것이 가장 좋은 방법이며 브랜드네임이 나쁘면 모든 것이 나쁜 쪽으로 향하고, 브랜드네임이 좋으면 모든 일이 좋은 쪽으로 향하게 된다는 것을 간과해서는 안 된다.

소비자와 생산자는 완전히 다른 방식으로 사물을 보는데 예를 들면 애틀랜타에 있는 코카콜라를 애틀랜타 사람들은 청량음료로 보지 않는다. 생산자의 입장에서 보면 코카콜라는 기업이며 브랜드네임이며 커다란 작업장이지만 소비자에게는 코카콜라는 그냥 콜라일 뿐이며 유리잔에 따른 것이 코카콜라이지 코카콜라라고 불리는 회사가 만든 콜라라고 생각하지 않는다. 아스피린 병 속의 알약이 바이엘이지, 바이엘이라는 회사가 만든 아스피린이 아닌 것과 마찬가지다.

기업의 이익 확대에 공헌할 강력한 브랜드를 키우는 데는 몇 가지 조건이 있다. 첫째, 코카콜라처럼 장기간에 걸친 지속적인 광고 활동이 필요하다. 둘째, 브랜드와 제품 사이에 일관성이 있어야 한다. 여태까지 쌓아 온 브랜드 이미지와 맞지 않는 제품을 출시한다면 고객을 당혹스럽게 할 뿐만 아니라 기업의 이미지를 손상시키게 된다. 셋째, 브랜드가 심플하여 알기 쉬워야 한다. 오히려 복잡하게 하여 이해하기가 힘든 브랜드를 개발하는 전략도 있지만 그것이 대중 마케팅이 필요한 제품이라면 결코 좋은 방법이 아니다.

확고한 포지션을 구축한 기업은 후발기업과의 경쟁이 아니라 자사의 제품이 속한 영역을 홍보하여 시장을 견고히 확대해야 하며 신규로 진입하는 기업은 시장에 이미 확고한 포지션을 구축한 1등 기업이 존재한다면 정면대결로 성공할 확률은 0%다. 불에는 절대로 불로 맞서서는 안 된다. 그러므로 잠재고객의 마인드에 이미 존재하고 있는 자신들의 포지션을 최대한 살려 1등 기업의 제품과 새로운 포지션을 연결시켜야 한다.

자료 출처: 잭 트라우트/POSITIONING

7) 가격 전략

가격에는 가치를 표시하는 측면과 이익을 낳는다는 두 가지 측면이 있다. 제품의 라이프 사이클에 대응한 가격 정책이나 차별 가격 정책, 프로모션 가격 정책 등 기업의 의도가 담긴 전략적인 가격 정책이 필요하다. 마케팅 전략에서 가격은 늘 커다란 관심거리가 된다.

왜냐하면 가격 전략은 기업이 얻는 캐시 플로에 직접적으로 영향을 미치며 기업의 수익을 직접적으로 규정하는 요인이기 때문이다. 가격의 설정은 일종의 게임이기도 하다. 가격은 소비자에게 가장 직접적으로 호소할 수 있는 메시지 수단이자 경쟁사에 대한 메시지이기도 하다. 가격은 고객의 수용 여부와 경쟁사의 가격에 따라서 좌우된다. 설정한 가격은 다시 경쟁사의 가격 전략에 영향을 준다.

(1) 고객 가치

제품은 고객이 적정하다고 인정하는 가격 이상으로는 팔리지 않는다. 따라서 이것이 가격 책정의 상한이 된다. 그러나 이를 결정하는 것은 비용을 정확하게 파악하는 것보다 더 힘든 작업이므로 리서치 능력이 기대되는 대목이다. 고객의 가치를 결정할 때 마케팅담당자가 유의할 점은 다음과 같다.

첫째, 기술적 가치(technical value)와 고객 가치(customer value)의 차이를 인식할 필요가 있다. 기술적 가치란 기업 측이 산정한 계산상의 가치이고, 고객 가치란 구매자가 인식하는 가치이다.

이것이 처음부터 동일하다면 문제가 없지만 일반적으로 고객 가치는 기업 측에서 고객을 계몽하지 않으면 고객 가치에 접근하지 않는다. 따라서 구매자에게 제품을 시험해 보게 하거나 제품의 특성을 정확하게 전달함으로써 구매자를 교육하는 것은 마케터의 중요한 과제가 된다.

둘째, 제품의 가치는 고객군이나 세분시장에 따라 달라진다는 것이다. 물론 고객 그룹별로 최고의 가격을 제시할 수 있다면 좋겠지만 대부분의 경우(특히 소비재의 경우) 그렇게 할 수 없다. 따라서 마케팅담당자는 그런 조건 아래서 최대한의 이익을 얻을 수 있는 가격을 찾아내야 한다.

또한 같은 제품을 다른 가격에 팔 수 있는 경우도 있다. 그것은 어느 시장에서 팔리고 있는 제품을 다른 시장의 구매자는 살 수 없을 경우와 구매자가 같은 제품을 다른 시장에서 저가격으로 살 수 있다는 것을 모를 경우이다. 이러한 가격 차별화는 특히 서비스 업계에서 일반화되어 있다.

(2) 가격 책정에 영향을 미치는 요인

① 경쟁 상황

기업이 자사 제품의 가격을 생각할 때 가장 영향을 미치는 요인 가운데 하나는 경쟁 환경이다. 예를 들면 설탕이나 기름처럼 실질적으로 차별화가 힘든 제품에서는 대부분의 경쟁사들이 비슷한 가격을 매기고 있다.

만약 어느 기업이 시장 가격을 웃도는 가격을 매기면 그 매출은 급격하게 떨어질 것이고 시장 가격보다 밑도는 가격을 매기면 타사도 가격을 인하하거나 시장점유율 축소를 각오하고 기존 가격을 유지할 것이다. 이는 어느 기업이 경쟁 환경에 좌우되지 않고 가격을 설정하고 싶다면 제품을 차별화해야 한다는 것을 보여 준다.

기능, 디자인, 브랜드 이미지, 서비스 등에서 경쟁사 제품과 명확하게 차별화되어 있고, 구매자가 자사 브랜드를 타사 브랜드보다 선호한다면 그 선호의 정도에 따라 경쟁사보다 높은 가격을 매길 수 있다는 것이다.

또 업계가 과점화될수록 보다 강력한 가격 선도자(price leader: 업계 전체의 가격 구조에 큰 영향을 미치는 업계의 리더)가 존재하게 마련이다. 대개 가격 선도자는 가장 큰 점유율, 즉 강력한 유통 경로를 가지고 있으며 제품 개발에서 선두를 달린다.

가격 선도자를 비롯한 업계의 대표주자는 작은 경쟁사에 대항하여 감히 가격을 낮추지 않는 경우도 있다. 가격을 떨어뜨려 단기적으로 이익을 잃기보다는 시장점유율을 다소 낮춰서라도 가격을 유지하는 편이 더 낫다고 판단하기 때문이다. 하지만 이런 경우에도 판단이 정확하지 못하면 작은 경쟁사가 어느새 거인이 되어 등장하는 사태를 맞이할 수도 있다.

경쟁 환경을 생각할 때도 비용에서와 마찬가지로 당장의 경쟁사뿐만 아니라 장래의 경쟁사까지 두루 내다보면서 가격을 책정해야 한다. 어느 업계에서나 각 기업은 타사의 전략이나 방침에 큰 영향을 받고 있고, 가격 책정 시 상호 의존성도 매우 강하기 때문이다.

② 수요·공급의 상황

수요와 공급 간의 관계는 가격에 절대적인 영향을 미친다. 특히 차별화가 어려운 일용품(commodity)에서는 가격대가 대체로 고전적인 수요 공급 곡선으로 정해지는 경우가 많다. 또 독점적인 제품을 가지고 있는 판매자는 공급량을 조절하여 가격을 유지할 수도 있지만, 이런 기법은 자칫 고객의 반감을 사서 장차 경쟁사가 등장했을 때 자사의 약점으로 작용할 수 있다. 고객과의 장기적인 관계를 고려하여 높은 가격 책정이 가능하더라도 이를 자제할 수 있는 종합적인 판단력을 가지고 있어야 한다.

③ 고객과의 교섭력

특히 생산재에서 고객과의 교섭력이 가격 책정을 크게 좌우한다. 고객과의 교섭력은 다양한 요소에 의해 규정된다. 그것은 수요 및 공급 상황, 제품의 차별화 정도, 쌍방의 상호 의존성, 그리고 스위칭 비용(switching cost)이다. 어느 고객이 판매자 측의 매출고와 출하량에서 차지하는 비율이 높고 타사에 구입처를 선택할 수 있는 경우 가격 교섭에 있어서 그 고객은 우위를 차지하게 된다.

대부분의 대형 회사들은 하청업자를 상대할 때 이런 처지에 있다. 또 납품업자를 상대로 이익이 거의 없는 가격으로 압박을 가하는 것으로 유명한 체인회사도 있다. 또 역으로 구매자가 판매자에게 의존하고 있어서 판매자가 제시하는 가격이 통용되는 경우도 있다.

예로 판매자가 독점적인 첨단 기술이 있거나 특허로 보호받고 있는 회사가 전 세계에 하나뿐이라면 가격도 독보적이다. 또 판매자와 구매자의 교섭력을 생각할 때 중요한 요소로서 스위칭 비용이 있다. 이는 구매자 혹은 판매자가 거래 상대를 바꿀 때 발생하는 비용을 말한다.

(3) 가격 책정 기법

가격 책정 기법에는 다양한 관례가 있으므로 여기서 모든 기법들을 전부 망라할 수는 없다. 극단적으로 말해서 가격 책정 방법은 판매자와 구매자 사이의 많은 교섭 건수만큼 존재하기 때문이다. 가격 책정방법은 원가지향적 가격 책정으로는 원가 플러스(cost-plus) 가격 정책, 마크업(markup) 가격 정책, 타깃 가격 책정방법이 있으며 수요지향적 가격 책정으로는 지각(知覺)가치 가격 책정, 수요 가격 책정이 있으며 경쟁지향적 가격 책정으로는 입찰, 실세가격 등이 있다.

(4) 신제품의 가격 책정

마케팅전문가는 제품의 라이프 사이클에 따라 적절한 가격을 책정해야 하는데 특히 도입기의 가격전략은 그 이후 제품의 보급도를 측정한다는 의미에서도 중요하다.

신제품의 가격 전략으로서 대표적인 방법으로는 시장점유율을 높이기 위해 가격을 원가 이하 혹은 거의 원가 그대로 설정하는 시장 침투 가격 책정 정책(penetration pricing policy)과 제품 라이프 사이클의 초기 단계에 단기적으로 자금을 회수하기 위해 가격을 높게 설정하는 스키밍 프라이싱(skimming pricing) 정책이 있다. 따라서 두 전략이 주는 효과와 위험 등을 충분히 인식하고서 적절한 전략을 선택해야 한다.

(5) 성장기의 가격 책정

일반적으로 성장기가 되면 가격은 제자리에 머물거나 떨어지는 경향이 있다. 왜냐하면 생산·판매량이 늘어나면 규모 및 경험 효과에 따라 원가가 떨어지는 한편 경쟁이 격화되면서 구매자의 교섭력이 높아지기 때문이다.

따라서 이런 경우 기업은 성장을 유지하기 위해 가격에 민감한 고객층까지 시장으로 끌기 위해 적절한 시기에 가격을 인하하거나 고객에 맞추어 옵션을 확충할 것을 검토해야 한다. 또한 성장기를 마치고 성숙기를 맞이하면서 시장의 성장률은 둔화되고 한정된 파이를 놓고 쟁탈전을 벌이는 양상을 보인다.

이제 차별화는 점점 더 힘들어지고 과잉 생산이 뒷받침되면서 경쟁은 가격을 중심으로 벌어지게 된다. 무선단말기나 부가가치가 작은 일용품 등이 이미 이 단계에 들어와 있다.

(6) 효과적인 가격 책정

가격 책정은 사업 전략의 핵심이다. 따라서 효과적인 가격 책정을 위해서는 가격 책정의 목적이 무엇인지를 명확히 인식해야 한다. 가격 책정의 목적이 시장점유율을 높이려는 것일 수도 있고, 아니면 경쟁사의 기세를 꺾고 신규 진입자의 시장 진입을 견제하려는 것일 수도 있다.

어떤 판매자는 신규 고객 획득이라는 기회를 놓치지 않기 위해 가격을 낮게 책정할 수도 있고, 또 어떤 판매자는 단순히 타사의 뒤를 따라 가격을 할인할 수도 있다. 목적을 무엇으로 규정하건 간에 가격 책정이 목적을 잃어버리는 행동이 되지 않도록 목적 설정과 모니터링에 신중을 기해야 한다.

가격 책정 프로세스는 테니스 같은 게임과 마찬가지로 의사 결정 하나하나가 일련의 플레이 속에 있는 하나의 움직임에 지나지 않는다. 마케팅전문가가 간과하는 것 중의 하나는 고객이 가격 변경을 수용할 수도 있도록 설득해야 한다는 점이다. 가격을 인상하면서 비용이 증가하여 가격을 인상하지 않을 수 없다고 해명하는 경우가 많은데 기업은 구매자가 가격 변경이 공정하게 이루어졌다고 믿게끔 노력해야 한다.

8) 소비자의 구매 결정 프로세스

최적의 커뮤니케이션 믹스를 세우려면 고객의 구매 특성과 고객이 구매에 이르기까지의 구매 행동 프로세스를 알아 둘 필요가 있다. 마케팅의 목적은 결국은 고객으로 하여금 구매하도록 하는 데 있으며 고객이 구매에 이르기까지 여러 의사 결정 프로세스가 존재한다. 최근에는 인지, 이해, 애호, 선호, 확신 그리고 구매의 6단계 프로세스를 거친다는 의견이 가장 폭넓은 지지를 받고 있다. 기업에게 중요한 것은 현재 예상 고객이 어떤 단계에 있으며 어떤 커뮤니케이션 방법으로 고객을 끌 것인가 하는 점이다.

판매자는 잠재 고객의 주의를 끌고(attention), 흥미를 갖게 하고(interest), 욕구를 환기하고(desire), 동기를 부여하고(motive), 그리고 행동에 나서게 하는(action) 메시지를 전달해야 한다. 소비자의 태도 변화 프로세스에서 각 커뮤니케이션 수단의 중요도는 제품의 특성에 따라 달라지는데 일반적으로 소비자가 제품에 대한 흥미를 보이는 단계에는 광고가 상대적으로 가장 효과적이며 실제로 구매를 하는 단계에서는 인적 판매가 가장 효과적이다.

예를 들면 한여름에 텔레비전에서 맥주 CM을 보고 불현듯 냉장고를 여는 사람이 많을 텐데 안에 방금 CM에서 본 그 상품들이 들어 있으란 보장도 없고 다음에 쇼핑하려 갈 때면 이미 다른 브랜드의 CM이 머릿속에 들어가 있을 확률이 크다.

맥주 회사는 그러한 직접적인 효과는 기대하지 않는다. 마찬가지로 TV에서 새 차의 광고를 보고 즉각 차를 바꾸기로 결정하는 가족이 있다면 어지간히 성급한 사람이라고 하지 않을 수 없다.

담배나 맥주, 샴푸 같은 일용품일 경우는 샘플을 시음하게 하거나 무료로 제공하여 우선 소비자의 행동을 바꾸고 그 결과 심적 태도에 변화를 일으킴으로써 이후 단골 고객으로 만들어 나갈 수 있다. 또 자동차 같은 내구재일 경우는 다양한 인센티브를 제공하여 잠재 고객의 발길을 딜러에게 유인하고 새 차를 시승하게 해야 한다.

고객이 승차감을 체감하는 동안 딜러는 현재 고객이 보유하는 차량을 심사하여 그 자리에서 조건을 제시하는 것이 대체 수요를 유지하고 신규 고객을 획득하는 효과적인 수단이 된다.

(1) 푸시 전략과 풀 전략의 관계

제품이 제조회사에서 도매와 소매를 거쳐 소비자에 도달되는 과정에서 제품의 흐름상 위쪽에서 아래쪽으로 작용을 가하는 전략을 푸시 전략이라고 한다. 제조회사는 도매상을 상대로 재정 원조, 제품 설명, 판매 방법 지도, 판매 의욕 환기(리베이트 등) 등을 하고, 이를 이어 도매상은 소매상을 상대로 작용을 가하고, 소매상은 소비자를 상대로 제품 및 브랜드의 우수성을 납득시켜 구매로 이끈다.

한편 풀 전략에서는 제조회사가 소비자에게 직접적으로 작용을 가하여 구매 의욕을 환기시킴으로써 소비자에게 그 제조회사의 제품 및 브랜드를 지명하여 구매하도록 한다. 광고와 퍼블리시티가 여기에 포함된다. 푸시 전략과 풀 전략은 상호 지원하는 관계이다.

(2) 푸시 전략과 풀 전략의 믹스

제품의 특성이나 채널의 사정, 시장의 성숙도, 경쟁사의 동향, 자사의 강점 및 약점에 따라 푸시 전략과 풀 전략의 조합이 달라질 것이다. 광고 주도형이라고 생각하기 쉬운 고급품 비즈니스도 판매 촉진이나 접객에 많은 경영지원을 하고 있다. 샤넬이나 카르티에(Cartier) 같은 고급품의 광고는 여성 잡지 매체가 중심이나 직영점의 우량 고객이나 백화점의 외판 고객을 위한 지원에도 힘을 쏟고 있다. 이것도 역시 푸시 전략과 풀 전략의 시너지 효과를 노린 것이다. 타깃 고객층이 다르면 당연히 푸시 전략과 풀 전략의 믹스도 달라진다.

제약회사를 예로 들면 의사가 사용하는 처방약에서는 인적 판매나 샘플 제공이 큰 역할을 한다. 일반 소비자가 사용하는 대중적인 약은 약국상대 판촉도 중요하지만 역시 막대한 광고비 투입이 중시된다.

19. 입지 선정

1) 제조업의 입지 선정

공장의 신설이나 기존 공장의 확장, 이전 등 설비(공장)입지의 선정문제는 장래에 있어 기업 전체 시스템에 미치는 영향이 지대하기 때문에 매우 신중히 다루어져야 한다.

입지분석을 위해서는 입지 선정에 따른 관련 요인들을 충분히 고려하지 않으면 안 된다.

(1) 입지 선정 시 고려해야 할 입지 항목

① 시장의 접근성 및 제품의 수요량

② 원자재의 수급

③ 노동력 – 남녀, 학력, 임금 수준 등

④ 용지 – 면적, 지형, 지질, 기반, 지가, 지목

⑤ 공업용수 – 수량, 수질, 지하수, 하천수, (공업용)수도

⑥ 수송 – 화물 취급역, 고속도로 진입로까지의 거리, 주요 도로, 항만, 공항

⑦ 관련기업 – 하청기업 유무, 기술 수준 등

⑧ 재해 – 태풍, 강우량, 습도, 풍향, 풍속

⑨ 사회 환경

  ㉠ 지역사회의 발전도 – 타 산업, 경제 계획, 지역 계획

  ㉡ 지방 공공 단체 – 행정, 법규, 세제

  ㉢ 노동문제, 주민기질

  ㉣ 공공서비스, 공익사업

  ㉤ 사회, 문화, 교육 시설, 제도

(2) 입지 선정과정

입지의 선정과정은 입지유형에 따라 다를 수 있지만, 신설이나 이전 입지의 경우 대상지역의 검토, 특정지역의 선정, 부지의 평가, 입지결정의 과정을 거친다.

① 대상지역의 검토

대상지역별로 소요자원, 생산방법 및 공간, 수요량 및 시장(고객), 가격 등 주요 입지요인을 검토한다. 입지요인은 다음과 같이 분류할 수 있다.

- ㉠ 시장요인(시장의 잠재력, 시장점유율, 경쟁관계, 시장규제)
- ㉡ 원자재요인(원자재의 가용량, 가격, 품질, 수송 및 가공비용)
- ㉢ 노동력 요인(임금수준, 노동인구의 크기, 풍토, 노동의 질)
- ㉣ 수송, 교통요인(수송비용, 도로, 수송수단의 가용성, 교통의 편의성)

② 최적입지의 선정

입지대상지역의 평가 및 검토가 이루어지면 이 중 합리적인 입지대상지역을 결정해야 한다. 이러한 입지의 결정과정은 다음과 같다.

- ㉠ 대안이 되는 지역을 평가하기 위한 평가기준(예: 비용, 수익 등) 선정
- ㉡ 관련된 주요 입지요인(예: 시장, 원자재, 노동력 등) 확인
- ㉢ 제시된 입지요인과 제약조건을 만족시키는 지역 선정(입지대안의 개발)
- ㉣ 입지대안의 평가 및 결정

③ 부지의 평가 및 결정

일단 시설이나 공장을 세울 지역이 선정되면 구체적인 장소, 즉 부지를 평가, 결정하여야 한다. 부지를 평가하는 데 검토될 평가요소로는 토지가격, 부지의 특성(지형, 크기 등), 유틸리티의 가용성, 폐기물처리의 용이성(배기 및 배수 등), 도로, 건설비용, 관계법규

의 저축 여부 등이 있다.

2) 도·소매업/서비스업의 장소위치평가

(1) 상권 내 입지 선정의 8원칙

① 현재의 상권 잠재력을 판단해야 하는데 상권의 배후지역의 인적 구성요건에 따른 기본 구매력으로서 구매력은 인구에 비례하여 판단

② 상권 접근성은 입지력은 떨어지지만, 판촉·광고 등을 통해 목적객의 유인이 가능한 지역의 고객 창출형, 특정점포에 왔다가 연관하여 구매할 수 있는 입지인 주변점포 의존형, 통행객이 주 고객이 될 수 있는 번화가 입지의 통행객 의존형으로 구분

③ 상권 성장가능성은 가구, 인구, 주택, 접객시설, 도시 계획변경 등의 성장가능성을 판단

④ 중간 저지성은 기존점포의 동선을 차단하는 입지인지의 여부

⑤ 누적적 흡인력은 동종 상품 취급 점포가 집적되어 있어 유리한지 여부

⑥ 양립성의 원칙은 보완관계에 있는 점포가 근접할 수 있는 입지인지 여부

⑦ 미래 경쟁점의 고려는 직접경쟁과 간접경쟁 여부를 판단

⑧ 입지의 경제성 면에서는 투자대비 수익성이 있는지 여부를 고려

(2) 입지분석 목표

① 해당 점포의 명확한 판매목표를 산출하기 위한 기초자료를
  수집한다.

② 해당 점포가 확보할 상권의 범위를 파악한다.

③ 후보 점포가 속한 상권의 범위 내에 유명점포 조사 및 경쟁
  할 점포를 조사하여 개점 시에 그 점포에 대한 대응책을 마
  련한다.

④ 현재 혹은 장래의 발전가능성을 확인한다.

⑤ 현재의 상권에서 가장 인기 있는 서비스는 무엇이고, 그 가
  격대는 어떻게 형성되어 있는지를 조사하여 자기 점포의 서
  비스 구성에 참고한다.

(3) 입지분석 항목

① 인구수, 직업분포, 주거형태, 가처분 소득, 세대수, 경제수준,
  소비형태, 유동인구, 외식 빈도, 교육수준 등으로 고객동향
  조사를 한다.

② 기존 점포 수와 서비스 가격, 영업전략 및 매출실적 등 경
  쟁업체를 조사하여 기존고객 동향조사를 하고 문제점을 파
  악한다.

③ 출입구의 위치, 출입계단, 주변의 교통 도로 및 보행도로 상
  황, 차량의 통행방향, 건널목, 주차시설, 교통신호 체계 등으
  로 점포접근의 용이성을 조사한다.

④ 간판의 위치나 크기, 형태에서부터 건물 전체의 규모와 주
  변 유도인구의 규모 등을 파악하여 점포 자체의 홍보가능성

을 조사한다.

⑤ 주거지역인지 상업지역인지 공장 혹은 기타 빌딩가인지 조사하고 부속기능으로써 유흥가인지 시장인지 혹은 숙박시설, 관공서, 학교 주변인지 등을 파악하여 주변지역의 특성을 조사한다.

⑥ 위치는 좋지만 임대료가 너무 높은 경우에는 예상 매출액, 수익률 등을 분석하여 임대료와 수익관계 조사 후 선택한다.

⑦ 도로 구조와 업소의 포인트가 되는 지역의 통행량을 조사한다.

⑧ 시가지의 형성, 도시계획 상황, 도시개발 상황, 각종 행정지도의 내용, 도시계획상의 규제의 내용, 건축법, 소방법, 위생법 등 각종 법령 등을 조사한다.

(4) 원자재/부품공급 확인

물류적인 여건이 좋아도 주변에 협력업체나 부품을 공급하여 줄 업체가 있지 않으면, 기계 고장 시나 긴급하게 원자재가 필요한 경우 창업회사는 곤란한 상황을 겪을 수 있으므로 부품공급 확인도 철저히 하여야 한다.

원자재/부품공급 확인은 전 단계인 장소위치 평가 시 원자재요인인 원자재의 사용량, 가격, 품질, 수송 및 가공비용 검토와 함께 진행하여도 된다. 원자재/부품은 품질이 좋고 표준화와 가격 경쟁력이 있어야 한다.

(5) 판매경로체계 확인

제조업자는 경로목표를 달성하기 위해서 경로구조의 길이, 즉 어떤 유형의 중간상들을 경로구성원으로 포함시켜야 하는지를 결정해야 한다. 제조업자가 선택할 수 있는 유통경로의 형태는 제품의 유형(소비재 vs. 산업재)에 따라 달라진다.

소비재 제조업자가 선택할 수 있는 유통경로의 형태는 크게 네 가지로 분류될 수 있다. 그러나 실제로 유통경로를 구축할 때 한 가지 유형만 이용하는 것이 아니라 여러 유형을 함께 사용하는 경우가 많음을 유의해야 한다. 제조업자의 입장에서 볼 때 제조업자와 소비자 사이에 많은 경로구성원(중간상)들이 개입될수록, 즉 경로길이가 길어질수록 제조업자의 통제력이 약해진다.

(6) 판매경로구조 결정 시의 고려사항

제조업자는 대체로 경로구성원들의 마케팅기능 수행능력과 소비자의 경로서비스에 대한 욕구를 파악하여 경로길이를 결정하지만 경로길이의 결정에는 많은 요인들이 영향을 미친다.

일반적으로, 제조업자가 경로구조(또는 경로길이)를 선택할 때 ① 시장요인, ② 제품요인, ③ 기업요인, ④ 경로구성원 요인, ⑤ 통제요인들을 고려해야 한다.

20. 인사/조직관리

1) 인사조직 개요

기업에서 필요한 인력을 적절히 기용하기 위해서는 수요 부문에 대한 지식과 기술력이 어느 정도인가를 알아야 한다. 또한 얼마나 많은 인원을 투입하는가는 필요로 하는 부문의 운영 및 업무량의 규모에 의해 결정된다.

인적 자원 및 직원에 대한 관리직 기능은 다음과 같은 운영기능(operative function)들로 나눌 수 있는데, 이들은 인력획득(acquisition), 인력개발 (development), 직원(staff)의 동기부여 및 기능 유지 등이다.

인적 자원 및 직원에 대한 관리 운영기능(operative function)

작업기능	구성요소
채용(acquisition) 유능한 인원 채용	인적자원 고용계획 : 신규인원 채용
개발(development) 각자의 임무를 위한 준비	소개/오리엔테이션 관련분야 훈련 : 개발(장기 경력 경로)
동기부여(motivation) 각 직원들의 임무수행	직무설계 : 업무 스케줄 업무수행 평가 : 업무수행능력 인정 사원만족(사기증진): 훈련
유지/지속(maintenance) 만족스런 인원 유지	보상 : 작업환경, 안전과 보건, 산업관계, 복지관계

(1) 조직구조

조직구조(organizational structure)란 업무를 어떻게 나누고 어떻게 조화시킬 것인가를 규정하는 것이다. 사업계획서 작성 시 조직도는 회사의 규모 및 설정에 맞게 부 또는 과 단위까지 작성하되 필요시 계 단위까지 작성한다.

또한 조직은 현재의 조직도는 실선으로, 향후 추가될 부·과·계 등은 점선으로 표시하고, 각 부·과·계의 밑에 근무인원수를 (   )로 표시하는 것도 좋다.

서비스업 또는 유통업의 경우에는 종업원 수와 자산규모 등이 천차만별이다. 사장 한 사람이 종업원 1~2명과 경영하는 경우도 있어, 조직도 자체가 필요 없는 경우도 있겠지만 10명 이상이 되는 경우는 조직의 활성화를 위해서 해당 기업 실정에 맞게 업무를 체계적으로 분담하여 작성할 필요가 있다.

(2) 조직구조 결정에 영향을 미치는 요소들

① 작업 전문화 정도(Work Specialization)

일명 분업(division of labor)이다. 업무를 어느 수준까지 나눌 것인지의 문제로 전문화 정도를 어느 정도로 할 것인지는 분업의 한계를 감안해야 한다. 또한 현대적 기업은 업무 성격이 한 부서에서 전문적으로 처리하기에 복잡한 경우도 많다. 그에 따라 팀제를 도입하는 식으로 가능한 한 여러 분야를 접할 기회를 열어 주는 방향으로 나가고 있다. 작업 전문화 정도는 그런 점도 고려해야 한다.

② 분과(Departmentalization)

작업을 어떻게 그룹화할 것이냐로서 분과에는 크게 여섯 가지가 있다.

　㉠ 기능별 분과 : 가장 전통적인 방식으로 인사과, 자재과, 총무과, 판매과처럼 기능별로 분과하는 것이다.

　㉡ 제품별 분과 : 식품사업부, 금융사업부, 하는 식으로 제품을 중심으로 나눈 것이다. 나뉜 각각을 대표하는 부사장을 두고 그 밑에 독자적인 마케팅 부서, 생산부서, 회계부서 등을 둔다. 제품별 분과는 특정 제품에 관계되는 모든 업무가 한 사람 책임하에 일사불란하게 관장될 수 있기 때문에 제품별

책임소재가 분명하다는 장점이 있다.

ⓒ 지역별 분과 : 판매업 쪽에서 쉽게 사용할 수 있는 방식으로 동아시아 지부, 유럽 지부, 하는 식이다. 고객이 각처에 분산되어 있으며 비슷한 제품 수요가 있을 때 유효하다.

ⓔ 프로세스별 분과 : 제품 생산 공정, 서비스 제공 단계별로 나눈 것이다.

ⓜ 고객 유형별 분과 : 사무용품 회사라면, 소매 담당 부서, 도매 담당 부서, 관공서 담당 부서처럼 고객의 유형에 따라 나눈 것이다.

ⓗ 복합적 분과 : 규모가 큰 조직의 경우 위의 모든 것을 단계별로 복합적으로 도입할 수 있다.

분과와 관련해서, 최근 두 가지 경향이 두드러지고 있다. 첫째는 고객 중심의 분과가 점차 늘어 가고 있는데 고객의 욕구를 보다 더 세밀하게 파악해서 그에 따른 대응을 효과적으로 하기 위해서이고 둘째는 전통적인 과 구분을 넘어서는 팀제가 보편화되고 있다. 여러 부서가 종합적으로 개입해서 해결해야 할 복합적인 업무가 많아지고 있기 때문이다.

(3) 조직구조의 종류

조직구조는 비즈니스 환경의 변화에 맞춰 다양한 형태로 분화되어 왔고 최근의 것이라고 해서 반드시 좋은 것은 아니다. 비즈니스의 성격에 가장 잘 맞는 것이 제일 좋은 조직구조이다.

① 단순 구조(The simple structure)

분과도 거의 되어 있지 않고 한 사람이 중앙집중식으로 모든 것을 관리하는 단순한 조직으로 소규모 사업체에서 많이 쓰고 있다. 한 사람이 재무나 마케팅, 인사관리 등을 총괄한다. 큰 규모에서는 사용하기가 힘들고 의사결정이 한 사람에게 집중되어 있으므로 위험성이 높다는 단점은 있지만 빠른 의사결정과 긴밀한 대응이라는 큰 장점이 있기 때문에 경우에 따라 큰 효과를 발휘하는 경우도 있다.

② 관료형 조직

표준화가 잘 되어 있고 업무가 유사한 방식으로 이루어지는 경우 각 기능별로 분과해서 명확하게 규정된 업무지침을 기준으로 조직을 구성할 수 있다. 권한 집중, 기능별 분과, 좁은 지휘 범위, 일사불란한 명령체계 등이 특징이고 각 분과별로 자신의 이익을 추구해서 충돌이 잦아진다는 점과 규정에 지나치게 집착하는 경향이 나타나는 점 등이 단점이다.

③ 매트릭스조직

기능별 분과와 제품별 분과의 장점만을 취하고자 제안된 조직이다. 한 사람의 전문가가 기능별 분과장과 제품별 분과장 두 명의 지휘를 받는다. 기능별 분과의 장점인 전문가를 모아 놓은 데서 오는 규모의 경제 효과를 살리면서 여러 전문영역이 망라된 작업에 효율적으로 대처할 수 있는 제품별 분과의 장점을 조화시킨 것이다. 복잡한 문제와 여러 그룹에 걸쳐진 성격을 갖는 문제에 가장 효과적으로 대응할 수 있는 조직체계라고 주장되었으나 문제는 명령 일원화의 원칙이 깨진다는 것이다.

④ 팀 제

과 구분을 무너뜨리고 의사결정을 각 팀별로 분산한 조직구조이다. 팀 구성원은 스페셜리스트이면서 또한 제너럴리스트적인 능력도 갖추어야 한다. 팀제는 관료형 조직을 유지하면서 그 단점을 보충하기 위해 병용하는 경우가 많다.

⑤ 가상조직(Virtual Organization)

나이키나 리복 또는 델컴퓨터처럼 그룹 내 핵심 기능을 그 기능을 가장 잘 수행할 수 있는 다른 소규모 회사에게 아웃소싱한다. 각 조직을 모듈화해서 필요한 것만 조립하는 형태로 원하는 목표를 실현하고 조직의 핵심에는 소수의 직원만이 남아서 개별 모듈을 선택, 연결, 조화시키는 업무를 담당한다. 굉장한 유연성을 자랑하는 조직체계로 비용 면에서도 획기적 절감이 가능하다.

⑥ 무경계조직(Boundless Organization)

GE의 잭 웰치 회장이 제안한 개념으로 모든 형태의 수평적-수직적 경계를 완전히 철폐하고 심지어 회사와 외부 사이의 경계마저 허문다는 것이다.

2) 인사전략 모델

기업은 환경인식과 자기인식의 전환을 통해 인력관리의 새로운 모델을 정립해야 한다. 기업의 신인력관리 모형을 한 문장으로 표현하면 "외부의 기회와 내재적 강점을 결합시켜 사원들을 최대한 동기부여하고 조직의 역량을 극대화시키는 성장지향적 인력관리"
라고 말할 수 있다.

① 비전추구(visionary)
② 탄력적(flexible)
③ 공유(Networking)
④ 국제적(Global)
⑤ 가족적(Family－Like)

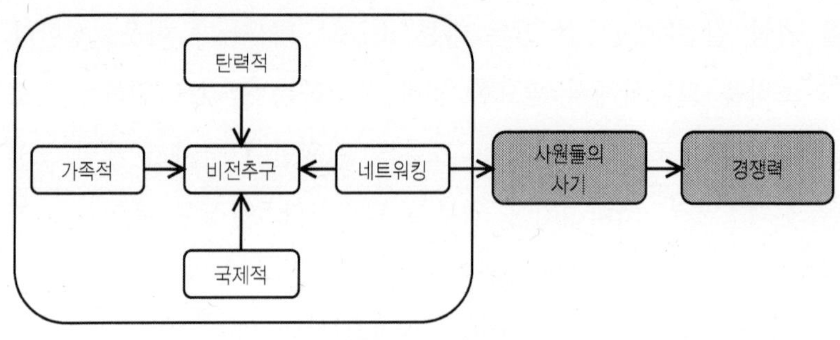

신인사관리 개념 모형

(1) 비전추구

인력관리는 우선 회사의 미래 비전과 사명을 분명히 수립하는
것에서부터 시작해야 한다. 현재의 약점을 보강할 수 있는 최선의
전략은 미래의 청사진을 분명히 그리는 것이다. 그래야만 우수인력
을 확보할 수 있고, 종업원들에게 동기를 부여할 수 있고, 우수인
력을 지속적으로 유지시킬 수 있다.

비전은 다음과 같은 조건을 갖는 것이 좋다.

① 비전은 꿈을 담는 것이어야 한다.

② 비전은 단순하고 쉽게 이해될 수 있어야 한다.

③ 비전은 사업수행과 조직운영의 지침이 될 수 있어야 한다.

④ 비전은 그 실현 여부가 단계적으로 평가될 수 있어야 한다.

⑤ 비전은 사원들에게 혜택이 돌아갈 수 있는 것이어야 한다.

비전 : 미션이 방향을 잡아 주는 것인데 비해 비전은 그 방향으로
        언제까지 얼마나 가려고 하는지 목표를 설정하는 것

성격 : 가까이 있고, 구체적이고 분명한 것이어야 한다.
        기업이나 조직에서 슬로건과 같은 것이고 역량을 하나로
        모아주는 힘이 있는 것이다.
        비전이 꿈과 다른 것은 기간과 계량화된 목표가 있기 때문이다.

예시 :

3M   : 3/30 → 3/50
스타벅스   : 2000년까지 매장 2000개
삼성물산   : Profit & Reward
사우스웨스트항공사 : On Ground time 30분
해경   : Best Frontier, Best Guard, Best Service
넝쿨   : CSM 2007 (고객성공 메이커 No 1)

(2) 탄력적 조직관리

효율적으로 업무를 수행하는 방법 중의 하나가 관료적·형식적 틀을 배제하고 탄력적으로 조직과 인력을 관리하는 것이다.

첫째는 리더십에 탄력성을 부여하는 것이다.

둘째는 조직 운영에 있어서 탄력성을 갖추는 것이다.

셋째는 직급과 보상체계에 탄력성을 부여하는 것이다.

넷째는 고용과 근무형태에서 탄력성을 높여야 한다.

(3) 네트워크화

외부의 자원을 적극적으로 활용한다는 전략 아래 학계, 관계, 업계 등과 폭넓은 연계를 할 수 있도록 확보해 두고 관계관리(Relationship Management)를 하여야 한다. 그렇게 하여 전문기능이 필요할 때 즉각 외부에서 도움을 얻을 수 있도록 만들어야 한다. 우수 기업 연구가로서 명성을 쌓은 톰 피터스(Tom Peters, 1994)는 '명함철 회사(Rolokex company)'라는 개념을 제시하고 있다. 명함철 회사란 회사에 상주하는 인력보다 필요할 때 연락하여 도움을 받을 수 있는 외부 인력이 많은 회사를 지칭하는 말이다. 나아가서는 업계, 관계, 학계의 공동자원을 이용하여 연구개발이나 채용 등을 효율적으로 한다.

(4) 국제화

현대사회의 기업은 적극적으로 국제화를 추진하여야 한다. 산업기술연수생의 적극적인 활용뿐만 아니라 해외의 고급두뇌도 활용해야 한다. 이를 위해서는 경영자의 국제 감각이 필요하고 사내에 외국인의 문화적인 이질성과 자존심을 존중하는 풍토를 조성하여야 한다. 외국 인력의 활용도 주변 기업들과 네트워크를 형성하여 이를 통해 하는 것이 효과적이다. 외국인 산업기술 연수생제도는 당연히 국가적인 사업으로 전개되고 있지만 외국의 특수 분야 퇴역 전문기술자를 활용하는 방법도 공단이나 협회에서 인력을 이용하든지 대기업을 매개로 하는 방안을 생각할 수 있다.

(5) 가족화

　대기업이 조직단위로 인간적인 유대관계를 돈독히 유지하도록 하는 것은 그 조직의 분위기를 활성화하고 동시에 업무 능률이 오를 뿐만 아니라 의사소통이 잘 되어 효율적인 조직관리가 가능하도록 하기 때문이다. 중소기업의 경우 차별적 우위를 가장 잘 살리는 방법은 인간적인 유대를 통해 가족 같은 분위기를 살리는 것이다. 구체적 방안은 다음과 같이 세 가지 방향에서 모색될 수 있다.

　첫째, 비공식적 접촉을 강화하는 것이다.

　둘째, 사원들에게 기업의 경영내용을 공개하고 제안제도나 사원지주제를 통해 경영에 직접 참여하게 하는 것도 가족적인 유대를 높이는 데 효과가 있다.

　셋째는 확대가족주의이다.

3) 인사관리

　직원들이 일하는 방법을 바꾸기는 쉬우나 마음을 사로잡기는 어렵다. 인사관리의 핵심은 경영진과 직원 사이에 신뢰(Trust)관계를 형성하는 데 있다. 즉 관계구축(Relationship Building)이다.

　관계구축을 잘 하기 위해서는 첫째, 고객관계에 있는 임직원에게 많은 권한을 부여하고 둘째, 학습동기를 부여하고 인적자원 개발에 투자를 확대하고 셋째, 정보와 상황을 공유하며 넷째, 임직원의 의견을 경청하고 이들의 참여를 촉진시켜야 한다.

정규직	임시직	시간제 직원
· 높은 충성심을 가진다	· 소속감이 약하다	· 소속감이 약하다
· 비전을 가지고 근무한다	· 경제적 부담이 적다	· 근무시간만 보수를 지급
· 교육의 효과가 지속된다	· 교육의 효과가 감소된다	· 교육의 효과가 감소된다
· 정식절차를 통해서 해고가능	· 근무시간의 유연성	· 용이한 해고절차
· 보상을 실시	· 정식절차를 통해서 해고가능	· 연가/병가 없음
	· 보상을 실시	· 보상을 실시하지 않음

4) 인사관리를 통한 생산성 향상 방안

(1) 효율적 인력관리

생산성 향상을 통해 기업의 지불능력을 증대시키기 위해서는 인력을 효율적으로 활용해야 하는데 기업 활동의 주체는 결국 기업에 속한 구성원들이며 이들에 대한 효율적인 관리는 무엇보다도 중요하다. 특히 중소기업에 있어서는 주요 문제 중의 하나가 인력난임을 감안할 때 인력의 확보 및 유지는 가장 시급한 문제이며 인력 관리의 핵심적 세 가지 방법은 아래와 같다.

첫째, 핵심인력은 정예화하고 주변 인력은 외부화하여야 한다.

둘째, 체계적인 인력관리제도를 확립하여야 한다.

셋째, 인재 발굴을 위한 새로운 매력을 창출하여야 한다.

(2) R&D 투자의 확대

기업의 성장 발전과 관련하여 가장 큰 중요문제는 기술의 자립화인데 이를 위해서는 R&D에 대한 투자가 필수적이다. 즉 기업의 R&D 투자 비율의 증가는 기업의 경쟁력 및 지불능력의 증대를 위한 필수적 과제이다.

R&D 투자의 효율성은 개발인력과 밀접한 관계를 갖고 있다. 즉 R&D 투자의 효율성은 결국 그것을 개발하는 인력의 능력과 성실도 및 성취 욕구에 의해 좌우된다. 따라서 무엇보다도 연구개발 인력자원에 대한 직접적인 투자가 중요하다.

(3) 탄력적 근로시간제 및 선택적 근로시간제의 활용

근로시간의 조절과 관련하여 우리나라의 노동법에서는 탄력근로시간제(근로기준법 제42조2항) 및 변형근로제(근로기준법 제42조3항)를 허용하고 있는데 이의 적절한 활용은 인력확보 및 근로의욕에 큰 도움이 될 수 있다.

선택적 근로시간제는 근로자에게 스스로 업무시간을 조절하도록 함으로써 근무태도 관리에 대한 자율성을 부여하여 경영효율을 높이려는 방법으로 선택적 근로시간제는 1967년 서독의 한 항공우주 공학회사에서 시작되어 1970년대부터는 전문직 종사자와 고급기술 관리직을 중심으로 유럽 전역에 걸쳐 광범위하게 도입되었다. 서독의 경우 1974년에 약 3,000개 이상의 기업과 1백만 명 이상의 근로자가 이 제도의 혜택을 받았다.

우리나라에는 1990년대에 도입되었으며 탄력적 근로시간제는 일정기간 내에서 총 근로시간의 평균이 정해진 근로시간과 동일한 경우 주나 1일 단위로 그 시간을 다르게 근무할 수 있는 제도로서 우리나라의 노동법에서는 노사합의에 의해 2주 이내를 단위로 주 44시간 1일 8시간을 초과하지 않는 범위에서 가능하도록 정해 놓고 있다.

5) 임금제도의 개선

(1) 능력급으로의 전환

임금체계는 연공 중심에서 능력과 업적을 중시하는 제도로 기본 방향이 전환 되는 것이 바람직한데 최근 경영자총협회에서는 관리직과 전문직, 계약직에서는 연봉제를 적용하고, 대리급 이하 일반직과 생산직에서는 직능급을 도입하여 임금체계를 이원화할 것을 주장하고 있다. 이러한 주장은 우리나라의 낮은 노동생산성을 높이는 데 필요한 종업원들의 동기부여 방법으로 능력급이 유효하다는 데서 비롯된다.

(2) 성과배분제도의 도입

종업원들의 근로의욕을 높이고 생산성 향상을 위한 분배적 방법 중의 하나가 성과배분제도이다. 성과배분제도는 근로자가 기업단위 혹은 공장, 부서, 과 단위가 설정한 목표 매출액이나 이윤, 생산비용절감, 생산성 등의 경영성과 증진에 기여하고 그 보상으로서 정해진 기준에 따라 경영성과의 일정 지분에 참가하는 경영참가제도로서 성과의 배분 몫은 통상적인 임금 외에 사후적으로 현금(상여금), 주식, 기타 복지기금 등의 형태로 지급된다.

이 성과배분제도는 이미 외국과 국내에서 생산성 향상과 근로의욕의 증대, 근로자 협력의 증대 등에 긍정적인 영향을 미치고 있는 것으로 밝혀지고 있는데 이 제도의 도입으로 기업의 지불능력 증대에 큰 도움이 될 것으로 예상된다.

(3) 소사장제도의 도입효과

근로의욕을 고취하고 생산성을 향상시키기 위한 방법 중의 하나로서 소사장제도를 들 수 있는데 소사장제도는 동일 사업장 내에서 생산라인별 또는 공정별 책임자(주로 작업반장이나 장기근속자)가 기업주로부터 도급을 받아 각각 독립된 자격으로 자기 책임하에 생산을 하는 동일 사업장 내의 도급생산 체제를 말한다. 이러한 소사장제도는 독립된 자격으로 자율적 관리와 이윤분배를 할 수 있도록 함으로써 근로자에게 동기부여 방법으로서 이의 효율적 도입은 큰 성과를 낼 수 있을 것으로 기대된다.

소사장제도는 우리나라에서 크게 확산되는 추세에 있으며 기업에 따라 그 유형도 다양하다.

첫 번째 유형은 생산라인이나 공정의 일부를 그 단위 책임자에게 맡기고 독립시켜 사업자등록을 한 별개의 사업단위의 소사장제도, 즉 완전 독립형 소사장제도화하는 유형으로서 본원적 의미의 동일 사업장 내의 도급생산 체제이다.

두 번째 유형은 사업자등록을 하지 않고 기존기업과의 고용관계를 유지하면서 생산 공정이나 라인별로 성과급제를 도입하는 유형, 즉 불완전 독립형 소사장제도이다. 그러나 이 제도는 전체 소사장제도를 도입한 기업의 20% 미만에 불과한 것으로 추산된다.

① 소사장제도의 긍정적 효과

㉠ 3D현상 기피에 따른 만성적인 인력난을 극복할 수 있다.

㉡ 기능인력의 이탈을 방지할 수 있어 기능 및 기술축적이 가능하다.

ⓒ 모기업은 소사장기업에게 저품질 생산에 대한 불합격 판정
  을 내릴 수 있는데 이것은 곧 소사장기업 근로자에게 품질
  에 대한 관심을 고취시켜 불량률 개선 및 품질 향상효과를
  기대할 수 있다.

② 소사장제도의 장점
  ⊙ 생산량이 소득과 직결되기 때문에 생산성 향상을 기대할 수
    있다.
  ⓒ 생산실적에 비례한 금전적 성과배분이 작용하기 때문에 수
    주물량을 정상근무로 생산하기 어려울 경우, 연장근무 등을
    통해 납기단축이나 적기조달을 가능케 한다.
  ⓒ 불량률 감소와 원자재 절약 노력으로 원가절감을 이룰 수
    있다.
  ② 공정단계별 부품의 흐름으로 작업의 로스타임이 감소된다.
  ⑩ 퇴직인력에게 재취업기회를 부여함으로써 기존 인력에 대한
    동기부여가 된다.
  ⑪ 퇴직사원이 같은 직종의 경쟁업체와 협력하는 것을 차단함으
    로써 자사의 축적된 기술과 노하우의 유출을 방지할 수 있다.
  ⊗ 노사관리에 대한 부담을 감소시킬 수 있다.

6) 인력의 채용

(1) 직원의 필요성 확인

사업계획서 작성 시 종업원 현황 및 고용계획은 창업기업의 단
순한 인적 구성요소만을 아는 지표로서 사용되는 이외에 실질적으

로는 기업의 기술수준을 알 수 있는 척도가 되며, 종업원 충원이 원활하여 생산·관리 등에 차질이 없는지, 인력난을 겪고 있는 최근의 상황을 감안할 때 종업원 충원이 용이한지를 살펴보는 좋은 자료이다.

각 연도별 종업원 수는 해당연도 '소득세액 징수액 집계표' 또는 '근로소득 계급별 소득세액 징수명세서'상에 기재된 월 급여자의 평균을 기재하되, 1차 연도 이후는 공장이전, 농공단지 입주 등 특수사정을 고려하여 현 공장에서 이주하는 인원과 현지에서 고용할 인원의 합계를 기록한다. 기준연도 이후는 충원인원을 포함한 계획인원을 기입한다.

기업에 있어서의 인원계획의 목적은 합리적인 소요인원의 결정, 즉 무리 없는 노동력의 최대한의 효율적 이용을 계획하는 데 있으며, 또한 종합적인 경영계획의 일환으로써 실시되는 것이다. 그리고 정원은 결코 고정적인 것이 아니라 판매계획, 생산계획 및 조직의 실태적 기준으로서 탄력적으로 설정되는 것이 필요하다.

(2) 사무직의 소요인원 산정

사무관계 소요인원의 산정을 위해서는 근무시간의 실태조사가 필요하게 된다. 이를 위해서는 직무내용의 명확화 및 서류의 양식, 업무처리 절차의 개선 내지 표준화를 행한 후에 시간을 조사, 측정하고 표준시간을 설정한다.

이와 같이 설정된 표준시간으로 사무총량(시간수로 환산)을 나누면 소요인원수를 산정할 수 있다. 한편, 사무는 그 성질상 시간 측정이 곤란할 뿐만 아니라 또한 부적당하다. 따라서 조직상 각 직무의 업무량 및 감독범위, 타 직무와의 관계, 생산 및 판매 실적과의 관계, 직접생산 종사자의 비율 등을 고려하여 조직 전체 면에서 종합적으로 산정한다.

(3) 기술직의 소요인원 산정

소요인원의 구체적 산정방법에는 직무의 성질에 따라서 여러 가지 방법이 있으나 일반적으로 작업량과 시간과의 관계를 측정하여 이를 기초로 그 작업에 대한 소요인원을 산출한다. 즉 작업의 총량을 노동자 1인당 담당량으로 나누어 소요인원을 산출한다.

① 생산에 소요되는 전 시간(1일의 생산량에 대한 표준 작업시간으로서, 예컨대 작업장의 청소 및 정돈, 기계설비의 점검 및 준비 등의 시간)

② 1일 작업시간(예컨대 8시간 노동)

③ 직장의 그룹에 대한 고정시간(생산량에 관계없이 고정된 시간으로서 예컨대 시업, 종업 시의 현장왕복, 갱의(更衣), 도구준비, 작업지시수령 등에 소요되는 시간)

④ 여유시간(고장수리, 공정의 이행(移行)시간 및 작업상의(作業相議) 등 직장적 여유시간과 용변, 휴식 등 개인적 여유시간)

⑤ 가동률(현재의 조업정도)

⑥ 여유율(노동시간에 대해서 여유시간이 대체로 일정하게 되어 있으면, 여유율로 나타난다.)

이러한 분류에 의해서 시간측정을 하고, 별도로 여유율과 가동률을 산출·감안하여 다음과 같은 식에 의해 소요인원수를 산출할 수 있다.

$$\text{소요인원수} = \frac{(1일\ 생산\ 전소요시간) + (직장\ 고정시간)}{\text{소요인원수} = (1일\ 작업시간) - (개인고정시간)} \times (1 + 여유율) \div \frac{1}{가동률}$$

(4) 관리직원 채용 및 훈련

① 모집 활동

모집 활동에는 적합한 자질을 갖춘 자를 선발할 수 있도록 선발예정인원보다 많은 지원가가 응모하도록 해야 한다. 이를 위해서는 다음과 같은 점에 유의하면서 노동력의 공급원을 파악할 필요가 있다.

　㉠ 사업체에 대한 신뢰감과 친근감을 갖도록 노력해야 한다.

　㉡ 학벌 및 연고관계에 대한 편중을 피해야 한다.

　㉢ 기숙사, 사택과 같은 주거시설을 갖추어야 한다. 우수 관리자를 채용하기 위해서는 전국에서 공급원을 물색하지 않으면 안 된다.

　㉣ 지원자의 편의를 도모하여야 한다. 지원자에게 최대의 편의를 제공할 수 있도록 지원절차가 간편해야 한다.

② 선발

　㉠ 선발 절차

　　ⓐ 예비면접 : 선발과정의 초기에 무자격자를 탈락시키려는 데 목적이 있다. 즉 지원자의 당해직무에 대한 적격 여부를 판단하기 위한 절차이다.

　　ⓑ 지원서 : 교육적 배경, 직업경력, 보유기능, 자격, 가족상황

등 지원자에 관한 여러 가지 사실적인 정보를 수집하는 데 사용된다.

ⓒ 전력조사 : 주로 지원자들의 경력 및 신원의 확인, 직무와 인사에 관련된 조회자료의 검토, 학력에 대한 사실 확인 등이 포함된다.

ⓓ 신체검사 : 신체검사는 신체적 요건이나 운동기능 등을 측정하는 것으로 의학적 검사, 형태적 검사 및 기능적 검사 등이 포함된다.

ⓛ 선발시험

ⓐ 지능·지식의 검사법

이 검사법은 일반적·전문적 또는 종합적이고 지적능력이나 학식의 영역을 측정할 것을 목적으로 한 것으로서 직무와 그 대상이 되는 지원서와 관련하여 다음과 같은 검사를 단독으로 실시하거나 또는 병행한다.

• 지능검사 : 경영인사 관계에서 사용되는 검사로 주로 집단식 지능검사이며, 이 검사는 직장에 적응하기 위한 기초가 되는 지적능력을 측정하는 것으로서 학력에 의하지 않고 동일척도의 평가를 얻을 수 있다는 이점이 있다.

• 지식검사 : 일반지식검사로 사회관계, 인문관계, 자연관계 등 검사가 있고, 지원자의 전공분야 가운데서 직무가 필요로 하는 요소를 추출하여 문제를 구성하는 전문지식검사가 있다.

ⓑ 기능·기술의 검사법

• 기능검사 : 특정직무의 지식이나 정도를 실지로 조사하기 위

하여, 그 직무의 특성을 나타내는 실제 작업의 일부분을 수검자에게 행하게 하는 것이다.

- 기술검사 : 기술검사에는 기술적인 업무를 계획, 통제, 조정하는 직무에 요구되는 것과, 스스로 설계하거나 공작법을 연구하여 적용하기 위한 실험계획을 입안한다든지 하는 사람에 요구되는 내용으로 나눌 수 있다.

ⓒ 적성·기능의 검사법

- 적성검사 : 장래의 직무수행에 대한 예측을 목적으로 하는 협의의 적성검사로 주로 개인의 잠재능력을 측정한다.
- 기능검사 : 주로 눈, 손, 발 등 말초기능의 적성발견을 목적으로 하는 검사로서, 실제의 직무수행 장면에서 지각, 판단, 운동, 조작하는 데 있어서 어느 정도의 기민성, 정확성, 원활성을 가지고 행할 수 있는지를 예측하는 것이다.

ⓓ 선발 면접

- 정형식 면접 : 직무명세서를 기초로 하여 미리 준비된 질문항목에 따라 면접자가 일정한 질문순서에 의하여 면접을 진행하는 방법이다.
- 패널 면접 : 다수의 면접자가 한 사람을 두고 집단적으로 면접하면서 그 사람이 갖고 있는 소질이나 특성을 평가하는 방법이다.
- 집단 면접 : 보통 6~12명 정도의 피면접자를 집단으로 구성하여 집단 단위별로 특정문제에 대해 자유토론하게 하고, 토론과정에서 피면접자들의 현재적 행동뿐만 아니라 잠재적 행

동까지도 파악하여 개별적으로 적격 여부를 심사·판정하는 방법이다.

어떤 면접방법을 사용하든지 간에 인원선발의 핵심은 아래 그림과 같이 주어진 상황하에서 상황에 적응만 할 수 있는지 상황을 극복할 수 있는지를 보며 가장 유능한 인재는 스스로 상황을 창조할 수 있는 사람이다.

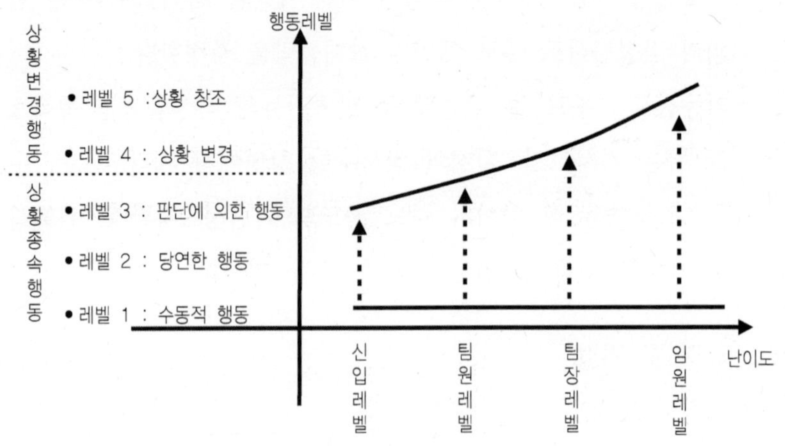

(5) 경영자가 면접 시 유의해야 할 사항

① 직무명세서, 직무기술서, 지원자의 이력서 등을 미리 검토하여 질문 내용을 사전에 준비하여야 한다.

② 조용하고 좋은 분위기가 조성된 장소에서 충분한 시간을 가지고 진지하게 면접을 실시해야 한다.

③ 차별을 암시하는 질문이나 심문하는 듯한 태도를 피하도록 한다. 면접에서 질문을 할 수 있는 것과 없는 것을 미리 검

토하여 지원자를 차별하는 질문은 가급적 피한다.

④ 지원서와 이력서에 나타난 사실을 자세히 살펴본 후 면접을 통하여 그 내용을 확인하고 차이가 있는지 검토하여야 한다.

⑤ 면접 시 또는 면접이 끝나는 즉시 후보자의 인상과 대답내용 등을 간단히 기록한 후 선발할 때 참고한다.

7) 교육훈련

기업에서 교육훈련을 실시하는 궁극적인 목적은 전 종업원의 지식·기능·태도를 향상시킴으로써 기업을 유지·발전시키는 데 있다. 이것을 기업 측면에서 본다면 업무의 능률을 향상시키고 그것을 계속적으로 발휘할 수 있도록 인재를 육성하는 일이다. 그리고 종업원 측면에서 보면 인간 완성과 이에 따른 처우의 향상이 교육훈련이 의도하는 바라고 할 수 있다. 이와 같은 목적에 따라 실시되는 교육훈련에서 기대할 수 있는 효과는 다음과 같다.

① 교육훈련을 통해서 종업원들은 자신들에게 영향을 미칠 정책·절차·관행·규정 등과 그들이 담당할 직무에 대해서 알게 된다.

② 종업원들은 직무기술서에 나타난 직무요건에 따라 정확하고 포괄적으로 교육받고, 좀 더 빨리 표준성과에 도달할 수 있고 조직에서 자신들의 가치를 증대시킬 수 있다.

③ 교육훈련을 통하여 사고, 불량품, 기계 및 설비의 손상을 최소한으로 유지할 수 있다.

④ 효과적인 교육훈련은 종업원들의 불만·결근·이동을 크게

감소시킨다.

⑤ 종업원들이 계속적으로 교육훈련에 참여함으로써 조직에서 그들의 가치를 점차로 증가시킨다.

⑥ 교육훈련은 새로이 도입된 신기술에 대한 종업원의 적응을 원활히 한다.

결론적으로 교육훈련의 목적은 종업원의 지식·기술·태도를 향상, 발전시켜 종업원들로 하여금 그들의 직무에 만족을 갖게 하고, 직무수행능력을 더욱 발전시켜 한층 더 중요한 직무를 수행할 수 있도록 하는 데 있다. 따라서 교육훈련은 궁극적으로 기업을 유지·발전시키는 것과 직결된다.

사업계획서 작성 시 교육훈련 현황 및 계획은 전년도 실시현황과 기준연도 실시계획을 구분하여 기록한다. 작성방법은 교육 분야별로 교육기관 순서에 따라 작성하되, 교육내용·참가자수·실시기관(자체 교육인 경우는 자체로 표시)과 교육실시 효과와 기대효과를 기입한다.

특기사항은 교육실시 상황 및 실시계획상 특별한 내용이 있는 경우 기재한다.

(1) 교육훈련의 계획과 실시

① 훈련의 내용선정 : 훈련의 내용에 대한 계획을 수립하기 위해서는 먼저 종업원들의 담당직무를 연구하여 도달되어야 할 작업표준을 명확하게 밝혀내야 하며, 다음으로 종업원 개인의 근무실적, 능력, 태도 등을 검토해서 이것을 설정한 작업

표준과 비교한다.

② 훈련의 시기·기간 및 장소 : 훈련의 시기와 기간은 대체로 훈련의 목적, 장소, 담당자 및 피훈련자의 능력 등에 의해 결정된다. 신입사원의 경우에는 대개 실무에 종사하기 전 1주 내지 10일간 실시되며 현직자 교육의 경우에는 피교육자의 능력이나 경험을 기준으로 해서 교육의 장단이 결정되며 되도록 작업에 별로 지장이 없을 때를 택해서 그 기간을 선정할 필요가 있다.

그리고 교육장소는 교육의 내용과 방식에 따라서 결정되며 교육훈련을 실시하기 위해서는 누가, 무엇을, 언제, 어디에서, 누구에게, 어떻게 가르칠 것인지에 대한 치밀한 교육계획표를 작성해야 한다.

③ 교육의 실시 : 교육담당자는 각 교과목이 당초 계획대로 충실히 교육되고 있는지를 살피고 차질이 있을 경우 수정해 나간다.

(2) 관리자 교육

관리자 교육은 경영계층에 있어서의 중간관리층으로 일선 종업원이나 감독자에 대한 훈련보다 높은 차원에서 실시되어야 하며 관리자훈련방식 중 대표적인 것은 MTP(management training program)를 들 수 있는데 MTP 내용은 다음과 같다.

① 관리의 기초 : 관리의 기본적인 이해, 조직의 원칙, 조직의 검토
② 작업의 개선 : 작업할당의 개선, 작업방법의 개선, 창의력의 발휘, 작업의 기준
③ 작업의 관리 : 계획, 지시, 통제, 조정, 직장회의의 지도

④ 부하의 육성 : 부하 육성의 원리, 개인능력의 육성, 조직능력
　　의 육성

⑤ 인간관계 : 부하를 이해하는 방법, 부하와의 대화방법, 인간
　　문제의 처리 등

⑥ 관리의 전개 : 리더십

이상과 같이 관리자를 위한 교육훈련은 작업지도의 기능, 작업
개선의 기능, 현장에서의 인간관계 조정에 관한 기능과 관리의 원
칙, 회의의 지도, 직장사기 등과 같은 관리자로서 직책을 수행하는
데 필요한 많은 항목이 계통적으로 편성되어 있는 것이 특징이다.

(3) 교육훈련의 방법

실무적인 지식이나 기능의 습득을 위해서는 OJT나 강의식 방법
이 좋고, 새로운 태도 내지 행동패턴의 습득에는 감수성훈련이나
역할연기법이 그리고 문제분석 능력과 해결 능력의 학습을 위해서
는 사례연구법이나 비즈니스 게임과 같은 시뮬레이션(모의훈련)의
방법이 효과가 탁월하다.

① 강의식 방법 : 일정한 장소에 집합된 피교육자를 대상으로
　　교육자가 교단에서 일방적으로 강의하고 피교육자는 이것을
　　청강하는 방법이다. 다수의 종업원을 단기간에 교육시키고자
　　하는 경우 자주 이용되며 미지의 사실에 관한 지식교육·기
　　술교육의 수단으로서 가장 좋은 방법이다. 교육훈련에서 가
　　장 보편적으로 사용되는 방법으로서 소정시간 내에 강사의
　　일방적 설명으로 필요사항을 전달할 수 있는 반면, 획일적,

수동적으로 청강하므로 참여의식이 약하고 개별적 훈련이나 문제점에 대한 토의를 할 수 없다는 단점이 있다.

② 통신식 방법 : 강사진이 부족하거나 피훈련자가 넓은 지역에 산재되어 있거나 또는 일단 훈련을 받은 종업원에 대하여 보충적인 교육을 실시할 때 사용하는 방법으로 강의록, 기타 인쇄물을 이용한 통신강좌를 통하여 교육하는 방법이다.

③ 회의식 방법 : 훈련참가자가 일정한 장소에 모여서 주제에 관한 각자의 견해, 지식, 경험 등을 발표, 교환하고, 문제점 등에 대하여 토의하는 것을 말한다.

㉠ 자유토의법 : 비교적 소수의 토의 참가자가 고정된 토의 절차 없이 자유롭게 토의한다. 자유토의의 목적은 각 참가자의 의견이나 감정 또는 태도의 자유로운 표명을 통해 긴장이나 불만을 해소하고 집단의 압력을 작용시켜 집단결정을 하려는 데 있다.

㉡ 패널토의법 : 토의집단을 패널멤버와 청중으로 나누고 먼저 소정의 문제에 대해 패널멤버인 각 분야의 전문가로 하여금 사회자를 통하여 토론케 한 다음 청중과 패널멤버 사이에 질의응답을 하도록 하는 형식으로 토의가 진행된다. 많은 사람이 토론에 참가할 수 있으며 전체 이해를 촉진하는 것이 이 방법의 특징이다.

㉢ 포럼 : 어떤 주제에 관한 자료나 분석을 제공하여 청중으로 하여금 그 문제에 대하여 열의와 관심을 일으키게 하여 청중의 태도와 의견의 표명을 촉진하려는 것이다.

④ 시청각교육 : 강의식교육의 보조적 역할을 수행하며 인상을

강화시켜 교육에 대한 흥미를 일으키도록 하는 교육방식이
다. 이러한 교육을 위해서는 영화, 슬라이드, 필름, TV, 모형,
사진 및 도표 등이 이용된다.

21. 자본의 조달 및 운용

단기 소요자금 및 시설자금, 연도별 장기 소요자금을 산출한 후
어떻게 자본을 조달할 것인지와 그에 대한 운용계획을 수립하여야
한다. 자본조달은 자기자본으로 할 수도 있고, 투자자를 모집할 수
도 있고, 은행 등의 금융권을 통하여 조달할 수도 있다.

1) 단기 소요자금

단기적인 자금조달 운영계획은 창업일정 계획, 예를 들면 공장
설립에서부터 정상가동까지의 일련의 소요자금을 산정하고 이의
조달계획을 수립한다든지 공장자동화 등을 위해 일정공정의 기계
를 설치하거나 일시 부족 운전자금을 조달하기 위한 계획을 수립
하는 것을 말한다.

단기조달자금·운영계획은 소요자금과 조달계획으로 대별하여
작성하되 소요자금은 공장건축 등 사업장 설치비, 생산설비, 유형
고정 자산구입 및 운전자금으로 구분된다.

2) 시설자금

어떤 특정계획 시설, 즉 시설 근대화, 공장 개선 등을 위해 특정 시설을 설치하려고 하는 경우 공장건축 또는 기계설치에 소요되는 자금이다.

3) 연도별 장기소요자금

장기적인 자금조달·운영계획으로서의 연도별 소요자금 및 조달계획은 통상 2~3년 또는 5년간에 걸쳐 회사 장기경영계획에 의거, 추진되는 제반 계획이나 이에 수반되는 소요자금이다.

22. 회사 설립

1) 제조업의 회사 설립

제조업을 창업하기 위해 ① 창업예비 절차, ② 회사 설립 절차, ③ 공장 설립 및 자금조달 절차, ④ 개업 준비 절차 등을 마치면 회사 설립이 완결된다.

창업예비 절차는 개념단계에 속하는 것들이고 회서설립 절차와 공장 설립, 자본조달 절차는 계획단계에 포함되는 것들이다. 개업 준비 절차는 실행단계에서 실시되는 진행순서이다.

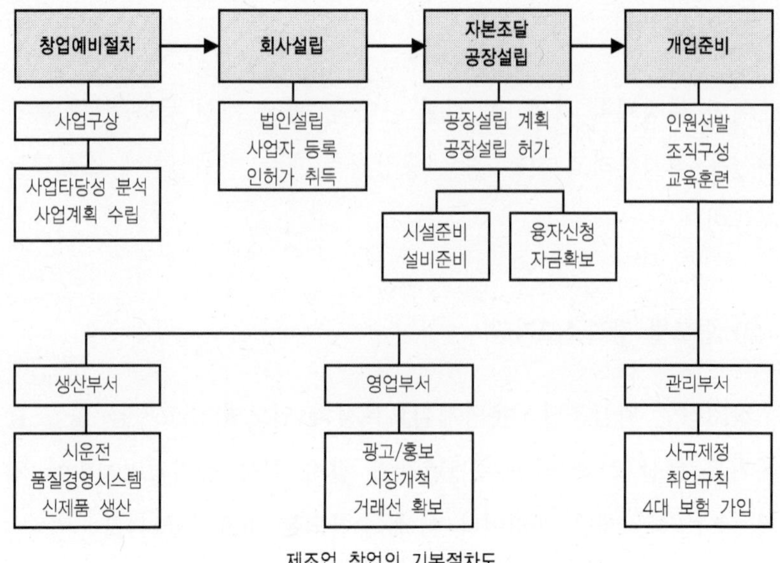

제조업 창업의 기본절차도

2) 공장 설립

제조업 창업의 경우 회사 설립 절차가 일단 완료되면 다음 단계가 공장 설립 단계이다. 공장 설립은 제조업 창업 중에서 가장 절차가 복잡하고 창업지연이 잦은 단계이다. 공장 설립 시 공장입지 선정에서부터 각종 법적 인·허가 절차를 밟아야 하며, 공사계약이 원만히 이루어져야만 공사 진행이 순조롭게 진행될 수 있다.

공장 설립 시에는 공장건축 공사 이외에 공장건축 공사를 전후해서 소관관청에 공장설립신고, 그리고 공장설립완공보고 등 각종 보고를 하여야 하고, 준공검사 등 공장건축과 관련되는 각종 검사도 함께 받아야 한다. 또한 공장 설립 단계에서는 공장건축과 병행하거나 공장준공 예정일에 맞춰 생산설비의 설계, 시설발주 등이 필요하게 되며, 생산설비 설치 등에 따라 자기자금 이외에 금융기관을 통한 추가자금 조달이 이루어지지 않으면 안 된다.

공장 설립 절차에 있어서는 사전에 공장입지와 관련해서 규제되고 있는 법의 내용을 어느 정도 알고 접근해야 한다. 공장입지를 선정할 때는 공장 설립 기본계획을 사전에 수립하는 것이 무엇보다 필요하며, 이 기본계획에 따라 순차적으로 입지의 적합성 분석과 더불어 정부 또는 지방자치단체 등에서 분양하는 계획입지의 내용, 창업자가 임의 선정하여 개별적으로 추진하는 자유입지의 선택문제, 그리고 창업절차를 간소화하기 위한 창업사업 계획 승인 여부 등을 사전에 충분히 검토한 후 공장입지를 내정하고 공장용지에 대한 토지거래 허가, 농지전용 허가 등의 절차를 밟아야 한다.

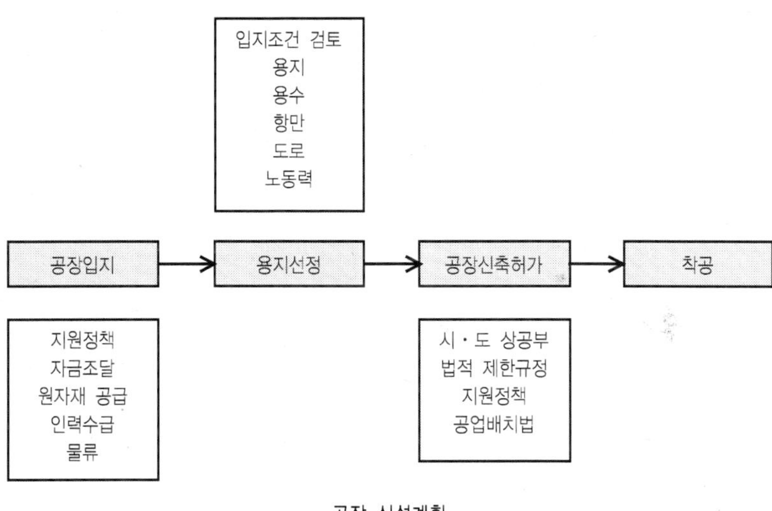

공장 신설계획

3) 도·소매업의 회사설립

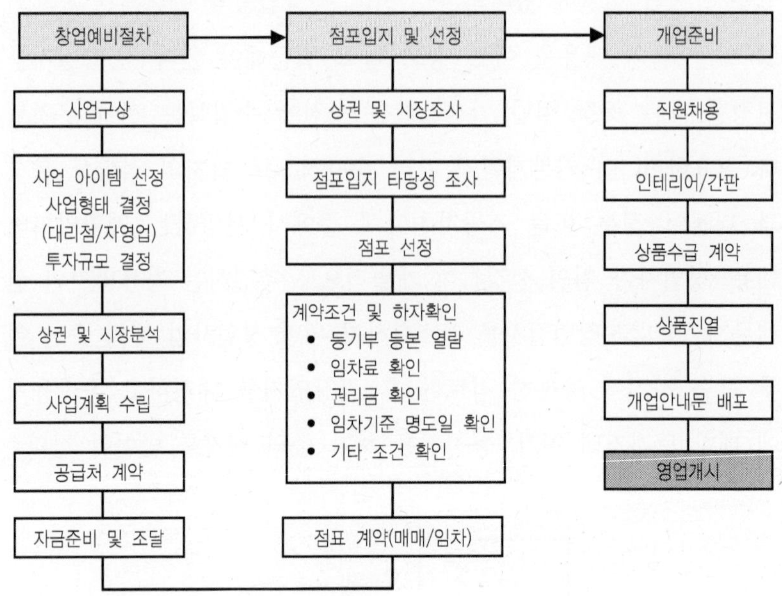

도·소매업 창업의 기본절차도

도·소매업은 제조업에 비해서 창업절차가 상당히 간단하다. 우선 공장 설립에 따른 복잡한 절차가 필요 없으며, 일반적으로 소규모로 사업을 시작하기 때문에 법인설립 절차도 필요 없는 경우가 많다. 또한 개업 준비 절차도 제조업에 비해서 매우 단조롭다. 대신 도·소매업의 경우에는 제조업에 비해 상점입지가 매우 중요한 문제로 대두된다.

23. 자본금 확보

'개인투자능력 확인' 후 시장성 분석과 투자이익률, 이익목표 등을 산정한 뒤 외부도움과 자기자본을 포함한 자본금이 확보되어야 하는 단계이다.

자본이란 기업을 설립하는 데 필요한 금전적인 자원뿐만 아니라 자본을 이용하여 동원할 수 있는 토지, 기계, 기술자, 원재료 등을 포괄적으로 의미한다. 자본은 창업자 자신의 출자일 수도 있고, 창업팀에 속한 여러 사람이 제공할 수도 있다. 또, 자본은 창업과 경영에 있어서 직접 참여하지 않는 제3자로부터 조달할 수도 있다.

성장단계별 자금조달 원천

성장단계	자금조달원천구분	
	융자	투자
창업초기	친지, 지인, 담보대출	창업자본인, 창업동료
상업화기	신용보증, 기술신용보증 금융기관 지원자금	엔젤투자가, 창투사, 벤처 캐피털, 인터넷 공모
성장진입기	자체신용, 기술신보특별보증, 벤처캐피탈 특별보증	코스닥 등록
고속성장기	자체신용, 사채발행, 해외자금	증권시장 상장

24. 초도 생산

최초 생산을 개시하기 위해서 기업은 초도 생산자재를 구입하여야 한다. 그러나 기업은 재고자산의 보유에 따라 득실이 있으므로 그 유지에 따른 비용과 주문에 따른 비용을 신중히 검토하여 재고의 보유 여부를 결정하여야 한다.

기업은 일반적으로 '0'의 재고를 보유하는 것이 좋으나, 재고를 보유하지 않음으로 인하여 이득보다 손실이 클 경우에는 재고를 보유하는 재고수불부 등의 장부를 비치하여 재고의 관리를 철저히 하여야 한다. 그러나 기업의 인원은 한정되어 있으므로 우선적으로 기업에서 중요시하는 재고를 중점관리하고, 기타 자산에 대하여는 정기적으로 재고를 조사, 관리하는 것이 효율적이다.

1) 자재관리의 필요성

적정재고를 초과하는 악성재고는 회사경영에 많은 부담을 안겨주게 되고 현재처럼 제품의 라이프사이클이 빠르게 변화하는 시대에 재고는 향후 팔린다는 보장이 없기 때문에 큰 문제를 야기할 수 있다. 또한 제품이 판매되지 않고 오랜 시간 불용화 상태를 유지하면 보관, 관리 비용문제로 폐기하게 되는데 이 또한 비용을 발생시키게 되고 제조원가 중 재료비 비중이 가장 높은데 재고를 적정수준에서 합리적으로 관리하여 회사의 이윤(자본이익률)을 극대화하고 생산성 향상의 주요요인으로 활용해야 한다.

2) 구매방법

구매방법에는 장기계약구매, 일괄구매, 투기구매, 시장구매 등이 있는데 장기계약구매는 장기생산계획에 따라 산출된 소요자재로 해당 기간 중의 소요수량을 일괄계약하여 계약시점에서의 가격을 고정하는 계약구매와 해당 기간 중에서의 예정수량을 예정가격을 가지고 계약하고 실제로 납입된 수량의 확인을 기다려 가격을 결정하는 예정계약구매가 있다.

일괄구매는 소모품처럼 사용량은 적지만 여러 종류로 품종이 많은 것들은 개별적으로 발주하는 것을 지양하고 일정한 품종 그룹으로 공급처를 선정하여 일괄구매하면 편리하다.

투기구매란 시장의 상황이 유리한 시점에서 구매를 행하는 것이 투기구매로서 제조용의 자재보다도 상품으로서 구입하며 구매담당부분의 직접적인 책임으로 이루어지지 않고 재무부문과 공동 발의 하에 최고경영자의 지시로 이루어지는 것이 보통이다.

시장구매는 연간 예측되는 필요수량을 확보하고 생산계획에 따라 구매가 행하여지는데 명백한 시장상황에서 볼 때 유리한 구매가 가능한 경우에는 제조계획의 구체적 수립을 기다리지 않고 행한다.

3) 초도 생산 개시

부품과 인력을 투입하여 최초 생산을 시작한다. 사전에 기술인력 및 생산관리인력의 교육을 통하여 표준화된 작업공정과 표준화된 작업 매뉴얼을 통한 생산을 실시해야 한다.

표준화 작업은 ISO 및 KS 규정에 따라 실시하여야 표준화와 호환성을 가질 수 있으며 품질을 유지, 관리할 수 있다.

25. 광고 및 홍보

1) 광고매체

판매를 가져오는 수단으로서 광고는 여러 가지 형태를 갖는데 선전, 기사화, 전자통신을 이용한 방법들이 있으며 광고는 광고내용과 제품이 일치해야 하며, 광고방법과 광고매개물 간의 조합이 조화를 이룰 때, 효과를 낼 수 있다.

기사화는 제품설명을 문자화하여 알리는 데 있어서 신문 잡지에 기사화 형태로 광고를 내기도 하고, 보도자료를 이용한 기사화도 한 방법이며 전단이나 포스터를 제작하는 수도 있고, 편지나 안내서 작성 등 방법이 있다.

전자통신을 이용한 방법은 전화, 라디오, TV, 컴퓨터 등을 이용해서도 판매캠페인을 할 수 있으며 홈페이지를 만들어 홍보하거나 이메일을 이용하기도 한다.

이 외에도 지역성을 가지는 상품은 봉사 활동과 사회공헌 활동 등을 통해서도 판매캠페인을 할 수 있다.

2) 광고의 특징

① 다른 전략으로부터 독립적이다

인적판매나 세일즈 커뮤니케이션 같은 푸시형 기법이 유통 채널 전략이나 가격 전략과 매우 밀접한 관계에 있으며, '판매전략'이라는 맥락에서 다루어지는 경우가 많은 데 비해, 광고는 독립성이 강해서 다른 전략들에게서 그다지 영향을 받지 않는다.

② 영향력이 크다

광고는 '눈에 띄지 않는' 다른 전략들에 비해 감각적인 영향력이 크며, 소비자는 물론이고 경영자나 종업원들의 관심도 높다.

③ 전문성이 강하다

다른 마케팅 믹스 전략이 대부분 사내에서 마련되는 데 반해 광고는 아마추어가 감당하기 힘든 부분이 많아서 광고 제작을 전문으로 하는 전문가에게 맡기는 경우가 많다. 따라서 어느 광고회사와 손을 잡느냐가 성공으로 가는 중요한 관건이 된다. 또한 광고회사에 따라서는 다음에 설명할 크리에이티브 전략과 미디어 전략 가운데 한쪽에만 강한 경우가 있으므로 광고대행사를 선정할 때 이 점에 특히 유의해야 한다.

3) 크리에이티브 전략과 미디어 전략

광고 전략은 크게 크리에이티브(creative) 전략(표현 전략)과 미디어(media) 전략(매체 전략)으로 세분할 수 있다. 크리에이티브 전략은 "전달해야 할 메시지의 작성"이며, 미디어 전략은 "전달할 장의 확보"이다. 미디어를 선택할 때는 각 미디어의 특징과 한계를 충분히 이해해야 한다.

① 크리에이티브 전략

크리에이티브 전략의 첫 단계는 기업이 이것만은 꼭 전달하고 싶다고 생각하는 제품의 속성을 지정하는 것이다. 즉 메시지를 명확하게 해야 한다. 왜냐하면 광고를 싣는 미디어에는 시간이나 공간적으로 제약이 있기 때문이다.

즉 텔레비전이라면 15초나 30초, 잡지라면 몇백 페이지 가운데 어느 한 페이지라는 식으로 제약이 있으므로 모든 속성을 다 전달한다는 것은 물리적으로 불가능하다. 그다음 단계는 기업이 뽑아낸 제품의 속성을 수신자가 흥미롭게 받아들일 수 있게 광고 표현으로 짜내는 것이다.

화제가 되는 CM을 만들기 위한 조건은 시각적인 메시지(catch copy)와 주도면밀한 장면 설정이 결정적이다. 메시지를 타깃 고객이 공감할 수 있는 소비자의 언어로 바꾸는 것은 카피라이터의 몫이며, 비주얼 이미지는 제작회사, 촬영은 카메라맨, 배경음악은 음악 사무소 등이 담당한다.

이렇게 아웃소싱된 각 업무는 광고회사의 아트 디렉터를 필두로 한 크리에이티브 부문에 의해 하나의 최종적인 작품으로 종합되고 조정된다. 클라이언트에게는 구체적인 제작물로 완성되기 직전 단계의 것을 텔레비전 광고라면 스토리 보드(story board: 장면을 삽입한 일러스트)로 활자 매체라면 2~3개의 샘플로 제시하는 경우가 많다.

그러면 클라이언트는 제시된 제작물 중에서 선택하게 된다. 클라이언트는 자신이 시청자를 대표하는 감성을 가지고 있는지 냉정하게 판단하고 사원 중에서 타깃에 가까운 층의 의견을 듣는다거나 중대한 안건일 때는 모니터 조사에 회부하는 등의 대책을 강구하기도 한다.

② 미디어 전략

미디어 전략은 타깃 전략과 표리일체의 관계에 있다. 타깃의 윤곽, 크기, 지역에 맞추어 제한된 예산 내에서 가장 효과적인 미디어 믹스를 찾아내는 것이 중요하다. 또한 각 미디어마다 서로 다른 특징이 있으므로 그 특징을 살릴 수 있는 표현 전략에 힘을 쏟아야 한다.

각 미디어의 특징

미디어	장점	단점
TV	· 시청각을 통해 감각에 호소 · 시청자가 많아 효과가 크다	· 비용이 고가 · 많은 정보의 전달이 어렵다
RADIO	· 고객의 성향에 따른 세분화 가능 · 청취자는 많다	· 청각을 통해 호소 · 효과는 적다
신문	· 신뢰성이 높은 매체 · 지역에 따른 세분화 가능 · 잡지에 비해 독자가 많다 · 제작시간이 짧아 신속한 광고	· 매체가치가 빨리 소멸한다 · 회독률이 낮다 · 색채재현성이 낮다 · 세부화가 어렵다
잡지	· 독자에 따른 세분화 가능 · 매체가치가 장기간 유지 · 색채 재현성이 높다 · 회독률이 높다	· 준비시간이 많이 걸린다 · 독자가 적다 · 페이지 지정이 어렵다
옥외광고 (빌보드 등)	· 지역에 따른 세분화 가능 · 큰 공간을 활용가능 · 집중광고가 가능하다 · 재접촉률이 높다	· 불특정 다수를 대상으로 함 · 단기간에 내용 변경이 어렵다

③ 미디어 믹스

미디어 믹스란 다양한 장점과 단점을 동시에 가지고 있는 각종 매체를 전략으로 조합하는 것을 가리키며 예산범위 안에서 최대한의 비용 효과를 얻는 것을 주목적으로 한다. 이러한 조합작업은 광고회사에 맡기는 것이 일반적이지만 클라이언트는 누구에게 어떤 포지셔닝으로 팔고 싶은지, 나아가 현재의 인지도는 어느 수준 인지 따위의 현황이나 희망사항이다.

즉 미디어 브리프(media brief)를 광고회사에 제대로 전달해야 하며 광고회사는 클라이언트가 제시한 가설과 희망을 광고회사의 시각에서 검증한 뒤 '이렇게 해야 한다'는 광고활동의 골자인 미디어 플랜(media plan)을 제출한다.

이 미디어 플랜은 클라이언트나 해당 제품의 브랜드 자산(brand equity)확인, 판매전략 및 기타 믹스와의 일치성, 클라이언트의 광고목적 확인, 타깃고객의 특정 포지셔닝 합의, 그리고 매체 선정과 조합, 매체별 스케줄(일반적으로 연간계획의 형식으로)을 담고 있어야 한다. 그리고 무엇보다도 기대효과가 수치목표로 제시되어야 한다.

미디어 스케줄에는 텔레비전, 라디오일 경우 광고 참여가 가능한 시간대나 프로그램, 활자매체라면 구체적인 신문, 잡지명과 순수광고인지 기사식 광고인지의 선택, 나아가 추천하는 옥외 광고 일람까지 빠짐없이 망라하고 있어야 한다. 기대효과는 최종적으로 인지도나 호감도, 관심도의 향상이라는 형태로 평가되는데, 각 매체에 비용을 얼마나 투입할 것인지의 의사 결정은 메시지의 도달 범위, 빈도, 강도를 고려하여 검토한다.

4) 판매 촉진 전략

광고와 함께 커뮤니케이션 전략의 핵심을 차지하고 있는 것이 판매 촉진 전략이다. 광고가 고객의 무의식 속에 이미지를 누적적으로 침투시켜 가는 끌기 효과를 주목적으로 한다면, 판매촉진은 광고를 통해 높아진 소비자의 관심을 실 판매로 끌어들이려는 의도를 갖고 있으므로 비교적 즉물적인 면이 강하다.

또 판촉은 광고 활동과는 달리 유통에 작용하며, 그에 따라 유통 측이 단독 혹은 제조회사와 손을 잡고 능동적으로 소비자에게 푸시하는 것이므로 브랜드 상품일 경우, 구축한 브랜드 자산을 해치지 않도록 세심한 주의가 필요하다.

(1) 거래처용 판매촉진

정해진 기간에 목표를 달성한 자동차 딜러에게 주는 장려금이나 보상여행, 화장품 업계에서 실시하는 미용사원 콘테스트, 식품이나 음료 업계가 대형 양판점에서 제공하는 연간 백 리베이트(back rebate) 등이 여기에 해당한다.

(2) 최종고객용 판매촉진

소비자용 판매촉진은 샘플링이라 일컬어지는 소량의 시음용 담배나 맥주 배포, 신종 가전제품이라면 매장에서 벌이는 시연회나 페어(fair) 또는 이벤트라 불리는 신제품전시나 시음회, 시승회, 집객용 바겐세일 같은 기획, 나아가 신제품 출시나 제품 활성화를 지원하기 위한 특별 프로모션(경품제공이나 할인도 포함), 공연이나 스포츠 이벤트의 스폰서십 등 다중으로 다양하다.

5) 유통전략

제품 생산자와 최종 고객 사이를 연결하는 것이 유통채널을 담당하고 있는 유통업자이다. 유통채널은 기업의 독자적인 판매망뿐만 아니라 서비스 기관, 판매 기능을 담당하는 판매 대리점, 도매업자, 딜러, 소매업자 등의 외부조직으로 구성된다. 유통채널은 제품이 창고에서 고객에게 전달될 때까지의 물리적 유통 파이프라인으로서나 시장과 기업을 잇는 정보 전달 경로로서 중심적인 역할을 담당하고 있다.

유통채널은 그 대부분이 기본적으로 외부 자원이라는 점에서 다른 마케팅 믹스와는 본질적으로 다르다. 때문에 유통채널을 구축하는 데는 일반적으로 오랜 시간과 많은 비용이 들며, 일단 구축해 놓으면 좀처럼 변경하지 못한다. 따라서 장기적인 관점에서 구축 여부를 결정해야 한다. 일단 뛰어난 유통채널을 구축해 놓으면 제조회사에게 큰 자산이 되며, 그것을 통해 장기적인 경쟁우위를 구축할 수도 있다.

(1) 유통채널의 의의

유통업자가 존재함으로써 거래 전체가 합리화된다. 잠재고객이 늘어나 불특정 다수의 구매자와 거래해야 할 경우 그 경제적인 효과는 엄청나다. 유통업자가 담당하는 기능은 제품제공자가 타깃고객에게 자신이 창출한 가치를 제공하고, 그 보답으로 대가를 받는 교환 활동을 영위하는 데는 꼭 메워야 할 다양한 갭이다.

필립코틀러 교수는 제품과 소비자 사이에 존재하는 이러한 갭을 메우는 것을 유통채널의 중요한 기능이라고 정의하였다. 이처럼 유통기능은 광범위한 활동을 포함하지만 제품 타입에 따라 중요시되는 기능도 당연히 달라진다.

일반적인 소비재일 경우에는 프로모션이나 주선, 종합적 물류관리 등이 유통의 여러 가지 기능 중 필요하다. 생산재일 경우, 접촉이나 교섭의 비중이 높아지고, 나아가 매칭(특히 애프터서비스)이 특히 요구된다. 애프터서비스는 사무기기 시장이나 공장설비 시장에서 특히 중요한 역할을 한다.

매출에서 차지하는 비용의 비율이 높고, 전략을 세울 때 간과할 수 없는 중요한 요소가 물류의 기능이다. 물류의 특징은 생산거점에서 도매업자 혹은 소매업자에게 배송하는 단계서부터 이미 제조회사에 물류비용이 발생한다는 것이다. 이러한 비용만으로도 출하가격이 10% 가까이 오르기도 하므로, 이것을 어떻게 절감하느냐에 따라 기업의 이익이 크게 좌우된다.

(2) 유통채널의 종류

유통채널은 참가자 및 구조에 따라 자사조직과 외부조직, 소매업자와 도매업자 유형으로 분류할 수 있으며 자사조직과 외부조직은 자사 종업원으로 이루어진 영업조직과 대리점이나 딜러, 소매점처럼 복수기업의 제품을 재판매하는 독립조직은 명확히 구별할 필요가 있다.

분사화된 판매회사는 그 중간을 차지하고 있는데, 자사 제품만 취급한다는 점에서 보면 자사조직으로 생각하는 것이 타당할 것이다. 자사의 영업부는 사용자에게 직접 판매하는 경우와 독립된 유통기업에 판매하는 경우가 있다.

소매업자와 도매업자는 외부의 독립 유통조직으로 직접 최종 사용자와 접하는 소매업자와 최종 사용자와 직접 접촉하지 않는 도매업자로 좀 더 세분할 수 있는데, 당연히 그에 따라 그들의 역할도 다르다.

(3) 유통채널의 단계

유통채널의 구조는 몇 단계를 거치느냐에 따라 분류할 수 있으며 몇 단계의 유통채널을 이용하는가는 그 제품의 특성에 따라 달라진다. 일반적으로 제품이 일용품에 가까울수록 유통채널이 다층화되는 경향이 있다. 다만 이 분류는 이해하기가 쉬운 반면에 대상을 지나치게 단순화할 염려가 있다.

실제로 유통이 몇 단계로 되어 있는가 판단하는 것은 그리 단순하지만은 않다. 이를테면 요즘은 부품업자에게 부품을 사들여서 조립만 하는 순수한 제조회사라고 말하기 힘든 제조업자가 많고, 자본참여를 통해 제조와 판매를 수직으로 통합하는 경우도 적지 않다. 또 제조회사와 소매업자 두 회사의 브랜드명이 함께 붙어 있는 '더블 찹(double chop)'이라 불리는 PB제품도 존재한다.

(4) 유통채널 구축

유통채널은 앞에서 말한 것처럼 기업경영에 커다란 영향을 미치며 더구나 일단 구축되고 나면 변경하기가 무척 힘들다. 따라서 채널 구축은 다양한 요인을 고려하면서 체계적으로 생각할 필요가 있는데 타깃 시장 파악과 경영지원의 파악, 유통채널의 길이, 유통채널의 폭 등을 고려해야 한다.

26. 최초판매와 납품

　생산된 제품의 품질관리 과정을 마친 후 납품업체에 납품한다. 품질을 개선시키려는 노력은 창업한 신생기업을 성장시켜 주는 가장 중요한 기반을 마련해 줄 수 있기 때문에 최초 납품부터 품질에 모든 노력을 기울여야 한다. 고객에게 제공되는 상품가치의 품질을 높이는 데 온갖 노력을 다 퍼부어 집중시키면, 성장의 기반을 튼튼히 다질 수 있을 뿐만 아니라 경쟁을 리드하여 사업이 성공할 수 있다.

　창업자는 언제라도 창업 초기의 마음인 초심으로 돌아갈 수 있는 마음의 자세가 중요하다.

제3부 창업풍수

제1장 양택풍수

1. 역학의 유래 및 사상

역학이란 우주공간에서 피조물은 누구나 우주의 기와 운에 영향을 받고 산다는 것을 일명 기학(氣學 : 기의 철학)이라고 하며 일반적으로 말하는 음양오행사상이다. 역학은 주역(주나라 때 완성하였다 하여 주역이라 함)이라는 학문에서 시작되어 만들어진 학문으로 상고(上古)시대의 삼황(三皇)인 태호 복희씨(천황씨), 영제 신농씨(지황씨), 황제 헌원씨(인황씨)와 오제(五帝)인 소호 금천씨, 전옥 고향씨, 제곡 고신씨, 제요 도당씨, 제순 유우씨가 계셨는데, 태호 복희씨께서 괘(卦)를 그어 정사를 살피시고 길흉을 점쳐 보는 것을 효시로 전해지기 시작했는데 성(姓)은 풍씨요, 몸은 뱀에 머리는 인간으로 (巳身人首) 동양에서 가장 오래된 인물로서 황하에서 용마하도가 출현하여 이것을 보고 팔괘를 만들기 시작하였으며, 염제 신농씨는 사람의 몸에, 머리는 소(人身牛頭)로 약을 제조하는

데 근원이 되어(본초경, 방약합편) 후세에 크게 공헌하였고 또 나무로 집을 짓기 시작하였으며 황제 헌원씨는 침술을 창시하고 지남철(나침판)을 만들어 강을 건너고 이웃과 교역을 시작하였으며 그의 제자이며 신하인 창힐이 상형문자를 최초로 만들었고 영윤이 월력을 만들어 24절후를 현재까지 사용하고 있다.

그 후 하나라 우 임금이 낙수에서 영통한 거북 등에 낙서가 출현하여 이것을 보고 후천팔괘를 만들어 치국안민하다가 17대 걸왕이 포악무도하여 폭정을 일삼자 민심은 이미 그를 떠나 탕왕에게 쏠려 무혈혁명으로 은나라를 세워 태평성대를 누리다가 27대 주왕이 미인 달기에게 빠져 주색잡기로 방탕과 살육을 일삼아 문왕에게 나라를 빼앗겼다.

문왕은 중국에서 가장 큰 유리옥에서 주역의 괘사를 지으셨고 주공이 384효의 효사를 지으셔서 역경이라는 경서가 만들어져 후세에 길이 보존되었는데 역경은 역사, 정치, 교육, 문화, 경제, 점법에 이르기까지 광대한 내용이 수록된 지침서이다.

그 후 공자께서 위편삼절(韋編三絶 : 책을 묶은 가죽 끈이 세 번 끊어지도록 읽음)되도록 연구하시어 십익(十翼), 즉 단전, 상전, 건괘 문언전, 계사상전, 계사하전, 설괘전, 서괘상전, 서괘하전, 잡괘전을 지으셔서 주역을 완성하여 현재에 이르고 있다.

공자 이후 수제자 안자 → 증자 → 맹자까지 맥을 이어 오던 중 장장 1,500년 맥이 끊겼다가 한자(한퇴지 선생)가 그 후 맥을 이어 주돈(주렴계 선생) → 장재(장횡거) → 소공(소강절 선생) → 정명도, 정이천 형제 이후 주자(晦菴)가 탄생하여 동양의 문학 특히 유교사상에 뿌리를 내렸다.

2. 풍수의 유래와 사상

1) 풍수의 의미

일반적으로 '풍수(風水)'라고 말하는 '풍수지리학(風水地理學)'의 정의를 내린다면 자연환경의 이치를 파악하여 인간의 삶터를 정하고 죽은 후에 유골을 매장할 때 보다 더 좋은 터를 찾는 음택풍수와 산자의 주택, 건물, 상가, 아파트 등에 많이 사용하는 양택풍수가 있다.

'풍수(風水)'란 말이 이 학문의 대명사로 통칭되게 된 것은 풍수지리의 5대 요소인 산(山), 화(花), 풍(風), 수(水), 방위(方位) 중 바람과 물이 다른 요소들보다 변화의 요인이 많아 인간의 삶과 묘터 유골에 영향을 크게 끼친다는 것과, 좋은 터의 조건 중 하나가 '장풍득수(藏風得水)'에서 '풍'과 '수'를 따서 일컬어지게 된 것으로 본다.

인간은 자연에서 태어나고 자라고 살다가 돌아간다. 이것은 거대한 자연의 흐름 속에서 모든 생명에게 공통된 과정이지만 특히 그 가운데 인간들은 스스로를 자연의 한 피조물로 인식하면서도 자연에 도전하고 자연을 정복하고 자연을 이용하면서, 때로는 자연에 지배당하고 복종하고 순응할 줄도 아는 현명함을 지녔다.

이처럼 우리 인간은 필연적으로 자연과 관계하며 살 수밖에 없다. 풍수란 이 같은 기본 시각에서 출발하여 자연의 생명에너지와 인간의 생명에너지가 가장 효율적으로 동화하고 순화하기 위해 실질적으로 어떤 방법을 취해야 하는가를 연구하는 지혜의 학문이다.

우리가 알게 모르게 영향을 주고받고 있는 자연과 환경을 과학적으로 연구하고 보이지 않는 자연의 힘을 우리의 삶에 어떻게 받아들이고 어떻게 활용하면 행복하고 복된 삶을 누릴 수 있는가, 그 방법을 찾고 연구하는 학문이 바로 풍수다.

따라서 풍수는 자연환경이 어떤 방법으로, 어떤 형태로 우리 인간에게 영향을 주고 있는지를 정밀하게 과학적으로 연구해야만 비로소 그 원리를 찾을 수 있는 학문이기 때문에 분명 미신이 아니라 과학이고 과학 가운데서도 자연환경학, 환경을 통해 인간 삶의 운을 열어 가는 '환경개운학'이라고 말할 수 있는 것이다.

풍수는 수천 년 역사로 이어져 왔으나 '풍수'라는 말이 생기고 개념이 확립된 것은 진나라 때 풍수가 곽박(郭樸)이 장서에서 "기는 바람을 만나서 흩어지고 물을 만나서 멈춘다."라고 한 것에서 유래하였다.

즉 풍수의 어원은 기의 흩어짐과 모임에 가장 영향을 주는 풍(風)과 수(水)를 취하여 풍수라고 지칭하였고 풍수에서 가장 중요한 법인 피풍취수(避風取水) 또는 장풍득수(藏風得水)의 개념이 생겼다. 즉 바람을 가두고, 물을 얻어 생기가 흩어지지 않고 머물게 하는 뜻으로 볼 수 있다.

2) 풍수의 기본 원리

지구의 중심에는 엄청난 에너지가 들어 있다. 이 에너지가 땅 위로 나올 때는 두 가지 형태로 등장하는데 그 한 가지가 화산, 또 하나는 산맥이다. 화산은 지구 중심부의 에너지가 발산하면서 나타나는 현상이고 산맥은 지구 중심부의 에너지가 순환하면서 나타나는 현상이다.

이렇게 하여 에너지의 발산체인 화산은 '입체구조'의 에너지몸을 만들고 에너지의 순환체인 산맥은 '선(線)구조'의 에너지몸을 만든다. 또 길게 뻗어내려 산맥을 이루고 안정을 취한 다음 환원과정을 거친 지형은 '판(板)구조'의 에너지몸이 된다.

같은 동북아시아에 위치한다고 해도 중국이나 일본의 지형은 우리와 크게 다르다.

우선 중국의 경우는 전체 대륙의 80%가 산 덩어리인 입체구조와 평지인 판구조로 이루어졌다. 일본 또한 발산과정의 입체구조인 화산과 판구조인 평지가 전체 지형의 80%를 차지한다. 반면에 우리나라의 지형은 산맥으로 이뤄지는 선구조 에너지몸이 전체의 80%를 차지하고 있다.

이 같은 지형의 차이는 풍수 이론에 중대한 영향을 미치는데 우리나라 같은 선구조의 에너지몸에서는 에너지의 집중과 표피현상 때문에 산맥을 통해서만 지구의 순환 에너지를 받을 수 있고 그 밖의 지형에서는 사람이 살 수 도 묻힐 수도 없게 된다.

즉 같은 남향이라 해도 산맥의 줄기에 위치하느냐 아니냐에 따라 길한 터가 되기도 하고 흉한 터가 되기도 하는 것이다. 중국이나 일본은 평지가 많아 땅의 집중된 에너지 흐름이 약하기 때문에 방위가 중요한 풍수 요인으로 인정되지만 우리나라의 풍수는 방위가 아니라 지세(地勢)를 중심으로 이해해야 바른 결론을 얻을 수 있다.

중국이나 일본이나 세계 어디가 되더라도 우리 인간은 결국 땅을 딛고 살게 되어 있고 또 땅에 묻히도록 운명 지어져 있는 것은 엄연한 사실이다. 그러므로 지구 에너지가 어떻게 모아지고 어떻게 흐르느냐에 따라 인간의 삶과 죽음이라는 생명원리도 함께 움직인 다는 것으로 이해해야 한다. 결국 풍수는 이 같은 지구에너지를 어떻게 받아들이고 활용하느냐를 연구하는 데 초점을 맞춰야 하며 우리 땅에서 천체 에너지나 방위에너지의 작용은 단지 보조적 역 할에 그친다는 사실을 알아 둘 필요가 있다.

3. 풍수의 종류

풍수를 크게 음택과 양택으로 구분할 수 있는데 음택은 주로 분 묘의 위치 또는 국가의 도읍지 등을 구하는 데 많이 활용하고 양 택은 주택, 건물, 상가, 아파트 등에 많이 사용하는 풍수이론이다.

1) 풍법(風法)

사람이 죽으면 길지를 찾아 안장하는 것을 소위 풍수지리법이라 하며 풍수라는 용어를 쓰고 있다.

음양풍이란 음풍과 양풍을 말함인데 음풍은 백해무익한 흉풍을 말하고 양풍은 주로 광야지, 즉 광활한 곳에서 불어오는 바람으로 해롭지 않은 바람을 말한다.

(1) 음풍(陰風)

음풍(陰風)이란 오목하게 패인 곳이나 골짜기에서 불어오는 곡풍 을 말하는데 예를 들면 넓은 하천에서 유순하게 흐르던 물이 협곡에 이르면 유속이 빨라지면서 사나운 급류로 변하면서 수압이 강해지는 이치와 같이 바람도 과협처나 요함(凹陷: 凹처럼 오목하게 함몰, 패인 곳)이 된 좁은 골짜기에서 불어오는 음풍은 그 역량이 증대되어 더욱 해로운 것이다.

또 길고 큰 용이 지나가는 과협처에서 불어오는 요풍(凹風)의 반대편에 높고 크며 웅장한 산이 바람의 길을 차단하여 통풍이 안 되면 회풍(回風: 회오리바람)으로 돌변하여 풍겁이 더욱 심한 것이니 이것이 바로 음풍이다.

또 전후좌우에 높은 산맥으로 둘러 있어 방풍이 되었다 하더라도 어느 한 군데가 잘리어 요곡(凹谷)을 이루거나 산과 산의 연결된 부분이 공허하여 들어오는 바람도 모두 음풍이다.

(2) 양풍(陽風)

광활하고 유순히 평평한 평지에서 부는 바람으로 물이 흘러감에 있어서 넓고 평평하여 순류하는 것과 같다. 평지용(平地龍)의 혈은 대개 양풍에 해당하기 때문에 바람을 크게 꺼리지 않는다. 혈판이 낮고 주위산도 낮아 사방이 시원하게 트인 곳에서 불어오는 바람은 양풍이다.

용신이 튼튼하고 후중하고 길며 넓고 큰 용은 음, 양풍을 막론하고 크게 꺼리지 않는다. 그러나 혈(穴)과 사(砂)는 음풍을 받게 되면 피상하므로 많은 보호가 필요하며 그렇지 않으면 불가하다.

2) 수법(水法)

풍수지리에서 최고로 필요한 것이 水라 산용은 보내지 아니하며 오는 바가 분명하지 않고 혈은 수계가 아니면 머무는 곳이 불분명한 것이다. 대개 외기(外氣)는 옆으로 형성되는 것이고 내기(內氣)는 멈춤이 고요하여야 결혈(結穴)되는 것이니 용혈은 水에 힘을 입어 증응(證應)되는 것이다.

水의 깊고 낮고 모이고 흩어짐을 보면

① 수심처(水深處: 물이 깊은 곳)에 부자가 많이 나오고
② 수천지(水淺地: 물이 얕은 곳)에 가난한 자가 많이 출생하고
③ 수취처(水聚處: 물이 모이는 곳)에 사람이 많이 거처하고 돈이 모이며
④ 수산지(水散地: 물이 흩어지는 곳)에 고향을 떠나 객지로 가는 사람이 많다.

3) 간산법(看山法)

간산법이란 산을 보는 법을 말하는데 풍수에서 산은 우선 외적으로 어떻게 볼 것인가? 즉 여러 형태의 산과 물의 방향 등 산을 보는 관점에 따라 많은 차이가 있으므로 간산법을 중요하게 생각한다. 즉 산용의 정기가 응결되어 있는 곳을 알아내기 위한 것이니 너무 가까이에서 봐도 안 되고 너무 멀리 떨어져서 보아도 안 되니 적당한 거리에서 살펴야 한다. 시기로도 춘, 하, 추, 동에 24방위와 고저에서도 주위 산천의 전체를 상세히 관찰해야 한다.

(1) 간산법

완급(緩急), 고저(高低), 미추(美醜), 비수(肥瘦)의 기세를 보고 목, 화, 토, 금, 수 오행의 형체를 구분하여 물형(物形)을 칭하는 것이다. 그러나 이 물형은 반드시 정하려고 애쓸 필요는 없다. 그 이유는 산이란 전후좌우 팔방에서 볼 때 그 형상이 각각 다르기 때문이며 또 계절에 따라 춘, 하, 추, 동 시절에 따라 변화되기도 하고 또 완전히 물형을 갖추지 못한 산형도 있기 때문이다.

(2) 오행(五行)의 형체

산에 올라 간산을 할 때 크게 다섯 가지 모양으로 대별하여(오행의 형체) 목형, 화형, 토형, 금형, 수형으로 구분한다.

구분	오행(五行)	형태 및 형상
1	목형	길쭉하여 홀(笏: 임금과 조회 시 조복을 갖추고 손에 드는 패 같은 모양)처럼 생긴 모양
2	화형	삼각자와 같이 끝이 뾰족한 것
3	토형	모난 상자, 즉 궤짝과 같은 모양으로 산봉우리가 평지를 이루어 반듯한 것
4	금형	엎어 놓은 솥과 같이 둥근 형
5	수형	뱀이 꿈틀거리거나 물결이 출렁이는 모양

오행에 따라 웅대하고 빼어난 산을 다음과 같이 지칭하기도 한다.

① 목성형은 충천목(衝天木)

② 화성형은 염천화(炎天火)

③ 토성형은 주천토(湊天土)

④ 금성형은 헌천금(獻天金)

⑤ 수성형은 창천수(漲天水)

4) 형상론과 이기론

산의 세력을 살펴서 토기(土氣)를 얻고 수세(水勢)를 보아 수기
(水氣)를 취하여 공기를 얻는 법이다. 풍수지리 이론은 크게 형상
론과 이기론이 있다. 일반적으로 형상론과 이기론을 병행하여 감정
하는 것이 일반적인 방법이다.

(1) 형상론(形象論)

형(形 : 모양)을 관찰하여 그 내부적 형이상학적인 명을 파악하
는 것으로 드러난 형을 관찰하면 잠재된 그 기운을 알 수 있다는
이론으로 산의 모양과 형국을 가지고 이름을 붙여 그 형국을 논하
는 방법으로 대개는 인물, 짐승(날짐승, 들짐승), 사물 등으로 이름
을 붙이기도 한다.

① 인물 : 여자(옥녀, 천녀, 선녀, 미녀, 아미), 남자(선인, 장군, 승
　　려, 어부)

② 들짐승 : 거북, 용, 호랑이, 뱀, 말, 소, 쥐, 토끼, 개, 지네, 양

③ 날짐승 : 봉, 닭, 꾀꼬리, 학, 기러기, 매, 꿩, 까마귀, 까치,
　　제비, 부엉이, 비둘기, 오리

④ 물고기 : 자라, 소라, 조개, 잉어

⑤ 식물 : 연꽃, 매화꽃, 작양꽃, 배꽃, 복사꽃, 국화, 모란, 호박

⑥ 기타 : 보검, 금비녀, 옥병, 종, 삿갓, 등불, 솥, 그릇, 가마, 옥
　　피리, 누에, 나팔, 북, 거문고, 활, 소쿠리, 병, 콩, 됫박, 무지
　　개, 붓, 삼태기, 베틀, 시루, 알, 옷, 장구, 풀무, 방아, 관모,
　　배, 다리미, 농기구, 보름달, 초승달

(2) 이기론(理氣論)

패철 등을 이용하여 산의 맥기(脈氣)의 眞, 假 여부를 판별하는
방법으로 주로 패철 9층을 사용한다.

5) 염승(厭勝)과 비보(裨補)

(1) 염승(厭勝)

흉기인 악한 기운을 눌러서 기운을 막는 것으로 일반적으로 침
을 놓는다고 하며 살기를 누르기 위해 등을 걸거나 등불을 켜는
것을 뜸을 뜬다고 한다. 개를 조각하여 세워 살기를 예방하거나
터의 기운이 지나치게 세면 사방에 돌을 놓아 그 집터를 누르거나
사찰에서는 탑을 세워 침을 놓기도 한다.

예 1 : 관악산이 화형이니 남대문 앞에 연못을 파 그 기운을 쇠
하게 함.

예 2 : 서북문(창의문) 밖은 지세가 지네 형상으로 닭을 조각해
놓아 지네의 기운을 누르려 함.

예 3 : 여근곡: 여자의 음부를 숲으로 가려야 한다. 그렇지 않으
면 동네 여자들이 음란해진다. 또는 남근석으로 음양의
조화를 이루어야 한다.

(2) 비보(裨補)

완벽한 길지는 없으므로 허하거나 완전치 못할 때 모자라는 것
을 보태어 좋은 곳으로 만들고자 하는 것이다.

예 1 : 동대문은 원래 홍인문이었으나 동쪽이 허술하다고 하여

之 자를 첨가하여 興仁之門으로 고침.

예 2 : 수구의 숲, 장승, 다리 및 누각, 신묘 등: 수구가 좁게 짜
이면 그 안에는 좋은 氣가 모이고 풍수에서는 물은 재물
과 관련되므로 수구를 중요시함.

4. 양택(陽宅)이란?

양택이란 사람이 사는 집과 주택, 그 터를 포함하여 말하며 주
택이란 사람이 사는 동안 휴식과 부부가 교합하는 장소로 사람의
건강과 운명 등에 직·간접적으로 작용하는 것으로 풍수적으로 조
화를 이룬 주택에서 살면 그 터의 지기를 받아 피흉취길(避凶取
吉)한다는 이론으로 양택론에 부합하는 집이라도 결국은 거기에
거주하는 사람의 마음씨와 운명이 서로 삼합이 되어야 진정한 陽
宅으로서의 運을 발휘하여 발복하게 된다.

1) 양택에 미치는 요소

양택에 영향을 미치는 요소는 수맥, 대지의 위치, 대지의 주변
상황과 형상, 주택(건물) 모양과 배치, 주택(건물)의 내부 상황 및
배치이며 대지는 그 집의 터주이고 건물은 터에 딸린 것으로 그
기반과 형상을 본다.

2) 수맥(水脈)

水는 태음의 대표적인 오행으로 수기(水氣)를 말하며 수기가 흐르는 지하의 맥을 수맥(水脈)이라고 한다. 수맥에는 화기에 의한 온천수, 암반층의 수맥이 있고 생수로는 석회암 지역의 물은 탄산수가 있고 암반층에 철분이 많으면 광천수가 된다.

수맥으로 인한 질병과 증상으로는 수맥층에서 발생하는 수맥파로 인하여 깊은 잠을 이루지 못하여 불면증, 두통, 악몽에 시달리거나 꿈을 많이 꾼다. 정도가 심하면 성격이 괴팍해지거나 히스테리하게 변하거나 정신질환을 앓을 수도 있다.

지구상에는 강물과 같은 지표수가 있고 땅속을 흐르는 지하수가 있다. 이 지하수가 투수성이 좋은 흙 또는 암반 사이로 층을 이뤄서 서서히 움직이고 있는데, 이를 수맥이라고 한다. 수맥파(水脈波)는 수맥에서 발생하는 유해한 저주파 파동이며, 외국에서는 Harmful Radiation(해로운 지구방사선), Pathogenic Zone(병원성지대: 病原性地帶)으로 불리고 있다.

수맥파가 생성되는 원인은 여러 가지 이론이 있으나 그중에서도 수맥 속에 물이 흐르면서 모래나 자갈, 기타 광물질이 같이 섞여서 흐르며 강한 전기, 자기적 성질을 동반하여 흐르는데 이 전기, 자기적인 파장이 지상으로 방사되는 것으로 보는 학설과 지구 내부에서 지열(地熱)의 열원(熱原)인 자연 방사능 동위원소가 핵분열로 인하여 방사능을 자연 붕괴시키며 방사선을 발생시키는데 이때 알파(α), 베타(β), 감마(γ) 방사선 중에서 감마선이 각종 형태의 지하수를 통과하고 그 지하수가 돋보기의 볼록렌즈 역할을 하여 수직으로 강하게 모아지면서 파장이 짧은 전자기파로 발생하는, 즉 핵방사능의 감마(γ)선 변조파로 보는 학설과 지하수맥은 끊임없이 자신의 부족한 물을 보충하기 위하여 지상의 물을 끌어들이는데 이 힘이 탐사된다는 학설 등이 있다. 수맥이 있다면 수맥파가 반드시 있으며 수맥의 흐름과 성질, 수맥의 양, 교차 여부에 따라 변조의 강도가 다르게 된다. 즉 변조시키는 조건이 클수록 수맥은 강한 파장을 만들어 낸다고 보는 학설이 있다.

파장은 적외선 – 가시광선 – 자외선 – X선 – 감마파의 순으로 강하며 에너지를 갖고 있는데 수맥파는 감마선파에 해당되며 땅속의 암석과 토양을 뚫고 지상까지 전달되는 수직파로서 지상에만 머물지 않고 지상의 구조물을 대부분 통과하여 수직으로 상승하며 그 방사거리는 무한대로 항공기에서도 지상의 수맥파를 측정할 수 있다. 지하의 수맥을 탐지할 수 있는 것은 수맥파의 직진성에 기인하고 있으며 측정결과와 실제 폭은 거의 정확하다. 그렇기 때문에 수맥파는 그 범위만 벗어나면 그 영향이 현저히 줄어드는 것이다. 같은 침대에서 잠을 자더라도 영향권 내에 있는 사람은 상당한 타격을 받지만 5cm라도 벗어나면 그 영향이 거의 없다.

또한 63빌딩 맨 위층에서 진단해 보아도 1층에서와 큰 변화 없이 측정되니 지상의 구조물은 거의 다 영향을 미칠 수 있다고 본다. 즉 10층에 있는 집이나 1층에 있는 집이나 영향은 거의 같다고 보면 틀림없다.

자료 출처: www.sumac.net

(1) 장소별 영향

수맥파가 거실을 통과하면 집안 식구가 모여 식사나 대화가 잘 안 되고 이견이나 갈등이 발생하여 단절된 생활을 하기 쉬우며 주방을 통과하면 주부가 주방 일을 싫어하고 그릇을 잘 깨거나 예민해지기 쉬우며 안방을 통과하면 부부간에 불화하여 부부생활이 원만치 못하고 학생방을 통과하면 성적이 부진하고 책상에 오래 앉아 있지 못하고 집중이 안 되고 산만하여 공부에 몰두하지 못하고 밖으로 나돈다.

(2) 개인별 영향

노인은 중풍이 오기 쉽고 관절염, 신경통 증세가 나타나며 임산부는 기형아, 장애자 출산가능성과 낙태, 유산의 가능성이 크며 학생은 집중이 안 되고 산만하며 안정이 안 되어 학업성적이 떨어진다.

(3) 기타

가정용품은 고장이 잦거나 장애가 발생하고 상점은 으스스한 분위기로 인해 장사가 잘 안 되고 종업원이 자주 바뀌며 울타리는 벽이 갈라지거나 기울어져 쉽게 무너지며 나무는 잘 자라지 못하고 기울어지거나 누렇게 탈색되어 죽으며 가축 중 소는 표이니 水에 약하고, 돼지는 水에 내성이 있으며 양은 적당한 수가 필요하고 말은 온열동물이니 水에 약하여 설사나 음습한 병에 잘 걸린다. 수맥이 지나는 지반은 땅이 움푹 패고 갈라지거나 제방은 자주 무너진다.

(4) 수맥 탐지법

① L ROD로 수맥을 탐지하는 방법

일반적으로 수맥이나 수맥파, 전자파를 감지할 때는 L-로드나 추를 사용하는데, L-로드는 아주 예민한 대신 추는 반응하기가 쉽질 않다. 그럼으로 L ROD로 수맥을 탐지한 후 펜드럼(추)으로 정확한 확인이 필요하다.

② 나뭇가지로 수맥을 탐지하는 방법

버드나무 등의 V자형 가지를 양손으로 잡고 수맥을 탐사하며 수맥이 있는 지역에서는 나뭇가지가 밑으로 숙여지는 정도로 탐지한다.

③ 펜드럼(추)으로 수맥을 탐지하는 방법

펜드럼(추)으로 하는 수맥탐지방법에는 허구가 많은데 자신이 마음먹은 대로 추가 돌기 때문에 자신의 마음을 비우고 오로지 수맥탐지에만 집중할 수 있는 정직함이 있을 때 바른 탐지가 가능하다. 많은 수련시간을 요하지만 그 대신 추는 정확하다.

④ 빙글이로 수맥을 탐지하는 방법

⑤ 기를 예민하게 느끼는 사람이 수맥을 느끼는 방법

(5) 수맥 예방법

① 수맥관련 쇼핑몰에서는 수맥탐사봉, L로드, 패철(나경), 펜듈럼(추), 전자파측정기 등의 수맥측정기구와 수맥차단재, 수맥차단시트, 수맥차단커버 등을 판매하는데 전문가와 상담 후 필요한 예방법을 설치하면 효과를 볼 수 있다.

② 수맥관련 쇼핑몰

(사)한국수맥교육연구협회 : www.soomac.org

한국생활수맥국민운동본부 : www.hempsumac.com

한국수맥평가원 : www.sumacmall.com

3) 바람과 물

기다란 골목이나 다리 밑이 시원한 까닭은 공기이동의 속도, 즉 바람이 빨라지기 때문이다. 냉장고나 에어컨의 원리처럼 많은 양의 바람이 갑자기 좁은 공간을 통과할 때 속도도 빨라지지만, 주위의 열을 빼앗아 가기 때문에 온도차가 생기게 된다.

이렇게 해서 생기는 골목바람을 풍수지리에서는 살풍(殺風)이라고 해서 나쁘게 본다. 살풍은 건물과 건물 사이의 좁은 공간에서도 생기지만 뾰족한 건물 모서리에서도 생긴다.

또 아파트의 기다란 복도에서도 생긴다. 아파트의 배치, 즉 좌향에 따라 여러 가지 현상이 생기겠지만, 건물의 방위를 잘못 앉히면 여름에는 시원한 바람 대신 더운 바람만, 겨울에는 반대로 추운 바람만 불게 되는 경우도 있다.

북서향이 되면 겨울에는 추운 북서풍을 정면으로 받고, 여름에는 시원한 동남풍을 뒤쪽으로 받아 막히는 결과가 되기 때문이다.

골목바람을 살풍이라고 해서 나쁘게 보는 이유는 건강한 사람들에게는 별 영향이 없을는지도 모르나, 어린이나 노인들에게는 막대한 영향을 주기 때문이다.

건강한 청년들은 달리는 버스에서도 창문을 열고 그것도 모자라

팔을 밖으로 내놓고 있어도 아무렇지 않지만, 안쪽에 선 노인들은 이 바람에도 감기가 든다는 것을 감안하면 골목바람의 의미를 알 수 있을 것이다.

또 바람이 얼마나 무서운가는 잠잘 때 선풍기 바람을 오래 쐬면 건강한 사람도 죽는다는 사실이다. 살풍에 오랜 기간 노출된다는 것은 결코 좋을 리 없다. 그래서 주택가에서 막다른 집이 좋지 않다는 이유도 여기에 있다.

그리고 또 다른 해석은, 길을 물의 의미로 보기 때문이다. 집(혈장)은 물을 쉽게 득수(得水)할 수도 있어야 하지만, 물을 맞받으면 물의 힘에 의해 침수되거나 무너지기 때문이다.

막다른 집이란 길을 막았다는 것을 의미하는데, 바로 흐르는 물을 막은 결과가 되며 길을 막고 있는 건물을 오랫동안 관찰해 보면 결국 헐리는 경우를 종종 볼 수 있다.

풍수지리에서는 왜 방위를 그토록 따지는가? 집이 남향이면 어떻고 동남향이면 뭐가 다른가? 또 같은 남향집이라도, 대문이 동남쪽에 있으면 좋고 북동쪽에 있으면 나쁘다는 이유는 무엇인가?

장풍득수(藏風得水)의 준말이 풍수이고, 풍수는 바로 '바람과 물'이라는 말이다. 방위는 곧 바람의 방향인 풍(風)이고, 풍은 바로 공기이며 공기 중 가장 인간에게 많은 영향을 주는 것이 산소다. 그래서 현대 풍수지리에서는 풍수를 산소의 연구라고 주장하는 사람도 있다.

그리고 공기와 물은 정지되고 갇혀 있으면 썩기 때문에 유통, 즉 통수·통풍의 과학이라고도 하는데 양택삼요결에서 대문의 위치를 제일 중요시하는 것은 집 안의 공기를 환기시켜 주는 것이 바로 대문이기 때문이다.

여기서 우리는 동남쪽에서 들어오는 태양광선의 열량은 동쪽보다 많고 높다는 것을 알아야 한다. 물론 집이 동남향일 때의 얘기다. 그런데 살균력은 떨어진다는 것이다. 이런 태양의 열과 방위를 계산, 통풍이 잘 되도록 설계한 집이 바로 국보 52호인 해인사의 장경판고, 즉 고려 팔만대장경을 보관하고 있는 서고다.

이 건물은 1398년(조선 태조 7년)에 창건됐고 60년 뒤인 1458년(세조 4년)에 중수하는 등 세 번을 증수했는데 기다란 두 채의 이 서고는 우선 동남향이다. 태양광선을 제일 많이 받도록 앉혔다. 서고의 창문을 살펴보면 동남쪽 벽의 창문은 상하 두 개 중, 아래쪽 창은 넓은데 위쪽 창은 좁게 평범한 균형감각으로 설계되어 있고 반대쪽 벽은 그 반대로 설계되어 있다. 아래쪽 창문은 좁고, 위쪽 창문이 넓은 것이다. 위가 크고 아래가 좁은 비대칭이다. 바로 이것이 서고 안의 통풍을 유도한 과학적인 계산에 따른 설계다.

이 서고의 바닥은 맨 땅으로 아래쪽 넓은 창으로 동남향의 햇볕을 받으면 공기는 위로 상승하고, 상승한 공기는 바로 위인 좁은 창보다 창문이 넓은 반대쪽 위쪽 창문으로 자연스럽게 흐르게 된다. 즉 대각선으로 공기가 유통되어, 서고 안의 전체 공기가 순환하면서 습한 공기를 밖으로 보내고 무더위도 식혀 준다. 5백 년 전의 우리 조상들이 자연을 이용한 탁월한 지혜에 놀라울 따름이다.

5. 집터

1) 이상적인 집터

첫째는 배산임수(背山臨水)로서 산을 등지고 앞은 낮아야 한다는 이론으로 만약 반대로 산을 바라보고 집을 건축하면 집안에서 가족들이 횡액이나 패륜아가 나오기 쉽다고 본다.

둘째는 전저후고(前低後高)로 대지나 집의 모양이 앞은 낮고 뒤는 높아야 하고 반대로 앞이 높고 뒤가 낮으면 집안의 가운이 기운다.

셋째는 좌저우고(左低右高)로서 좌는 높고 우는 낮은 것을 말한다.

넷째는 전착후관(前窄後寬) 집의 앞은 좁고 뒤로 갈수록 넓은 것을 말한다.

2) 집터로서 피해야 할 곳

① 예전에 못, 연못이나 농경지, 습지가 있었던 곳

② 바위 위, 습기가 많아 푹푹 빠지는 땅

③ 너무 메마른 황무지나 먼지 나는 마른 땅

④ 바람이 세차게 부는 곳이나 막다른 골목 집

⑤ 초목이 잘 살지 못하는 땅

⑥ 직사광선이 직접 들어와 너무 환한 집

⑦ 택지가 동고서저, 남고북저, 전고후저한 곳

⑧ 예전에 무덤, 사찰, 사냥 터, 대장간을 하던 곳 등은 영혼의
　　작용이 심하여 꿈자리가 시끄럽고 정신이상 및 건강과 사업

에 나쁘다.

⑨ 예전에 매립지, 쓰레기 적치장 등은 地氣는 없고 毒氣와 惡
  氣가 차여 있어 건강과 사업에 나쁘다.

⑩ 수맥이 흐르는 곳

⑪ 경사가 심한 곳

⑫ 사면이 높고 가운데가 낮은 곳

⑬ 도로가 T 자나 Y 자에 위치한 대지

⑭ 도로가 활처럼 굽은 곳의 바깥 쪽 대지

⑮ 도로보다 낮은 대지

⑯ 물이나 도로가 집의 정면으로 치고 들거나 바로 빠지는 곳

⑰ 성문이나 큰 감옥의 정문 또는 큰 빌딩의 입구와 마주 하는 곳

⑱ 사방이 낮은 건물인데 유독 한 건물만 높은 곳

⑲ 큰 나무가 있는 곳

⑳ 집 앞이나 뒷산이 뾰족하거나 그 모양이 마치 집터를 공격하
  는 듯한 산, 언덕, 옆 건물(예각이 30도 이하로 배치될 때)

3) 집터의 주변 상황

집터의 이상적인 주변 상황은 배수가 용이하여 지면의 습기가
적당한 곳, 건물의 좌우에 도로가 있으나 감싸는 듯한 곳, 집터 뒤
에 산이 있어 바람을 막고 앞은 물(도로)이 있어 기를 모으는 곳,
남향으로 햇볕이 잘 드는 곳, 앞은 낮고 뒤가 높은 곳이 좋다.

6. 주택의 배치

1) 주택의 배치(방위)

주택의 세 가지 중요한 요소는 대문, 안방, 주방인데 이 세 가지 요소를 어떻게 배치하는가에 따라 동사택(東四宅), 서사택(西四宅)으로 구분한다.

① 안방 : 가족이 모이는 곳 또는 부부가 휴식을 취하는 곳으로 가정의 중심점이 되는 곳.

② 대문 : 안의 기운과 밖의 기운이 왕래하는 기의 출입구로 외부의 좋은 기운을 받아들이고 내부의 탁한 기운을 외부로 방출하는 관문으로 매우 중요하다.

③ 주방 : 온 식구의 에너지 공급원인 음식을 공급하여 건강을 지키는 곳으로 주방의 위치를 중요시하고 예전에는 조왕신을 모시기도 하였다.

2) 팔택 가상법

양택 삼요가 주택 중심점을 기준으로 어느 방위에 속하는가에 따라 동사택(東四宅), 서사택(西四宅)으로 구분한다.

(1) 동사택(東四宅)

	北 감궁	
		東 진궁
	南 이궁	東南 손궁

북(감궁), 동(진궁), 동남(손궁), 남(이궁)에 안방, 대문, 주방이 위치하도록 하는 배치법이 동사택이며 통상 남쪽(이궁)이나 동남쪽(손궁)에 대문을, 동쪽(진궁)에 주방을, 안방을 북쪽(감궁)에 배치한다.

(2) 서사택(西四宅)

北西 건궁		東北 간궁
西 태궁		
南西 곤궁		

동북(간궁), 북서(건궁), 서(태궁), 남서(곤궁)에 안방, 대문, 주방이 위치하도록 하는 배치법이 서사택이며 통상 동북쪽(간궁)에 대문을, 서쪽(태궁)에 주방을, 안방(건궁)을 북서쪽에 배치한다.

3) 팔택 가상법의 상세

(1) 대문

일직선상에 앞문과 뒷문을 두면 기운이 빠져나가므로 일직선상에 두 문을 배치하지 않는다. 아파트나 연립주택에서는 앞집과 대문이 서로 마주 보는 구조가 많은데 대문이 서로 마주 보면 한 집으로 기운이 쏠려 한 집은 운세가 기울어지고 건강이나 재산상 문제가 발생한다.

- 문과 현관을 일직선으로 하지 마라.
- 간방(북동쪽)과 곤방(남서쪽)은 귀문으로 화장실, 더러운 것, 보일러실 등을 두지 마라.
- 대문의 길방위는 동, 남동, 남쪽이고 흉방위는 북, 북동, 남서방이다.

(2) 안방

- 침대나 잠자리는 문에서 일직선상에 배치하지 마라. 문과 평행하게 문에서 바라보이지 않게 하는 것이 좋다
- 지나친 조명이나 햇볕은 재산이 모이지 않는다.
- 경대는 방 안 중심에서 남쪽이 좋다. 단 큰 거울은 두지 마라.
- 침대는 하반신이 문을 향하지 마라.

(3) 욕실과 화장실

예전에는 화장실이 집 밖에 위치하였으나 현재는 대부분 집 안에 있다. 변소는 그 기운이 탁하여 불교에서는 측간이라고 하였고

입측진언을 외우면서 그 기운이 몸에 미치는 것을 방지하였다. 그
럼으로 화장실은 가능한 한 방위에 맞게 배치하고 집 안에 하나만
있는 것이 좋다. 또한 나쁜 기운의 배출을 위하여 환풍기를 설치
하여 빠르게 습기와 냄새를 제거해야 하며 화장실 내부는 밝고 환
한 색이 좋다.

(4) 학생, 어린이 방

집 전체의 중앙에서 동북쪽이 좋다. 학생의 방에는 책상의 위치
가 중요하다.

- 방문과 일직선상에 배치하지 않는다.
- 문과 가까이 배치하지 않는다.
- 방문을 등지고 배치하지 않는다.
- 창문을 등지고 배치하지 않는다.

① 좋은 거실과 자녀의 방

자녀를 훌륭하게 키우는 일은 모든 부모의 소망일 것이다. 학교
생활 외에는 주로 생활하거나, 과외 등으로 바쁘더라고 잠자는 시
간 동안은 하루 중 가장 길게 머무는 시간이므로 방이 자녀에 미
치는 영향은 결코 소홀히 간과할 일이 아니다. 자녀가 둘인 경우
의 기준에 따라 아래와 같은 경우의 방 배치가 되어 있다면 아래
의 풍수지혜를 적용해 보면 자녀의 성격 형성이나 운에 좋은 영향
을 주게 될 것이다.

	자녀방	거실	자녀방
1	북쪽	동남쪽	서쪽
2	서북쪽	동쪽	서남쪽
3	동남쪽	서쪽	동북쪽
4	동쪽	남쪽	서북쪽

1의 경우는 거실의 분위기를 밝게 해 주는 것이 좋다. 베이지색에 밝은 색의 커튼이 있는 거실 분위기로 연출한다.

2의 경우는 검은색의 비품을 거실에 설치하는 것이 좋다. 오디오나 텔레비전이 검정색이므로 거실에 검정색 배치는 자연스럽게 될 수 있을 것이다.

3의 경우는 그린색이나 붉은색으로 거실을 꾸미는 것이 좋다. 녹색소파나 푸른 관엽식물을 거실에 많이 두는 것이 좋고 붉은색 카펫을 까는 것도 좋다.

4의 경우는 거실의 분위기를 베이지색이나 황색으로 은은하게 꾸미는 것이 좋다. 요즘 유행하는 마루에 원목가구를 배치하는 것도 좋은 방법이다.

② 자녀방으로 좋은 방위

자녀의 방으로 최적의 방위는 동방위로서 독립심을 키우고 진취적이며 의욕적인 성격을 만들어 주는 좋은 방인데 간혹 동방위의 힘이 강하다 보면 짜증이 잦거나 늘 피로감을 느끼는 경우도 있으므로 동쪽 창의 커튼을 연노랑으로 바꿔 주고 차분한 느낌이 드는 연회색이나 하늘 색조로 인테리어해 주는 것이 좋다.

공부하는 아이를 위해서는 북방위도 길방위에 속한다. 지혜를 높여 주며 차분하고 실수 없고 공부도 열심히 하는 아이로 자랄 확률이 높다. 다만 지나치게 조용해서 혼자 매사를 처리하려는 성향을 보이는 수도 있다. 따라서 이 방위의 유리함을 높여 주려면 침체되지 않고 늘 활력을 지니도록 북쪽에 침대를 놓고 남쪽에 책상을 두며 옷장은 서쪽에 배치하는 것이 좋다.

(5) 주택 배치 시 주의 사항

주택 배치 시 허와 실에 대하여 황제택경(皇帝宅經) 허실론에서 논하고 있으니 이점을 고려하여 실함을 얻는 것이 유익하다.

① 5허(五虛)
- 집은 큰데 가족(인원)이 적은 것
- 집은 적은데 문이 특히 큰 것
- 담 벽이 기울거나 금이 간 것
- 우물이나 주방의 방위가 틀린 것
- 집은 작은데 정원이 너무 큰 것

② 5실(五實)
- 집은 작은데 사람이 적당하거나 많을 때
- 집에 비하여 대문이 아담하거나 작을 때
- 담벼락이 반듯하고 정연하게 세워진 곳
- 집 주위나 집 안에 나무, 새나 동물이 잘 자랄 때
- 집 주위의 물이 동남으로 흐를 때

③ 집의 크기와 식구의 관계

집이 너무 크면 생기가 돌지 않아 집안 식구끼리 대화나 생기가 적고, 너무 작으면 생기가 서로 충돌하는 상으로 짜증과 불만이 쌓인다.

④ 나무

- 나무의 과소문제는 집에 나무가 너무 많으면 채광을 막고 지기를 과도하게 흡수하여 지기가 허해져 통풍을 막고 번개를 부른다. 나무가 너무 없으면 신선한 공기와 습기를 제공하지 못한다.

- 나무의 크기문제는 집에 너무 큰 나무가 있으면(집의 지붕보다 더 높은 나무) 나무에 정령이 살아 음기를 발산하고 기의 흐름을 막아 흉하다.

- 나무의 수령에 대한 문제는, 장수목을 집 안에 심거나 놓는 것은 흉하다.

- 나무의 방향문제는 북서쪽 나무는 여름에는 황사를 막아 주고 뜨거운 저녁 해를 막아 주고 겨울에는 북서풍(추운 삭풍)을 막아 주어 대단히 좋다.

- 나무의 위치문제는 대문 앞에 있는 돌, 나무는 대문으로 들어오는 기운을 막으므로 흉하다.

⑤ 햇볕

- 햇볕은 밝음을 나타내니 너무 환하면 무엇이든지 다 드러나 보이고 비밀이 없이 집안 사정이 훤히 드러나 흉하고 반사광선이 적당히 들어와야 길지다.

- 서향집과 같이 직사광선이 들어오면 양(陽)의 과다로 정신이 상, 급사, 사업부진, 파산 등이 예상된다. 이와 같이 햇볕이 많이 드는 곳이나 방을 노약자는 피하는 것이 좋다.
- 반사광선 및 햇볕이 적당히 들어오면 살균과 공기의 순환이 이루어져 건강하고 활기찬 생활을 할 수 있다.

⑥ 창문

창은 기의 유통과 햇볕의 살균작용을 위해 반드시 필요하다.

- 창문이 너무 크면 집 안에 안정감이 없고 기 흐름이 과도하여 오히려 건강에 이상이 올 수 있다.
- 너무 작거나 없으면 기의 유동이 없어 활기가 없다.

⑦ 거울

거울은 기를 반사시키는 작용을 하므로 흉살이나 살기를 제거하거나 반사시키는 역할을 한다. 그럼으로 실내 코너에는 거울을 걸고 침실에는 두지 않는다.

4) 나쁜 방위를 길상으로 만드는 방법

(1) 북향집을 길상으로 만드는 방법

모든 인간사의 길흉을 방위를 가지고 따지다 보니 같은 방위에서도 길흉이 있게 마련이고, 그러다 보니 방위를 점점 세분하게 되는 것은 당연한 방편인지도 모른다.

그리고 이것은 점점 복잡해지다 보니 역(易)으로까지 확대시켰다. 북쪽은 감(坎)이며, 괘체는 물(水)이고, 성질은 빠진다는 뜻의

함(陷)이다. 그래서 감(坎)은 흐르는 물이라는 뜻이 된다.

물의 형태, 즉 물의 모양은 담기는 그릇에 따라 원형(圓形) 그릇에 담으면 원형이 되지만 세모꼴에 담으면 삼각형이 된다. 환경이나 일에도 쉽게 잘 적응하는 순응성, 유연성, 협조성이 강한 것으로 풀이한다.

또 흐르는 물은 계속 흐르게 마련이고 그치지 않는 것처럼, 영속성이 있다고 풀이하기 때문에 집의 북쪽이 길상인 집에서 자란 어린이들은 유연성과 적응성, 협조성이 발달하게 되고 끈기가 있어 어른들에게 귀여움을 받는다.

그리고 커서는 회사의 상사로부터 사랑을 받게 되어 순조로운 발전을 하면서 길운의 앞날을 걷게 된다.

그럼 어떤 것이 북쪽의 길상인가.

① 집 북쪽 부위의 3분의 1 정도가 볼록형이어야 한다.

볼록형이냐 오목형이냐는 상대적이어서 잘 구분해야 한다. 3분의 1 이하가 볼록형이면 길상이지만 그 이상이면 상대적으로 양쪽이 오목형이 되기 때문에 의미가 달라진다.

② 북쪽에 별채가 적당한 크기로 있으면 길상이다.

역시 본채와의 상대적인 관계이므로, 별채가 본채보다 크면 길상이 아니다. 가장의 권위가 상대적으로 떨어지기 때문이다.

③ 대지의 북쪽이 높고 남쪽은 낮아야 길상이다.

북쪽이 높으면 북의 냉기를 막고, 햇볕을 잘 받는 남향이 되기 때문이며 평지가 아닌 이상 모든 택지는 한쪽으로 경사지게 마련이지만, 남쪽이 높고 북쪽이 낮으면 북향집이 되어 여름에는 시원한 집이 될지 몰라도 겨울에는 견디기 어렵다. 이런 의미에서 북쪽 부위가 벽으로 폐쇄되어 있는 집이 길상이다. 폐쇄 부분은 운세가 충실하고 안정된 것을 암시하기 때문이다.

북쪽이 길상인 주택에 살면, 새로 하는 일이라도 잘 진전되고 번영하며 교우관계가 원활하고 그 범위도 넓어지게 마련이며 부부관계도 원만하고 건강상 문제도 없이 생활한다.

④ 영암 최 부잣집

서향건물인 경우, 집의 중심점에서 보았을 때 북동이나 북서쪽 대문은 좋지 않다고 보고 남쪽 대문은 대길(大吉)로 본다. 이것은 동사택이냐 서사택이냐와 음양오행 등으로 풀이한 데서 나온 것이다. 이렇게 집에 있어서 대문의 상징은 매우 중요하다. 대문은 담이나 울타리를 전제로 했을 때 생기기 때문에 더욱 중요시했는지도 모른다.

그런데 영암의 최 부잣집으로 잘 알려진 영암군 군서면 도갑리 구림마을의 최 씨 집은, 대문은 커녕 담이나 울타리도 없어 풍수설의 이론을 무색게 한다. 그리고 고창의 인촌 김성수 생가처럼 드물게 보는 북향집이라는 사실이다. '최 부잣집'의 또 하나의 특징은 부자이면서도 곳간 등 벼나 쌀을 저장해 둘 수장공간이 없다는 것이다.

현재의 주인 최일석 씨의 12대 선조는 영암에서 이곳 월출산 밑 구림리로 이사 왔으며 지금의 집은 최 씨의 고조가 지었다.

그런데 대대로 가풍이 '안빈낙도(安貧樂道)'여서 쌓아 둘 재물이 없었기 때문에 창고가 필요하지 않았다는 것이다. 이런 연유로 최

씨 집은 담이나 울타리도 필요 없었고 굳이 대문이 있어야 할 이유가 없었기 때문에 세우지 않았다고 한다.

담이나 울타리가 경계를 짓고 도둑을 방지한다는 뜻이라면 일대가 자기 소유의 땅이고 도둑맞을 물건이 없는 상황에서는 정말 불필요한 것이었는지도 모른다.

또 풍수적 의미로 집의 환경을 살펴보면, 최 씨 집은 북향으로 산기슭에 위치, 집 뒤가 높으나 소나무 숲이 우거지고 좌측에는 대나무 숲이, 우측에는 대와 동백 숲이 에워쌌고, 앞에도 고목이 다 된 은행나무와 감나무들이 늘어서서 울타리나 담 이상으로 집을 감싸고 있다.

대문의 의미도 집으로 많이 들락거리는 길이 있으면 그곳이 바로 대문의 상징적 위치를 의미하게 되는데, 동쪽 부위가 개방 부위이기 때문에 동향 대문의 성격을 갖는다.

북향집에 동향 대문은 '생기택'으로 다섯 아들이 출세하고 부부가 화목하며 재산이 늘고 백세의 수를 누릴 수 있는 대길의 상이 된다.

⑤ 동북쪽 대문이라도 동향집이면 행운의 집

집이 남향이었을 때 북동쪽 대문은 오귀택으로 흉가가 되지만, 같은 대문에 건물의 좌향이 달라지면 길흉이 역시 달라진다. 북동쪽 대문이라도 집이 동향이면 '연년득위금성전지택(延年得位金星殿之宅)'이라고 해서 서사택(西四宅) 중에서 최고로 치는 행운의 집이 된다.

이를 풀이하면 오행상으로 토(土)와 금(金)이 되어 상생(相生)하고 음양이 제대로 맞아 부부의 금슬이 좋고, 아들들은 머리가 좋아 어렸을 때 등과(벼슬)하고 내외간에 생기가 돌며, 횡재를 해서 가산이 늘고, 자식들은 효도하고 손자는 어질며, 부녀의 재주와 용모풍채가 뛰어나다. 그래서 집안이 일어나고 백세의 수를 누리며 아들 넷을 두는데 모두 출세한다는 것이다.

역의 괘로 택산함이 되어, 산 위에 못이 있어서 물이 아래로 흐르니 마치 소남(小男)과 소녀(小女)가 서로 감동한다는 것과 된다. 이런 동향(東向) 주택도 다시 대문의 방향이 남쪽이거나 남동쪽이 되면 역시 흉가로 동향건물에 남향 대문이 되면 화극금(火剋金)으로, 갓 시집온 새댁이 상하고 어린 남자가 다친다는 택화혁(澤火革)의 괘가 된다.

즉 재산이 흩어지고 아내와 상극이며 부인이 착란하고, 도둑에게 인명이 상하며 후사가 끊기고 젊어서 요절하고 해수, 가래, 악창을 앓고, 타인으로부터 협박을 받으며 딸은 많고 아들이 귀하다는 오귀택이 된다.

그리고 대문이 남동쪽이 되면 이제는 육살택(六殺宅)이 되어 역시 흉가라 금목(金木)이 상극(相剋)하기 때문에 부녀자들끼리 사이가 나쁘고, 근육 계통과 뼈가 아프며 남녀 모두 외롭게 살고, 수명이 모두 짧으며 의붓자식이 집안을 잇게 된다.

이런 남동쪽 대문도 남향(南向)건물에는 생기택이 되고, 남향대문인 경우도 서향 건물에는 최고로 길한 생기택이 된다. 그래서 주택구입자금이 부족하여 부득이 흉가를 살 때는 대문의 위치를 바꿀 수 있는가를 배려하면 저렴한 가격에 좋은 집을 구입할 수 있다.

흔히 망해서 이사한 집을 사 두면 안 좋다, 하지만 대문의 위치를 바꾸면 육살택(六殺宅)도 생기택(生氣宅)이 될 수 있다는 것을 알면 정신적인 불안도 극복될 수 있다.

그리고 도시의 도로 형편상 대문의 위치가 부동일 경우는 집의 향을 바꾸어 보면 해결의 실마리가 풀릴 수도 있을 것이다.

⑥ 남향집에 대문이 동남쪽이면 생기택

바람이 통하지 않고 갇혀 있는 곳은 모든 것이 썩게 마련이고 식물도 촘촘히 심어 무성해지면 바람이 안 통하고 막히게 되어 진 딧물 등 병충해가 발생한다. 공기는 이렇게 갇히면 썩기도 하지만, 너무 잘 통해서 휘날리면 땅의 기를 흩어지게 한다.

양택삼요결에서 대문을 중요시하는 것도 집안의 통풍을 강조한 것이라고 해석하는 사람도 있다. 통풍, 즉 바람은 방위에 따라서 의미가 달라진다. 그래서 똑같은 남향(南向)집이라 해도 대문이 동남쪽에 있으면 '생기택(生氣宅)'이 된다.

그러나 똑같은 집에 대문만 북동쪽으로 내면 오귀택(五鬼宅)이 되어 길흉화복이 판이하게 달라진다. 똑같은 향(向)의 집이라도 대문에 따라 달라질 수 있는 조건은 방위상으로 모두 여덟 가지로 분류된다. 이렇게 방위별로 길흉을 판단하는 것을 방술(方術)이라고 한다.

동사택이냐 서사택이냐로 양분되는 이 술법은 주역 오행설로 풀이하고 있지만, 간단히 해석하면 대문이 나쁜 방향에 있으면 나쁜 것이 들락거리고 좋은 쪽에 있으면 좋은 것이 들락거린다는 것이다. 입을 만병의 근원이라고 풀이하는 것과 같은 이치다. 입은 사람의 대문이라고 해석할 수 있기 때문이다.

⑦ 양택삼요, 대문 위치에 따라 길흉 달라진다

양택론에서는 '양택삼요결'라고 해서 집의 가장 중요한 부분을 안방, 대문, 주방 세 가지로 들고 있다. 옛날에는 집의 목적이 단순한 데 있었다고 생각하면 이해하기가 쉽다.

우선 잠자는 공간, 즉 방이 주(主)가 되는 것은 말할 것도 없고, 다음은 음식을 만들어 먹어야 할 주방이 있어야 하고, 자고 먹은 다음에는 출입해야 할 문이 있어야 한다.

문이 '삼요(三要)'에 들어가는 이유는, 문은 휴식을 취하는 비밀 공간으로 들어가는 통로일 뿐 아니라, 그 공간을 안전하게 지키는 방어적 역할도 해야 하기 때문에 중요한 기능으로 보는 것이다.

현대 풍수지리 양택론에서도 출입문은 대단히 중요하게 여기는데 같은 집이라 해도 대문의 방위가 다르면 길흉화복이 달라진다고 본다.

남향건물인 경우, 대문의 방위는 모두 여덟 가지로 그 방위를 생각할 수 있는데 동서남북 네 곳, 그리고 네 곳의 간방인 북동, 남동, 남서, 북서 등을 들 수 있다.

각 방위별로 길흉을 보면, 우선 남향건물에 대문이 정북(正北)에 있으면 초년에 크게 일어서나 오래가지 못하며, 부부가 상극이 되고 아이들이 다치며, 결국 주인이 집을 나가 혼자 살게 된다.

남향집에 제일 좋은 대문의 방위는 '동남쪽'이다. 아들들이 모두 과거에 급제하고, 모두 준수할 뿐 아니라 어질고 착하며 집안은 번성하고 부귀가 극에 달한다. 부부도 해로하고 명예로운 일이 많으며 대대로 영화를 누릴 집으로 식구마다 건강하다.

그다음 좋은 방위는 '남향' 대문이다. 오복과 벼슬, 천수를 누리는 등 길한 것을 고루 갖추게 되며 아들, 손자 모두 효성스럽고 슬기로우며, 덕행이 높고 학식이 깊다. 단지 이런 집에 오래 살면 아내에게 좋지 않아 속병이 있고 눈병을 자주 앓는다. 그러나 주방이 동쪽이나 남동쪽에 있으면 그렇지 않다.

역시 남향건물에 '동향' 대문을 내면 초년에는 크게 길하나 이 집에 오래 살면 내가 다치고 자식들과는 상극이 된다. 식구마다 건강을 잃게 되나 남녀 모두 착한 일을 좋아하며 어질고 의로운 일을 많이 한다.

제일 나쁜 방위는 남향집인 경우 '남서'쪽으로 대문을 내는 것이다. 경우에 따라서 달리 해석하기도 하지만 대체로 가슴이 아프고 체증과 황달이 있으며, 가운데 아들이 단명하고 외롭게 살며, 재산은 도둑에게 사기당하고 소송사건과 구설수가 있으며 후사가 끊긴다고 한다.

⑧ 흉상

집터를 마련했는데 주변 여건상 불가피하게 북향으로 집을 지었을 경우, 대문만은 꼭 동쪽으로 내라는 것이 양택론(陽宅論)의 주장이다.

양택론은 양택삼요(三要), 즉 안방, 대문, 주방의 배치가 음양오행상 서로 조화를 이뤘느냐 아니냐에 따라서 그 집에 길(吉)하냐 흉(凶)하냐를 판별하는데 요즘 가상법(家相法) 또는 팔택가상법(八宅家相法)이라고 부른다.

양택삼요는 크게 둘로 나누는데 그 하나가 동사택(東四宅) 또 하나가 서사택(西四宅)이다. 즉 동쪽 위주의 4방위와 서쪽 위주의

4방위에 '삼요'가 위치한 것을 말한다.

　㉠ 동사택 : 삼요의 방위가 동, 남동, 남, 북에 배치

　㉡ 서사택 : 삼요의 방위가 남서, 서, 북서, 북동에 배치

그래서 모두 8방위가 되어 8택가상이라고 하며, 이 법에서 제일 꺼리는 가상이 동사택과 서사택이 서로 혼재되어 있는 것이다. 즉 동사택의 집에 서사택 방위의 대문을 세웠거나, 서사택의 집에 동사택에 해당되는 방위에 주방을 잡았다면 불길하게 생각하며 흉한 집으로 본다.

북향집에 동쪽 대문은 동사택으로 북향집에서는 제일 좋다는 생기택(生氣宅)으로 판정하지만, 이 경우에도 만약 주방이 남서쪽이나 서쪽, 북서, 동북쪽 어느 방위에 위치해 있다면, 즉 서사택 방위에 자리 잡는다면 대문의 방위와 서로 상극이 되어 나쁘다고 본다.

이렇게 그중 좋다고 보는 북향집의 동향 대문에도 주방의 위치에 따라 흉한 집으로 변하는데, 북향집의 서향대문은 그중에서도 제일 나쁜 조건으로 북향집에 안방이 남쪽에 있고 대문이 서향인 경우 주방이 북쪽에 있으면 기(氣)가 쇠약해져 남녀 모두가 일찍 죽는다고 본다.

이 경우 주방의 위치는 동북쪽과 남서쪽이 가장 좋다. 그러나 반길반흉(半吉半凶)으로 판단하며 전체적으로 북향집에 서쪽 대문을 내고, 안방이 남쪽에 있다면, 음양은 불화이고 오행으로 보면 상극이 되어 부녀자들이 남편의 권리를 뺏고, 남자는 단명하며, 여자도 일찍 죽는다고 본다.

동사택의 배치 중 일부가 서사택의 배치 또는 서사택의 일부가 동사택의 배치가 되어 동사택과 서사택이 섞여 있으면 흉하다고

보며 섞이지 않은 것을 좋다고 본다.

5) 양택을 전체적으로 보는 법

① 수맥의 유무를 본다.

② 예전에 무슨 터였는가?

③ 집터의 모양이 길한가 흉한가?

④ 집이 길한 방위인가?

⑤ 나무 및 주변 상황이 길한가?

⑥ 대문, 주방, 안방, 화장실의 배치가 길한가?

⑦ 정원, 우물, 연못의 배치가 길한가?

⑧ 가족 수, 창문, 집 모양, 집 주위 상황은 길한가?

7. 행운의 집짓기

1) 행운의 집

(1) 행운의 집 모양

집을 지을 터가 있다면 그 모양은 집의 크기보다 3배 정도 큰 사각형인 것이 좋고 정원의 크기가 집의 바닥 면적과 비슷한 것이 복을 부르는 모양이 된다. 집의 모양과 크기는 복이 들어오게 하고 머물게 하고 또 흩어지게도 하는 중요한 그릇이다. 둥근 원형의 집이 가장 이상적인 집이지만 짓기 어렵고 사용할 때 불편한 문제가 있다. 물론 규모가 아주 큰 집이라면 가능하다. 때문에 역시 우리가 흔히 사용하고 있는 사각형의 집 모양이 다음으로 복을 부르는 집 모양이지만 같은 사각형이라 해도 정작 복이 있는 모양은 그리 흔하지가 않다.

정사각형의 집은 집안의 운기가 활발하게 움직이지 못해서 가라앉게 되는 집이고 긴 직사각형의 집은 반대로 운기가 너무 활발히 움직여 불안정한 집이 된다. 따라서 가장 안정감 있으면서도 운기가 왕성한 절충형의 집은 가로: 세로 구성 비율이 5 : 3이나 5 : 4의 비율을 유지하는 집 모양이 가장 이상적인 가상이라고 할 수 있다.

(2) 행운이 오는 집의 크기

마당을 기준으로 하여 마당보다 너무 크거나 너무 작은 집은 좋은 기운이 밖으로 새 나가거나 막히는 집이다. 집은 입체구조의 +(플러스) 에너지장을 지니고 있고 마당은 평면구조의 -(마이너스) 에너지장을 지니고 있어서 이들 두 음양 에너지장이 상호 평등하고 안정적인 힘을 유지해야 하므로 마당을 포함한 집 주변의 -에너지장은 +에너지장의 2배가 되어야 이상적이다. 즉 집터와 집 구조물의 공간 비율은 3 : 1이 가장 좋다.

또 집의 층당 높이는 집 폭의 0.866배를 넘으면 안 되고 방 폭의 0.57배를 밑돌면 좋지 않다. 같은 대지를 가지고 같은 크기의 집을 두 채 짓게 되면 남편과의 갈등이 발생하거나 다른 남자를 동경하게 된다. 또 정원을 앞뒤로 만드는 것도 흉상이 되는데 아내와의 갈등이 잦아지거나 다른 여자를 동경하게 되기 때문이다.

❑ 좋은 집터를 고르는 법

사회활동을 위하여 현재는 도시에서 살지만 전원에서의 생활이 꿈인 사람들이 많다. 좀 더 나이가 들면 교외에 땅을 사서 나만의 집을 짓고 자연과 벗하며 살고 싶다는 꿈, 아예 일찌감치 탈도시를 선언하며 교통과 교육여건, 도시생활의 편리함을 모두 포기하고 산과 나무와 강과 하늘과 벗하며 살기 위해 전원주택을 마련하는 젊은 사람들도 부쩍 늘고 있다. 하지만 교외에 자리 잡은 집이라고 해서 모두 자연의 기운을 받고 건강하게 생활할 수 있는 것은 결코 아니다.

대개의 경우 도시에서 얼마나 가까운 거리인가, 전망이 좋은가에 따라 땅의 값이 매겨지는 형편이지만 산이 가까이 있다고 해서, 물 근처에 자리 잡았다고 해서, 그리고 보기에 전망이 그림 같다고 해서 풍수적으로도 일급 주택지가 되는 것이 아니므로 집터를 고를 때는 다음과 같은 조건들을 두루 살펴서 신중하게 선택해야 한다.

첫째, 지세(地勢)를 본다. 지세는 땅의 흐름, 땅의 기운으로 양 에너지다. 땅의 입력에너지가 있는 곳인가, 청룡과 백호, 전순도 잘 짜여 있는 곳인가를 본다.

둘째, 수세(水勢)를 보는데 물의 흐름은 음 에너지로 물은 얻는 터인가, 잃는 터인가를 본다. 지세가 아무리 좋아도 수세가 좋지 않으면 기운이 나쁠 수도 있으므로 수를 보는 것도 중요하다.

셋째, 지세와 수세를 보았으면 방위를 보는데 흔히 양택 풍수이론의 동서 사택론이 여기에 해당한다.

넷째, 건축방식을 본다.

다섯째는 보완에 들어가는 것으로 수세가 좋지 못하면 담장이나 연못으로 수세를 보완한다.

여섯째는 풍세(風勢), 즉 바람이 어떻게 오는지를 보는데 풍세 보완에는 나무를 심어 보완한다.

그렇지 못할 경우 아파트의 편리함과 문화시설, 편의시설의 장점을 버리고 시골로 내려온 의미가 전혀 없게 되는 수도 있다. 물론 다음의 터 고르기 원칙은 도시에서의 집터 마련에서도 당연히 해당된다.

행운이 찾아오는 집터는 기본적으로 산의 기운을 강하게 받고 앉은 평탄한 곳이어야 하는데 배산임수의 조건을 충족시키면서 왼쪽이나 오른쪽으로부터 감아 도는 작은 실개울 물이 집터 앞 50미터 이내에서 맑고 잔잔하게 흘러들어야 하고 그 흘러나가는 모습이 터의 중심에서 바라보이지 않는 곳으로 재빨리 사라져야 한다.

좌우로 보호막 역할을 하는 둥근 산들이 장막처럼 둘러쳐서 바람 한 점 헛되이 나가지 않는 아늑한 자리라야 하고 앞쪽에서는 둥글고 아름다운 산들이 뒤쪽의 부모와 같은 자애로운 산을 향해 절을 하는 것처럼 엎드려 있게 되면 평화로운 기운이 감돌아 이곳에 사는 사람은 심성이 맑아지고 현명한 지혜를 얻어 행복을 누리게 된다.

① 산을 등지고 물을 앞으로 거느리고 바라보는 위치라야 한다 (배산임수).

② 의지하고 있는 산과 바라다 보이는 산, 왼쪽 산, 오른쪽 산이

모두 함께 균형이 잡혀 안정된 곳을 선택한다.

③ 한쪽이 너무 커서 쏠리든가 기울지 않아야 한다.

④ 수맥이 지나는 터는 피한다.

⑤ 급하게 경사지지 않아야 한다.

⑥ 언덕의 꼭대기(산 정상)나 벼랑 아래는 피한다.

⑦ 집 뒤는 경사가 없이 높고 앞은 낮은 자리라야 한다.

⑧ 땅이 물렁하여 발이 빠지는 매립지, 진흙땅인 곳은 피해야
한다.

⑨ 주위에 큰 나무가 많이 있는 곳은 피해야 하고 특히 아카시
아 나무가 많은 곳은 좋지 않다.

⑩ 골목길의 막다른 집은 좋지 않으므로 피한다.

⑪ 집 주위에 높은 건물들이 많이 있으면 피해야 한다.

⑫ 넓은 벌판에 외따로 떨어져 있는 집은 피해야 한다.

⑬ 돌산은 피한다.

⑭ 나무가 없는 산은 피한다.

⑮ 홀로 있는 산은 피해야 한다.

⑯ 집 뒤에 있는 산보다 앞산이 높아서 억누르는 것 같은 곳은
피한다.

⑰ 물이 빠져나가는 것이 보이는 자리는 피한다.

⑱ 큰 강이나 내가 집을 향하여 들이닥치는 곳은 피해야 한다.

⑲ 어둡고 음침한 곳은 피한다.

⑳ 깨어진 터, 골이 진 터, 계곡의 골짜기는 피한다.

㉑ 에너지의 흐름이 바른 터, 즉 안정된 터를 취한다.

㉒ 양지 바른 터가 좋다(너무 건조한 곳은 피한다).

㉓ 바람과 물이 갈무리 되는 터를 취한다.

㉔ 바람이 지나는 터는 피한다.

㉕ 높은 축대가 있는 집의 밑 터는 피한다.

㉖ 집이 터의 전체를 한눈에 볼 수 있도록 자리 잡는다.

㉗ 터의 중심선 안쪽에 집을 앉혀야 하고 뒤 정원을 만드는 것은 좋지 않다.

㉘ 하나의 터에 두 채 집을 짓는 것은 나쁘다.

㉙ 길보다 낮은 터에 집을 짓는 것은 나쁘다.

행운을 누리는 집터는 건강한 좋은 자손을 보기 위해서는 청룡(왼쪽) 쪽의 안정된 기운을 받고 백호(오른쪽) 쪽의 맑은 기운이 서로 어우러져야 한다. 관직에서 높이 오르려면 집터의 뒷면이 둥글고 힘찬 기운으로 둘러싸여 그 남은 기운이 청룡자락을 만들면서 집 앞을 둘러 주어야 한다.

부자가 되려면 백호의 두터운 기운을 다정한 앞산이 거두어 주면서 청룡의 도움을 얻어야 하고 덕이 있는 사람이 되려면 전후좌우 주변 산의 온화하고 밝은 기운과 둘러싸인 자리의 힘이 평등하고 안정적으로 조화되어 있어야 한다.

행운의 집터를 닦는 방법은 많은 노력으로 좋은 집터를 마련했다면 이제는 그 터를 닦을 때도 지켜야 할 일들이 있는데 보물도 갈고 닦고 모양새를 갖춰야 진짜 제 가치를 갖게 되듯이 어렵게 마련한 좋은 집터를 행운이 저절로 굴러들어오는 좋은 터를 만들기 위해서는 다음의 여섯 가지 원칙을 지키는 것이 좋다.

① 생땅이 나올 때까지 겉의 흙은 긁어낸다.

② 평평하고 반듯하고 모가 나지 않아야 한다.

③ 건평의 세 배를 넘지 않아야 한다.

④ 뒤는 높고 앞은 낮아야 한다.

⑤ 웅덩이가 없어야 하고 배수가 잘 되도록 해야 한다.

⑥ 주변에 큰 나무가 있으면 제거한다.

방위별 구분은 가상(家相)에서 집의 방위에 따라 길흉을 따지고 건강(병세)까지를 거론하니까 '가상이 만병통치냐'라고 하는 사람도 있지만 의학의 궁극적 목표가 인간의 건강장수(健康長壽)라면 가상이 추구하는 것도 역시 '건강장수'다.

예방의학이라는 것도 있지만 요즘 의학은 치료의 개념으로 더 생각하게 된다. 그러나 가상에서 질병을 거론하는 것은 예방을 자연의 이치로 보기 때문인데, 즉 건강의 원리를 추구하는 '경험과학'이라고 보는데 원시시대부터 문명이 발달한 현대에 이르기까지 인간이 경험한 것을 토대로 본능적으로 건강장수를 추구한다.

'건강장수'라는 의미에서 집은 '잠을 잔다'는 데 중요한 역할을 부여한다. 건강한 사람은 공해공간에서도 8시간 정도 일하는 데는 문제가 없지만 같은 조건의 공해공간에서 같은 시간 잠을 자기는 쉽지 않다. 인간은 잠을 잘 때 맥박은 물론 모든 기능이 저하되기 때문에 인간이 활동할 때는 웬만한 유해가스에도 견딜 수 있지만 수면 중에는 연탄가스에도 생명을 잃는다. 그만큼 수면 중에는 공간의 영향을 크게 받는다.

"개같이 먹고 정승같이 자라."는 우리의 속담도 있듯이 먹는 것은 아무렇게나 먹어도, 자는 곳만은 골라서 자라는 얘기인데 집은 먹는 곳이기도 하지만 잠을 자는 곳이기도 하다. 인간도 자연의 순리를 따를 때 천명을 누리게 된다.

자연의 이치대로 분류하면, 인간의 오장육부(五臟六腑)에도 방위가 확립되어 있는 것과 같이, 가상에도 방위가 있으며 오장육부의 방위와 가상의 5방위는 일치한다.

동쪽은 진방(震方)으로 장남, 동남쪽은 손방(巽方)으로 장녀, 남쪽은 이방(離方)으로 차녀(次女), 남서쪽은 곤방(坤方)으로 주부, 서는 태방(兌方)으로 삼녀(三女) 이하, 서북은 건방(乾方)으로 주인(가장), 북쪽은 감방(坎方)으로 차남(男), 동북은 간방(艮方)으로 삼남(三男) 이하에게 가장 많은 영향을 미친다고 본다.

동남 巽 長女	남 離 次女	남서 坤 母
동 震 長男		서 兌 三女
북동 艮 三男	북 坎 次男	북서 乾 父

가상의 동쪽에 결함이 있으면 그것은 장남이 생육 못 할 가상이고, 서북에 결함이 있으면 주인에게 문제가 발생하고. 흉상의 가상에 5년 이상 살면 흉상의 영향이 심신에 스며들어 그 뒤 길상의

집에 이사해도 흉상의 영향을 얼마 동안 받게 마련이다.

(3) 가상길흉

가족구성별로 주택위치에 방위가 정해져 있는 것을 가상에서는 후천정위(後天定位)라고 한다. 선천정위(先天定位)가 하늘의 뜻(정신)을 나타낸 것이라면, 후천정위는 땅이, 하늘의 기(氣＝에너지)를 받아서 땅의 기(지기)와 결합, 조화를 이룬 가운데 그 기가 활동하는 양태를 나타내는 것으로 본다.

후천정위에는 인간의 오욕(五慾) 원칙이 지시되어 있어 인간이 오욕을 달성하기 위한 활동구조를 설명한 것이 후천정위라고 한다.

인간의 다섯 가지 욕구(본능)은 생명욕, 식욕, 명예욕, 재산욕, 성욕인데 이 다섯 가지 욕구에 만족하면 행운을 잡은 것이라고 생각하며 하늘이 우리에게 준 선물인 바로 이 오욕을 하늘이 의도한 대로 바르게 차지하면 행복하지만, 욕망은 언제나 한이 없어 하늘의 뜻을 크게 벗어나, 올바르지 않은 행동을 하면 불행해진다고 본다.

후천정위에는 가족 개개인이 차지하는 범위가 있어 금전의 정위, 토지가옥의 정위, 지식의 정위, 직장의 정위, 노동의 정위, 애정의 정위 등 모든 욕망의 정위가 설정되어 있는데, 이것을 관장하는 가상의 정좌에 조금이라도 결함이 없어야 길상으로 본다. 이런 가상의 길흉은 집의 방위별 형태가 오목이냐 볼록(凹 또는 凸)이냐를 중요하게 본다.

이는 어디까지나 집 전체의 비례에 의해 구분된다. 볼록이 크면 볼록으로 보지 않고 그 반대인 오목으로 보고, 역시 오목이 크면 자연히 볼록이 생기기 때문에 볼록으로 본다. 모든 것은 중용과 조화를 이뤄야 한다.

그러므로 가족 개개인에 맞는 가상은 무조건 좋게 지은 천상식(天相式) 가상보다 자손 번영에 좋은 가상이라고 볼 수 있다. 이는 명당에 잘 지은 집도, 가족구성에 따라 행운을 가져오는 수도 있고 그렇지 못해서 불행을 가져오는 경우가 허다하다는 것을 말한다.

또 병이 난 경우, 나을 수 있는 병도 가상의 후천정위가 그 사람과 맞지 않으면 병은 더욱 악화된다는 것이다. 인간의 운세도 마찬가지로 가상의 영향에 따라 길흉이 크게 또는 작게 나타난다.

2) 대문/현관

(1) 대문 만드는 법

대문은 집의 얼굴로서 대문은 보기에 쾌적하고 통행이 자유로워야 하는데 요즘은 미적인 건축에 치중하면서 대문이 어디에 있는지 가려져 보이지 않게 만든 주택도 많이 있는데 무엇보다 대문은 밖에서 잘 보이는 위치에 잘 만들어져야 하는데 대문을 가리는 가지 많은 나무나 키 큰 나무가 없도록 제거한다.

대문이 잘 보여야 한다고 무조건 큰 것만 좋은 것은 아니며 집의 높이와 크기에 따라 적절한 크기를 잡아야 하는데 일반적으로는 단층집의 높이와 대문의 높이가 5 : 3 정도가 좋다.

대문 앞 공간은 비좁지 않게 공간을 확보해 줘야 하고 대문에서 밖으로 나가면서 공간이 점점 넓어지는 모양이 가장 좋다. 대문이 문 밖보다 낮은 위치가 되는 것은 나쁘니 주의한다.

대문을 만들 때는 모양과 색깔에 가장 신경을 쓰게 되는데 우선 고려해야 할 중요한 점은 그 집의 가장에게 맞는 색깔을 선택하는 것이다. 모양도 요즘에는 개성 있게 다양한 스타일이 많지만 원래는 뚫린 부분이 없이 막혀 있는 모양이 가장 좋다. 다만 담이 높거나 정원이 큰 집이라면 창살 모양으로 만들어진 대문도 무난하다.

대문의 크기도 중요한데 대문의 크기를 정할 때 기준으로 삼는 것은 현관의 크기인데 대문은 그 집에서 가장 중요한 문이므로 반드시 현관보다 커야 한다. 가로 크기를 그 같은 기준으로 정한다면 높이는 담장을 기준으로 잡는데 대문과 담장 높이는 5 : 4 정도로 대문이 담장보다 약간 높은 모양의 대문이 행운의 기를 집 안에 가득 불러 모으게 된다.

대문 다음은 안방의 방위를 정하고 그다음으로 주방을 따진다. 예를 들어 대문이 남서쪽에 있고 안방이 북동쪽에 있으면 생기택(生氣宅)으로, 논밭의 생산이 늘어나고 모든 가축이 흥해서 자손도 번창한다고 보는데 이 경우 주방은 동북이나 남서 또는 서쪽과 북서쪽에 있으면 좋다는 식이다.

대문을 만들 때 주의할 점은 문은 행운의 기를 불러들이는 중요한 장소이므로 특히 주의를 기울여야 하며 현관은 바로 실내와 연결되는 문이므로 다음과 같은 점을 주의해서 만든다.

① 공간의 흐름이 원만해야 한다.

② 문이 너무 크거나 작지 않도록, 사람 몸의 두 배 폭과 사람 키의 1.5배 높이 정도가 가장 적당한 현관문의 크기다.

③ 쾌적하고 밝아야 하며 통행이 자유로워야 한다.

④ 밖이나 안에서도 잘 보여야 한다.

⑤ 전면에 있도록 하되 중앙에 있으면 안 되니 주의한다.

⑥ 현관 앞에 장애물이 있는 모양은 나쁘다.

이상적인 현관의 방위는 똑같은 집이라 해도 대문의 방위가 다르면 길흉이 달라지듯 집(건물)의 출입구가 되는 현관도 위치가 다르면 가운도 달라지는데 현대주택 설계에 있어서도, 외부, 즉 자연 상태에서 건물로 진입되는 현관은 매우 중요하게 생각하며 대문과 현관의 방위에 따라, 특히 비좁은 도시의 정원을 양분시키기도 하고 또 집을 구석지고 옹졸하게 만들기도 하기 때문이다.

'가상비전(家相秘傳)집'에 따르면 "현관이 대문과 정면으로 놓이면 흉하다. 현관은 대문의 왼쪽이나 오른쪽 등으로 엇놓여야 길하다."고 전하고 있다. 건축형식상 현관은 동양화된 양식 주택이나 일본식 주택의 정면에 낸 출입구를 말하는 것인데, 어원은 '현묘한 길로 나가는 어귀'라는 불교용어다.

그래서 원래는 사찰의 문을 가리켰는데 어쩌다 현관이라는 단어가 일본에 들어가 사용되면서, 현재는 일반주택의 단순한 출입구, 즉 신발을 벗어 놓고 드나드는 곳으로 그 뜻이 달라지고 말았지만 현관은 가상을 모르는 사람도 "동남방(辰巳)에 현관, 광(창고)은 건방(乾方, 서북)"이라는 속담을 들먹일 정도가 됐다.

현관의 크기는 집의 크기에 비례해서 만들어야 하지만 사람들의 출입이 많은 집이나 사람들이 많이 모이는 직업을 운영하는 집은 그만큼의 넓이가 필요할 것이다. 집은 크면서 단순히 사람의 출입이라는 실용성을 고집하여 현관을 비좁게 만들어 첫 인상부터 옹

색한 느낌을 주어서는 안 될 것이다.

현관은 가상의 의미로는 '열다' 또는 '개방'이라는 개념으로 판단하는데, 건물의 한쪽 면에 출입구를 내는 평면적인 것보다 다소라도 돌출시키는 것이 이상적인데 예를 들어 동북쪽에 평면적인 현관이 있을 경우 가상에서는 동북의 열림은 흉상으로 보기 때문에 사람의 출입이 고르지 못하게 된다고 판단한다.

또 서북쪽에 건물의 평면보다 들어간 현관이 있으면 요(凹)의 모자람(결) 형상과 열림(문)의 작용이 겹쳐, 즉 음과 음이 맞부딪쳐 흉한 것이 강하게 된다는 해석이다. 그리고 현관과 대문이 마주 보면 좋지 않다는 얘기는, 밖(대문)에서 집 안(현관)이 환하게 들여다보이면 좋을 리가 없으므로 너무나 상식적이다.

다만 도시의 경사진 주택에서 집이 높고 대문이 내려가 있어서 층계로 올라오는 경우는 예외로 칠 수도 있다.

현관을 현대 가상학에서 중요시하는 까닭은, 대문이 울타리 안, 집 전체의 출입구로서 기의 출입구이듯, 현관은 건물의 기 출입구이기 때문이다. 현관의 방위를 8괘에 의해 분류하면 8방위가 되어 다음과 같이 그 길흉을 알 수 있다.

행운은 손님처럼 현관으로 들어온다. 행운이 들어오기 좋은 현관의 위치는 동쪽이나 남쪽인데 이것은 태양 에너지를 쉽게 받아들일 수 있는 방위이기 때문이지만 북쪽이나 서쪽의 현관이라고 해서 나쁜 것만은 아닌데 나이 들어 편안한 휴식을 원한다면 오히려 번잡한 남쪽보다 북서쪽에 현관을 내는 것이 훨씬 좋다.

현관의 위치와 함께 주의해야 할 것은 현관과 대각선에 있는 공간의 이용법인데 밖에서 현관을 통해 들어온 운기는 집의 중심을 통해 대각선 방향으로 진행하여 벽에 부딪히면 다시 중심으로 되돌아와 집 전체로 퍼지게 된다.

이 통로가 바로 기가 이동하고 머무는 행운의 길로서 이 대각선상에 물의 기운이 있으면 좋은 기가 집에 돌지 못하고 행운의 기운이 떨어지므로 이 방향에 화장실이나 욕실, 주방이 있으면 운기가 떨어진다.

현관으로서 좋다는 남동쪽 현관이라도 대각선상인 북서방위에 화장실이나 욕실, 주방이 있다면 행운의 힘이 떨어진다.

① 북 현관

현관이 집의 중심에서 정북(正北)일 때 집 안에 환자의 출입이 많고 교우관계에 문제나 남녀 간의 문제가 자주 발생할 수 있으므로 북 현관은 피해야 한다.

② 남서 현관

남서쪽을 이귀문(裏鬼門)이라고 부르며 동북쪽의 표귀문(表鬼門)과 같이 변화가 심한 곳이므로 출입구로서는 적당치 않다. 건강상 문제가 발생할 수 있다고 보며 특히 내과계통의 질병이 예상되며 여성에게 그 증세가 심하게 나타난다고 본다.

남서쪽에 현관이 있을 때 행운을 부르는 방법은 남서쪽 현관은 오전이 행운의 시간으로 오전에는 좋은 기운을 받아들이기 위해 문을 열어 두고, 오후에는 닫아 두는 것이 좋다.

현관은 역시 청결하게 관리하는 것이 중요하다. 한 달에 두어 번 세제를 사용하여 구석구석 청소를 한다. 인테리어는 화려하고 밝은 색상보다는 차분한 느낌의 색상이 좋다.

자그마한 화분에 심겨진 나무를 신발장 위에 두면 좋다. 벽면을 꽉 채워 수납장을 짜는 게 요즘 유행인데 널려 있는 신발과 잡동사니들을 싹 정리할 수 있어 깔끔한 현관을 만들 수 있을 뿐 아니라 남서의 운기를 높여 주는 효과가 있으므로 권장할 만하다.

③ 동 현관

항상 신선한 기로 충만되어 있어 운이 발전하며 새로운 분야를 적극적으로 밀고 나갈 수 있는 힘과 의욕을 샘솟게 한다. 다만 장남이 부모와 따로 살게 된다고 본다.

④ 동남 현관

신용과 신뢰를 얻고 사업도 번영, 발전하는 상으로 먼 곳으로부터의 방문객도 많다.

⑤ 서북 현관

집의 방위상 이곳은 가장(家長)이 차지해야 할 안방의 위치인데, 이곳에 개방(문) 부위가 있어서 가장의 권위가 없어진다고 보기 때문에 어쩔 수 없이 서북쪽에 현관을 내야 할 경우 약간 중심을 피해 서쪽이나 북쪽으로 치우치게 내는 것이 좋다.

⑥ 서 현관

수입보다 지출이 많아 재산이 흩어진다고 보는 곳으로 남녀관계도 순탄치 않다고 본다.

아파트 서쪽에 현관이 있으면 이중문을 만드는 것이 좋은데 동향의 복도식 아파트의 경우 흔히 서쪽에 현관이 있게 마련인데 아파트건 주택이건 혹은 빌딩이든 이중문을 만드는 것이 좋으며 이중문의 역할이란 서쪽에서 들어오는 나쁜 기운을 막아 주는 중요한 역할이므로 열어 둔다면 굳이 이중문을 만들 이유가 없다.

⑦ 동북 현관

남서쪽을 이귀문(裏鬼門)이라고 부르며 동북쪽의 표귀문(表鬼門)과 같이 변화가 심한 곳이므로 출입구로서는 적당치 않다고 본다. 이 방위에 출입문이 있으면 사람이 싫을 정도로 방문객이 많거나 갑자기 뚝 끊어지는 등 기복이 심하다.

북동쪽에 현관이 있을 때 행운을 부르는 방법은 현관 청소를 깨끗이 하는 것이 좋으며 먼지가 쌓이고 지저분한 신발이 놓여 있다면 행운이 찾아들다가 달아나 버릴 수 있으니 한 번 청소하면 한 번 복이 들어온다는 말과 같이 동북쪽 현관 때문에 행운이 들어오지 않는다는 생각이 들면 한 달에 두어 번 현관 바닥에 친환경 세제를 뿌려 청소하는 것이 좋다.

신발장 등 현관의 인테리어는 청결의 상징인 흰색으로 하거나 풍요의 상징인 붉은색이 감도는 색상으로 한다. 신발장 위에 붉은 도자기 화병을 놓고 백합이나 칼라 같은 하얀 꽃을 꽂아 두면 좋다. 꽃은 생화가 가장 좋지만, 생화는 손과 정성이 많이 가게 되므로, 아쉬운 대로 조화로 장식해도 좋다.

현관은 집 안에 들어서는 첫인상이므로 조화도 유치한 것보다는 값이 좀 비싸더라도 품위 있고 세련된 것으로 하는 것이 좋은데 집 안에 들어서면서 꽃을 만나는 싱그러운 기쁨이 기분과 운기를 더욱 상승시켜 준다.

⑧ 남 현관

기분이 안정되지 않고 항상 쫓기는 듯한 상태로 생활한다. 아이들도 공부가 안 되고 머리를 쓰는 직업의 사람에게는 불리하다.

3) 창문

(1) 창은 집의 눈

큰 집에 빈 방이 있을 정도로 적은 식구가 살면 좋지 않듯이 작은 집에 큰 창문이 많은 것도 가상에서는 흉으로 친다. 요즘 페어글라스로 창을 크게 내고 전망이 좋다든가 또는 시원하다는 등, 실생활의 편리함보다 허세를 부리는 일이 많아 옛 풍수지리 가상이 주는 교훈을 한다.

자연과 함께 생활하던 인간이 변하는 기후 또는 맹수로부터 스스로를 방어하기 위한 수단이던 것이 굴, 움막, 주택 등의 순서로 발전했는지도 모른다.

어떻든 집은 자연과 벽을 쌓은 것이며 이렇게 정복한 자연에 다시 자연을 불러들인 것이 벽에 구멍을 뚫어 창을 낸 것이다. 흔히들 사람의 얼굴을 두고 말할 때 '눈은 마음의 창'이라고 한다. 눈으로 그 사람의 성격이나 운세를 70퍼센트 정도 알아낼 수 있다는 것이 관상을 하는 사람들의 주장이다.

'눈이 사람의 창'이라면 '창은 건물의 눈'이다. 창(눈)은 건물 외관을 구성하는 주요 요소일 뿐 아니라 가상의 운세를 나타내는 주요 요소가 되기도 한다.

창은 원시시대부터 햇볕이나 공기를 집 안에 빨아들여 그 집에서 생활하는 사람들의 건강과 향락을 유지시켜 주는 역할을 했기 때문이다. 창은 말할 것도 없이 '개방부'로서 열림을 뜻하고 열림은 그 집에 사는 사람들의 운세가 소모되거나 쇠퇴하는 것을 암시하므로, 가상적으로 볼 때는 '열림'이 없는 것이 좋다.

그래서 창은 적을수록 좋다는 이론이다. 그러나 창이 하나도 없는 집에서는 사람이 오래 견뎌 내지 못한다. 가상의 기본은, 집 안의 공기와 집 밖의 공기가 항상 같은 상태로 유지되는 것을 원칙으로 하고 있다.

집 안의 공기가 햇볕을 포함한 영양 있는 공기(양기)여야 하는 이유는, 공기 속에 들어 있는 신선한 기가 육체와 정신을 살찌게 한다고 보기 때문이다.

부패된 공기, 즉 잡균이 많이 들어 있는 방 안의 공기는 인간의 운명도 부패시킨다. 이런 공기가 집 안에 고여 있지 않도록 하는 것이 창이다. 이를 위해 큰 창을 내면 될 것 같지만 꼭 그렇지만은 않다. 공기소통에서 중요한 점은, 작더라도 서로 마주 보는 창을 내는 것이다. 창이 크면 오히려 안정감을 잃고 만다. 눈 큰 사람이 겁이 많다는 것을 생각해 보면 쉽게 이해할 수 있다.

(2) 창은 '밝기'보다 볕과 통풍이 중요

주택건물의 눈이랄 수 있는 창은 어느 방향이 좋은가? 「가상대전」에는 "가택의 창이 동방으로 난 것을 최길상으로 여긴다."라는 구절이 있는데 너무나 상식적인 얘기지만 요즘은 상식이 안 통하는 시대라서 한 번쯤 생각해 볼 만한 구절이다.

동창(東窓)이나 서창(西窓)이나 방 안의 밝기에 기여하는 데는 마찬가지다. 그러나 햇빛, 그러니까 조도는 같아도 햇볕은 다르다는 사실이다. 또 동창은 어둠에서 밝기를 원할 때 또는 밤의 추위로부터 햇볕이 가장 아쉬울 때 찾아드는 데 비해, 서창은 여름인 경우 방 안의 열기가 식어야 할 무렵 뜨거운 볕을 계속 받아들이는가 하면, 피곤해 어둠 속에서 쉬고 싶을 때 밝은 빛을 넣어 준다.

이보다 더 중요한 것은, 동창은 햇볕이 생기가 있을 때 받지만 서창은 기우는, 즉 오그라드는 기를 받는다. 아파트의 베란다가 동쪽에 있는 집의 화분들은 싱싱하게 자라면서도 꽃을 잘 피우지만, 서쪽 베란다에서 크는 꽃나무에게선 꽃을 보기가 힘들다. 특히 생태조건이 까다로운 동양란인 경우는 그 결과가 심하게 차이를 나타낸다.

바람의 영향도 판이하다. 동창에는 여름에 시원한 바람이 불어오지만 서창은 그 반대다. 겨울인 경우는 또 정반대가 되어 서창은 추운 바람만이 창을 두드린다. 북창은 서창보다 더 불리하다.

창문으로서 제일 좋은 방위는 남쪽창이다. 그러나 남쪽은 주택에서 가장 좋은 방위이므로 이곳에는 창보다도 더 큰 통풍은 물론 햇볕을 끌어들일 수 있는 개방부, 즉 출입구를 만드는 것이 합리적이기 때문에 창으로서는 동창을 제일로 치는 것이다.

창 중 제일 흉상으로 보는 것은 북창이다. 「가상극비전」에는 "북창은 부인 경수불순자(經水不順者)가 나온다."고 경고하고 있다. 이런 집에 살면 여성의 경도가 고르지 않고 부인병을 앓을 확률이 높다는 뜻이다. 물론 창의 크기에 문제가 있지만, 북쪽으로 창을 내는 뜻은 방의 채광을 위한 것보다는 통풍을 고려해서이다.

그런데 겨울이 되면 북창은 그 반대쪽 남창이나 동창 등의 영향으로 무서울 정도로 찬바람이 들어와 방 안의 온도를 빼앗아 간다. 냉은 부인병의 원인이라는 사실을 생각하면 가상에서 극비로 전해 내려오는 '북창은 경수불순자가 나온다'는 얘기가 충분히 이해될 만하다. 북향에 현관이 있는 경우도 병자가 끊이지 않고, 교우관계와 이성관계에서 문제가 많다고 본다.

(3) 창문 만들기

① 창문의 윗부분이 사람의 키보다 높아야 한다.

② 안에서 밖으로 밀 수 있는 여닫이형 창문이 행운을 부른다.

③ 동쪽이나 남쪽의 햇볕을 많이 받을 수 있도록 집의 동, 남 방향에 창문을 낸다.

④ 서쪽의 창문으로 들어오는 석양빛은 좋지 않으므로 커튼을 쳐서 막는 것이 좋다.

⑤ 깨지거나 더러워진 유리는 운기를 떨어뜨리므로 늘 맑고 깨 끗하게 닦아서 운기를 받아들이도록 한다.

⑥ 갑갑한 느낌을 주는 작은 창문보다는 넓고 큰 창문이 좋다.

⑦ 창문의 가로와 세로 비율은 5 : 3이 좋다.

창문의 방위를 고려할 때 창문은 통풍과의 관계로 바람은 한쪽만 아무리 크게 뚫어 놓아도 실내로 충분히 들어오지 않고, 실내의 습도와 온도를 바꿔 놓지 않는다. 반대편에 창이 있어야 활발하게 움직이는데 밀폐된 공간에서는 공기도 움직이지 않는다. 그런데 양쪽에 조그마한 구멍을 맞뚫어 놓으면 그 위력은 대단하다.

실내에서 우리들은 그 작은 구멍의 바람을 느낄 수 없지만 양쪽 구멍의 수평이 되는 곳에 가는 모래를 쌓아 놓고 하룻밤을 지내 보면, 그 모래무덤이 비로 쓸어 낸 것처럼 흩어져 있음을 발견할 수 있다.

집터의 조건이 어쩔 수 없어 서향집이 된 경우에는 남으로 창을 내야 길하다. 「가상극비전」에 따르면 "서향집이라도 남쪽 방향으로 양기를 충분하게 받는 창구가 있고, 남쪽과 북쪽이 통하는 창이 있으면 길하다.

남쪽이 막히고 북쪽만 트인 것은 좋지 않다. 집 안에 습기가 차기 때문이다. 그러나 남북 양쪽에 창문 대신 출입구가 있는 집은 굳이 창의 원리를 따르지 않아도 된다."고 가르치고 있다.

서향집인 경우 남쪽으로 큰 창을 내서 활기찬 양기를 충분히 받는 동시에, 북쪽에도 조그마한 창을 내서 통풍이 잘 되도록 유도해야 한다.

남창만 있고 북창이 없으면 겨울에는 아늑하고 따뜻해도, 여름에는 바람 한 점 실내로 들어오지 않는 찜통방이 되어 사람을 지치게 만든다.

창의 방위를 따지는 것은 '여름에는 시원하게, 겨울에는 따뜻하게'가 궁극적인 목표다. 그리고 동남쪽의 햇볕은 잘 들게 하고 서향의 해는 최대한 줄이는 데 목적이 있다.

그러나 복잡한 도시의 주택조건은 주위의 고층건물 때문에 일조권을 침해당하는 경우가 많거나 건물 자체의 조건 때문에 천창(天窓)을 내는 경우도 있는데 역시 옛 「가상비전」에도 남서쪽 천장에

채광창을 내는 것은 대흉(大凶)이라고 금기하고 있다. 우선 천창은 벽의 창과 똑같은 크기라도 그 밝기가 세 배나 된다는 것을 감안해야 한다. 사진기로 항공촬영을 할 때 조리개를 두 스텝(네 배) 줄이라는 이유도 여기에 있다.

가상에서도 남서쪽 천창이 지나치게 밝으면 여름에는 실내가 직사광선을 받기 때문에 몹시 무덥다는 것을 경계했다. 남서쪽은 이귀문(裏鬼門)으로 항상 좋지 않은 방위다.

집을 비우고 외출할 때는 흔히 문을 꼭꼭 닫아 두고 가는 경우가 많다. 현관문이야 물론 잠가야 하겠지만 방문까지 일일이 닫아 두는 게 일반적이다. 더구나 사람이 사용하지 않는 방, 창고방 등은 늘 문을 닫아 두게 된다.

이렇게 한동안 밀폐되어 있던 방에 들어서면 좋지 않은 기운과 만나게 된다. 그러므로 외출할 때는 현관문을 잠그되 방문을 열어 두고 나가는 것이 좋고, 도둑의 위험이 없는 창문은 약간 열어 둔다.

아이가 학교에 가고 나면 흔히 아이의 방도 문을 닫아 두거나 혹은 아이가 자신의 방 열쇠를 잠그고 가는 경우도 있다. 한동안 닫아 둔 방에 아이가 들어서는 것도 좋지 않으므로 아이가 없더라고 방문을 열어 두는 것이 좋다.

4) 안방/침실

안방은 가정의 중심이 되는 방으로 위치의 선정이나 크기, 가구 배치가 모두 중요한 요소로 안방이란 집에서 가장 많은 시간, 즉 수면을 취하는 장소로서 침실과 같은 의미로 볼 수도 있다.

① 안방은 집 안의 방 가운데 가장 큰 것이라야 한다.

② 현관에서 멀리 떨어진 곳으로 밖에서 들어온 낯선 기운이 집 안에서 중화되어 안방으로 들어오는 시간을 벌게 된다.

③ 방의 크기는 가로와 세로 비율이 5 : 3이나 5 : 4인 것이 좋다.

④ 들어오는 에너지가 가장 강한 곳에 자리 잡아야 집안이 번성한다.

⑤ 현관에서 안방이 들여다보이지 않게 해 둔다.

⑥ 공간 에너지가 부족하지 않도록 주의해야 하는데 특히 가구를 많이 놓지 않도록 절제한다.

⑦ 방을 사용하지 않을 때는 문을 달아 두어서 공간 에너지가 잘 갈무리되도록 해 둔다.

⑧ 조명은 두 가지 색깔로 조절할 수 있게 전체 등을 달고 부분 조명을 하나 정도 추가로 배치한다.

주거의 발달사를 보면 맨 처음엔 잠자리의 필요성에서 시작됐는데 수렵시대 혹은 농경시대 초기에는 방이 한 개인 수혈식(竪穴式) 주거에서 우리 조상들이 생활할 때는, 식사는 물론 모든 생활을 밖에서 했고 잠잘 때만 방에 들어가 잤다.

이처럼 침실은 주거의 원형(原形)임과 동시에 현대에서도 주거의 최종 완성형태일지도 모르지만 침실의 기능은 수면에도 있지만 생식(生殖)을 도모하는 곳이기도 하다. 이 기능을 충족시키기 위해서는 첫째, 외부와의 차단이 필요하고, 둘째, 집 안에서도 사생활이 보장돼야 하며, 셋째, 안전한 곳이어야 한다.

이런 조건을 갖추기 위해 풍수에서는 역시 방위를 중요시했다.

방위별 침실의 길흉을 보면 다음과 같다.

동쪽의 침실은 신선한 기가 활동력을 치솟게 해서 의욕이 충만한 생활을 하게 하는, 특히 젊은 부부들에게 아주 좋은 방위의 침실이다.

동남쪽의 침실은 모든 일을 순조롭게 발전시켜 성공할 수 있는 암시의 방위다. 교우관계도 넓어지고 독신자가 이 방위의 침실을 쓰면 좋은 인연을 맺을 가능성이 많아진다.

남쪽의 침실은 잠을 편히 잘 수 없는 곳으로 보기 때문에 침실로는 부적당하다. 항상 정신이 불안하거나 심장, 혈압, 눈에 관한 병을 앓을 확률이 높다.

남서쪽의 침실은 하숙생 등 식객이나 가족이 아닌 사람은 괜찮으나 가장의 침실로는 맞지 않는다.

서쪽의 침실은 침실을 쓰는 사람은 헛된 소비를 잘 하거나 돈 씀씀이가 헤퍼진다고 본다. 향락적인 분위기가 생기는 등 바람직하지 못한 결과가 많다.

서북쪽의 침실은 동쪽이나 동남쪽의 침실처럼 자는 사람에게 행동과 의욕을 샘솟게 하는 방위로서 가장의 침실로는 최고로 치는 방위이다. 이 방위에 침실이 없으면 조그마한 골방이라도 만들어, 가장(家長)이 귀가해서 편안히 혼자 쓸 수 있는 방을 마련해 주면 스트레스 해소에 도움이 된다는 가상 학자도 있다.

북쪽의 침실은 아침은 물론 저녁에도 해가 들지 않아 가장 편안히 잘 수 있는 침실로 보지만 냉기와 습기에 주의하고 그 나름대로의 설비에 신경을 써야 한다.

북동쪽의 침실은 '변화의 장소'라는 별명이 붙을 정도로 기분의 기복이 심하게 생기는 장소다.

부부관계가 좋아지는 침실을 만들려면 침대는 방 중앙에 두는 것이 가장 좋으나 방이 좁거나 배치상 중앙에 두기 어렵다면 한쪽으로 두되 머리 부분은 반드시 땅의 기운이 입력되는 곳에 두는 것이 좋다. 땅의 기운이 입력되는 곳을 찾는 기준은 집 주변을 둘러보아 약간 높은 지대가 있다면 그곳에서 땅의 기운이 내려온다고 보면 되는데 평지라 찾기 힘들다면 비오는 날 물이 흘러가는 방향을 보고 판단하는 방법도 있으며 무작정 남쪽이나 동쪽이라고 생각하는 사람들이 많은데 방위보다는 땅의 기운이 우선되어야 함을 명심해야 한다.

부부관계를 좋게 하려면 인테리어는 자연스런 분위기로 나무와 숲의 이미지를 이용하는 것이 좋다. 안정감 있는 차분한 색상으로 따뜻하게 꾸미고 통풍을 잘 시켜 준다. 또 항상 그 계절에 나는 꽃을 한쪽에 장식해 두면 부부간에 정서적 일체감이 높아지고 취미가 비슷해지며 대화가 많아진다.

부부 침실에 거울을 두는 커플들이 많은데 아예 장롱에 거울이 달린 것도 많다. 의상을 입고 전신을 바라보거나 혹은 사랑을 위한 소품으로도 활용되는 것이 거울이다. 하지만 부부침실의 남동, 북서, 동북 방위에 거울을 두면 좋지 않은데 그곳에 거울을 두면 남편과 아내가 서로 간에 필요하지 않고 무의미하게 느껴지는 나쁜 방이 되어 버릴 수 있으므로 제거하고 동쪽과 서쪽의 균형된 위치에 거울을 놓아 두면 좋다.

북서쪽에 거울이 있으면 남편이 가장의 권위를 잃게 되고 북동쪽에 거울이 있으면 남편과 아내 둘 다 결혼생활에 변화를 원하여 다른 상대나 취미를 찾게 될 수도 있다.

남동쪽의 거울은 아내의 기운을 허약하게 하고 남편의 정을 느끼지 못하게 만들며 크리스털 제품도 거울과 같은 작용을 하므로 주의해야 한다.

침대는 넓은 방일 경우에는 중앙에 배치하기가 용이하나 좁은 방일 경우 침대 하나 중앙에 배치하고 나면 다른 가구 놓기나 공간 활용이 아주 어려워져서 침대를 벽 쪽으로 붙이는 경우가 많은데 먼지나 나쁜 기운은 중앙보다 벽 쪽으로 모이게 되므로 침대를 벽 쪽에 붙이는 것은 좋지 않다. 벽에 붙이다 보면 침대 밑 청소가 힘들어지고 그러다 보면 그곳에 먼지 등 나쁜 기운이 쌓이게 된다. 벽에 붙더라도 창문 쪽 벽에 붙였다면 창문 쪽으로 환기가 되므로 나은 편이지만 벽에 붙인 침대는 가끔씩 벽 쪽에서 떼어서 침대 밑쪽 바닥 등을 말끔하게 청소해 주는 것이 좋겠다.

창문도 없고 침대를 꺼내기도 힘든 벽 쪽에 침대를 붙일 수밖에 없다면 아예 침대를 없애고 밤에는 방 한가운데에 요를 깔고 자는 것도 적극적으로 좋은 기운을 얻는 방법이 된다.

5) 부엌/주방

주방은 대문과 안방 위치에 따라 부수적으로 취급하고 있다. 주택의 위치상 주방은 아무래도 뒷전에 밀려난 셈이다. 그러나 현대에 와서 주방은 가장 중요한 위치로 변했다. 전 가족의 에너지원과 건강의 원동력을 생산하는 곳이 바로 주방이기 때문이다.

(1) 주방의 방위

8방위별 주방방위는 어디가 좋을까? 동쪽의 주방이 현관 바로 옆이나 응접실 등과는 될 수 있는 한 멀리 떨어져 있다면 제일 좋은 주방의 위치로서 동향은 양기가 차 있고 신선한 공기가 들어와 이상적이다.

동남쪽은 동쪽과 마찬가지로 모든 조건이 좋은데 오행상으로 풀어도 동이나 동남쪽은 나무(木)의 상징이고, 주방의 불(火)은 나무를 만나면 살아(生)나므로 길하다고 보며 나무를 때던 옛날 아궁이는 바람의 방향에 따라 불이 잘 타기도 하고 반대현상이 생기기도 한다.

남쪽 주방은 오행상 남(南)이 화(火)의 상징이므로 불(火)이 겹쳐 좋지 않은데 온도가 높아 음식이 빨리 상하거나 생활이 화려해지는 경향이 있으며 안정된 식사 분위기가 생기지 않는다.

남서쪽은 오후에 햇볕이 많이 들어 좋지 않은데 방위상 이귀문(裏鬼門)에 해당하며 역시 열기가 왕성한 곳으로 보기 때문에 청결하지 않으면 몸에 이상이 올 수 있으며 서쪽이나 남서쪽은 음식이나 물건이 쉽게 상하는 방위로 항상 부지런히 청소하고 청결감을 유지하도록 신경 써야 한다.

특히 냉장고 안에 유통기간이 지난 음식을 그대로 두지 않도록 한다. 그렇게 하면 운이 달아나 버릴 수 있으니 주방용품이나 식기는 갈색으로 통일시켜 주고 초록색 장식물, 그림이나 관엽식물을 하나 두면 좋다.

서쪽은 아침은 춥고 낮은 더워서 음식물이 부패하기 쉽다.

서북쪽은 원래 가장(家長)의 위치로 보기 때문에 주부가 전용하는 주방을 두는 것은 좋지 않게 보며 가장이 집을 비우는 경우가 많아진다.

북쪽은 주방이 냉해서 오는 여러 가지 질병에 시달릴 가능성이 많다.

동북쪽은 가상으로 보았을 때 벽이 있어야 할 자리로서 창을 필요로 하는 주방에는 적합지 않고 북쪽과 같이 해석하며 질병, 상속인의 문제로 고민하게 된다.

무엇보다 청결한 것이 중요하다. 가재도구도 흰색으로 하는 것이 좋고 흰 꽃이나 하얀 꽃 그림으로 장식하면 좋다. 가스레인지 주변이나 환기통 주변을 늘 체크해서 매일 잘 닦아 두고 필터도 자주 갈아 주면 통풍이 잘 되어 운이 따라온다. 주방이 더러우면 행운이 따르지 않는 것에 그치지 않고 불운이 들어오게 되므로 세심한 주의가 필요하다.

(2) 주방의 인테리어

주방은 금전운을 부르는 데 상당히 중요한 곳이다. 동쪽에 주방이 있다면 동의 기운을 모으기 위해 바다나 강이 그려진 그릇이나 집기를 사용하면 행운이 따른다. 조개나 물고기 혹은 해초 등 강이나 바다의 산물이 그려진 용기를 사용하면 좋다.

서쪽에 주방이 있다면 금색이나 핑크색 물건을 사용하는 것이 좋고 북동쪽에 주방이 있다면 도자기나 본 차이나 같은 흰색 그릇을 사용하고 흰 꽃을 꽂아 두거나 흰 꽃 그림을 걸어 두면 금전운이 들어온다.

남쪽 주방에서는 반짝이도록 잘 닦은 스테인리스 그릇이나 구리 그릇, 놋그릇 또는 나무로 만든 그릇을 사용하는 것이 좋다. 초록색 유리컵을 사용해도 금전운이 들어온다.

북쪽에 주방이 있으면 주방용품은 흰색으로, 바닥매트는 녹색계열로 하는 것이 좋다.

남동쪽에 주방에서는 원목이나 나무무늬의 싱크대를 사용하는 것이 좋고 남서쪽 주방은 황금색이나 청록색 그릇을 사용하면 좋다. 질박한 느낌을 주는 분청사기나 옹기를 식기에 과감히 도입하면 돈이 들어온다. 그릇은 두껍고 우묵한 것이 좋다.

(3) 가전제품 사용지혜

행운을 부르는 아이템이 주방에 많다고 하더라도 땅의 기운을 얻지 못하거나 가구배치가 불균형한 공간에 위치하거나, 더럽고 어수선하면 금전운은 뚝 떨어지게 된다.

바닥에 기름때가 붙어 있으면 돈이 많이 나가게 되고 싱크대의 배수파이프가 막혀 있으면 변지가 생기는 등 주부의 병원출입이 잦아지고, 당연히 지출이 많아지게 된다.

환풍기가 더러우면 위생상 문제를 초래하는데 환풍기 필터의 먼지가 음식에 떨어지게 되고 이는 암 발생의 원인이 되기도 하며 환풍기가 더러우면 구설수에 오르기도 하고 인간관계도 나빠진다.

가스레인지가 더러우면 집안의 가장이 일의 마무리를 못 하게 되어 그때그때 임기응변으로 위기를 넘기려고만 하거나, 남이야 어찌 됐든 말든 상관 안 하는 우유부단하고 자기중심적인 성격이 되며 안주인의 게으름이 가장에게까지 영향을 미치게 되는 것이다.

냉장고 안에 오래되어 부패한 음식이 있거나, 쓰레기통에 쓰레기가 쌓인 채로 있으면 운이 나빠지며 집안에 환자가 발생할 확률이 높다.

식탁 옆에 토스터나 전자레인지같이 온도변화가 심한 물건을 두게 되면 화기와 화기가 충돌하여 가족 간에 싸움이 많아질 수도 있다.

싱크대 위에는 밝은 전등불을 달아 두면 설거지대가 밝아져서 요리를 잘 하게 되고 나쁜 일을 미연에 방지할 수 있으며 설거지대의 하수구를 사용하지 않을 때는 마개를 막아 두는 것이 나쁜 기운, 즉 하수구의 가스가 들어오는 것을 방지할 수 있어서 좋다.

(4) 그릇 사용의 지혜

금전운을 부르는 그릇은 금빛이 나는 것으로 주전자나 쟁반 등 손쉽게 금빛을 찾을 수 있는 그릇이 시중에 많이 나와 있으므로 화려함이 지나친 느낌이 들더라도 금전운이 들어오는 것이라면 과감히 사용하는 것이 좋다.

커피 잔도 금빛이 나는 게 시중에 많이 있고 커피 수저나 포크 유리잔이나 접시 등도 금빛 테두리를 한 제품을 많이 찾을 수 있으므로 이를 구입해 사용하면 좋고 금빛 도금을 한 제품들은 전자레인지에서 스파크를 일으킬 수 있으므로 전자레인지에 사용하는 그릇이 아닌 경우는 금빛이 들어가는 것을 사용하도록 하면 좋다.

식기의 경우 요즘은 소식을 하다 보니 작은 공기에 밥을 담아 먹는 경우가 많지만 식기는 깊고 움푹한 것이 좋다. 옛 어른 남자의 밥그릇을 보면 깊이가 움푹하여 상당히 큰데 바로 그런 그릇이 금전운을 불러온다. 그릇의 두께는 두꺼운 것이 좋은데 분청사기나 옹기, 두꺼운 백자를 식기로 사용한다면 금전운이 한결 좋아질 것이다.

주방 칼은 사용 후 즉시 서랍이나 칼집 혹은 싱크대 안에 부착된 칼걸이에 걸어 주방에서 칼이 아무렇게나 돌아다니지 않게 하는 것이 좋고 수저나 포크 같은 금속류도 서랍에 들어 있지 않고 아무데나 돌아다니면 금전운이 약해진다. 그릇 역시 그릇장 안에 잘 담겨 있는 게 좋은데 예부터 그릇이나 수저 등이 노출되어 돌아다니면 '거지 팔자'가 된다는 말이 있다. 음식도 들고 다니면서 먹으면 역시 '거지'의 행동과 비슷하지 않은가? 주의가 필요하다.

6) 욕실/화장실

(1) 욕실과 화장실의 방위

욕실과 화장실은 남동쪽과 남서쪽은 피하는 것이 좋은데 예로부터 남동쪽이나 남서쪽은 손님의 문이라 했는데 이는 불길하다는 뜻이라기보다 좋은 행운을 지닌 손님이 매일의 기운을 주는 신성한 곳이라는 의미다.

남동쪽은 활동적인 에너지를 주는 방위이며 남서쪽은 정신적인 에너지를 주는 방위이다. 그래서 이곳에 더러운 것이 있거나 온도와 습도의 변화가 심하다 보면 건강을 해치거나 정신적 장애를 일으킬 수 있기 때문에 물과 불을 많이 사용하여 온도와 습도 변화가 잦은 화장실이나 욕실, 주방, 가스레인지나 난로 같은 것이 있는 게 좋지 않은 것이다.

요즘은 대부분 풍수를 고려하지 않고 이미 지어진 아파트나 주택에 들어가 살고 있으므로 화장실이나 욕실, 주방이 이 방위에 있는 집이 많은데 수도 설비 때문에 집의 구조를 바꾸는 일은 쉽지 않고 또 방위가 나쁘다 해서 이사 가는 일도 어려움이 많다.

이럴 때는 더러움에 주의하면 된다. 온도나 습도를 완벽하게 조절하기는 쉽지 않을 것이므로 통풍이 잘 되도록 신경 쓰고 깨끗하게 청소를 하여 청결감을 유지하면서 조명을 밝게 하거나 벽면을 하얗게 꾸미고 흰색 깔개로 청결감을 더하는 등 소품으로 장식하면 운기를 좋은 방향으로 변화시킬 수 있다.

동쪽의 욕실은 양상(良相)으로 보는데 심신 모두가 상쾌한 기분이 되고 힘이 솟아난다고 본다.

동남쪽의 욕실은 동쪽과 같이 양상으로 치며 집 안에 습기가 차지 않고 상쾌한 기분을 유지할 수 있다.

남쪽의 욕실은 좋지 않게 보는데 남쪽은 오행상 불[火]이 되어 가장 양기[火]가 왕성한 곳이므로 욕실의 수기(습기)와는 상극작용이 심해서 심장병이나 목에서 머리 쪽으로 생기는 병 또는 부상으로 고생한다고 본다. 집의 구조를 보면 실제로 남쪽에 욕실을 설치해 놓은 경우를 보기란 그렇게 쉽지 않다.

남서쪽의 욕실은 좋지 않은데 특히 주부에게 나쁘며 방위상 제일 꺼리는 이귀문(裏鬼門)이자 여귀문(女鬼門)이라고 부르는 곳이다. 이 방위에 욕실이 있는 경우도 남쪽의 경우처럼 실제는 흔치 않지만, 집안의 여성이 많든 적든 좋지 않은 일이 생긴다고 본다.

남서쪽에 화장실과 욕실이 있다면 욕실용품은 흰색 또는 연녹색, 베이지색, 갈색 등 차분한 감이 있는 색상이 좋다. 북동쪽 화장실과 마찬가지로 소금을 두었다가, 일주일에 한 번 정도 갈아 주고 변기에 흘려보낸다. 이 방위는 물이 썩기 쉽고 곰팡이가 잘 생기는 방위이므로 서향창이 있다면 황색이나 적갈색 블라인드를 치고 환기를 충분히 시켜 운기를 높이도록 하며 목욕 후 욕조의 물은 말끔히 제거하고 배수구도 잘 막아 두어야 화장실이 쾌적하고, 운기가 좋은 공간이 된다.

서쪽의 욕실은 별로 좋지 않게 보는 방위로서 서쪽은 해가 지는 곳, 왠지 모르게 힘이 빠지는가 하면 향락적 분위기에 빠지게 된다고 해석한다.

북서쪽의 욕실은 꺼리는 장소로서 이 방위는 원래 '가장의 장소'로 치므로 여기에 욕실을 만드는 것은 좋지 않다고 본다. 가운이 쇠퇴한다고 생각한다.

북쪽의 욕실은 뚜렷이 표면에 나타나지는 않지만 집안에 좋지 않은 영향을 많이 준다고 보는데 특히 대인관계에서 손해를 본다. 양택 삼요소에 속하지 않으면서도 가장 까다로운 구조물이 화장실이다. 현대주택에서도 화장실을 보면 그 집 사람들의 성격이나 생활형편을 알 수 있다고 한다. 가상으로 보았을 때 화장실은 8방위 '어느 위치에 배치한다 해도 흉상'이다. 그러나 화장실 없이는 하루도 살기가 어려울 정도로 꼭 필요한 곳이기도 하다.

단순한 배설 장소로만 간주해 공간을 최소화한 옛날에 비해, 최근엔 크게 확장해서 꽃을 장식하거나 더러는 작은 책꽂이를 설치, 책이나 신문을 볼 수 있게 '즐기는 공간'으로 개선되고 있다. 위생을 최대로 도모했다는 뜻이다.

가상에서 화장실이 어떤 방위에 있어도 흉상이라고 한 것은 냄새 등을 꺼려했음인데 냄새는 환풍기로, 위생문제는 풍부한 물을 이용, 간편하게 처리하고 있다.

그러나 실내의 화장실은 완벽하게 악취를 제거하거나 위생문제를 해결하기는 어려운데 아파트의 경우 욕실을 겸한 화장실이 거실이나 식당 옆에 있으면 무척이나 거북하고 개운치가 않다.

「가상비전집」에서는 집의 구조를 생각하지 않고 화장실을 중앙에 두면 택주병신유약(宅主病身柔弱)하게 된다고 경고하고 있는데 집주인이 병을 앓거나 허약해진다는 내용이다.

화장실의 위치는 좋은 위치가 없는 대신 가려야 할 방위는 많은데 「가상천백년안(家相千百年眼)」에는 북향에 변소가 있는 집은 불시의 재난이 계속된다고 했으며 북동의 귀문(鬼門), 남서의 이귀문(裏鬼門)도 좋지 않은 곳으로 꼽고 있다.

북향의 변소는 추분에서 춘분까지 햇볕이 들지 않아 춥고 냉습하다는 이유 때문이다. 화장실은 아무리 추운 겨울이라 해도 옷을 벗어야 하는 곳임을 감안하면 이해할 만한 경고다.

또 북동쪽과 남서쪽의 경우는 겨울과 여름의 계절풍을 생각하면 악취가 모두 집 안으로 들어온다는 것을 알 수 있으며 '측간이 문간을 향하고 있으면 항상 종기를 앓는다'는 내용도 있고 화장실이 대문과 마주 보는 위치에 있으면 좋지 않다는 얘기다. 대문을 열고 들어서자마자 화장실이 있다면 외부에서 신선한 공기를 안고 들어오는 식구든 또는 외부 손님이든 기분이 상쾌할 리는 없다.

동북쪽 욕실은 좋지 않은데 가족 간의 화합에 문제가 생길 수 있고 또 항상 기의 변화가 심해서 이곳을 이용하는 가족들은 변덕이 심하다는 소리를 듣게 된다.

북동쪽에 화장실과 욕실이 있다면 흰색의 기운을 강화해 주는 것이 좋다. 타일이나 욕조, 위생도구, 수건의 색깔도 흰색으로 하고 흰 접시에 깨끗한 소금을 담아 화장실에 두면 불운의 기운이 가라앉는데 소금은 일주일에 한 번 정도는 갈아 주어 변기에 흘려보낸다. 조명도 밝게 해 줄 수 있은 전구로 하는 것이 좋다. 조용하고 깨끗하게 유지한다는 원칙을 잊지 말고 청소를 자주 한다.

목욕 후에는 바로 욕조의 물을 빼서 말끔히 비워 두고 평소에도 물기 없이 마르게 사용하고 배수가 잘 안 되거나 더러운 냄새가 나면 좋지 않으므로 가능하면 배수구는 뚜껑을 덮어 두는 것이 좋다.

화장실이 각 방위의 중앙에 있다면 좋지 않다. 그 가운데서도 변기가 각 방위의 정방향선 위를 지나지 않도록 비껴 나가게 하는 것이 좋은데 만약 각 방위의 한가운데 변기가 놓여 있다면 황색이나 주황색의 변기 커버를 반드시 씌우면 불운을 막을 수 있다.

(2) 화장실 인테리어

화장실은 전통적으로 부정한 장소로 취급되어 왔기 때문에 어느 방위에 있든 특별히 좋은 점은 없다. 오히려 집 중심에서 화장실이 어디에 위치하는가를 보고 그 사람이 어디가 아픈지를 알 수 있을 정도이지만 방위에 알맞은 인테리어 용품을 이용해서 건강을 유지할 수 있는 방법이 있다. 땅의 에너지가 서쪽이나 동쪽에서 입력될 때, 화장실이 북쪽에 있다면 꽃 장식에 신경을 써서 흰 백합이나 분홍 장미꽃을 꽂아 두는 것이 행운 아이템이다. 매일 청소하여 악취나 더러움이 남지 않도록 해 주고 물기가 남아 있지 않도록 환기도 잘 시켜 주면 불운이 오히려 행운으로 바꿀 수 있다.

땅의 에너지가 북쪽이나 남쪽에서 입력될 때, 동쪽에 있는 화장실에는 빨강 수건이나 빨강 목욕가운, 빨강 비누 곽 등으로 마무리하고 다른 집기류는 검정색으로 비치하면 행운이 찾아온다.

땅의 에너지가 동쪽이나 서쪽에서 입력될 때, 남동쪽의 화장실은 언제나 방향제를 뿌리거나 포푸리를 갖다 놓아 늘 좋은 냄새가 나도록 해 주고 수건이나 각종 집기들을 로맨틱한 꽃무늬로 통일시켜 우아한 여성의 이미지로 연출하는 것이 좋다.

땅의 에너지가 동쪽이나 서쪽에서 입력될 때, 남쪽 화장실의 타월걸이나 수도꼭지 등의 금속 부분을 신경 써서 잘 닦아 주면 그 빛이 행운의 열쇠가 된다. 녹색의 욕실용품이 건강에 좋으며 그늘에서도 잘 사는 작은 화분을 하나 두면 운이 트인다.

땅의 에너지가 남쪽이나 북쪽에서 입력될 때 서쪽에 있는 화장실에는 브라운이나 베이지색 계열의 욕실용품이 좋다. 타월, 샤워커튼, 변기커버 등의 패브릭에 브라운을 적극 활용하자. 노란 국화나 해바라기, 봄 개나리 같은 노란 꽃도 행운 아이템이다.

북서쪽 화장실은 가급적 피하는 게 좋겠지만 만약 북서쪽에 화장실이 있다면 고급스럽게 장식하는 것이 중요한데 특히 북서쪽 화장실의 인테리어는 집 주인의 건강과 직결되므로 주의하도록 하고 둥근 모양의 하얀색 방향제를 두는 것이 좋다.

7) 흉상

(1) 현관문과 거실 베란다 문이 정면으로 마주 보는 경우

현관문을 들어서면 양쪽으로 방과 주방, 화장실 등이 있고 맞은

편에 거실베란다가 바로 보이는 구조가 많은데 거실 공간을 넓게 쓰기 위하여 거실의 가구를 양 벽 쪽으로 붙여 버리고, 거실 가운데는 텅 비게 해 놓은 가구배치를 한 집도 많다. 집에 들어서면 시원하고 깔끔한 기분이 들어 집도 넓어 보인다. 그런데 이 경우 풍수적으로는 바람직하지 않다.

집이 양분되기 때문이다. 집이 양분되는 갈등구조는 당연히 그 집에도 어떤 종류의 갈등을 가져오게 된다. 이럴 때는 거실 한가운데 둥그런 테이블을 하나 두는 게 좋은데 테이블은 집의 왼쪽과 오른쪽을 연결하는 효과를 지니면서, 현관에서 들어온 기운이 한 바퀴 돌아 머물다 거실 문 쪽으로 나가게 함으로써 에너지 흐름을 조절하는 효과도 준다.

테이블 위에는 노랑꽃 화병 하나를 두어 집중앙의 기운을 북돋는 게 좋은데 이곳에 앉아 책을 읽거나 명상의 시간을 가지면 좋은 아이디어도 얻을 수 있다.

(2) 집 뒤에 강, 물이 흐르는 집(도로)

집 뒤에 강이나 시내 등 물이 흐르는 집은 그 집에 사는 사람에게 좋지 않은 영향을 미치는데 재산 손실은 물론 건강상에도 타격을 입는 경우가 많으며 그곳에서 3년 이상 살아서 재미를 보는 사람이 없고 만약 큰 재미를 보았다면 조상이 대명당에 묻혔을 경우이다.

집 뒤에 도로가 났을 경우도 바람이 물이 되어 가는 것이므로 물이 흐르는 것과 같이 보는데 집 뒤에 하수도가 있을 경우도 그리 좋지 않은데 하수도가 땅으로 스며들어 땅의 기운이 상하기 때문이지만 오밀조밀 지은 주택들이라면 당연히 뒷집의 하수도가 뒤로 흐를 수밖에 없을 것인즉 이런 때는 하수도 공사를 단단히 해 주도록 당부하여 하수가 누출되지 않도록 주의한다.

(3) 정사각형 집이나 건물

건물의 가로는 양이고 건물의 세로는 음으로 가장 이상적인 양과 음의 비율은 1 : 0.577 ~ 0.866인데 정사각형 건물은 양과 음의 비율이 1 : 1이므로 중성에너지장이 형성되어 중성에너지장은 발전해 가는 생동에너지장을 만들기보다는 정체안정에너지장을 만든다.

그러므로 이곳에 사는 사람의 삶도 정체될 수 있는데 음이든 양이든 어느 쪽이 크면 그쪽으로 움직임이 생기는데, 이렇게 정체가 되면 운이 풀리질 않는다.

(4) 아파트는 마음이 안정되지 않는다

아파트는 단지 안에 여러 개의 양과 여러 개의 음이 공존하게 되는데 양은 건물이고 음은 주차장, 놀이터, 정원 등으로 쓰이는 공간으로 양은 남자를 의미하며 음은 여자를 의미한다. 여러 개의 양이 있으면 여자가 바람나기 쉽고, 여러 개의 음이 있으면 남자가 바람나기 쉽다. 꼭 불륜 등 부정적 바람이 아니라도 남녀의 마음이 싱숭생숭하여 안정이 되지 않고 지나가는 남자나 여자에게 눈길을 주기도 쉽다.

아파트에 사는 주부들의 경우 집에 가만히 머물러 있는 사람이 적은데 친구 집이다, 문화센터다, 모임이다, 쇼핑이다 해서 자꾸 밖으로 돌면서 변화를 추구하게 되므로 한 집에 오래 살지 못하고 자주 이사를 다니게 되는 이유도 아파트가 그런 기운을 지니고 있기 때문이다.

(5) 뒤가 낮은 집

집의 뒤는 집을 감싸 주는 산이 있어야 좋은 위치로 보는데 좁은 터에 많은 집을 짓다 보니 터의 형상은 보지 않고 그냥 길거리 쪽으로 보기 좋게만 지어 놓은 건물이나 집들이 많다. 만약 건물 뒤나 집 뒤가 낮다면 이런 집에서는 돈을 모으기가 어려운데 기운이 빠져나가는 집이므로 돈을 벌더라도 자꾸 빠져나가게 된다.

(6) 주차장이 지하에 있는 아파트

아파트 지하에 주차장을 만드는 경우가 보편화되어 가고 있는데 10억을 호가하는 빌라도 지하실에 주차장을 낸 곳이 많다. 지하실이 있으면 음습한 기운이 돌아 1층에 사는 사람에게는 그리 좋지 않은 기운이 전달될 수 있는데 거기다 주차장이 있어 차가 드나들면서 바람을 일으키면 땅으로부터 올라오는 기운이 파괴된다.

아무리 땅의 기운이 좋은 곳이라 할지라도 바람이 그 기운을 흔들어 버리므로 안정된 기운을 받을 수 없다. 안정된 기운을 받지 못하는 집은 곧 안정이 흔들리게 되어 그 집에 사는 사람의 운기나 건강도 흔들리게 된다.

8. 좋은 집 고르기

좋은 집을 고르기 위해서는 땅의 기운이 들어오는 곳인가, 물의 기운을 적절하게 받는 자리인가, 바람이 잘 잦아드는 위치인가, 양지바른 곳에 자리 잡은 집인가를 먼저 확인해 보아야 하는데 이것은 사실 전문가가 아니면 판단하기 힘든 일이지만 우리들이 일반적으로 평가할 수 있는 기준으로 풀어 볼 수도 있다.

1) 집이나 아파트의 크기

전통 한옥은 현대의 생활공간에 비춰 보면 결코 쾌적한 곳은 아니다. 우리는 이런 전통적인 비좁은 공간에서 오랫동안 생활해 온 탓인지 요즘은 넓은 집을 갖고 있는 것을 자랑으로 여긴다. 심지어 강남에서는 아파트 평수에 따라 사람의 인격이 정해진다는 농담까지 유행하고 있을 정도다.

좁은 공간에 살다가 넓은 집으로 이사하면 분명 넉넉한 느낌이 들어 좋긴 하다. 그럼 얼마만큼 넓어야 할까? 과학적으로 한 사람이 생활할 수 있는 가장 쾌적한 공간은 5평이라고 한다. 따라서 5인 가족일 때 이상적인 전용면적은 25평 정도면 충분하다고 본다.

그러나 요즘 호화 아파트는 단출한 식구에 비해 너무 넓다. 잘 산다는 것을 자랑하기 위해 넓은 평수를 선호할는지는 몰라도 실제 생활해 보면 관리하기도 힘들지만 식구들 사이에 문제가 생기고 있음을 느낄 수 있다.

현재 심리학자들의 말에 따르면, 사람들은 사생활이 완전히 유지되는 공간에 혼자 있게 되면 긴장이 풀리고 스트레스가 해소되어 얼마 동안은 정신건강에 좋지만, 이런 생활이 계속되면 정신이 해이해져 삶의 의욕을 상실하고 무기력해진다고 한다.

가족끼리지만 남녀, 즉 어머니, 딸, 아버지, 아들들이 서로 혼재해 생활하면 적당한 긴장이 생겨 가족들을 생기 있게 해 주지만 넓은 집에서 사는 가족들은 생활시간대가 다르면 식구들끼리 만나기도 힘든 게 요즘의 우리 생활풍속도다.

생활에서 약간의 긴장은 삶을 윤택하게 만들어 주는데 활어집에서 있었던 얘기로 바닷고기 활어집에서는 물고기를 바닷물을 넣은 운반용 통에 다섯 시간 이상 출렁이며 신고 와 서울에 도착하면 물고기들은 거의 빈사 상태가 되는데 어느 날 통 속의 물고기들이 싱싱하게 움직이고 있음을 본 주인은 의외의 상황에 깜짝 놀라서 확인해 보니 조건이 변한 것은 하나도 없었는데 달라진 것이 있다면 낙지가 한 마리 섞여 있었을 뿐이었다. 낙지는 물고기의 천적으로 물고기들이 천적을 만나 긴장했기 때문에 싱싱했다는 것이다.

2) 단독주택을 고르는 법

일반적으로 땅의 모양이 반듯한 집, 집의 평면도형이 가로, 세로 5 : 3의 비율로 가로가 다소 긴 집, 방의 모양도 가로, 세로가 5 : 3이나 5 : 4 비율인 방, 중심점이 밝고 반듯한 거실, 밝고 안정감을 주는 가구, 튼튼하고 포근한 분위기를 주는 침대, 안정감 있게 잘 정돈되고 따뜻하며 다정한 분위기를 주는 주방, 화장실로 실내의 기운이 마무리되는 집, 좋은 기운이 드나드는 현관을 둔 집을 고르는 것이 좋은 집을 고르는 방법이다.

3) 아파트를 고르는 법

아파트 평면을 보면 남북으로 긴 타입, 동서로 긴 타입, 정방형에 가까운 타입이 있다. 그러나 나침반을 대고 측정해 보면 거의가 간방으로 배치된 경우가 많은데 남북으로 긴 경우는 남과 북의 힘이 강하고 동과 서의 힘이 약하다. 이런 타입은 인간관계가 서툴고 행동력도 떨어지지만 출세나 관운이 좋아지는 집이다. 남북이 길면 권위의 방위인 동쪽의 기운이 강해져 종조직에서의 적응력이 좋아진다.

반대로 동서로 긴 경우는 사람들과는 좋은 관계를 맺고 재산을 모으는 데도 도움이 된다. 동서가 길면 횡조직 적응력이 강해지고 재물운의 방위인 남쪽의 기운이 강해지므로 재산이 모이게 되는 것이다.

여기에 외출이 잦아 집이 늘 정돈되지 않고 잡동사니로 어지럽혀져 있다면 실속 없이 허풍만 부리기 쉽다. 정방형에 가까운 스타일은 대체로 무난하다.

젊은 사람이라면 꿈과 희망을 품을 수 있는 남북으로 긴 집이나 정방형의 집에 사는 것이 무난한데 거실 천정이 높은 집이라면 더욱 좋다. 간혹 주택의 다락방이나 아파트의 꼭대기 층에 서비스로 딸리는 다락방을 침실로 쓰는 경우가 있는데 다락방에서 잔다는 것은 주거 공간의 에너지가 불안정하게 되므로 성격이 불안정해질 염려가 있다.

4) 출세를 도와주는 집

땅의 기운이 안정된 곳에 있는 남향집이 가장 좋다. 현관이 어디에 있는지 살펴보면 동쪽에 현관이 있으면 좋다. 젊은 운기가 강해져서 의욕이 넘치고 당연히 일에 능력을 발휘하게 된다.

그런데 남서쪽에 주방이나 화장실이 함께 있으면 일에 전력을 다하지 못하고 도중에 하차하기 쉬워져서 일 자체에 흥미를 잃고 인정받기가 어려워진다.

남서는 노력의 방위인데 화장실의 물과 주방 불의 작용으로 일에 장애가 발생하거나 스스로 노력하는 일을 바보스럽게 생각하고 놀고먹는 버릇이 몸에 붙게 되는 탓이다.

5) 돈이 모이는 집

북쪽이나 남쪽은 돈을 모아 주는 방위로서 이 자리에 화장실이나 주방이 없고 남쪽에 커다란 창이 나 있다면 조금만 노력해도 확실히 돈을 벌게 된다.

하지만 북동쪽이나 서쪽에 현관이 있고 더럽게 방치되어 있으며 북이나 서에 화장실이나 욕실이 놓여 있으면 낭비벽을 못 고치고 저축을 할 굳은 마음이 들지 않게 된다.

싸움이나 이직 문제로 고민하는 경우도 있다. 직장생활을 한 군데서 하지 못하거나 직업을 자꾸 바꾸며 방황하게 된다.

6) 연애와 결혼의 행운을 부르는 집

동서로 긴 형태의 집에 남동쪽 거실이 있고 여기에 큰 창이 나 있으면 직장 상사나 친구, 연인 모두와 잘 사귈 수 있다. 단, 창을 자주 열어 통풍을 좋게 해야만 그 효과를 제대로 볼 수 있다.

동쪽에 화장실이나 욕실이 있게 되면 인간관계가 폭넓게 발전되지 않고 외로워진다. 북쪽에 화장실, 욕실이 있는 경우는 믿음이나 의지가 약해져서 다른 사람과의 관계를 오래 유지시키기 힘들게 된다.

7) 건강해지는 집

건강하기 위해서는 동쪽 방위를 잘 다스려야 하는데 이 자리에 침실이 놓여 있으면 잠자는 동안 건강한 기운이 축적되며 잠자는 시간은 인간에게 가장 중요한 시간이며 가장 오래 머무는 시간이므로 이때 기운을 얻어 두면 건강한 생활을 할 수 있다.

그런데 북동이나 남서 혹은 동서남북의 중심선상에 화장실이 있거나 주방이 놓이면 건강을 잃을 가능성이 있으며 집 중심의 기운은 사람이 활동하거나 쉬는 공간으로 사용하여야 행운이 들어온다.

9. 효과적인 수납방법

풍수는 환경학으로 집 자체의 방위도 중요하지만 주거공간에서 큰 면적을 차지하는 가구의 배치와 수납법은 사람의 일상에 중요한 환경으로 작용하기 때문에 주의를 기울여야 할 부분이다.

행운을 부르는 풍수의 수납 포인트는 행운이 들어 있는 공간에 사용치 않는 물건이나 가구를 쌓아 두지 않는 일로서 집에서는 현관에서 대각선으로 이어지는 라인이 행운의 장소인데 이 자리에 사용하지 않는 물건이나 가구가 쌓여 있으면 행운을 놓칠 수 있다.

가구도 늘 그 자리에만 두면 운기가 활기차게 움직이지 못하므로 계절마다 수납 계획을 세워 조금씩 자리를 바꿔 주고 쌓이는 물건이 없도록 체크해야 한다. 성격에 따라서도 수납법이 달라진다.

수납이 뭔지도 잘 모르는 사람이지만 필요한 때에는 신기하게도 잘 찾아 쓰는 타입, 위아래 구분 없이 뒤섞어 놓거나 마음에 안 드는 물건은 비싼 것이라도 구석에 처박아 놓는 지저분한 스타일이다. 내일 당장 사용할 물건이든 언제 봤는지 기억도 희미한 물건이든 그때 기분에 따라 취급하는 이 타입의 사람은 그 자리에서 문득 생각났을 때 물건을 챙겨 두려 하지 말고 잠깐 담아 둘 바구니를 준비해서 보관하는 것이 좋다.

포개어 쌓아 올릴 수 있는 박스형의 수납함이 수납운을 높여 준다. 그리고 흰색 천으로 덮개를 만들어 주면 이 흰색 천이 들어 있는 물건을 눈에 띄게 해 준다.

이런 사람은 산이 그려진 풍경화나 사진처럼 뭐든 쌓아 올리는 이미지가 연상되는 것이 좋으므로 하얀 눈이 덮인 산의 정경을 그린 그림을 걸어 두는 것이 좋다. 침대 시트나 커튼 역시 흰색으로 천연소재인 면이나 마직이 좋다. 베이지색으로 변화를 주어도 좋다.

가구를 장만한다면 서랍이 많은 서랍장이나 선반이 많이 들어 있는 장식장을 사는 것이 좋으며 나무결이 예쁘게 살아 있고 광택이 있는 원목 가구가 가장 좋다.

어디든 빈틈만 보이면 무엇이든 물건을 집어넣어야 속 시원한 사람은 수납 때문에 오히려 복잡하고 어수선해질 수 있는데 이런 사람은 버릴 것과 모을 것을 구분 짓는 능력이 필요하고 이때 무조건 버리려 들지 말고 방위별로 행운을 부르는 수납을 이용한 다음 처분하는 방법을 써 보자.

이 방법은 인테리어의 방위에 따라 색을 바꾸는 것이 포인트인데 서쪽에는 검정색 물건을 두고, 북동쪽에는 하얀 물건, 동쪽에는 붉은색 물건을 두는 것이 좋다.

깊숙하게 넣어 두면 쓰레기나 마찬가지였던 물건이 자기 방위에 맞게 놓인 것만으로도 되살아나 새삼스러운 재산이 된다.

남쪽에는 주황색, 동쪽에는 빨강이나 파랑, 북쪽에는 녹색에 해당되는 물건들을 놓아 본다. 베란다를 수납공간으로 활용하는 예가 많지만 바닥 가득 수납장으로 메우게 되면 운이 나빠진다. 틈 사이에 있는 물건들을 전부 꺼내어 선반을 만들고 제대로 넣게 되면 훨씬 깔끔해진다.

뭐든지 버리기 잘 하는 사람은 버리는 것이 수납이기 때문에 정리가 빠른 사람이지만 다만 다소 독선적이어서 가족에게 필요한 물건이라도 자신이 생각하기에 쓸모없다고 생각하면 그대로 버리기 때문에 다투는 경우가 생길 수 있고 다른 사람이 자기 물건 만지는 것을 싫어하기 때문에 본인밖에는 수납장소를 모르고 아름답게 수납할 줄을 모른다. 비교적 정리를 잘 하는 타입이지만 커다란 물건의 정돈에는 별로 재능이 없다.

이런 사람은 나이에 따라 두는 장소를 정해 두는 것이 좋은데 30세까지는 동북쪽에 자기 물건을 두면 연애운이 좋아지고 동시에 꽃과의 궁합도 좋아지기 때문에 수납용 가구를 두거나 꽃을 장식해 두는 것이 좋다.

50세까지는 동쪽에 수납장을 두면 행운이 찾아오는데 수납장을 둘 장소가 마땅치 않다면 청록색 계통의 물건을 둔다. 그 이상의 나이에 해당되는 사람은 남쪽 또는 서쪽에 물건을 두면 돈이 모인다.

10. 인테리어

1) 화초

경제공황이다, 경제난국이다 하여 세상이 어수선하다 보니 집안 분위기도 생기를 잃어 간다. 혹 집안에 명예퇴직자나 실직자가 있을 경우는 그 정도가 더 더욱 심하다. 어느 집에 가 보니 전기를 절약한다고 거실 등의 전구를 다 빼고 한두 개만 남겨 둔 집도 있었다. 전기에너지는 태양의 에너지와 비슷한 역할을 하므로 사실 에너지상으로는 절약보다는 더욱 적극적으로 받는 게 운을 받는 일인데, 이렇게 생기가 부족한 집에는 시중에 팔고 있는 작은 제라늄화분 몇 개를 집 안에 들여 놓으면 좋다. 값도 별로 비싸지 않고 화분에 두는 것이므로 화병에 꽂는 꽃보다 오래 볼 수 있어 좋다. 노랑과 빨강은 경기침체시대에 가장 좋은 색상이다. 노랑은 안정감을 주고, 빨강을 금전운을 가져오는 색상이므로, 꽃이 주는 생기와 함께 행운까지 얻는 금상첨화의 아이디어가 될 수 있다.

창가에 나란히 늘어놓아도 좋고 커다란 바구니에 어울리게 담아 집 한가운데 눈에 잘 뜨이는 곳에 두면 더욱 좋다. 요즘 거리를 지나다 보면 붉고 노란 제라늄 화분들로 건물 앞에 커다란 꽃 화분을 만들어 놓은 곳이 눈에 띈다. 거리에 한결 생기가 살아나는 풍경이다.

방이나 실내에 너무 많은 화분을 두는 것은 좋지 않다. 하지만 한두 개 정도는 무난한데 이 한두 개 나무가 너무 키가 클 경우는 사람에게 해로운 것이 될 수 있는데 나무의 키는 어른이 의자에 앉아 있을 때의 머리 높이를 넘지 않는 것이 좋다.

실내에서는 서서 지내는 것보다는 앉아서 지내는 경우가 많으므로 평상시의 생활모습에 기준을 두는 것으로 식물이나 동물 등 살아 있는 것은 사람보다 크면 그 기운을 빼앗아 가게 되므로 화초가 크면 주인의 기운이 화초에 압도되는 것이다. 결국 기의 밸런스가 맞지 않는다는 말이다.

소나무 분재 등 장식대 위에 높이 올려 있는 분재도 너무 굵거나 큰 것은 좋지 않은데 키가 큰 화초는 베란다로 내보내거나 키를 작게 가지를 쳐 주는 것이 좋겠다.

꽃은 아무 데나 두어도 아름답고 기분 좋은 것이지만 색상별로 더 어울리고, 행운의 기운을 북돋우어 주는 위치가 있는데 방에 꽃을 둘 때의 기준은 사람이 눕는 위치를 기준으로 정하는 것이 손쉬운데 이땐 눕는 머리의 위치는 땅의 기운이 들어오는 곳, 즉 집에서 가장 가까운 언덕 쪽이 좋다.

중심에는 노란색 꽃을 두는 것이 좋은데 해바라기, 국화, 노랑 프리지아, 노랑 튤립, 개나리 등을 둥글게 꽂아 둔다.

흰색의 꽃이라면 왼쪽에 두는 것이 좋은데 백합, 카라, 양란, 은방울꽃, 소국, 목련 등의 꽃을 소담스럽게 꽂아 두면 집 안이 환해진다.

붉은색의 꽃은 정면 부분에 꽂아 두는 것이 좋은데 붉은 장미, 카네이션, 사르비아 튤립 등 아주 선명한 색상의 꽃이 좋으며 이런 꽃들은 모두 재물운과 함께 여러 가지 편안한 기운을 가져온다.

화초의 모양은 뾰족한 것보다는 둥근 것이 좋은데 뾰족하고 도도하게 솟아난 극락조보다는 커다랗게 둥근 해바라기가 좋으며 국화, 금잔화, 장미 튤립 등등 우리에게 사랑받는 꽃들의 모양은 대개 둥글다.

화병에 꽃을 꽂을 때 꽃꽂이를 배운 사람들이 꽂은 꽃은 금방 알 수 있는데 꽃의 방향과 구도가 남다르기 때문이지만 꽃을 꽂은 모양 역시 둥근 게 가장 좋고 서양식 꽃꽂이를 보면 여러 색깔의 꽃을 소담스럽게 둥근 모양으로 꽂는 경우가 많은데 이런 꽃꽂이가 풍수적으로 좋다. 굳이 꽃꽂이 기법을 배우지 않더라고 화병과 꽃만 있으면 둥근 모양을 내기는 어렵지 않다.

특히 우울한 일이 있을 때나 일이 잘 풀리지 않을 때 꽃시장에 나가 따뜻한 색의 꽃을 한 아름 사와 둥근 모양으로 꽂아 보자. 물도 잘 갈아 주고 정성을 쏟아 오래 곁에 두고 바라보다 보면 기분도 한결 좋아지고 일의 매듭도 슬슬 풀려 나가게 될 것이다.

꽃은 나비를 부른다. 행운도 나비처럼 팔랑팔랑 날아와 꽃에 머물게 된다. 그 행운의 기운이 꽃과 가까이 있는 사람에게 전해져 꽃은 인간의 마음에 위안을 주고 생기와 활력을 준다.

여러 생활 풍수에서 보았듯이 행운의 색, 즉 빨강, 노랑, 초록, 흰색 등 꽃이 자연적으로 지니고 있는 색깔은 온화하고 부드러우며 인간의 마음에 위안을 주는 색깔이다.

요즘 꽃 시장에 가 보면 여러 가지 색상의 조화가 많이 등장하고, 인위적으로 물들인 생화들도 많이 보이는데 푸른빛을 띤 튤립과 카네이션, 짙푸른 빛을 띠어 이름조차 모호해진 커다란 조화들 등등, 꽃의 색깔은 자연색 그대로가 가장 아름답고 가장 행운과 가까운 색으로 짙고 분명한 색깔의 꽃이 은은한 색상보다는 더 또렷한 행운을 주는 색깔이다.

붉은 장미, 노란 해바라기, 붉은 튤립, 오렌지 금잔화 등등 여러 가지 색상의 꽃들이 늘 집의 적당한 장소에 있다면 그 집은 그만큼 생기와 행운이 가까운 집이 될 것이다.

풍수의 요체는 안정으로 바람에 흔들리며 맑은 소리를 내는 풍경은 마음을 가라앉혀 주며 중국의 풍수에서는 이 풍경이 내는 맑은 소리가 나쁜 기운이 뭉치는 것을 막아 주고, 좋은 기운을 골고루 퍼지게 해 준다고 한다.

이 풍경소리가 집의 크기 등과 어울려야지 집은 작은데 큰 풍경을 달아 두어 풍경소리가 너무 크게 들린다면 이는 오히려 기운이 깨지는 역할을 하므로 주의해야 한다.

2) 정원수

나무가 집의 높이를 넘어가면 좋지 않다는 말이 있는데 나무가 소나무나 전나무 등 침엽수면 괜찮으나 잎이 넓은 나무는 좋지 않은데 나무에서 뿜어내는 가스가 사람에게 해롭기 때문이다.

은행나무나 느티나무는 집 밖에 있어야 하고 가능한 한 멀리 있어야 좋다. 예로부터 우리 조상들은 마을 입구 먼 곳에 은행나무나 느티나무를 심었는데 나무들이 뿜어내는 가스의 독성이 마을에 해충이 들어오는 것을 막아 주었기 때문이다.

느티나무나 은행나무는 우리 조상이 지혜로 만든 마을의 '지킴이'였다. 2~3백 년 된 느티나무나 은행나무를 잘라서 가족이 몰살하는 경우가 있어 생명체인 나무를 잘라 벌을 받았다고 생각하는 사람들이 많은데, 사실은 이 나무에서 나오는 독 때문에 죽은 것으로 이 독은 전염성이 강해 집에 묻히고 가면 온 가족이 독에 중독되어 까맣게 타 죽게 되는데 이런 나무는 끝부분부터 독을 빼 가면서 아주 조심스럽게 잘라 내야지, 아래 밑동을 잘라 내면 지독한 독으로 여지없이 생명을 잃게 될 수도 있다.

집 안에 너무 큰 나무가 있는 것은 상식적으로 따져 보아도 좋을 것이 없는데 햇볕을 가려 정원의 채광에도 문제가 있을 뿐 아니라 태풍에 쓰러지면 집이 상할 수도 있고 강풍이 불기 시작하면 집주인은 불안하게 마련이고 또 벼락을 맞기도 쉽다.

여름철에 나뭇잎이 무성하면 해충이 모여들 염려도 있고, 뿌리가 많은 거목인 경우는 집의 기초에 압력을 가해 집을 약하게 할 수도 있는 것이다.

풍수설로 말한다면, 큰 나무는 땅의 생기를 모두 흡수해 버려 집은 물론 여기서 사는 사람들이 생기(지기)를 적게 받는데 이것은 커다란 나무의 경우이지만 관목이나 화초의 경우도 비록 그 영향력이 작다고 볼 수는 있지만 비례되는 것은 마찬가지다.

이런 점을 비교적 많이 경험한 나라는 일본으로 '정원의 나라'라고 불릴 만큼 일본인들은 집 안에 정원을 잘 꾸미고 가꾸기로 유명하다.

집 안에 나무나 화초를 심고 옮기다 보면 나무의 생육관계도 알게 되지만 일본인들은 사람과의 길흉관계도 비교적 상세히 경험한 듯 그 이론도 발달해 있다. 물론 자연환경에 관한 경험이기 때문에 사람마다 개성과 생활습관에 따라 길흉에 대한 의견이 다를 수 있겠지만 일본인들의 정원수에 관한 내용을 소개하면 대략 다음과 같다.

길흉은 우선 방위(方位)와 관계가 있음을 알아야 하는데 가상에서는 똑같은 집이라 해도 대문의 위치, 즉 방위가 다르면 길과 흉으로 달라진다.

대문이란 모든 것이 들락거리는 것으로 좋은 방위에 있으면 좋은 것이, 나쁜 곳에 있으면 나쁜 것들이 들락거린다고 생각하듯 나무도 방위를 엄격히 따지고 있다.

라일락, 장미 등 방향성(芳香性) 화초목은 어느 방위든 좋다고 보고 있으며 향나무는 담장을 따라 심는 것이 길하다고 보며 파초, 소철 따위의 음성(陰性)식물은 한두 개 있는 것은 무방하나 많으면 흉하다고 생각하고 우물가에 오동나무가 있는 것은 흉하지만 구기자나무는 길하다고 본다.

또 사철나무는 방위에 관계없이 아무 데나 길하고 대추나무, 감나무, 대나무 등도 방위를 가리지 않는다.

집과 정원을 생각할 때 가상(家相)에서는 뜰 안에 큰 나무가 있는 것을 꺼린다. 그런데 서북방에 있는 거목은 일단 수십 년간 그 자리에 자라 온 것이라면 집 가까이 있다 해도 함부로 베서는 안 된다.

서북쪽의 큰 나무는 목정(木精)이 있어서 그 집을 지키고 행복을 주관한다고 생각해서 함부로 베면 주인에게 변괴가 생긴다고 생각한다.

원래 우리 민간신앙에는 오래된 나무에는 신령이 깃들어 있어 베는 것은 고사하고 상하지 못하게 했으며, 금줄을 치고 제를 올리고 염원을 빌기도 했다.

최근의 사례로 문화재청이 남대문 복구에 사용할 나무를 베기 위하여 김씨 문중의 허락을 어렵게 얻고 나무를 벨 때 제를 올리고 어명이오라고 수차례 외쳐 국가를 위하여 어쩔 수 없이 벤다는 뜻을 표한 후에 나무를 베었다.

어쨌든 집의 북서쪽에 큰 나무가 있다는 것이 좋다고 생각하는 사상은 가상의 발상지인 중국의 기후를 생각해 보지 않을 수 없는데 중국의 중심지인 황하유역에는 겨울이 되면 강한 북서풍을 타고 내몽고 방면에서 황진이 덮쳐 온다. 부드러운 흙이 바람에 날려 하늘로 오르며 기류를 타고 엄습해 오는 흙먼지, 즉 황사현상을 일으키는 것이다. 그 황사현상이 우리나라에도 밀려 올 정도로 높이 치솟아 이동, 며칠씩 해를 가릴 만큼 맹위를 떨치며 식물은 물론 사람에게도 해를 입힌다. 그런데 집의 북서쪽에 큰 나무가 버티고 있으면 북서풍은 물론 황진도 막아 준다.

우리나라의 기상조건도 중국의 상황과 비슷한 데가 있어 여름철 가장 해가 긴 하지(夏至) 때 해는 북서쪽으로 기울며 서향집을 괴롭히며 겨울철에는 제일 춥고 무서운 바람이 북서풍으로 비석이나 탑들도 북서쪽 부분이 먼저 망가지는 것을 보면 돌멩이도 북서쪽의 계절풍이나 찬 기운에는 견디어 내지 못한다는 증거다.

그런데 주택의 북서쪽에 큰 나무가 버티고 서 있으면 여름에는 뜨거운 저녁 해를 가려 주고 겨울에는 혹심한 삭풍을 막아 주는데 냉난방이 요즘처럼 잘 되어 있지 않은 옛날에 거목의 고마움이 어떠했겠는가는 말할 필요도 없다. 이런 기상 조건이 예나 지금이나 변함이 없다면 비록 현대식 가옥이라 해도 옛 조상의 경고는 무시할 수 없을 것이다.

붉은 기운이 있는 나무는 건강에 좋다. 주목, 적송 등이 대표적인 나무로 전나무, 잣나무 등 잎사귀가 단단하며 가느다란 침엽수 계통의 나무들도 좋으며 이 나무들에서는 탄소동화 작용 후 고농도의 산소를 내뿜는다.

특히 주목은 예로부터 정원수로 사용하면 귀신이 오지 않는다 하여 아주 유익한 나무로 알려져 왔으며 사람의 병을 치유하는 데도 효과가 있어 주목 숲에 가서 요양을 하거나 삼림욕을 하면 건강이 좋아진다. 사람의 몸에 화기가 부족하여 발생하는 병, 즉 암이나 혈관, 혈액과 관련된 병, 심장병 등에 효과가 있는 나무다.

이런 나무로 된 분재를 집 안에 둔다면 건강은 물론 붉은색이 주는 행운, 즉 재운도 좋아질 수 있고, 푸른 나무가 주는 신선한 활력과 정신적인 안정감도 누릴 수 있을 것이다.

이런 고급 수종으로 만든 가구는 상당히 고급가구로서 이런 가구를 집 안에 들여놓아도 같은 효과를 발휘하지만 간혹, 가구로 만들어 버리면 생명이 없어 효과를 발휘하지 않는 게 아니냐고 묻는 사람들이 있다. 주목의 경우 '살아 천 년, 죽어 천 년'이라는 말이 있을 정도로 그 생명의 기운은 죽어서도, 가구가 되어서도 지속된다.

정원수가 커지면 태양광선(양기)을 받아들이기가 어렵게 되고 통풍도 나쁘게 되기 때문에 꺼리는데 정원수는 높이가 3미터 이하로, 건물에서 15미터 이상 떨어져 있는 것이 이상적이다.

나무가 침실 가까이 있는 것은 상식적으로도 좋지 않다. 나무는 산소를 배출해 신선한 공기를 인간에게 공급하고 있지만, 밤에는 반대로 인간에게 해로운 탄산가스를 배출하기 때문이다.

해로운 나무의 가스가 밤에 창문이나 출입문을 통해 침실로 들어오면 수면 중인 사람에게 나쁜 영향을 준다. 수면 중인 사람은, 건강한 사람도 맥박이 떨어지고 모든 활동이 최저인 가사상태에 있기 때문에, 노약한 사람이나 어린이들처럼 모든 외기의 영향을 많이 받는다.

결론적으로 나무는 집 안에 없어서도 안 되지만 넘치면 흉상이 되는 것이다.

또 향나무 곁에 있는 배나무는 오래 견디지 못하는데 향나무에서 성장한 해충이 배나무에 옮아가면 보다 강력한 해충이 되기 때문이다.

동물세계에서도 서로 천적이 있는가 하면 서로 보완되는 종류가 있어 번성하는 경우도 있으며 사람에게 이로운 동물이 있고 해로운 동물이 있듯이 식물에도 인삼 따위와 같이 먹으면 보약이 되는가 하면, 잘못 먹으면 죽게 되는 독버섯도 있다.

식물과 인간과의 관계도 반드시 좋은 것만은 아니라는 것을 말해 주는 것이다. 예를 들어, 모과나무는 약재이긴 하지만 옛날에는 집 안의 정원수로 심지는 않았다. 모과나무는 유난히 수분을 많이 필요로 하기 때문에 나무의 무게도 다른 나무와 비교해 월등히 무겁고 우물가나 물기가 많은 곳에서 잘 자란다. 집 안에 심으면 정원의 물기를 다 빨아들이기 때문에 피했다.

오래된 모과나무치고 벼락 맞지 않은 나무가 없다는 것에 유의할 필요가 있는데 이유는 나뭇가지 끝까지 많은 수분을 함유하기 때문에 벼락을 끌어들이기 때문에 지혜로운 선조들은 이런 나무는 정원에 심지 않았다.

3) 인테리어

금전운을 높여 주는 방으로는 정오의 해가 들어오는 곳이 좋다.

남쪽에 큰 창이 나 있고 동쪽에 작은 창이 나 있는 방이 가장 좋다. 서쪽에 창이 있으면 좋지 않다. 이럴 때는 두터운 베이지색 커튼을 치거나 가구 등으로 벽을 만들어 주는 것이 좋다.

남쪽에 붉은색의 물건을 두고, 동쪽에 배색이 너무 촌스럽지 않게 조화될 수 있도록 푸른색을 약하게 가미한다면 좋다. 방의 중심에 노란색이나 황금색 물건을 두는 것이 중요한 포인트다. 중앙에 테이블을 두고 노랑꽃을 듬뿍 꽂아 두거나 황금빛이 나는 조각품 같은 것을 올려 두어도 좋겠다.

주황색 또는 황금색의 스탠드, 테이블보, 전화기 등도 중앙에 두면 좋은 행운 아이템이다.

금빛이 나는 액세서리나 금장시계는 돈의 행운을 부르는 소지품이다. 지갑은 가능하면 성장 발전하는 회사의 브랜드 지갑을 지니되 금색 골드 카드를 넣어 두면 금전운을 높이는 데 도움이 된다.

지갑 속의 돈은 곧 자신의 기운이다. 그러므로 소중하게 다루어야 한다. 아무렇게나 구겨 넣지 말고 가능하면 귀를 맞추어 반듯하게 넣어 두면 돈도 기분이 좋아질 것이고 자연히 운도 따르게 된다.

잠잘 때 머리 위에 좋은 그림 사진을 걸어 놓으면 좋으나 좋지 못한 것을 걸어 놓으면 희한한 꿈을 꾸고 운을 막는다.

- 소띠가 말 그림을 걸어 두면 (축미충)으로 나쁘다.
- 닭띠, 원숭이띠는 호랑이 그림(인신충)을 걸어 두면 희한한 병이나 사고가 나며 신경이 극도로 나빠진다.
- 두침방향은 기가 흘러오는 방향으로 향해 자야 한다(산이나 높은 쪽을 향해서).

- 아파트는 베란다 쪽으로 두침하면 나쁘다.

  화장실 방향으로 두침하고 자면 부도나거나 가정불화가 난다.
- 강변에서는 상류 쪽으로 두침해야 좋다(상류가 좌측은 100~ 500M 떨어진 곳, 상류가 우측은 20M 정도 떨어지면 된다).

4) 연못/분수

더운 계절이 되면 물에 대한 관심이 많아져 특히 좁은 공간에 살다가 정원이 넓은 집을 방문하면 잘 가꾼 정원수나 연못 또는 분수시설에 시선이 끌리게 마련이다.

인간은 예부터 자연을 정복하고 나서는 꼭 다시 자연을 불러들 이곤 했는데 풍수란 바람과 물의 이론으로, 인간은 바람을 막기 위해 벽을 쌓고는 다시 벽에 창을 내서 바람을 불러들여 통풍이나 환기를 시도했다.

물 역시 집 안에 침수하지 못하게 높은 곳에 집을 짓고는 다시 물을 얻어 쓸 뿐 아니라 연못을 파 그 이상으로 즐기기까지 했는 데 이런 바람과 물에 대한 생활경험을 후손들에게 전한 것이 바로 풍수(風水)로서 분수나 연못 등도 방위가 중요하다.

연못의 위치는 집의 동남쪽이나 남쪽에 가까운 남남동쪽이 좋으 며 그 반대 방향인 북서쪽과 북북서쪽도 길방이며 정동과 정서쪽 은 길흉이 반반이고, 정남쪽의 연못은 아주 나쁘다고 보는데 남쪽 은 오행상 화(火), 즉 불이고 연못의 성격은 음(陰)이고 물(水)이어 서 상극이기 때문이다.

정원이 좁은 단독주택의 경우 연못을 만들어 경관을 시원하게 하는 것은 좋지만, 관리를 부지런히 하지 않으면 가상에서는 집안 식구들이 신경계통의 질병을 앓는 것으로 보고 있다.

물은 맥을 타고 흐르는 지기(地氣)를 모아 혈장(穴場)을 형성시 킨다는 원리 속에는 물이 기(氣)를 흡수한다는 의미도 포함되어 있 으며 물이 기(氣)를 빨아들인다는 실례로 우리들이 고기를 구울 때 철판 밑에 물을 부어 두면 고기를 굽는 연기는 물론 냄새까지도 흡수하는 것을 보면 알 수 있다.

물은 오행상 음(陰)이지만 움직이는 물, 즉 폭포나 분수는 양(陽) 으로 해석하기 때문에 집안의 분수시설은 습도를 조절해 주기 때 문에 좋다고 생각되지만, 가동하지 않으면 물은 썩게 마련이고 병 균의 온상이 되어 위생적으로 좋지 않은 것은 당연하다.

집을 신축할 때 연못을 만드는 것은 무난하지만 오랫동안 살다 가 정원에 연못을 파는 것은 뜻밖의 재난을 당할 수도 있으며 연 못의 방위는 햇빛의 반사에 신경을 써야 하며, 집에서 50미터 이 상 떨어져 있는 것이 이상적이고 담이 높으면 통풍에 문제가 생겨 물이 쉽게 썩을 수 있으니 항상 물을 잘 갈아 주어야 좋다.

제2장 사업장 풍수

1. 사업장 풍수의 중요성

풍수는 자연의 가르침으로 우리 주변에 있는 자연의 선물들을 행복의 도구로 사용하는 것이 풍수의 참뜻이다. 자연의 오묘한 가르침을 어떻게 활용하느냐에 따라 행복을 누리고 불행을 예방할 수 있는 지혜로서, 풍수는 자연이 우리에게 주고자 하는 힘을 행복의 수단으로 잘 흡수하기 위해서 노력하는 학문이다.

양택풍수는 현재의 삶을 자연과 조화를 이루며 행복하게 꾸려나가는 데 도움을 주는 '양택(陽宅)풍수'다. 인간이 지구상에서 태어나고 자라고 사라지면서 변화하는 현상은 다음의 네 가지 요소로 차이가 생긴다.

① 좋은 종자로 탄생했는가

② 언제, 어느 장소에서 태어났는가

③ 조상의 유전 에너지와 의식주 환경 에너지가 잘 공급되었는가

④ 위의 세 가지 요소를 잘 조화시킬 수 있는 영혼의 순수함을
   지녔는가 하는 점이다.

이 가운데 조상의 유전 에너지와 생활 속의 섭생 에너지는 살아
가는 동안 우리가 끊임없이 공급받게 되는 중요한 에너지다. 조상
이 자손에게 전해 주는 동질의 -에너지장과 살아 있는 자손이 지
닌 동질의 +에너지장이 결합하여 만들어 내는 유전상속적 에너지
는 음택 에너지가 되고 의식주, 특히 땅의 좋은 에너지를 꾸준히
공급받아야 하는 섭생 에너지는 양택 에너지의 중요한 부분을 이
루고 있다.

사실상 이 두 가지 에너지가 인간의 삶에 미치는 영향을 밝히자
면 음택 에너지의 작용이 100일 경우, 양택 에너지의 작용 능력은
30% 정도다. 말하자면 보이지 않는 '조상의 음덕'이 상당히 중요한
삶의 힘이 된다는 얘기다.

이는 음택 에너지장에서 나오는 에너지파는 집중적, 지속적으로
작용하는 반면 양택 에너지장에서 나오는 에너지파는 수시로 간섭
작용을 받아 가변성이 많기 때문이다.

환경 에너지가 사람의 건강과 운세에 영향을 주는 힘이 음택 에
너지에 비해 상대적으로 약한 것은 사실이다. 하지만 단 몇%의 힘
에도 인간사의 성패와 생사가 달라진다는 사실을 생각하면 양택
풍수의 중요성을 결코 무시할 수 없다.

또 '가변적'이라는 특성을 역으로 생각하면 우리의 노력 여하에
따라서 얼마든지 자신에게 유리한 에너지로 바꿀 수 있는 특성이
되므로 더욱 관심을 가져 볼 만하다.

우리 삶의 터전인 주거지에서는 생활환경 에너지장이 형성된다. 즉 땅의 기운, 햇볕, 공기, 습도 등의 에너지 요인들이 서로 작용하여 사람의 삶에 영향을 끼치게 되는 것이다. 주거공간은 우리가 삶을 이루는 데 무엇보다 중요한 요소다. 그 안에서 먹고 자고 관계를 이루고 미래를 설계한다.

하루의 1/3 이상을 머무는 주거공간이 건강한가 아닌가는 그대로 우리의 건강한 삶과 직결되는데 그렇다면 우리의 사업장은 건강할까? 혹은 아닐까?

풍수는 지금 있는 환경의 좋은 점을 집어내서 행운을 불러들이는 환경 개운학(開運學)이다. 또 좋지 않은 점을 보완하여 행운으로 바꿔 주는 방법도 제시한다. 그것이 바로 풍수의 역할이다.

즉 좋은 집 고르는 법에서부터 지금 살고 있는 집을 풍수 원리에 맞게 정비하여 행운을 불러들이는 법, 풍수적으로 좋지 않은 집이나 사업장의 위치를 알려 주고 어떤 방법으로 불운을 막을 것인지를 또한 제시한다.

방이라는 공간 에너지장이 있을 때 그 안에 가구와 집기들을 어떻게 배치하느냐 하는 문제는 중요하다. 보기 좋고 화려한 것이 문제가 아니라 각 구조물들이 지니고 있는 에너지장이 공간 에너지장과 얼마나 잘 조화되느냐가 무엇보다 중요하기 때문이다. 물론 살고 있는 본인의 에너지와의 조화 문제는 그보다 우선되어야 할 과제다.

우리는 풍수를 통해 실생활에 닥치는 곤란과 의문을 보다 손쉽게 해결할 수 있게 된다. 연애를 할 때도, 결혼을 할 때도, 취직을 하고 사업을 하고 돈을 벌고 싶을 때도, 자연에 순응함으로써 얼어지는 자연의 힘을 지원받을 수 있다.

풍수는 그 같은 신비함을 경험으로 만들어 가는 행운의 문인 셈이다. 일상생활에서 보이지 않게 큰 영향을 미치고 있는 자연의 신비한 힘을 우리들은 사실 모르고 지나치지만 창업을 계획하는 창업자에게는 미래의 성공 여부가 달린 중차대한 문제이다.

2. 창업자의 태도와 자세

명예퇴직이나 실직자가 늘어나면서 창업을 하고 싶어 하거나 어쩔 수 없이 창업을 해야 하는 사람들이 늘고 있다. 창업에는 지혜가 필요하고 사람을 불러들이는 기운이 필요하다. 지혜를 주는 색상은 검정이나 청색이고 사람을 끄는 기운이 있는 색상은 붉은색이다. 그러므로 인테리어도 이런 색조나 무늬가 들어가도록 꾸미고 의상도 이런 색 계통으로 입는 게 좋다. 이런 색은 상대가 나를 도와주는 기운을 가져오는 색상이다.

사는 집이나 창업할 장소는 땅기운이 좋은 곳이 좋다. 땅기운이 좋은 곳에서 땅의 기운이 오는 쪽, 즉 높은 쪽을 등지고 자리 잡거나 물이 풍부한 곳, 물이 감아 오는 곳에 자리를 잡으면 좋다.

창업은 아이디어의 싸움이라고 해도 과언이 아닌데 요즘 신문을 보면 온통 돈 버는 아이디어를 얻을 수 있는 설명회 광고로 가득 차 있다. 대형서점에 가 보아도 창업 정보 등 돈 벌 수 있는 아이디어가 있는 책의 코너가 따로 마련되어 있다. 그렇지만 그 아이디어들이 자기 자신에게는 별로 합당하지 않는 것들이 많다. 누구보다 자기 자신에게 적합하고 가장 정확하게 다가설 수 있는 아이디어 찾기는 참으로 어렵다.

이렇게 아이디어가 떠오르지 않아서 고민일 때는 집의 한가운데 앉아 보자. 그리고는 아이디어 찾기에 도움이 될 수 있는 여러 가지 정보를 읽어 보기도 하자. 집의 한가운데란 구조적으로 양쪽의 방이 있는 거실 한가운데를 의미하는데 집의 구조가 한쪽에만 방이 있다면 그 방을 백호, 즉 몸의 오른쪽에 두고 앉는다. 집의 중심은 에너지가 집중적으로 모이는 곳이며, 백호는 돈을 버는 수단이나 방법을 의미하므로 집 가운데 백호가 두툼한 곳에 앉아 있다 보면 돈 버는 아이디어를 떠올릴 수 있는 좋은 기운을 얻을 수 있다.

이런 곳에 앉아 명상을 하는 것이 가장 좋은데 반가부좌(양반다리)에 허리를 펴고 앉아 눈은 반을 감은 채 60도 각도로 아래를 내려다본다. 반가부좌(양반다리)에 허리를 펴고 앉은 삼각형 혹은 피라미드 구도는 에너지 순환에 가장 좋은 구도이며, 60각도로 시선을 내려다보는 것은 무념무상의 경지에 가장 접근하기 좋은 시선각도이다. 눈을 반쯤 감고 이 각도로 내려다보면서 명상을 하다 보면 그 시선이 닿는 곳에 있는 물체의 색상이나 모양이 보이지 않게 된다.

명상을 하면서 머릿속에는 붉고 밝은 햇살이 넘치는 넓은 초록의 초원을 연상한다. 주황, 초록, 붉은색을 연상하면 돈을 벌 수 있는 아이디어 창출이 쉬워진다.

3. 행운의 사업장 고르기

1) 사업장의 입지

요즘은 땅값이 너무 비싸서인지 좁은 부지에 뾰족하게 높은 건물들을 많이 짓고 있다. 이런 건물의 모양은 풍수상 별로 좋지 않다. 좁은 도로 옆에 높이 솟은 건물도 좋지 않다.

큰 건물은 그만큼 대량의 공간에너지를 필요로 한다. 평면공간과 입체공간이 균형과 조화를 이루어야 풍수의 원리에 부합된 건물이 되는 것이다. 평면공간은 입체공간의 약 1.5배에 달하는 잉여공간을 지니고 있어야 균형이 맞게 된다.

보통 100평이 있으면 약 60% 정도에 건물을 짓고 40%를 남겨놓는데 에너지의 균형이 좋은 건물이라면 이 비율이 반대로 되어야 한다. 대지와 바닥 건물면적의 가장 이상적인 비율은 1 : 0.866∼0.577이다. 이 비율은 건물 내나 방 안의 공간과 가구비율에도 적용할 수 있다. 바로 가장 이상적인 공간에너지가 형성될 수 있는 비율인 것이다.

몇 년 전 망한 모 재벌사의 건물을 보면 건물 모양은 아주 조형적이고 멋있어 보이지만 자세히 들여다보면 사방팔방이 무질서하게 모난 것을 발견할 수 있다. 이렇듯 건물 모양이 무질서하면 그곳에서 일하는 회사 자체도 무질서해진다. 건물 모양 하나에도 인간이 예측할 수 없는 질서의 기운이 담겨 있는 것이다.

그 건물처럼 건물이 모난 구석이 많다 보면 상하의 질서, 경제적 질서, 인사의 질서가 무너져 윗사람의 명령체계도 무너지고 하극상이 생기며 경제적으로도 여러 가지 문제가 생겨 결국 파멸로 치닫게 되는 것이다.

건물의 모양은 원형이 가장 이상적이다. 건물이 좁을 경우 원형 건물이면 공간 이용상 문제가 좀 있겠지만 건물이 큰 경우는 원형 건물이 오히려 공간의 활용도가 좋아질 수 있다. 건물에 멋을 부리려다가 자칫 앞에서 언급한 재벌회사 건물처럼 오류를 저지를 수도 있으니 주의해야 한다. 건물이 그리 크지 않을 경우는 반듯한 건물 모양이 무난하다.

건물의 위 모양을 계단식으로 하여 멋을 부린 건물들이 있는데, 이런 경우는 지세의 기울기와 같은 방향으로 순응하여, 지세가 낮은 쪽으로 계단식의 모양이 낮아지면 안정감이 있고 좋다. 하지만 지세의 기울기를 거스르면서 계단식이 된다면 역시 불안한 건물이 되어 그 건물 내의 사업이나 구성원들 역시 불안정과 불균형의 어려움을 겪어 결국 기운이 기울어지게 된다.

지세나 방위 등의 영향을 따지지 않고 지을 수 있는 가장 좋은 건물형태는 원형건물이다. 좁은 지형에서는 공간 활용도가 낮아 어렵겠지만 넓은 땅을 가지고 있다면 이렇게 원형으로 지어 두고 문을 사통팔달로 여러 곳에 내면 좋다.

원형건물은 어떤 사업이나 영업이든 잘되는 건물이다. 원형건물이 얻는 에너지장은 핵에너지장이며, 가장 이상적인 안정과 균형을 갖추게 된다. 칭기즈칸은 원형천막 속에 머물면서 세계를 제패하지 않았는가. 하지만 원형건물은 공간 이용의 문제점이 있음을 간과해서는 안 된다.

배산임수(背山臨水)는 풍수의 가장 기본적인 원칙으로 뒤는 높고 앞은 낮아야 한다는 것으로 산과 물을 구별 짓기 어려운 평지에서도 이 원칙을 응용하여 활용할 수 있다.

뒤로는 고층아파트 단지가 있고 앞으로 나지막한 상가가 형성되어 있는 곳은 도심에 얼마든지 있는데 이런 곳에 터를 잡아 영업장소를 꾸민다면 배산임수의 원리를 잘 응용한 것이 되어, 영업이 잘되게 된다.

우리나라의 지형은 선구조이므로 평지가 그리 많지 않고 울퉁불퉁 경사지가 많다. 경사지에 있는 상가는, 건물은 평면으로 지었지만 앞면의 길 쪽은 경사가 그대로 보이게 된다. 이럴 때 대개는 경사가 낮은 쪽, 즉 경사가 빠져나가는 쪽에 문을 내게 된다. 심리적으로 낮은 쪽이 더 편리할 것 같은 느낌이 들어서이기도 할 것이다.

그런데 이럴 때는 경사가 높은 쪽에 문을 내는 것이 좋은데 그렇게 해야 상가에서 돈을 벌기에 절대적인 이치인 백호 쪽이 두둑해지면서 돈을 거두게 되는 것이며 경사면의 낮은 쪽에 문이 있으면 백호가 허해지면서 돈이 빠져나가게 된다.

경사진 데서 중앙에 문을 내는 것은 이도저도 아니므로 권장할 만하지 않다. 2층이나 3층 등의 경우도 계단에서 들어가는 입구가 경사지의 높은 쪽에 있는 게 좋다. 이미 지어진 건물의 계단입구가 경사지의 낮은 쪽에 있어 어쩔 수 없다면 차선책이 있는데 계단에서 연결되는 2, 3층의 입구를 건물 앞쪽으로 내지 말고 건물 뒤쪽으로 내는 게 좋다.

과연 풍수로 보아 운이 좋은 회사란 어떤 회사일까. 일반적으로는 예부터 번화가로 번창하는 곳이 대기 에너지가 충만한 곳, 즉 풍수상 좋은 곳이라 할 수 있다. 땅의 에너지가 좋은 곳은 교통편도 발달하고 번화가로 형성되어 간다. 주요 전철역에서 도보로 몇 분 내에 걸어갈 수 있는 곳이라면 풍수지리상 대체로 좋다고 말할 수도 있다.

그러나 삼풍백화점 자리처럼 전철에서 가깝고, 번화가일지라도 나쁜 터에 자리 잡게 되는 예외도 있을 수 있는데 입지조건이 좋더라도 건물 자체의 모양 또는 사무실의 배치 등이 풍수상 나쁘면 운이 달라질 수 있다. 운기에 영향을 미치는 요인에는 풍수 외에도 여러 가지가 있을 수 있으므로 종합적으로 관찰하고 판단해야 한다.

교차로에 세워진 건물은 여러 방향에서 쉽게 눈에 띄고 도로는 에너지가 활발히 움직이고 있는 행운의 길이라 선호하는 경향이 있지만 교차로는 대지의 힘이 떨어지는 곳으로 땅을 넓게 차지하는 건물의 경우에는 괜찮지만 작은 상점의 경우는 모퉁이 가게는 별로 권장할 만한 곳이 못 된다. 교차로는 사람에게도 통행하기가 불편한 곳이다. 그만큼 썩 좋은 곳은 아니다.

홀로 높이 솟은 건물을 보기에도 좋고, 높을수록 유명세도 높아지지만 역시 높이와 어울리는 공간이 확보되어 있어야 한다. 대지와 바닥 면적이 $1 : 0.866 \sim 0.577$이 되려면 대량의 광범위한 공간 에너지를 지닌 땅이 필요하다.

주위에 서로 바람을 막아 줄 수 있는 같은 높이의 건물들이 있으면 좋지만 홀로 독야청청 높은 건물이라면 바람을 맞게 되므로 그 건물에 있는 회사의 사운도 바람을 맞아 오래가지 못하게 된다고 볼 수 있다. 명물로서 이름은 유지하겠지만 회사건물이나 주거지로서는 결코 좋은 건물이라 할 수 없다.

뉴욕의 맨해튼에 가면 고층건물들이 홀로 하나가 아니고 많이 솟아 있다. 이렇듯 비슷한 높이의 건물들이 많아 서로 바람막이가 되어 줄 수 있다면 모르지만 홀로 높이 서서 모든 바람을 견디고 서 있다면 보기에는 멋있어 보이지만 느낌은 안정감이 없어 보인다. 결국 그 건물에 자리하고 있는 회사도 안정감이 있다고 할 수 없다.

지하철 육상구간의 주변은 좋은 상권이 형성될 것 같지만 지하철 옆 부분은 바람이 바로 쓸어가므로 좋지 않고 도로에서 다음 블록이 오히려 아늑하여 상권이 형성되기 좋은 자리라 할 수 있다.

사업을 잘 하다가 부도가 나는 경우는 경영상의 잘못이 가장 큰 이유이겠지만 살고 있는 집터나 주변 환경이 영향을 주는 경우도 많은데 사업주 자신은 경영을 잘 하여 사업이 잘되는 방향으로 간다고 해도 이 집터가 잠재적으로 영향을 주어 판단력이 흐려지고 잘못된 방향으로 끌려가게 되는 것이다.

건물의 뒤에 함정이 있으면 이 건물에 사는 사업가는 부도를 맞게 되는 경우가 많은데 건물 뒤의 함정이란 건물의 뒷모양이 이런 식으로 반듯하지 않고 파여 드는 부분이 있을 경우로서 연못이나 도랑 등이 뒤쪽에 있어도 역시 좋지 않다. 이런 경우 입력 에너지가 균등하게 들어오지 못하고 함정 쪽에 바람이 집중되게 되므로 좋지 않고 바람이 회오리치면서 입력 에너지를 부수게 되면 교통사고나 옥살이할 문제가 생길 수도 있다.

건강상으로도 이곳에 사는 사람의 뇌기능에 이상이 오거나 정신분열 증세가 나타나기도 하고, 신장에 문제가 생기게 된다. 건물 앞면에 함정이 있는 건물, 즉 이런 모양의 건물 역시 망하는 건물로 옛 한옥은 이 모양의 집 앞부분을 사랑채로 막아 집 구조의 문제를 보완했다. 또 산을 뒤로 두지 않고 바로 마주 보고 앉은 건물에 살아도 부도가 나기 쉽다.

2) 사업장의 구조

영업장소로 가장 좋은 층은 두말할 것 없이 1층으로 도로에서 부담 없이 바로 들어갈 수 있는 층이기 때문이지만 사정상 2~3층이 영업장일 경우는 엘리베이터나 에스컬레이터가 있는 곳이 좋다.

영업장소가 1층인데도 계단을 걸어 올라가야 하는 영업장소가 많은데 이는 영업에 그만큼 마이너스가 된다. 영업장소가 아예 2층이라면 몰라도 1층이라면 굳이 계단을 만들지 않는 것이 좋은데 입구에 계단이 있으면 고객의 마음속에 심리적인 거부감을 일으키게 된다. 쇼핑을 하거나 음식을 먹으러 갈 때 고객의 마음속에는 즐거움과 안정을 희구하는 마음으로 영업장을 방문하였는데 계단은 무의식중에 이 불안정감을 조성하여 이 영업장에 대한 발걸음을 무겁게 하여 되돌릴 수 있기 때문이다.

지형상 굳이 계단을 내야 할 경우에는 계단의 폭을 넓게, 깊이를 얕게 하여 부담을 줄여 주는 것이 좋은데 결국 상업적 성공의 목표는 고객의 마음에 충족감과 안정감을 주어야 하므로 계단 하나라도 소홀히 해서는 안 되는 것이다. '계단쯤이야.' 하고 가볍게 생각할 수도 있을 수 있지만 이러한 미세한 자연의 기운은 이것으로 그치거나 사라지지 않고 쌓여 가는 것이므로 이런 부정적 기운

들이 모이다 보면 결국은 대량의 기운이 되어 사업에 나쁜 영향을
주는 힘으로 작용할 수 있다.

엘리베이터가 낡고 움직임이 좋지 않으면 그 회사의 사업운도
삐걱거리게 된다. 그 회사의 사무실에 가려면 거쳐야 되는 계단도
어둡고 칙칙하며 짐이 쌓여 있어 창고화하였다면 기운의 통로가
차단되어 운기가 저하된다.

엘리베이터가 삐걱거리면 즉시 수리를 하여야 회사도 매끄럽게
움직이게 되고 계단도 좋은 기운이 활발하게 움직일 수 있도록 늘
깨끗하게 유지되어야 회사도 활발하게 움직이게 된다.

3) 사업장의 출입구, 창문

영업장소에 가 보면 대개 손님이 들어가는 문에 '당기시오'라고
되어 있는 곳이 많다. 하지만 '미시오'로 되어 있는 문이 장사가
잘되게 하는 문이다. 장사는 나가는 사람보다 들어오는 사람을 반
기는 것이다. 그래서 들어오는 사람에게 편하도록 문이 열리는 것
이 좋다. 들어오는 사람이 진행하는 방향으로 밀어서 편해지는 것
도 중요한 이유이지만 더욱 중요한 것은 바깥의 좋은 기운을 안으로
실어 오는 역할을 문이 해 주기 때문에 밀고 들어오는 것이 좋다.

당기게 되면 안의 좋은 기운이 바깥으로 새 나가게 되는데 회전
문은 좋은 문이라 할 수 있으며 좌우로 자동으로 열리고 닫히는
미닫이 자동문은 좋지도 나쁘지도 않은 중간이다. 여닫이문은 반드
시 밀고 들어오게 하는 것이 좋다.

4. 경영자

1) 경영자의 집터

집터는 경사가 급하지 않으면서 고요히 백호 쪽 어깨로부터 흘러오는 물이 마당 앞을 감돌아 청룡 측 밖으로 흘러나가되 그 빠지는 물의 흐름이 보이지 않는 곳에서 살아야 한다. 집의 모양은 니은 자(ㄴ) 집이 좋고 두텁고 깊은 한일자(一) 집도 돈을 지키는 집이 된다. 대문은 물을 받아들이는 쪽에 만들어 준다.

침실과 서재와 안방은 백호 측 자락에 기대도록 배치하고 주방, 화장실, 현관은 청룡 자락에 기대도록 한다. 백호는 오른쪽, 청룡은 왼쪽이다. 거실은 밝은 남쪽에 마련하고 소파나 의자는 흰색이나 베이지색으로 장만하는 것이 좋다. 햇볕이 들어오는 부분의 커튼 색상은 붉은색이 좋다. 벽도 붉은 계통이라면 더욱 좋다. 침대는 오른쪽을 베개 삼아 배치하고 침구 역시 붉은색 무늬가 좋다. 방문은 흰색이나 갈색이 좋다.

2) 경영자의 사무실

재화를 다루고 잘 관리할 수 있는 사람의 영혼은 언제나 다이아몬드같이 맑고 투명한 영혼과 집념에 불타는 원초적 근면성을 바탕으로 해야 한다. 항상 흰색 옷과 붉은색의 옷을 즐겨 입고 두 가지 색이 골고루 합성되어 있는 옷이라면 더욱 좋다. 특히 백옥과 호박을 몸에 지니면 좋다.

내 사업으로 독립하는 데 필요한 운기는 집의 거실문과 현관에 있다. 거실문이나 현관이 동이나 남쪽에 있다면 밝은 햇볕의 기운을 받아 독립하기가 쉽지만 이 자리에 현관이 없거나, 있어도 어둡다면 항상 깨끗이 청소해 두고 전구를 두 개 끼워 조명을 밝게 한다.

붉은 장미나 거베라를 현관 신발장 위에 늘 장식해 둔다. '가장 수고를 많이 하는 사람이 그곳의 주인'이라는 말이 있다. 독립하여 사장이 되면 주인이라는 생각 때문에 편안해진다.

지금까지보다 더 고달프게 일해서 가장 부지런하고 가장 성실한 말단 직원이 되어야만 비로소 성공한다. 당근이나 연근, 무, 감자, 고구마 같은 뿌리채소를 먹거나 갈색 옷을 입으면 근면성과 성실성이 높아진다.

집에서 남서쪽에 있는 은행, 이발소, 목욕탕은 돈을 물어 오는 방위이므로 자주 다니면 더욱 좋다. 여행에서 돌아올 때 붉거나 흰 도자기로 된 화병이나 재떨이나 도기 인형 같은 기념품을 하나 사 와 집에서 자주 사용하게 되면 노력을 아끼지 않는 힘이 강해진다.

침실에 그림을 걸어 둘 때는 떠오르는 태양, 높은 하늘, 산의 웅장한 모습, 강물, 시원한 바다같이 항상 높고 밝은 뜻이 있는 그림을 걸어 두어야 판단력이 좋아진다. 종교를 갖고 있다면 부처나 예수 그림을 걸어 두는 것도 좋다.

성공가능성을 감지하는 능력이나 히트 아이템을 기획하는 능력이 부족하다면 성직자나 존경할 만한 사람을 자주 만나는 것이 좋다. 탤런트나 정치가처럼 대중적인 인기와 주목을 받는 인물은 기를 먹고 사는 사람이므로 잘못하면 기를 빼앗기기 쉽다. 좋아하는 스타의 사진을 걸어 두는 것은 무방하다.

경제력과 매출 증대의 파워는 서쪽 방위에, 돈을 저축하는 방위는 남쪽 방위에 있다.

추진력은 요즘처럼 행동의 기준이 모호하고 가치가 혼돈되는 시대에 필요한 능력 중의 하나이다. 추진력은 조상의 묘터나 사는 집터의 뒤쪽, 운기가 들어오는 자리가 강건 웅대하게 형성된 곳에서 얻어진다. 터의 뒤쪽에서 얻어지는 기운은 일의 추진 능력을 공급하고 앞쪽에서 얻어지는 기운은 일을 잘 마무리할 줄 아는 능력을 준다. 이때 터의 뒤쪽에 큰 건물이 있는 것은 도움이 되지만 앞쪽에 내 집보다 너무 큰 건물이 있게 되면 일의 추진을 막게 되어 곤란을 겪기 쉽다.

근면성은 조상의 묘터나 사는 집터의 오른쪽 부분과 앞면 부분이 함께 건실하고 튼튼한 곳에서 발달하게 된다. 사는 집이 아파트라면 거실에서 베란다를 바라보고 섰을 때 나의 오른쪽이 터의 오른쪽이 된다. 오른쪽 옆이 두툼하게 발달된 곳에서는 부지런한 자손을 두게 되고 오른쪽과 앞면이 길고 두텁게 살쪄 있으면 성실하고 겸손한 자손을 두게 된다. 주택으로 보면 오른쪽 옆 부분에 주택이 가로놓여 있는 경우가 해당되고 오른쪽 앞부분이 내 집보다 낮은 건물들로 막혀 있는 경우도 살찐 것으로 해석된다.

우유부단한 성격의 소유자는 파스텔조의 은은한 색상보다는 강렬한 원색과 가까이 지내는 것이 좋다. 인테리어도 검은색, 짙푸른색, 빨간색 등의 포인트가 들어가도록 꾸미고 의상도 그런 의상을 입어 강렬한 인상을 심어 주는 게 좋다. 일을 할 때는 물론 면접 등을 볼 때도 이런 성격은 인상에 나타나 상대에게 점수 따기가 어려울 것이다.

경제적 문제에서 우유부단성을 없애고 싶은 사업가나 직장인 등의 경제계 방면의 사람이라면 붉은색을 가까이하는 게 좋은데 붉은 옷, 붉은 인테리어, 붉은 소품, 쇠고기 같은 붉은 음식 등이 좋다.

중요 국가나 기업의 정책을 결정하는 공직자나 관리자의 경우 우유부단성을 없애고 싶다면 검정색과 가까이하는 게 좋다. 인테리어도 검정색 위주로 꾸미고 검정색 옷을 즐겨 입으면 좋다.

경제가 어렵다 보니 부도나는 회사가 많고 주위에 직장을 잃은 사람들이 늘어나면서 사회적으로 패닉현상이 만연되고 있다. 불안과 의욕 저하로 무기력해지는 느낌을 느끼는 사람들이 늘고 있는 것이다. 단테는 지옥입구에 이런 글이 있을 것이라고 했다. ‘일체의 희망을 버려라.’ 희망이 없는 생활은 그러므로 곧 지옥에 다름 아니다. 회사건 가정이건 절망의 그림자를 없애고 희망의 빛을 끌어들여야 가정도 살고 회사도 살고 나라도 산다.

그렇다면 이 희망의 분위기를 살려내기 위해 우리가 주변에 변화를 줄 수 있는 것은 무엇이 있을까. 사회가 그렇다고 같이 인상을 찌푸리지 말고 우선 옷차림에서부터 희망의 기운을 불어넣어 주자.

의욕을 불러일으키는 색깔은 주황색이다. 주황색 포인트가 되는 소품을 회사에 들여 놓자. 집 안이라면 쿠션 하나라도 주황색으로 바꾸어 보자. 벽면에 붙이는 그림도 주황색이 들어가 있다면 좋겠다. 주황빛이 되는 밝은 베이지색도 좋다.

옷차림도 기분에 따라 우울한 색상을 선택하기 십상이다. 그러지 말고 주황색이 들어간 넥타이나 셔츠를 입는 등 적극적으로 의욕을 일으키려는 노력을 하다 보면 의욕은 어느새 내 가슴과 이웃, 동료의 가슴속에, 가정과 회사에 희망을 빛이 움터 오게 해 줄 것이다

3) 사장실의 위치

사장실은 엘리베이터나 계단 혹은 사무실 입구에서 제일 먼 곳에 위치하는 것이 좋은데 제일 먼 곳은 가장 높은 위치의 권위를 살려 주기도 하지만 사장 개인에게도 '먼 거리'만큼 사려 깊은 생각과 판단력을 길러 준다는 의미도 있다. 사장방이 엘리베이터나 계단, 입구 바로 앞에 있다면 사장이 '마당쇠'처럼 되어 위엄이 없어지고 생각이 가벼워지고 '마당쇠'처럼 행동하게 된다.

40대 중반을 넘긴 나이의 사장이라면 서쪽이나 북쪽, 북서쪽 방을 차지하는 것이 진정한 의미의 주인이 될 수 있게 해 준다. 이때 책상의 위치는 땅의 기운이 들어오는 쪽으로 등을 두는 게 가장 좋고, 서쪽이나 북쪽, 북서쪽을 등으로 두고 앉도록 해 주어야 위엄과 품격이 살아난다.

젊은 사장이라면 동쪽이나 남쪽, 남동쪽 방도 좋고, 책상도 땅의 기운이 들어오는 쪽이나 동, 남, 남동쪽으로 등을 두면 좋다.

4) 사장실이나 임원실의 크기

작은 사업을 하는 회사에 가 보면 사장실이 사장 책상과 손님 몇이 겨우 앉을 수 있는 아주 작은 공간인 곳이 많다. 임대료가 비싼데다, 비용도 절약하기 위한 행동이지만 사장실의 넓이는 그

회사의 발전에 영향을 미치기 때문에 절약 차원에서 너무 좁게 하는 것은 바람직하지 않다. 사장실이나 임원실은 널찍한 게 좋다. 그래야 풍부한 공간에너지가 풍수적 파워를 높여 주어 사업이 성공가도를 달리게 된다. 너무 빈약한 공간은 사업에 불길한 운을 가져온다.

인테리어도 너무 초라하고 빈약한 것보다는 약간 허세를 부린 감이 있더라도 사장으로서의 위엄과 부를 표현할 수 있는 느낌의 품위 있는 인테리어로 하는 것이 좋다. 너무 지나쳐서 오히려 거부감을 일으키는 정도는 아니어야 할 것이다.

5) 집무실의 책상배치

사장실이나 임원실 혹은 교수연구실 등 혼자서 쓰는 방에서는 책상이 출입문 쪽을 향해 배치되는 경우가 많다. 만나러 오는 사람이 많고, 결재 등 업무상의 일이 문을 바라보고 있는 쪽이 효율적이어서 그렇게 배치하기도 하지만 방이 커서 문과 책상의 거리가 충분하여 책상까지 도달하는 데 시간이 좀 걸리면 괜찮겠지만 방이 그리 넓지 않은 경우는 이런 배치가 좋지 않다.

이렇게 되면 다른 사람과의 충돌이 생기기 쉽다. 문을 바라보지 않도록 면벽을 하거나 문과 비껴서는 곳으로 책상배치를 바꾸는 것이 좋다.

5. 사무실

1) 사무실 배치

요즘은 회사의 사무실에도 환경을 아름답게 하는 바람이 불어 점점 세련된 감각으로 꾸미는 사무실이 늘고 있다. 그중 한 경향으로 칸막이를 하여 개인의 독립적 공간을 주는 사무실 형태가 많다. 그런데 이 칸막이는 직종이나 하는 일에 성격에 따라 좋기도, 나쁘기도 한 것이다.

칸막이형 데스크는 기가 강한 사람이나 각자 자기만의 일을 하는 디자이너나 창의적 일을 하는 사람에게는 좋다.

그렇지 않고 서로 긴밀한 협조를 요하거나, 함께 같은 성격의 일을 해 나가야 하는 사람들에게는 바람직하지 않은 배열법으로 여러 사람이 서로 기를 통하면서 해야 되는 일은 병렬형으로 배열된 책상배치가 일의 능률을 올리게 된다.

간부들이 서열순으로 앉는 회의실의 모양도 남북으로 긴 스타일이 조직관리에 좋은 영향을 주게 되는데 좁은 사무실에 너무 많은 책상이 있다거나, 넓은 사무실에 너무 적은 책상이 있어도 역시 풍수상 좋은 사무실은 아니며 항상 적당하게 조화를 이루는 것이 역시 안정감을 주므로 그 회사의 운기를 일어나게 해 준다.

회사의 재정을 다루는 경리부의 배치는 너무 밝은 곳에 두지 않는 것이 좋다. 지세가 안정된 조건하에서라면 북쪽이나 동북쪽, 서북쪽에 두면 그 회사의 금전 사정이 좋아진다.

경리에게 꼭 필요한 금고는 약간 어둡고 시원한 곳에 두어야 한다. 햇볕이 밝게 들어오는 창가는 좋지 않으며 땅의 기운이 들어오는 쪽에 등을 두고 오른쪽, 즉 백호 쪽에 두거나 몸 앞쪽에 두는 것이 가장 좋으며 땅이 기운이 들어오는 쪽을 찾는 방법은 회사 주변을 둘러보아 지대가 높은 쪽이라 보면 가장 쉽다.

대개 금고의 색깔은 회색이나 검정색이 가장 흔한데, 금고의 색으로 가장 좋은 것은 붉은색이나 황색, 주황색이며 금고 위의 깔개나 금고 안에 붉은색 깔개를 깔아 보완한다면 금전이 불어나는 운기를 가져올 수 있을 것이다.

2) 사무실의 층수

사무실이 낮은 층에 있으면 땅의 기운이 영감의 힘과 창의력을 상승시켜 주기 때문에 영감을 얻어야 되는 일, 창의력이 필요한 일은 낮은 층의 사무실에서 일하는 것이 좋다.

경리관계 일도 낮은 층에서 하는 것이 좋다. 하나하나 숫자를 쌓아 가는 착실한 노력에는 대지의 힘이 필요하기 때문이다.

바다나 산이 보이는 경치가 좋은 '전망 좋은 곳'에 빌딩이 있다면 높은 층의 사무실도 나쁘지 않지만 옆 건물의 모서리가 보이고, 고가도로를 달리는 차가 보이는 정도라면 그리 좋다고 말할 수 없으며 높은 층에서는 대지의 에너지를 받을 수 없다는 단점이 있지만 태양의 에너지는 강하게 받을 수 있으므로 영업이나 활동이 많은 업무를 하는 일에는 높은 층의 사무실이 적합하다고 할 수 있다.

3) 사무실의 입구

사무실의 입구는 땅의 기운이 들어오는 쪽으로 나 있는 게 가장 좋은데 지세가 안정되어 있음을 전제로 하여 방위별 입구가 지니고 있는 풍수적인 기운은 다음과 같다.

동쪽 입구가 있는 사무실은 동쪽은 기운이 강하다. 동쪽은 동이 트는 곳인 만큼 새로운 것을 좋아한다. 새로운 기획이나 밖에서 승부를 거는 사업에 좋은 사무실이다. 무엇보다 젊은 사람에게 좋고, 사업 성격도 젊은이를 대상으로 하는 것이나 외부사람과의 유대관계를 갖는 일을 하는 곳이면 운기가 상승된다.

새로운 일에 대한 도전이 필요하므로 가능한 한 늘 새로운 것을 익히도록 하고, 책상용품 하나도 새롭게 마련하면 좋으며 이곳에서 일하는 사람의 책상엔 작은 화분이나 빨강 장미 몇 송이가 있으면 좋다.

옷은 약간 화려한 것으로 입되 빨간색이나 청색이 들어간 옷을 입는데 남자라면 넥타이에 빨간색이나 청색이 들어가면 좋고 의욕은 있는데 자꾸 일이 겉돌기만 한다면 신 음식, 신선한 생선, 붉은 색의 음식 등을 먹으면 일의 운이 상승된다.

서쪽 입구 사무실은 운을 쇠락게 한다. 금전적 트러블이나 남녀 관계 스캔들 등 여러 가지 문제를 일으키기 쉬우며 서쪽 입구라면 안으로 이중문을 만들어 기운을 한 번 걸러 주면 좋으며 나이 든 사람에게 서쪽 입구 사무실은 좋지 않다.

이런 사무실은 기술계통 업무를 하는 사무실로 적합한데 수습, 마무리에 영향을 미치는 방위이므로 저녁식사 때 비즈니스가 이루어지는 업무에도 알맞은 사무실이다.

이런 사무실에서 일하는 사람은 외견상 자기를 고급스럽게 꾸미는 것이 좋기 때문에 옷도 이름이 있는 안정된 브랜드의 제품으로 입고, 식사도 좀 비싼 것으로, 책상이나 회사도 안정돼 보이도록 고급스럽게 꾸미는 것이 좋다. 운이 떨어지는 것 같으면 핑크색이나 베이지 계열의 옷을 입어 준다.

서쪽은 금속과 궁합이 맞으므로 스테인리스 제품이나 반짝이는 금속제품을 책상 주변에 배치하면 좋다. 필기용구를 금색으로 한다든지, 은빛 액자를 두어도 좋다.

영업 일을 하는 곳이라면 남쪽 입구의 사무실이 가장 좋은데 방송, 연예, 예술 또는 글을 쓰는 사람에게도 괜찮은 곳으로 동 업종의 사람들과 연결되어야 하는 일이 잘되며, 그때그때 승부하는 일에는 특히 좋은 사무실이다.

하지만 쉽게 싫증을 내게 되므로 같은 일을 오래하는 데는 좋지 않은 점도 있으니 이런 사무실에서 일하는 사람 중 스트레스가 많이 쌓이거나 싫증이 나는 사람은 정오의 햇볕을 쬐는 것이 좋으며 마침 점심시간이므로 밖에 나가거나, 아니면 창가에서 햇볕을 쬐면 운기가 상승된다.

남쪽은 전자기기나 전화, 시계와 궁합이 맞는 곳이므로 컴퓨터나 책상 위 전화, 시계 등이 행운을 부르며 의자 위에는 빨간색이나 청색이 들어간 쿠션을 두면 좋다.

등을 북쪽에 두고 남쪽을 향해 앉아 있다면 게나 새우, 갑각류 등의 음식을 먹으면 운이 좋아진다. 일이 잘 안 풀릴 때는 베이지나 그린, 흰색의 옷을 입으면 기분이 전환된다.

땅의 기운이 입력되는 곳이 아니라면 가능한 한 북쪽 입구 사무실은 피하는 것이 좋은데 차분하고 꼼꼼한 기획이 필요한 일에는 적합한 에너지가 있는 곳이긴 하지만 북쪽 입구가 있는 사무실에서 일하는 사람들은 새로운 일을 두려워하기 쉽다. 새로운 일을 두려워하게 되면 개인의 발전은 물론 회사의 발전도 없게 된다. 북쪽 입구는 게을러지기 쉬운 기운을 가져온다.

이런 사무실에서 일하는 사람들에게는 여러 가지 일과 관련된 정보의 습득을 게을리 하지 말고 적극적 자세로 미래를 향해 전진하는 자기 노력이 요구된다.

외부의 도움도 크게 오는 게 없으므로 기대하지 말고 자기의 실력대로 일해야 한다. 일을 할 때의 마음자세는 늘 신입사원 시절의 마음자세를 지니는 것이 좋다.

북의 기운은 사람을 어둡게 만들기 쉽다. 자신을 자꾸 밝은 쪽으로 유도하는 컨트롤이 필요하다.

복장은 세련되고 화려한 편이 좋다. 남자사원이라면 넥타이 하나라도 화사한 색상으로 선택하는 것이 좋고, 와이셔츠는 요즘 유행하는 어두운 색상의 셔츠보다는 흰색이나 밝은 색으로 입는 것이 좋다.

4) 사무실 인테리어

회사입구에 가면 '아무개 증'이라 쓰인 큰 거울이 사람을 맞이하는 경우가 많다. 이 거울은 위치에 따라 좋기도 하고 나쁘기도 하므로 거울을 배치하는 위치에도 세심한 신경을 써야 한다.

거울은 모든 것을 되돌리는 작용이 있으므로 입구 정면에 거울이 있으면 회사를 방문하는 사람이 가져오는 운기나 회사에 들어오는 좋은 운기를 반사시켜 되돌려 보낼 수가 있으므로 사람이 들어오는 정면에 거울을 두는 것은 좋지 않다.

그러나 입구의 옆면에 거울을 두는 것은 좋은데 일단 거울이 실내를 넓고 밝게 보이게 해 주며, 출입자들도 들어오면서 거울을 보고 옷매무새를 다듬어 예의를 다할 수 있게 해 주는 작용을 한다. 밝은 느낌과 출입자의 단정한 예절은 회사에 좋은 기운으로 작용하므로 거울을 두고 싶으면 들어오는 입구 옆면에 배치하는 것이 좋다.

(1) 사무실에 장식하는 그림

어느 곳이든 균형과 조화, 그리고 안정이 그 공간의 기운을 최고로 만드는 역할을 한다. 이 조화와 안정을 위해 그림을 이용할 수 있다.

동쪽에는 석양이나 노을이 아름다운 사진이나 그림을, 서쪽에는 신선한 아침 해의 이미지가 담긴 사진이나 그림을 붙이고, 남쪽에는 물이나 밤하늘, 달이 있는 그림이나 사진을 북쪽에는 울창한 숲의 그림을, 이렇게 하면 각 방위별로 부족한 기운을 보충하여 조화를 이루게 되고 마침내 안정에 이르게 되어 사업운에도 안정의 기운이 작용하게 된다.

(2) 화초

녹색식물의 색상은 사람들에게 안정감과 청량감을 제공한다. 적당한 곳에 녹색 식물을 배치하면 사무실에도 활기가 감돌게 된다. 사무실의 활기는 곧 사업의 성공과 연결된다. 하지만 녹색식물이라고 무조건 좋은 것은 아니다.

❑관엽식물

작은 사무실에 너무 큰 관엽식물을 두게 되면 이는 오히려 사무실에 좋지 않은 기운으로 작용하게 된다. 관엽식물이 사무실의 주인이 되어 버려 공간에너지가 주는 기운이 사람이 아닌 관엽식물 쪽으로 가 버리기 쉽다. 특히 관엽식물에서는 인체에 해로운 가스가 발생하므로 공간에 비해 너무 큰 것은 사무실 내의 공기를 해롭게 만들게 된다. 관상용으로 적당한 크기의 것을 두는 것이 좋다.

❑분재

소나무 분재, 작은 주목 등은 인체에 유익한 기운이 발생하는 나무이므로 실내공간에 두도록 권할 만한 식물이다. 동양란도 거름을 사용하지 않으므로 가스가 발생하지 않는 식물이어서 실내공간에 두어도 무방하다.

❑화초

녹색식물을 두는 장소는 방의 중심을 피하여 어딘지 허전한 구석이 있거나 새 기운을 주고 싶은 구석이 녹색식물이 필요한 공간이다.

꽃은 인간관계를 좋게 해 주는 아이템이다. 따뜻한 느낌의 붉은 색 계열 꽃은 회사 내의 인간관계는 물론 비즈니스상 만나는 사람과의 인간관계가 좋아지는 행운을 가져온다.

회사의 입구나 응접실, 화장실까지 여러 곳에 꽃을 두면 이 회사 내의 분위기가 화목해지고, 찾아오는 손님도 회사에 호감을 갖게 된다.

조명으로 꽃에 스포트라이트를 비춰 주면 풍수적인 효과는 더욱 커진다. 생화일 때는 조명빛이 뜨거워 꽃이 빨리 시들게 되므로 피하고 조화일 경우는 조명으로 생동감을 주는 것도 좋다.

□ 기타 인테리어

전기의 불빛은 태양의 빛과 같은 작용을 하므로 스탠드로 불을 밝히면 운기가 좋아진다. 영감을 높이고 싶다면 북쪽, 등 뒤 방향에서 빛이 올 수 있도록 스탠드를 설치하면 좋다.

스탠드의 모양에 따라 어울리는 업무도 달라진다. 인간관계나 비즈니스를 좋게 하려면 원형의 스탠드를 설치하면 좋고, 기술적 업무의 능률을 올리고 싶다면 사각형의 스탠드를 설치하는 게 좋다.

스탠드에 메모지를 붙여 놓거나 마스코트를 달아 놓거나 하여 지저분해 보이거나 빛을 방해하면 운도 역시 도망가게 된다. 불빛을 장애물 없이 환하게 작용해야 운도 환하게 열리게 된다.

회사원, 특히 여자 회사원들의 책상에는 여러 가지 장식품이 있게 마련인데 그중 마스코트형 탁상시계도 있다. 마스코트는 일과는 어울리지 않는 물건으로 책상 위 마스코트는 일의 능률을 올려 주기보다는 오히려 저하시킬 수 있으나 탁상시계는 디자인이 간결한 원형, 사각형시계로 색깔도 깔끔한 흰색으로 하여 책상 위에 놓아 두면 일의 운이 좋아지게 된다.

가정이나 회사 혹은 레스토랑에 가 보면 천정에 선풍기 역할도 하는 조명을 설치한 곳이 많은데 크게 시원한 효과는 없지만 방 안의 공기의 흐름을 원활히 해 주게 되므로 풍수상으로는 좋은 물건이라 할 수 있는데 우리 코의 구조가 직접 방식이 아니라 간접 방식을 지니고 있는데 인체는 이렇게 자연적으로 간접 냉난방 방식에 익숙하도록 되어 있어 냉난방기기는 직접 방식보다는 간접 방식의 기기를 설치하는 것이 좋다.

냉·난방기를 두는 위치는 입구정면이나 동 – 서, 남 – 북의 선상에 두지 않는 것이 좋으며 공기 정화기를 설치하여 공기의 흐름을 만들어 주는 것도 좋다. 공기 정화기가 없을 경우는 가끔씩 환기를 하여 실내의 공기 흐름을 만들어 주는 것이 좋다.

의자는 일하는 사람의 몸과 가장 밀착되어 있는 가구로서 무엇보다 편안해야 하며 팔걸이가 없는 디자인보다는 팔걸이가 있는 것이 편안한 느낌을 줌과 동시에 값도 좀 더 비싸 보이게 된다. 이런 의자의 분위기는 곧 거기에 앉아 일하는 사람 개개인의 분위기와 회사의 분위기까지 이어져, 그 회사는 안정되고 좀 더 부자가 되는 것이다.

의자의 색은 다른 가구나 바닥 색과 어울리는 것이면 무난하지만, 일의 성격에 따라 어울리는 색상을 찾아본다면 보다 적극적으로 운을 불러들일 수 있는데 일반사무실은 녹색이나 갈색 계통이 좋지만 기획력이나 창의력이 필요한 직종 혹은 새로운 일에 도전하는 회사라면 청록색이나 보라색이 좋다.

영업직이라면 돈을 부르는 색깔인 붉은색이 좋다. 의자의 색깔은 이 색깔을 찾기가 힘들다거나 다른 가구와 어울리지 않는다면 의자 등에 받치는 쿠션이라도 붉은색을 적용해 보는 것이 손쉬운 방법이다.

책상 앞에 앉아서 일하는 시간이 많은 회사원들에게는 책상도 결코 소홀히 해서는 안 되는 풍수 아이템으로 책상이나 사무용 가구는 회사의 수준을 나타내는 것이므로 너무 싸구려로 배치하지 않는 것이 좋으며 책상의 크기도 너무 작고 오종종한 것보다는 적당히 큼직한 것이 좋다. 책상이 크더라도 책상 위에 너무 많은 것을 올려두어 비어 있는 공간이 너무 적어도 좋지 않다. 책상은 넉넉하게 사용할 수 있어야 한다.

소재는 나무가 좋다. 과거에 흔히 많이 사용하던 회색 철제색상은 풍수상으로는 별로 좋은 소재가 아니며 요즘은 나무는 아니지만 나무느낌을 낸 베이지 또는 황색 가구들이 많이 등장하고 있는데 이런 책상이나 가구라면 좋다. 나무 느낌의 책상들은 사무실에 안정감을 주게 되는데, 풍수의 요체는 바로 이 안정으로, 안정이 결국은 행운을 가져오는 근본이 되는 셈이다.

사업하는 사람은 물론 도장을 많이 사용하는 일반 사람들 모두 도장을 소홀히 다루어서는 안 된다. 자신의 이름이 담겨 있고 중요한 일이 있을 때마다 찍어야 하는 것이므로 신뢰와 신용의 상징이므로 자기 몸 대하듯 소중하게 해야 하는 것이다.

도장의 소재가 수정이라면 백호의 기운이 강한 것이므로 부를 부른다. 붉은 마노 역시 부를 부르는 도장이며 흰색 상아 도장도 돈을 버는 수단이 될 수 있는 도장으로 흰색은 돈을 버는 수단이지 바로 부를 의미하는 것은 아니지만 수단이 있어야 돈과도 연결되므로 도장으로 좋은 색이라 할 수 있다.

초록빛이 나는 것은 돈을 자랑하게 하는 기운이 있으며 의욕을 떨어뜨릴 수 있으니 도장으로는 좋지 않고 도장의 소재는 붉은빛과 흰빛 외에 노란빛이 나는 돌도 좋다. 노란빛이 나는 도장의 소재로는 호안석 등이 있다. 사소한 물건 하나도 좋은 기운을 가진 것을 지니려는 마음이 결국 그 주인에게 행운을 가져다주는 것이다.

주 거래은행은 대개 집이나 사무실에서 가까운 곳을 무심히 선택하여 거래하는 경우가 많다. 혹은 이자가 좀 나은데, 서비스가 더 좋은 곳, 아는 사람이 있는 곳 등 여러 가지 이유로 은행을 선택하는 경우도 있지만 은행을 선택하는 것도 풍수상으로 잘 따져서 한다면 그렇지 않은 경우보다 재산이 늘어날 수 있다.

은행은 자기 집이나 사무실에서 남쪽에 위치해 있는 곳을 거래하는 것이 좋다. 다음으로 좋은 방위는 북쪽이다. 여러 군데 은행을 거래하는 경우는 돈의 용도별로 방위에 맞는 은행을 선택해도 좋은데 북쪽에 있는 돈은 새끼를 치지는 못하지만 안전하고, 남쪽에 있는 돈은 안정되면서도 새끼를 친다. 즉 돈이 늘어날 수 있다는 말이다. 서쪽에 있는 돈은 들락날락거리고 동쪽에 있는 돈은 자꾸 나가기를 좋아한다.

그러므로 늘리고 싶은 돈은 남쪽 은행에, 안전해 주기만 원한다면 북쪽은행에, 들락날락거리면서 운용해야 하는 돈은 서쪽 은행에, 그리고 써야 할 돈이나 자선사업 등에 쓰고 싶은 돈은 동쪽 은행에 둔다면 아주 지혜로운 은행선택이 될 것이다.

요즘은 은행에 귀중품보관소가 있는 곳이 많아서 도난의 염려가 있는 귀금속이나 귀중품은 그곳에 보관하는 사람들이 많다. 이것을 보관할 때는 붉은색 보자기나 상자, 가방 등에 담아서 금고 속에 보관하는 것이 좋다.

자기 집에 돈을 보관할 때도 붉은색 상자나 가방 등에 담아서 금고나 서랍 속에 잘 보관하는 사람이라면 재산을 잘 증식할 수 있는 운이 따라오게 된다.

5) 계약관련

경제가 어려워지면서 세상이 각박해지고 흉흉해지고 있어서 누군가와 계약을 할 때도 이 계약이 믿을 만한지, 성사될지 어떨지 불안감을 갖게 되는데 계약은 상대방과의 약속으로 약속은 믿음과 신뢰가 바탕이 되어야 한다. 좋은 계약을 할 수 있는 기운은 믿음이 무르익는 기운, 즉 황금색이나 주황색의 기운이다.

그러므로 계약을 하러 가는 날의 옷차림은 주황색이나 황금색 포인트가 있는 의상을 입는 것이 좋고 태도도 중심 잡힌 바른 태도를 취하는 것이 좋은데 만약 태도가 기울면 자신이나 상대의 생각도 반듯하지 않고 기울어지게 된다.

계약 시 사용하는 펜도 황금빛이 좋고, 안경을 쓰는 사람이라면 금테 안경을 착용하는 것이 좋고 여자라면 금빛 액세서리를 착용하고 가는 게 좋겠다.

계약은 항상 상호 신뢰감과 안정감이 바탕이 되어야 하기 때문에 일반적으로 이 믿음과 안정의 기운이 가장 강한 시간은 진(辰)시, 축(丑)시, 미(未)시, 술(戌)시다. 진시는 아침 7시부터 9시 사이로 밤에 편안하게 숙면한 후의 시간으로 가장 마음이 편안한 상태의 시간이며 축시는 새벽 1시부터 3시까지의 시간으로 사실이 시간은 너무 밤중이어서 계약하는 시간으로는 적합지 않다. 미시는 오후 1시부터 3시 사이로 점심 후 배가 그득하여 편안한 상태가 되는 시간으로 점심이라도 함께 나누며 편안한 상태에서 계약을 할 수 있는 좋은 시간이다. 술시는 저녁 7시부터 9시 사이로 술 한잔 나누면서, 정담을 나누면서 참으로 편안하게 계약을 할 수 있는 시간이다. 평화와 휴식을 찾아 들어가는 시간이므로 믿음과 안정의 기운이 강해진다.

중요한 계약일수록 사람의 마음이 분주하고 공사가 다망한 시간을 피해 이렇듯 편안한 시간을 선택하는 여유를 가지고 하면 실수를 줄이고 성공적인 계약이 이루어질 수 있다.

6) 사무기기 및 서류관리

책장은 정리를 위해 사물들이나 책을 보관해 두는 곳으로 많은 것이 담기게 되므로 중요한 것을 넣어 두면 눈에 띄지 않거나 찾기 힘들게 된다.

중요한 것에는 그만큼 소중하게 대접하는 마음이 필요하고, 그 마음이 작용하여 더욱 중요한 가치를 지니게 되니 중요한 것일수록 금고에 잘 보관하거나, 자기 몸과 가까운 책상 서랍 속에 보관하는 것이 좋다.

회사의 이름과 자신의 이름이 든 명함은 업무를 수행하는 데 상당히 중요한 역할을 하는 것으로 종이 한 장이라 생각해 함부로 하는 것은 곧 자기의 얼굴이나 일을 함부로 하는 것과 같다.

명함을 넣어 두는 위치도 일의 성격에 따라 달라지는데 영업직에 종사하는 사람은 횡적 업무가 많으므로 왼쪽 서랍에 두는 것이 좋고 일반 사무직은 종적인 업무가 많으므로 오른쪽 서랍에 명함을 보관하는 것이 좋다.

어떤 직업이건 횡적 업무가 많다면 왼쪽에, 종적 업무가 많다면 오른쪽 서랍에 보관하는 것이 좋은데 서랍이 아니라 책상 위도 같은 방향에 두면 된다. 명함은 항상 명함지갑을 사용하는 것이 좋으며 명함지갑의 색은 검정색이나 적색, 갈색이 좋다.

요즘은 여러 색깔의 컬러 파일을 문방구에 가면 쉽게 살 수 있는데 아직도 누런 것이나 검정색 파일만을 사용하고 있다면 그는 발전 속도가 느린 사람이다.

색색 파일을 구입하여 목적별로 구분 지어 정리한다면 일에 운을 불러들이게 된다.

돈이 생길 수 있는 내용의 서류나 경리관계 서류, 영업관계 서류 등은 노란색이나 붉은색, 흰색 파일 속에 넣어 두면 좋은데 노랑이나 붉은색은 금전운을 불러들이는 색깔이고, 흰색 또한 돈을 벌어들이는 운기를 가져오는 색깔이다. 흰색은 특히 횡적 유대감을 좋게 하므로 동료의 협조를 얻어야 할 일의 서류는 흰색 파일 속에 보관하면 좋다.

회사의 대외비 기밀이나 새로운 기획물, 특허를 낼 만한 노하우

등은 검정색 파일에 보관하는 것이 좋다.

다른 사람의 승낙이나 윗사람의 결재가 필요한 서류는 녹색 파일 속에 보관하는 것이 좋으며 녹색은 안정과 평안의 색깔로 종적 친밀감을 강화해 주기도 하기 때문에 상사나 윗사람의 마음이 누그러지고 쉽게 허락과 결재를 해 주는 기운을 주는 색깔로서 녹색은 출세의 빛깔이기도 하다. 상사에게 귀여움을 받게 되므로 출세가 빨라지게 되는 것이다.

정보 없이는 성공할 수 없는 정보화시대에 전화기와 팩스는 정보 전달의 가장 중요한 매개체로서 정보와 관련이 있는 기기는 좋은 정보가 들어오는 위치에 두는 것이 좋다.

좋은 정보는 앞에서 들어온다. 그러므로 전화기도 책상 정면 앞에 두는 것이 좋은데 앞이 어렵다면 앞과 연결된 오른쪽에 둔다. 앞에서 오는 정보는 유익한 정보이지만 오른쪽이나 왼쪽에 치우쳐 있는 전화기나 팩스로 오는 정보는 빗겨 가는, 별로 쓸모가 없는 정보일 경우가 많다.

휴대폰 사용이 급증하고 있는데 이는 정보화시대의 필수품으로 신속하게 정보교환이 이루어진다는 점에서 유익한 기기이며, 이렇듯 핸드폰을 가진다는 것은 빠른 정보를 원하는 마음과 행동이 따르는 것이므로 발전의 기운을 가져오게 된다.

7) 업종별 위치 및 인테리어

(1) 음식점

지세가 안정된 곳을 골라 남쪽 출입문의 대각선 모서리 부분인 서북에 주방과 조리대를 설치하면 음식이 맛있어지며 자연스럽게 조리대 앞쪽으로 설치되는 계산대는 동남쪽을 향하게 되며 금고는 남쪽 방위에 두고 계산대는 전면에서 보이지 않는 것이 사업 번창에 도움이 된다.

출입문 좌우는 유리벽으로 만들어 카운터형 스탠드를 배치하면 좋고 모서리에 화분을 많이 놓아 매장의 생기를 높여 주는 것이 좋다. 붉은 꽃이 피는 화분이면 더욱 좋으며 기본적으로 꽃은 어느 것이나 생기를 주는 아이템이기 때문에 꽃을 많이 두는 것이 좋다.

(2) 의류점

장사하는 사람에게는 남쪽 문이 돈이 들어오는 문이 되어 좋은데 계산대는 동쪽에 놓이는 것이 좋다. 반드시 지세가 안정된 곳이 좋으며 매장 가운데는 작은 진열대를 개방해 두고 서쪽 창가에 휴식공간을 두면 손님과 매장의 기가 어우러지기 쉽다.

남동쪽의 구석에 탈의실을 두고 문에 거울을 붙여 두면 매장 점원에게 호감과 친밀감을 갖게 되어 당연히 매상이 오른다. 의류는 서쪽 벽면에 키 큰 장을 설치하여 배열한다.

(3) 재택근무

재택근무를 하는 사람들이 점점 늘고 있으며 컴퓨터와 통신의 발달로 앞으로는 더욱 늘어날 전망이다. 그런데 재택근무의 단점은 쉬는 공간과 일하는 공간의 명확한 구분이 없어 일이 느슨해지기 쉽고 능률이 오르지 않는다는 점 때문에 쉬어야 될 방에서 일을 한다면 일보다 쉬는 쪽의 자세로 변하기 쉽다.

일하기 좋은 방은 일의 성격에 따라 위치가 달라진다. 관리나 경리, 사회활동을 목적으로 하는 일, 인기를 얻어야 하는 일은 집 중앙에서 보아 왼쪽에 있는 방을 사용하는 것이 좋은데 왼쪽과 오른쪽의 판단은 집의 방향과 같은 방향으로 서서 판단한다.

증권이나 금융, 돈을 벌어야 하는 사업은 중앙에서 보아 오른쪽에 있는 방을 사용하는 것이 좋고 연구와 관련된 업무는 집 뒤쪽에 자리한 방에서 일하는 것이 좋으며 이때 가장 중요한 것은 일하는 책상에 앉은 등이 땅의 에너지가 들어오는 쪽으로 향하고 있어야 하는데 땅의 에너지가 오는 쪽이란 집과 가장 가까운 산 쪽, 즉 집 주변을 둘러보아 지대가 높은 쪽이다.

8) 상호나 이름을 잘 짓는 방법

살면서 수없이 불리는 이름은 그 사람의 운기에도 영향을 미친다. 그 사람이 타고난 운세가 말(馬)이라고 하면 이름은 말안장으로 안장이 편안하면 말을 타고 가는 사람의 인생길도 한결 편안해질 것이다.

이름은 한자의 획수를 기준으로 짓는 예가 많다. 과거에는 이름을 한자로 쓰는 경우가 많았으므로 한자의 획이 중요한 기준이었으나 요즘은 부르는 시대이므로 한글에서 나는 발음으로 먼저 보는 게 좋다. 그런 다음 발음에서 부족한 부분을 한자로 보충해 주면 더욱 좋겠다.

발음에도 색깔과 성질이 있다. 발음에도 오행이 있는데 오행(五

行)이란 목(木), 화(火), 토(土), 금(金), 수(水) 다섯 가지 기운이다. 우주의 삼라만상은 그 수가 헤아릴 수 없으나 그 사물들의 성질은 하나하나 보면 어느 것 하나 오행의 성질이 아닌 것이 없다. 오행은 물질과 정신을 포함한 자연의 이치를 목, 화, 토, 금, 수라는 물체를 상징적으로 사용하는 것이다.

나무, 불, 흙, 쇠, 흙을 뜻하지만 단순히 그 물질 자체뿐만이 아니라 그 물질이 지닌 상징적 기운, 성질, 색감, 맛, 신체의 장기, 소리 등등 수많은 의미를 함축하고 있다.

발음을 오행으로 분류할 때는 자음으로만 한다.

목성(木性) : ㄱ, ㅋ
화성(火性) : ㄴ, ㄷ, ㄹ, ㅌ
토성(土性) : ㅇ, ㅎ
금성(金性) : ㅅ, ㅈ, ㅊ
수성(水性) : ㅁ, ㅂ, ㅍ

오행이란 우주의 법칙으로 이 세상의 모든 물질은 다섯 가지 성분인 목, 화, 토, 금, 수로 이루어져 있다고 생각하는 역학의 근본철학으로서 인간은 오행 속에서 생활하다 오행으로 돌아가는 것이다. 오행의 상생원리는 목→화→토→금→수로 순환하여 목생화(木生火), 화생토, 토생금, 금생수, 수생목이 된다.

상호나 회사이름의 경우에는 이 오행이 골고루 들거나 사업주를 생하는 기운의 오행이 들어 있는 게 좋고 사람의 경우는 위에서도 말했듯 운세가 말이라면 이름이 안장이므로 자신의 사주를 뽑아 보아 사주에 담긴 오행 중 부족한 것을 이름에서 보충해 주면 좋은 이름이 된다.

9) 방위별 영업전략

회사를 중심으로 지금 어느 방향에 영업하러 가는가를 미리 살펴두면 가장 적절한 영업전략을 세울 수 있으며 높은 영업성과를 창출할 수 있다.

□북쪽으로 가는 경우

예절에서부터 승부는 시작되므로 가장 신사답고 예절 바른 사람이 되어 보자. 고지식하고 성실한 사람이므로 틀림없다는 인상을 심는 것이 관건으로 손해다 싶을 정도로 값을 최대한 싸게 흥정하며 부족한 부분은 물량을 늘리는 것으로 메우는 것이 이 방위에서 성공하는 영업 전략이다.

회사의 재무상태가 튼튼하다는 것도 강조하는 것이 좋으며 만나는 상대와 친해지고 싶다면 신뢰도를 높이기 위해 가족이나 신변 얘기를 자주 하며 '착실한 가정을 꾸리는 가장'으로 보이는 것이 좋은데 그렇게 하면 상대의 마음이 누그러지고 좋은 정보를 얻게 된다.

상대의 지혜를 빌리는 대화도 좋다. 가문이나 조상, 역사, 전통문화 등에 대한 내용의 이야기가 상대와의 친근감을 더해 준다. 만날 때 의상은 베이지색이나 회색이 좋다. 디자인도 보수적이며 안정감 있는 것이 좋은데 넥타이나 소품 등도 평범하면서 품위 있는 것을 선택하며 만나는 상대가 연장자라면 이 방위에서 만나는 것이 효과를 발휘한다.

상대를 만나는 시간은 이른 아침이나 늦은 저녁이 좋다. 늦은 저녁은 피차에 부담스러우므로 가능하면 아침시간을 이용하고 아침식사를 함께하거나 아침운동을 함께하는 시간을 마련한다면 쉽게 친해질 수 있다.

□**남쪽으로 가는 경우**

남쪽은 영업에 가장 좋은 방위로서 대인관계가 활발해지는 방향이기 때문이다. 무조건 자주 많이 찾아가는 것이 이 방위에서 영업하는 비법으로 남방위는 반복하는 것을 좋아한다. 첫 방문이 만족할 만하지 못하더라도 반복하게 되면 결국 일은 성사된다.

상대와 대화의 포인트는 그의 심장을 안정시켜 주는 대화가 되는 것, 자주 얼굴을 내밀고 그때마다 유머 시리즈나 위트 넘치는 칭찬으로 슬쩍 웃길 줄 아는 '재미있는 사람'으로 인정받게 되면 일은 저절로 잘 되게 되어 있다. 만날 때마다 재미있고 부담 없는 아이디어 선물을 준비해도 좋겠다.

다만 헤프고 값싼 인상이 되면 안 되므로 주의해야 하며 복장은 다소 화려한 느낌을 주는 것이 좋은데 소재가 좋은 양복에 조끼나 넥타이도 고급스럽게 연출하고 커프스 버튼, 넥타이핀까지 빠짐없이 갖추도록 한다. 화려하면서도 품위가 있는, 지적인 이미지를 연출하는 것이 유리하다.

젊은 남녀가 함께 간다면 좋은 인상을 주어 큰 성과를 얻을 수

있다. 만나는 담당자의 패션에 대해 칭찬을 해 주는 것도 성공운
을 높이는 한 방법이다.

방문시간은 낮 시간이 좋다. 아침이나 저녁보다 운기가 좋은 시
간이 바로 해가 한창인 낮 시간이다.

□ 서쪽으로 가는 경우

인간관계를 원만히 하는 것이 성공의 열쇠이기 때문에 술자리가
좋은 것은 일 때문에 만난 사이지만 격식과 체면을 벗어나 좀 더
진솔한 관계를 맺을 수 있는 자리로 바꿔 주기 때문일 것이다.

서쪽 방위의 회사에 영업하러 간다면 일은 좀 미뤄 두고 그 회
사 담당자와 연고가 있는 사람을 찾아 셋이서 함께 술자리를 마련
하는 것이 좋으며 저녁식사를 같이하는 것도 좋다. 술이나 저녁식
사가 좋은 방위이므로 방문시간도 오후 3시 이후이거나 퇴근 무렵
에 하는 것이 좋다.

술자리에서도 기회를 봐서 상담을 따내려 들지 말고 그와 친해
지는데 우선순위를 두고 좋은 인상을 주고 괜찮은 친구로 인정받
게 되면 영업은 이미 성공한 것으로 봐도 된다.

상대방에게 부담감이나 거부감을 주지 않도록 직장인으로서 가
장 기본적인 스타일의 패션에 머물러 주는 것이 이 방위에서는 오
히려 행운이 된다. 이 경우 젊고 건강한 남성이라면 그 성과는 배
가된다.

□ 동쪽으로 가는 경우

동쪽은 새로움과 활기의 방위로서 관직이나 승진 혹은 새로운 취업 등에 어울리는 방위로 덕담이나 희망적 제시가 성공의 포인트다. 방문하기 전에는 사전에 전화 약속을 해 두며 전화를 거는 것만으로도 좋은 출발이 된다. 갑작스런 방문은 성공가능성이 희박하다. 상대가 미리 마음의 준비를 하여 편안한 마음으로 만날 수 있도록 해 주는 게 좋은데 상대 앞에서는 회사에 대한 자부심을 갖고 열의 있게 자랑하는 태도를 보이자.

이때 회사의 전통이나 지명도를 내세우기보다는 활기차게 발전하는 회사라는 이미지에 초점을 맞춰 각광받는 미래 기업으로서의 장점을 부각시키는 것이 더 좋다.

딱딱한 스탠더드 정장보다는 다소 캐주얼한 편이 좋다. 캐주얼한 의상이라고 해서 점퍼 차림에 청바지 차림은 영업사원에겐 좋은 복장이 아니며 요즘 유행하는 쓰리 버튼, 포 버튼, 파이브 버튼 차림의 양복이나 콤비에 진한 색상의 셔츠, 경쾌한 느낌의 넥타이 등이면 좋다. 시계나 백 등 소품을 캐주얼한 것으로 들어도 좋다. 느슨하거나 너무 가벼운 이미지가 되지 않도록 강약을 조절해 줘야 한다.

동쪽은 막 떠오르는 아침 태양의 이미지처럼 신제품 홍보에 가장 좋은 방위로 신제품을 팔거나 프레젠테이션을 할 때는 미리 동쪽에 있는 좋은 장소를 알아봐 두었다가 미리 제시하는 것도 한 방법이다.

만날 상대가 있는 위치가 동쪽이 아니더라도 동쪽 장소로 끌어

내는 것은 영업담당자의 능력으로 영업담당자가 젊은 여성이라면 그 성과가 더 높아진다. 색다르고 신선한 느낌이 상품이미지와 연결되어 호소력이 높아진다.

만나는 상대는 젊은 남자라면 성공가능성이 아주 높은데 만나는 시간은 가능한 한 이른 시간이 좋고 오후나 저녁보다는 오전에 일을 마치는 게 행운을 높이는 타이밍 풍수다.

10) 불황 시의 처세

(1) 명퇴, 실직, 실패한 사람들이 가지 말아야 할 곳

명퇴나 실직, 사업에 실패한 사람들에겐 사실 갈 곳이 마땅치 않아서 어디 경치 좋은 곳에 가거나 한적한 데 가서 시간을 보내려 하지만 좋은 산에 등산 가는 것은 좋고 가서 쉴 때도 높은 쪽을 등지고 앉아야지 높은 쪽을 마주 바라보고 앉는 것은 좋지 않다. 그렇게 되면 자꾸 역행하는 마음, 비뚤어진 마음이 생기기 쉽다.

평지나 물 흐르는 곳에 있으면 마음이 산란하고 수습이 되질 않는데 물을 등지고 앉는 곳에 오래 머무는 것도 좋지 않고 물이 빠져나가는 곳에 있는 것도 좋지 않다.

시원한 바다가 바라보이는 낭떠러지 위나 폭포 있는 곳에 머무는 것은 좋지 않은데 낭떠러지는 잠시 정신착란을 일으키기 쉽고 절벽을 타다가 사고를 당하는 일이 종종 있는 것도 바로 그 이유다. 땅의 기운이 급강하하는 곳에서는 사람도 정신이 잠깐 나가 발을 헛디디기가 쉽다. 어느 경치 좋은 낭떠러지에서 자살률이 높은 것도 바로 그 까닭으로 잠시 잠깐 그곳에서 떨어져 버리고 싶은 충동을 일게 하는 기운이 있기 때문이다.

실직한 사람들이나 실패한 사람들만 모이는 곳도 피하는 것이 좋은데 서로 좋지 않은 기운이 모여 있어 그 기운에 휩쓸리기 쉽기 때문이다. 내 운이 활력을 찾고 새롭게 창출되려면 독자적 기운이 왕성한 둥글고 높은 산에 오르는 것이 좋으며 그곳에서 응축된 기운을 만나다 보면 정신적으로 안정이 되고, 창의력이 생기며, 계획과 구상이 생기게 된다.

만나는 사람 역시 잘나가는 사람, 독자적 기운이 강한 사람을 만나면 활력을 얻을 수 있기 때문에 현재 자신이 어렵고 힘들다 하여 잘나가는 친구들을 피하는 것은 좋지 않으며 그럴수록 더욱 그들과 만나 성공한 기운을 얻는 게 중요하다.

(2) 명퇴자, 실업자들이 가면 좋은 곳

실의에 빠진 사람들이 용기를 얻고 안정감과 의욕, 새로운 능력을 충전할 수 있는 곳이 산이므로 어려운 때일수록 등산을 하자. 산에 가면 우선 정신이 맑아지고, 위에 언급한 용기와 안정, 의욕과 능력이 생긴다.

등산이란 어떤 방법으로든 산 정상에만 오르면 되는 것이지, 등산광들처럼 장비를 갖추고 어렵게 산을 올라야 되는 것은 아니다. 산의 기운이 가장 좋은 곳은 정상이므로 쉬엄쉬엄 가벼운 차림으로 정상에 다다라서 한두 시간 쉬면서 산의 좋은 기운을 얻어오면 된다.

등산하면 좋은 산은 어떤 산이 좋을까? 사람이 사는 집을 짓거나, 산소를 쓰기에는 좋지 않지만 잠깐의 등산으로 기운을 얻는 데는 땅의 기운이 발산되는 화(火)형산이 좋다. 그래야 기운을 빨리 얻을 수 있고 꼭 화형산이 아니더라도 산을 오르는 일이 좋으므로 가까운 산에 자주 다니는 것이 좋다.

서울 근교에서는 북쪽은 도봉산의 기운이 좋고 남쪽으로는 관악산이 화형산으로 기운을 쉽게 받을 수 있는 곳이며 전국의 유명한 산들 중에도 좋은 산은 얼마든지 있는데 산맥이 이어지고 둥글고 두툼하며 끊어지지 않고 균형 잡힌 산이면 좋다.

풍기에서 태백산에 이르는 산은 산의 기운이 가장 좋은 산들로 소백산, 지리산, 한라산, 설악산, 오대산도 좋은 산이며 갈 수 없지만 금강산도 좋은 산이다.

산을 오를 때는 골짜기를 타고 오르면 좋은 기운을 얻을 수 없으니 산등성이를 타야 오르고 내리는 동안도 내내 좋은 기운을 얻을 수 있다.

(3) 불황 시대 명퇴자 혹은 실업자들을 위한 지혜

직장을 잃어 혹은 사업이 망해 실의에 빠진 사람이 부지기수지만 이런 시기를 그저 낙담만 하고 지내기보다는 겸허하게 운명적으로 받아들이는 자세가 필요하고 지금 일이 없다면 이는 자연이 자신에게 쉬는 시간을 준 것이라 생각해야 하고 본인의 운기가 약해서건 나라의 운기가 약해서건 어찌 되었든 무언가 허약해서 생긴 일이다. 이럴 때는 아낌없이 미련 없이 쉬는 것이 좋고 쉬는 시간을 잘 활용하는 방법은 경기가 상승할 때 꼭 필요할 것이라고 예상되는 공부를 하는 것이다.

지금 나에게 다가온 시기는 깊은 야밤이지만 밤에 푹 자 두어야 아침이 한결 산뜻하고 개운하지 않겠는가, 해 돋을 때 열심히 일하기 위해 휴식하여 에너지를 축적하는 게 좋으며 운이 올 때를 위해, 새로운 일을 위해 공부를 해 두는 것도 에너지 축적의 일환이다. 이렇게 편안하게 생각하고 마음관리, 몸관리를 해 두면 이 위기가 바로 전화위복의 기회가 될 수 있다.

(4) 불황기에 좋은 옷차림과 인테리어

불황, 듣기만 해도 스트레스가 쌓이는 단어지만 이 어려운 시대를 슬기롭게 극복해 내려면 우선 지금까지의 생활태도를 바꾸어야 한다. 그간의 낭비를 반성하고 검소와 절약의 미덕을 갖추어야 하고 마음자세를 그렇게 갖는 게 무엇보다 중요하겠지만 그런 마음과 실천이 보다 쉽게 될 수 있는 환경을 조성하는 것도 중요하다.

절약과 검소의 마음을 주는 색상은 노랑, 황금색으로 언뜻 보기에 노랑이나 황금색은 화려한 색상 같지만 마음의 중심을 잡게 해 주는 중용과 검소의 색상이다.

검정색이나 회색은 너무 침체의 색상이어서 그렇지 않아도 저하되어 있는 의욕과 기분을 더욱 가라앉게 만들 우려가 있으며 빨강 등 화려한 색상은 자칫 사회분위기에 어울리지 않게 기분을 들뜨게 만들 염려가 있다.

노랑이나 황금색은 밝은 희망의 기운과 중심, 안정의 기운이 있어 부화뇌동하지 않고 자기중심을 잘 잡으면서 의지대로 검약한 생활을 해 나갈 수 있는 기운을 북돋우어 준다.

우선 옷차림에 이 색상을 적용해 보는데 온통 노랗게 하거나 황금색으로 하기보다는 노란색이나 황금색 포인트가 있는 차분한 느낌의 옷을 입거나 밝은 베이지색 등의 옷을 입어도 좋다.

성격이 너무 외향적이라면 노랑과 검정을 조화시켜 입으면 도움이 되고 성격이 너무 내성적이라면 노랑과 흰색을 조화시켜 보면 마음을 다스리고 절약하는 마음을 키우는 데 도움이 된다.

집안의 인테리어도 이런 색상 쪽으로 바꾸어 본다. 온 가족의 협력이 있으면 절약도 한결 쉬워진다. 그러므로 집안의 분위기를 바꾸면 가족들의 협조를 받는 일도 한결 쉬워질 것이다.

사람의 마음이란 사치를 하기 시작하면 자꾸 사치스러워지고 검약한 생활을 하기 시작하면 점점 더 검약해진다.

불황기에 우리가 살길은 어떤 어려움도 극복하고 다시 일어서겠다는 비장한 각오와 미래의 비전을 정립하고 비전 달성을 위하여 공부하는 것으로 호황기의 멋진 과실을 따기 위하여 어려운 때는 공부를 하고 준비해야 한다.

11) 이사 날 잡는 법

이사 날은 대개 '손 없는 날'을 택하는 경우가 많은데 손 없는 날이란 음력으로 마지막 자가 9, 0이 들어가는 날로서 1, 2는 동쪽에 손이 있는 날이며, 3, 4는 남, 5, 6은 서, 7, 8은 북에 손이 있는 날이다. 손이 있다는 말은 그쪽에 나쁜 기운이 있는 날이라는 뜻이다.

특히 2009년은 동쪽에 삼살방이라 하여 동쪽으로 이사 가면 좋지 않다는 해이다. 하지만 이런저런 날짜나 방향을 다 생각한다면 이사하기가 쉽지 않다. 이럴 땐 나쁜 운을 피해 가는 지혜가 있다.

옛날 선조들은 동쪽에 손이 있는 날 굳이 동쪽으로 이사해야 하는 일이 생긴다면 이사하기 전날 식구들이 그 집보다 동쪽이나 남쪽에 있는 친지 집에 가서 하룻밤을 묵고 오기도 했다. 더 동쪽에서 오면 새로 갈 집 방향이 서쪽이 되는 것이고 남쪽에서 오면 북쪽이 되는 것이니 나쁜 운을 피해 간다고 생각했다. 이는 좋은 지혜다. 실제 그렇건 안 그렇건 이렇게 해서 마음속 찜찜함을 없애버릴 수 있다면 이 또한 좋은 일이 아니겠는가.

우리도 이렇게 조상의 지혜를 빌려 이사하는 데는 손 없는 날보다 더 우선되는 것이 길일인지 아닌지 따져 보는 것이다. 좋은 날, 길일은 전문가에게 문의해야 하는 번거로움이 있겠으나 가능하면 길일로 택하는 것이 좋다.

지금 사는 집에서 동북쪽에 있는 새집으로 이사를 간다 하면 먼저 길일을 잡았는데 길일이 음력 27일이라고 나왔다면 이 집의 경우 두 가지 문제가 생긴다. 우선 동쪽은 삼살방이 있는 해이라는 것과 27일은 북쪽에 손이 있는 날이라는 것이다.

이럴 때는 이사하는 날 아침 일찍 식구들, 특히 가장이 중요한 물건을 들고 새집보다 더 동쪽에 있는 곳으로 가서 몇 시간 쉬었다가 이삿짐이 들어올 무렵, 이삿짐보다 먼저 새집에 들어가 있는다. 이삿짐 차도 바로 새집으로 오지 말고 새집보다 더 동쪽으로 가서 돌아오면 좋다. 이삿짐차도 동쪽에서 좀 쉬었다가 오면 더더욱 좋다. 가는 방향과 반대쪽의 기운을 얻어 오면 가는 방향에 있는 나쁜 기운을 안정시키는 데 도움이 된다.

이사 하나도 가볍게 생각 없이 하기보다는 이렇게 신경을 써서 한다면 그 이사는 분명히 집안에 더 많은 발전을 가져오는 이사가 될 수 있을 것이다.

12) 행운을 부르는 사업장 관리

(1) 주기적인 환기에 신경 쓴다

사무실의 창문을 열고 사무실의 공기를 수시로 환기시켜 상쾌하게 만드는 것이 사무실에서 근무하는 사람들에게도 좋고 풍수적으로도 길상이다. 여기서 주의해야 할 점은 환기를 시킨다고 맞바람 치는 문들을 오랫동안 열어 놓으면 기가 머물지 못하고 쓸려가 오히려 역효과가 날 수 있으니 환풍기를 달아 간헐적으로 환기시키거나 문을 대각선으로 조끔씩 열어 자연스러운 환기가 효과적이다.

(2) 주기적으로 물청소를 하여 청결을 유지한다

사무실은 대개 청소하시는 분들이 대걸레로 적당히 청소하는데 청소 후 물기가 남지 않도록 신경 쓸 필요가 있으며 세제를 사용할 때는 화학세제보다는 친환경 천연세제를 사용하는 것이 좋다.

(3) 3정5S 운동을 실천한다

❏3정5S란?

3정5S에서 3정이란, 눈으로 보는 관리를 위한 수단으로서 무엇이(정품), 어디에(정위치), 얼마나(정량) 있는지를 누구라도 쉽게 알 수 있도록 관리하는 것이며 5S란 정리, 정돈, 청소, 청결, 습관화를 의미하는 것으로 다섯 가지 용어의 일본식 발음을 영어로 표기했을 때 첫 자가 모두 S로 시작하기 때문이며 주로 생산현장에서 사용하는 용어인데 사무실이든, 생산현장이든 3정5S를 실천하면 쾌적한 근무환경에서 업무효율을 높일 수 있으며 풍수적으로도 좋다.

❑ 3정(定)

구 분	내 용
정품(定品)	- 규격에서 정한 부품을 구입하여 사용 - 작업표준 준수하여 제품규격에 적합한 완제품 생산
정위치(定位置)	- 사용하는 기구, 공구들을 정해진 위치에 보관 - 구입한 재료 부품을 지정된 장소에 보관 - 생산된 완제품을 지정된 장소에 보관
정량(定量)	- 필요로 하는 수량만큼만 재료 부품을 구입, 보관 - 정해진 수량만큼만 제품을 생산

❑ 5S

구 분	내 용
정리(整理) せいり(Seiri)	- 필요한 것과 불필요한 것을 구분하여 불필요한 것은 과감히 버리는 행위
정돈(整頓) せいとん(Seiton)	- 필요한 것은 누구나 알 수 있게 하고 즉시 사용할 수 있도록 만드는 것
청소(淸掃) せいそう(Seiso)	- 작업장의 바닥, 벽, 설비, 비품 등 모든 것의 먼지, 이물 등을 제거하여 깨끗한 환경을 조성하는 것
청결(淸潔) せいけつ(Seiketsu)	- 정리, 정돈, 청소상태를 유지하고 오염 발생원을 근원적으로 개선하는 활동
습관화(躾) しつけ(Shitsuke)	- 회사의 규율이나 규칙, 근무방법, 상하간의 예의 등을 정해진 대로 준수하는 것이 몸에 배어(습관화되어) 무의식 상태에서도 지킬 수 있는 것

❑ 3정 5S 실천방법

목표	규율 있는 일터 만들기	깨끗한 일터 만들기	눈으로 관리되는 일터 만들기
방향	관리의 수준을 높인다. • **결정한 일을 전원이 지킬 수 있도록 함**	사람 · 설비 · 환경(주위)을 깨끗이 바꾼다. • **사람 · 설비, 일터 구석까지 손과 눈이 닿는 상태**	**착오를 일으키지 않게 한다.** • **눈으로 보아 착오를 바로 알 수 있고 도와줄 수 있게 연구** • **5S의 표준화**

구체적 활동 테마	• 집중 5S타임
	  (3分 3S, 5分 5S 등)
	• 개인 분담제
	• 직선 · 직각 운동
	• 즉시 바로잡기 운동
	• 無열쇠, 無뚜껑
	• 30초 인출 · 수납
	• 오아시스 운동
	• 청소 타임제
	• 싱글(10분 이내) 재고 조사
	• 일제히 체조
	• 안전화 · 모자 착용 운동
	• 공동 장소 관리
	• 담배꽁초 줍기(안 버리기)
	• 나의 PM 책임
	• 나의 행동 계획표
	• 이상 조치 훈련
	• 재해, 지진 대책 비상훈련
		• 불필요 물건의 제거 운동
		• 누출 발생원 대책
		• 색별 관리 운동
		  (color conditioning)
		• 대청소 주간
		• 반짝반짝 운동
		• 옥외 잡초 제거
		• 누출 · 비산 방지 커버
		• 청소 도구 연구
		• 통로 확보 운동
		• 투명화 개선
		• 글자 쓰는 법
		• 게시물 표시 방법 개선
		• 소음 진동 방지 연구
		• 미관, 센스 연구
		• 한 번 쓰고 한 번 닦기 운동
			• 온도 라벨
			• 방향 · 회전 표시
			• 벨트 사이즈
			• 개폐 표시
			• 점검 마크
			• 배관 색
			• 윤활라벨
			• 전압 표시
			• 와이어 관리
			• 안전색, 위험색
			• 소화기 표시
			• fool proof 표시
			• 관리 한계 표시
			• 책임자 라벨
			• 금 긋기: 통로선, 구획선, 정돈선, 코너선
			• 물품 보관, 공구, 인구, 측정구 표시 간판
			• 파일링

❑ 3정5S운동의 기대효과

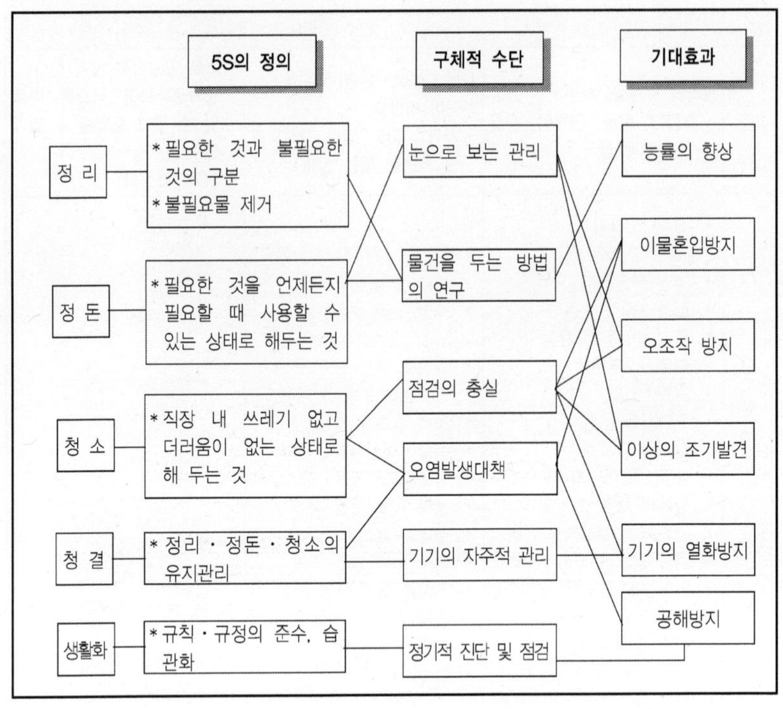

최봉학

▮ 약 력

한성대 디지털중소기업대학원
기술지도사(정보처리)
경영컨설턴트
Ansoff 전략 컨설턴트
QMS 국제심사원
기업가치평가사
한국BSC연구회 회장
한국컨설팅협회 경영지원단 전문위원
한국컨설팅협회 BSC 전문강사
한국강사협회 명강사 회원
다수의 공사기업 BSC 구축 PM

▮ 주요논문 및 저서

평가에서 보상까지 한권으로 끝내주는 BSC(2006년) / 한국학술정보(주)
면접에서 육성까지 한권으로 끝내주는 기질면접(2008년) / 한국학술정보(주)
사례로 배우는 중소기업의 전략적 성과관리(BSC) 이론편(2009년) / 한국학술정보(주)
사례로 배우는 중소기업의 전략적 성과관리(BSC) 실무편(2009년) / 한국학술정보(주)
창업과 풍수(2009년) / 한국학술정보(주)
외 다수

초판인쇄 | 2009년 6월 20일
초판발행 | 2009년 6월 20일

지은이 | 최봉학
펴낸이 | 채종준
펴낸곳 | 한국학술정보㈜
주 소 | 경기도 파주시 교하읍 문발리 파주출판문화정보산업단지 513-5
전 화 | 031) 908-3181(대표)
팩 스 | 031) 908-3189
홈페이지 | http://www.kstudy.com
E-mail | 출판사업부 publish@kstudy.com

등 록 | 제일산-115호(2000. 6. 19)
가 격 | 32,000원

ISBN 978-89-268-0125-3 13320 (Paper Book)
      978-89-268-0126-0 18320 (e-Book)

이담 Books 는 한국학술정보(주)의 지식실용서 브랜드입니다.